20 世纪中国图书馆学文库·55

西方图书馆史

杨威理 著

国家圖書館出版社

本书据商务印书馆 1988 年 5 月第 1 版排印

（原书后附索引未排印）

谨以此书

献给祖国宝岛的一位普通妇女

——我亲爱的母亲

序

　　本书作者中央编译局图书馆馆长杨威理同志,长期从事图书馆工作,潜心研究图书馆历史。1980年他开始在《图书馆学研究》(原名《吉林省图书馆学会会刊》)上发表《外国图书馆事业史》,五年来共连载三十余期,约30余万言。现在,作者把它整理和补充,结集成册,交由商务印书馆出版,名为《西方图书馆史》。

　　图书馆史是图书馆学研究中的重大课题,世界各国学术界都颇为重视。以往,我国学术界对图书馆史的研究偏重于本国,且多为古代、近代史,外国图书馆史很少涉及。现在,杨威理同志的这本《西方图书馆史》出版了,它是我国作者系统论述西方图书馆发展历史的专门著作,为我国研究外国图书馆史的工作增添了光彩。

　　《西方图书馆史》的内容充实,共有十二章。作者从古代两河流域的泥版文书开始,一直写到图书馆的现代化,前后包括五千多年。通过作者提供的丰富史料,使得我们了解到世界书籍制度的历史变迁,造纸和印刷术的推广应用,各个历史时期不同类型图书馆的产生、特点和发展,服务对象的扩展和服务方式的改变,图书馆网络的建立与文献资源的共享,图书馆学教育的兴起与图书馆学研究的开展,文献工作的标准化等等图书馆事业史的重要方面。

　　作者的努力还在于分析了政治、经济、文化、教育、科学、技术、宗教等与图书馆事业发展的联系和对它产生的重大影响,以及图书馆事业对整个社会进步所起的积极作用。

提出这一点也是必要的：由于图书馆本身在人类文明发展史中所占的特殊地位，读者可以把《西方图书馆史》当作研究世界文明发展史的重要材料来利用。

《西方图书馆史》虽然论述西方图书馆的历史，但对于当前我国的图书馆事业建设与图书馆学研究，仍有借鉴作用。同时，它也不失为图书馆学专业学生的必读参考书。

《西方图书馆史》材料翔实，并有多处注释，书后附有详尽的参考书目，所有这些都提高了它的科学价值，并反映了作者严谨的治学态度。

作者工作繁忙，但仍坚持写作，终于取得了丰硕的成果，这种毅力令人钦佩。自然这也是和他的丰富学识分不开的。《西方图书馆史》的出版，这不仅仅是作者个人的收获，而且也在图书馆学研究的百花园中绽放了一朵绚丽之花。

北京大学教授　周文骏

目　　录

插图目录

10

前　　言

人类创造文字，大约是五、六千年以前的事。在古代，人们用文字记载他们的经验和知识。随着文字记录的逐渐增多，也就产生了如何整理、如何保存、如何利用这些文字资料的问题。最早的图书馆就是保存这些古代文字资料的场所。

在人类文化发展史上，图书馆的作用是不可忽视的。图书馆收藏的图书资料反映出每一个时代的知识、文化和思想。图书馆所进行的传播知识的工作反映出一个时代、一个社会的文化水平。克鲁普斯卡娅说："伊里奇根据图书馆事业是否健全来判断文化水平，他认为图书馆事业的状况是整个文化的标志。"①一个社会的文化水平越高，图书馆事业就越被重视，图书馆事业就越蓬勃发展。反之亦然。社会的发展给图书馆事业以推动力，而图书馆作为一种文化机构又给社会以影响。图书馆事业发展史是人类文化史的一个不可缺少的组成部分。

温故而知新。追溯图书馆的沿革史，不仅有助于了解图书馆在各种不同社会所起的作用，同时也有助于了解图书馆事业的现状。

外为中用。从事外国图书馆史的研究，对本国图书馆史的探讨是很有借鉴价值的。我们研究外国，终究是为了解决我们自己

---

① 　克鲁普斯卡娅：《论列宁》，人民出版社 1960 年版，第 383 页。

的问题。比较法可以促进认识的深化。

笔者的意愿仅仅在于：谨以此书向敬爱的广大图书馆工作者提供西方图书馆的某些历史知识。历史是不能割断的。我们在观察和处理眼前的图书馆工作时应该有历史眼光。

笔者也希望：图书馆界以外的读者在阅读本书后能够对图书馆事业更多地加以关心。

笔者在写作过程中参阅了国外图书馆史的不少专著，其中黑塞尔、福尔斯蒂乌斯、约翰逊等人的著作使笔者受益尤多。如果没有前人的这些劳动成果，本书的问世是不可想象的。笔者在书末附上详尽的参考书目，借以表示对图书馆史前辈学者们的崇敬之情。

本书中的外国人名、地名以及团体机构名称，一般都在第一次出现时附上原文，以便查考。

由中国著作家撰写的西方图书馆史，到现在为止还不曾见到。在这块处女地上，笔者下了第一犁，算是一个尝试，错误和不足自然难免，恳请读者和专家不吝指正。

第一章　古代的图书馆

1.1　古代两河流域的图书馆

楔形文字和泥版文书

古代两河流域是人类文明的最早发源地之一。"两河"指的是流贯在今天伊拉克的幼发拉底河①和底格里斯河②。两河流域又叫做美索不达米亚③，意即"两河中间的地带"。美索不达米亚最古老的居民是苏美尔人④，他们早在公元前约三千年已逐渐摆脱了氏族公社生活，建立了奴隶制国家。

苏美尔人的最大文化成就之一就是创造了楔形文字。这种文字符号，每一笔的开始都较粗，末尾则较细，如同楔子形状，颇像钉头或箭头。他们的文字就是由这种竖的、横的和斜的楔形结合起来的。

---

① Euphrates.

② Tigris.

③ Mesopotamia.

④ Sumerian.

符号寓意法	过渡的符号	楔形文字	字义
			人
			足

当时苏美尔人把这种文字写在粘土版上,因为在这里的峡谷中没有石块,也没有其他可供写作的材料,有的只是大量泥土。人们就用泥土制成大小厚薄相宜的粘土版,以削尖的笔在它上面写楔形文字。而后在太阳光下晒干,或入窑烧结。刻有文字的泥版叫做泥版文书[①]。这就是公元前几千年的"书"。世界最古老的图书馆收藏的就是这样的"图书"。美索不达米亚及其附近的人们阅读这样的泥土的书,前后达两三千年之久。

古巴比伦等国的图书馆

1889—1900年,美国考古学家彼得斯[②]和希尔普雷希特[③]在伊拉克境内尼普尔[④]的一个寺庙废墟附近,发现了许多泥版文书,其中包括关于神庙的记载、献给巴比伦[⑤]国神的赞美歌、祈祷文以及苏美尔人的神话等等。这是迄今人们所知道的最早的图书馆之一。据估计,它存在于公元前三十世纪上半叶,距离现在大约有四千多年了。苏美尔人在寺庙里设有专门训练男女书吏的学校。在这些泥版里有大量的学校语法练习。

考古学家在古代两河流域及其邻近各国发现的图书馆或档案馆还有几处。

---

① Clay tablet.

② John Punnett Peters, 1852—1921.

③ Hermann Volrath Hilprecht, 1859—1925.

④ Nippur, 位于巴格达之南。

⑤ Babylonia.

例如,1930—1931年,英国考古学家伍利①在幼发拉底河口附近的乌尔②发掘了400多块泥版文书和1,000多残片。经专家鉴定,这也是一所寺庙图书馆,庙里也设有书吏训练学校。泥版文书中的经济资料是按主题和年代排列的。这些泥版还挂有内容简介的标志牌。估计这个图书馆存在于公元前三千年。

又如,在幼发拉底河岸的启什城③,许多泥版文书按不同的专题分别保存在好几间屋里。估计这是巴比伦王国最杰出的国王汉穆拉比④时期的国家图书馆或档案馆。

在底格里斯河西岸的阿淑尔⑤古城,德国考古队在1903—1913年还发掘了藏书丰富的好几个私人图书馆。

除了美索不达米亚之外,在小亚细亚的古代奴隶制国家赫梯⑥王国也发掘了图书馆。看来它是一个国家图书馆,设在首都波伽兹科易⑦。被发现的文物有:年表、法典、与其他国家签订的条约、外交文书、经济文献等等,也都是泥版文书。有些文书还附有著者和抄写者的姓名,有的原件受损和毁坏的,也都加有注明,还备有一套著者目录。

此外,以航海和贸易闻名的腓尼基人⑧也拥有图书馆。在现在的叙利亚海岸的小城拉司－沙姆拉⑨,发掘了公元前1500年前后的许多泥版文书。泥版上刻有用22个字母组成的腓尼基文字的文献,其中有神话和腓尼基远古的宗教经文等等。腓尼基人对

---

① Leonard Woolley,1880—1960.

② Ur.

③ Kish.

④ Hammurabi,? —公元前1750年,在位是公元前1792—1750年。

⑤ Ashur 或 Assur.

⑥ Hittite,一译喜太。

⑦ Bogazköy 或 Boghazkeui 亦或 Hattushush,离土耳其的安哥拉不远。

⑧ Phoenician.

⑨ Ras－Shamra.

人类文化的最大贡献之一就是创造了腓尼基字母。它比起埃及象形字或巴比伦楔形文字更为简便，传入希腊后产生了希腊字母，而后又孳生了拉丁字母和斯拉夫字母，成为欧洲各种字母的共同来源。

腓尼基字母	古希腊字母	拉丁字母
Ⓧ	A	A
Ⅎ	E	E
⌐	Λ	L
Ⴡ	M	M
∼	Ƨ	S

当然，上面这些"图书馆"大部分是专家们根据出土文物推测出来的。我们迄今还没有掌握详尽的有关史料。况且，在远古时代，图书馆和档案馆的区分还不十分明确。

亚述巴尼拔国王的图书馆

一所真正的"古代图书馆"在美索不达米亚的出现，还在一千多年之后。这就是说，直到公元前七世纪，我们才看到一所像样的图书馆在亚述①王国建立起来了。这是一所皇宫图书馆，位于首都——底格里斯河上游的尼尼微②，建造者就是那位有名的亚述

---

① Assyria.
② Nineveh.

6

巴尼拔①国王。

亚述是接着巴比伦王国兴起的国家。亚述统治者进行了一系列掠夺战争。到了公元前七世纪,亚述一跃成为庞大的强国,其领土扩大到古代西亚和北非文明发达地区。

亚述巴尼拔是亚述王朝的最后一个国王。他是一个黩武好战的国王,曾经多次举行远征,同时他又是一个博学多才的人物。这个国王幼年时在僧侣书吏学校受过教育,学会书写技术,并研究了各种各样的宗教文学作品。他在尼尼微即位后,就命令在他的皇宫建立一所很大的图书馆,并下令僧侣书吏到全国各寺庙和宫殿去搜录古书。亚述巴尼拔的图书馆藏有大约 25,000 块泥版文书,每块大小约 $24 \times 16\text{cm}$。它们是 1845—1854 年间被英国有名的考古学家、政治家累亚德②和土耳其的考古学家拉萨姆③发掘出来的,其中 20,720 块泥版文书现保存在不列颠博物馆④。

这所图书馆的所有墙壁从上到下陈设许多柜子,以便珍藏这些泥版文书,许多藏书都刻有国王的名字,有的注明是亚述巴尼拔亲自"修订的",有的注明是由他收集的。书上记着"宇宙之王、亚述之王、亚述巴尼拔之宫"等字样。这里的泥版文书有:各种宗教铭文、文学作品、天文学观测记录、医学原典、数学、化学、植物学及其他科学著作,也有历史文献、条约、法律、书信、命令等等。还有王室的经济报表、房屋和沟渠建筑的报告。以上这些都是研究亚述王国以至整个古代两河流域历史的重要资料。值得一提的是,这里收藏了文法书、辞典、参考书以及类似百科全书的书籍。这些文字工具书,如果没有发掘出来,我们现代人恐怕至今还不能辨认

---

① Assurbanipal 或 Ashurbanipal,在位是公元前约 668—前约 626 年。

② Austen Henry Layard,1817—1894.

③ Hormuzd Rassam,1826—1910.

④ British Museum.

和译解古代的楔形文字。

在这所图书馆的管理员的指导下，所藏的泥版文书都按不同的主题排列着，也刻有主题的标记。在收藏室的门旁和附近的墙壁上还注明泥版文书的目录。对篇幅较大的泥版文书还作一些简单的叙述，有的还摘录书中的重要部分。据推测，这个图书馆设有抄写间，由20名以上的书吏来抄录和管理泥版文书。抄录时遇到脱落和无法辨认的字句，就作上"破损"、"破毁"、"不明"等符号。

亚述巴尼拔的

图1 亚述巴尼拔国王。在他背后的泥版上刻有楔形文字。

图书馆反映了高度发达的古代亚述奴隶制国家的文化，它的丰富藏书向奴隶主、国家官吏、神庙供职人员以及知识分子开放。这所图书馆对推进当时的学术发展起了很大作用。几乎没有一本古代东方史不提到他建立这所图书馆的功绩。

公元前 612 年,米提亚①和迦勒底②联军进攻亚述首都尼尼微,将皇宫付之一炬,这所皇宫图书馆连同庞大的亚述帝国一道覆灭。幸而它的藏"书"是由泥土做成的泥版文书,所以长期隐没在废墟土堆中而不变形。如前所述,它的馆藏经过 2400 多年的漫长岁月,终于在上世纪重见天日。

迦勒底人打败了亚述之后建立了新巴比伦王国(或称迦勒底王国),到了公元前 538 年这一王国又被新兴的波斯所灭。古代两河流域的文化也就溶合于伊朗文化,进入了另一个新时期。

1.2 古代埃及的图书馆

埃及早期的图书馆

埃及也是人类文明的发源地之一。大约一万年前,埃及人就在尼罗河③两岸定居。公元前 3500 年左右,埃及建立了两个最早的奴隶制王国,即下埃及(在尼罗河三角洲)和上埃及(尼罗河中游)。大约公元前 3200 年,上埃及征服了下埃及,成立了统一的国家。之后,经历了古王国(约公元前二十八到二十三世纪)、中王国(约公元前二十一到十八世纪)、新王国(公元前十六到十一世纪)等。埃及人创造了灿烂的古代埃及文化。

埃及古王国以金字塔出名,但图书馆学家也在一些文献中发现,早在这个时期埃及已经出现了书吏和图书馆。美国有名的图

---

① Media,一译米太。伊朗高原西北部的奴隶制国家。公元前约八世纪建国,公元前 550 年灭亡。

② Chaldea,也叫新巴比伦王国。古代奴隶制国家,以巴比伦城为中心。公元前 626 年建国,公元前 538 年灭亡。

③ Nile.

书馆史专家理查逊①在《古埃及的图书馆员》②一书中说,早在古王国时期已经有了王室图书馆。据他说,德得克尔－伊塞西王③任命瑟尼泽米布④为首席法官、大臣、建筑师兼国王书吏长。瑟尼泽米布作为"国王的圣器的主管者"陪同国王参观书写室。看来,当时的书吏长是大臣级的官吏,并兼任其他许多要职。

在古埃及,许多神庙同时又是学术活动的中心。在这里也设有书吏,记录庙宇的历史、祭神的活动以及诸神的传说。这些记录都保存在神庙的图书档案室。例如,在开罗东北六英里的黑利欧波里斯⑤的太阳神庙废墟上,发现了这一类档案室。经鉴定,它存在于公元前 1800 年。在上埃及的法尤姆⑥绿洲,也发现了中王国末期的神庙档案库。

纸草纸

在古代埃及,尼罗河下流两岸大量繁殖着一种植物——纸草⑦。埃及人把它制成纸张,用于写字。他们把纸草的茎逐层撕成薄片,把薄片一张张粘接起来,合成大张的纸草纸,卷在木杆上,形成卷轴。这种纸草卷有时长达 40 公尺。

现存的最古老的纸草纸是普利斯纸草纸⑧。这份古文献是法国人普利斯⑨在古埃及的首都底比斯⑩发现的,因此而得名。这份

---

① Ernest Cushing Richardson,1860—1939.

② *Some Old Egyptian Librarians*,1911,p. 25—27.

③ Dedkere－Isesi,公元前约 2683—前约 2655 年。

④ Senezemib.

⑤ Heliopolis.

⑥ Faiyûm 或 Fayum.

⑦ Papyrus.

⑧ Fapyrus－Prisse.

⑨ Emile Prisse d'Avennes,1807—1879.

⑩ Thebes.

有名的纸草纸估计是大约公元前2500年写下的,内容是所谓的"教训",是告诫人们如何处世的一种对话体的作品。这份古物现在保存在巴黎的卢佛尔博物馆①。

按照古埃及的习惯,人死后要把所谓的"死者书"②放进棺材。这是用纸草纸写成的祷告和咒语的汇集,它仿佛可以保证死者"白昼从坟墓里出来",保证死者在彼世享受安乐,能够帮助死者在来世王国受土地和丰收神奥西里斯③的审判时获得无罪。在"死者书"中最有名的是一个叫阿尼④的人的"死者书"估计在3000年以前所作,目前保存在不列颠博物馆。

在古埃及,权贵阶层也拥有私人图书馆或档案馆。他们或者雇用书吏,或者叫有一定文化的奴隶来作记录和抄写。在底比斯曾发现藏有几十卷纸草纸的一个家族文书库。当时的纸草卷是很贵重的。主人死后,常常把这些藏书放在粘土造的罐子里,连同"死者书"放进棺材。

阿门霍特普四世的图书馆

在古埃及的许多废墟中,图书馆学者最感兴趣的,是新王国第十八王朝末的阿门霍特普四世——埃赫那顿⑤的王室图书馆。这个图书馆设在国王选定的新的首都阿玛尔那⑥。

这个图书馆是怎样被发现的呢?1887年,有一位农妇在一次偶然的机会从阿玛尔那的废墟上挖出了300多块用楔形文字写成

---

① Musée du Louvre.

② Books of the Dead.

③ Osiris.

④ Ani.

⑤ Amenhotep IV—Ikhnaton 又名 Akhenaton 或 Amenophis IV,在位是公元前1379—前1362年。

⑥ Tell el - ' Amarna,位于中埃及,横跨尼罗河两岸,在开罗南约190英里。

图 2　阿尼的"死者书"

的泥版文书。这一轰动一时的发现证明,阿门霍特普四世的王宫里有一个很大的图书档案馆。这些泥版文书绝大部分是巴比伦国王、亚述国王、赫梯国王以及叙利亚、腓尼基、巴勒斯坦等小王国写给埃及国王的信。这些外交函件是十分珍贵的史料,对研究埃及的国际关系很有用处。这些信件也清楚地说明当时外交发展的水平。它们大多数是用巴比伦语写成的,因为当时巴比伦文字起了国际语言的作用,如同后来的希腊语所起的作用一样。在这些泥版文书中,有的还刻印着藏书章模样的东西,表明收藏所有者是前国王——阿门霍特普三世[①]。在同一地点和同一时期也发现了特制的盒子,是专供收藏纸草纸使用的,其中有一个盒子上刻有书名和所有者国王和皇后的名字。同时也发现了埃及官吏在学习古代

---

①　Amenhotep Ⅲ,在位是公元前约1411—前约1375年。

两河流域的古语阿卡德文①时使用的参考书。

拉美西斯二世的图书馆

十九王朝的拉美西斯二世②也建立了一所图书馆。拉美西斯二世是一位很有名的国王。他在位60多年,不但在军事上有所成就,而且在国内进行了大规模的建设事业。拉美西斯特别喜欢大兴土木,是历史上最伟大的建筑者之一。在他建造的这些宫殿、神庙等大型建筑物中,有一所位于首都底比斯的"神圣图书馆"。关于这所图书馆是有历史记载的:古希腊的历史学家、西西里的狄奥多洛斯③编纂了一部40卷本的《历史丛书》④,其中第一卷就提到这个图书馆和知识之神像、书吏长官的塑像等,并说到在该馆入门处有一碑文,上面刻有"拯救灵魂之处"等字样。狄奥多洛斯的这些记载是否可靠?许多考古学家在底比斯的废墟上寻找狄奥多洛斯提到过的这些古物。很遗憾,那一块碑文一直没有找到,但是从其他出土文物可以推断,这里曾经确实是一所图书馆。此外,1849年在拉美西斯二世的陵墓附近还发现了两个图书馆员——父与子的坟墓。拉美西斯二世是埃及复兴时期的国王,在他逝世后古埃及就衰弱下去了。

其他图书馆

除了上述几处外,在埃及的其他地方也发现了一些图书馆的遗迹。例如,在尼罗河上游第一瀑布的附近有一个费列岛⑤,在岛上有埃及王国末期,即公元前四世纪中叶建造的几栋大厦。其中

---

① Akkadian.
② Ramses Ⅱ 或 Ramesses Ⅱ,在位是公元前1304—前1237年。
③ Diodorus Siculus,公元前一世纪。
④ *Bibliotheca historica.* 现存的仅有第1—5卷、第11—20卷,其余为残篇。
⑤ Philae.

有一个神庙是祭祀司管生育和繁殖的女神爱西丝①的。在这庙里有碑文和壁龛。考古学家认为,这里是收藏纸草卷的地方。

在费列岛北部,有一个叫厄多福②的城镇。这里有一所大神庙,庙中第一间大厅分为两个小屋:第一小屋是祈祷堂,第二小屋就是图书馆。在这房间的石墙上刻有 37 本书的书名。经考证,在古埃及确实有过这些书。这是一部稀罕的古代藏书目录。

从各地发掘的这些遗迹和文物,可以推测,在古代埃及曾经有过数量不少的图书馆或档案馆,而它们的大部分都设在皇宫和寺庙。看来,当时能够利用这些“图书”的,恐怕仅是少数僧侣、显贵和书吏。

1.3　古代希腊的图书馆

希腊早期的图书馆

古代希腊在艺术、文学、哲学、历史、数学及其他自然科学方面给人类留下了丰富的遗产。在这些遗产当中,有相当一部分是作为书写材料保存下来的。古代希腊的抄写材料,同古代埃及一样,主要是纸草纸。用纸草纸抄写下来的文字记录和其他出土文物、文化遗迹等等,有助于我们了解这个时期的图书馆。

在远古时代的希腊是否有过图书馆,我们还没有掌握确凿的材料。据罗马的语法学家哥利乌斯③说,雅典僭主庇西特拉图④建

---

① Isis.
② Edfu.
③ Aulus Gellius,公元约 123—165 年。
④ Peisistratos 或 Pisistratus,公元前约 600—前 527 年。

立了大图书馆,后来还发展成为"公共"图书馆。不错,庇西特拉图爱护诗人和艺术家,他还下令抄写和研究荷马①的《伊利亚特》和《奥德赛》。但哥利乌斯的这一记载是否可靠,对此不少图书馆史学家抱有怀疑态度。

据说,公元前540年前后成为希腊萨摩斯岛②的僭主波利克拉泰斯③也建立了图书馆,但也没有可靠的史料,尽管波利克拉泰斯确实多方鼓励文艺的发展。

到了公元前五世纪,学者和作家逐渐开始拥有私人图书馆。这种说法看来比较可信。著名的古希腊喜剧家阿里斯托芬④在《蛙》这部喜剧里说,杰出的古希腊悲剧家欧里庇得斯⑤拥有很多书籍。三世纪初的希腊雄辩家和语法学家阿泰纳奥斯⑥在他的《美食大全》⑦中也提到,欧里庇得斯拥有的私人图书馆是古代最大的图书馆之一等等。当然有些学者也怀疑这些记载的可靠性,但上述记载的出现至少说明,到了公元前五世纪在希腊确实已经有了藏书之举了。

柏拉图的私人图书馆

在希腊出现名符其实的图书馆是公元前四世纪各哲学流派在雅典产生的时候。柏拉图⑧在公元前387年前后在雅典创办了

---

① Homeros,公元前约九至八世纪。古希腊诗人,到处行吟的盲歌者。关于荷马是否确有其人,《伊利亚特》和《奥德赛》是否他的作品等,争论很多。

② Samos,位于爱琴海,土耳其西部。

③ Polykrates.

④ Aristophanes,公元前约446—前385年。

⑤ Euripides,公元前约480—前约406年。

⑥ Athenaeus.

⑦ *Deipnosphistae*,亦译《学者们之宴会》。

⑧ Platon 或 Plato,公元前427—前347年。

"柏拉图学园"①。从这个"学园"的讲授情况来看,学生们在来园之前已经读过许多书,很可能当时已经有了藏书的场所。看来,柏拉图拥有很大的私人图书馆,尽管在这一方面也没有给我们留下有关的文字材料。他在一生中到过很多地方,读了很多书,估计搜集了不少书籍。据说,他的学生亚里士多德②购买了一部分他的图书遗产。

亚里士多德的私人图书馆

至于亚里士多德,他的私人图书馆是很有名的。据古希腊最著名的地理学家、历史学家斯特拉本③说,亚里士多德是希腊最早建立图书馆的人,也是教给埃及国王如何建立图书馆的人。据说,亚里士多德的图书馆组织得很好,对他的有系统的科学研究起了很大作用。它的藏书到底有多少,我们已经无法知道。有人估计至少有400纸草卷,其中当然包括他本人的著作在内。亚里士多德的朋友和学生常常到国外旅行,给他带回植物和地质标本,很有可能也带回各种历史文献的抄本。亚里士多德是古代最伟大的学者,他知识渊博,在哲学、伦理学、政治学、经济学、战略学、修辞学、诗歌、艺术、物理学、机械学、生物学、医学等广泛的领域进行了探索。他的图书馆馆藏肯定也反映出这一点。

亚里士多德死后,这所图书馆交给了他的学生泰奥弗腊斯特④。泰奥弗腊斯特进一步扩充了这个图书馆,死后又把它交给他的侄子尼勒乌斯⑤。

关于这一大批藏书的以后的命运有两种说法:一种说法是,埃

---

① Plato's Academy.

② Aristoteles,公元前384—前322年。

③ Strabon 或 Strabo,公元前约63—公元约20年。

④ Theophrastus,公元前372(或369)—前288(或285)年。

⑤ Neleus.

及国王托勒密二世①从尼勒乌斯手中接受了这一批书，运至埃及后变成了亚历山大图书馆②的藏书的一部分③。另一种说法是斯特拉本的如下记述：尼勒乌斯的子孙都是没有文化教养的人，他们把这些珍贵图书放在阴暗潮湿的地方，以致遭受极大损失。到了公元前100年左右把这批书卖给了雅典的富户、藏书家阿佩利孔④。公元前86年，罗马将军苏拉⑤占领了雅典，把这一批书作为战利品带回罗马，而有名的雄辩家、政治家、爱书家西塞罗⑥得以享用了这批图书。不管这两种说法的真伪如何，亚里士多德的藏书在他死后几百年还继续发挥了作用，是可以肯定的。

学校图书馆

我们从出土文物还可以知道古希腊图书馆的另一侧面，即学校图书馆的存在。古代希腊人是很重视体育的，连绵不断的战争的确需要强壮的体质。在希腊的许多废墟上，我们都发现体育学校的遗迹。例如，在邻近土耳其西南海岸的科斯岛⑦上，发掘了体育学校所属的图书馆模样的遗迹。在这所图书馆的墙上有一块铭文，刻有赠款人和赠书人的姓名。在雅典的体育学校的遗址上也发现了书单模样的残缺不全的"目录"。随着学术的发展，学校也日趋专业化。在公元前四世纪出现了医学专门学校。有人根据从尼多斯⑧发掘出来的文物推测，这里曾经有过医书的收藏处。

---

① Ptolemaios Ⅱ, 公元前308—前246年，在位是公元前285—前246年。
② Alexandrian Library.
③ 关于这所图书馆详见下一节。
④ Apellicon.
⑤ Lucius Cornelius Sulla, 公元前138—前78年。
⑥ Marcus Tullius Cicero, 公元前106—前43年。
⑦ Cos.
⑧ Cnidus, 在土耳其西南，科斯岛对面。

1.4 亚历山大图书馆

希腊化时代

希腊北部的马其顿①，在公元前四世纪逐渐兴起。国王菲力浦二世②征服了希腊。其子亚历山大大帝③20 岁即位，33 岁病死。他在这短暂的 13 年里远征了小亚细亚、叙利亚、埃及、美索不达米亚、印度西部等地，建立了庞大的亚历山大帝国，其版图东起印度河，西至尼罗河和巴尔干半岛。

亚历山大幼年时，拜请希腊大学者亚里士多德为师，因此从小就爱好和了解希腊文化。亚历山大的兴趣是多方面的，他的私人图书馆收藏着各门各类的书籍。据说，他在如此艰难的远征中还带着一大批图书，趁战争的间隙贪读群书。

年青的亚历山大由于操劳过度，抵挡不住疾病的侵袭，过早地死于恶性疟病。他死后，庞大的帝国分裂为若干国家。此时希腊在政治上已经无足轻重了，但由于亚历山大的武功，希腊的语言和文化在东方各国广泛地传播开来，并跟土著的东方文化融合起来了。这就是历史上所说的"希腊化"④，人们称这种文化的繁荣时代为"希腊化时代"。

---

① Macedonia 或 Makedonia.

② Philippos Ⅱ，公元前 382—前 336 年，在位是公元前 359—前 336 年。

③ Alexander the Great，公元前 356—前 323 年，在位是公元前 336—前 323 年。

④ Hellenization.

亚历山大图书馆的建立

从亚历山大帝国分裂出来的埃及,在这个时期,是由托勒密[①]王朝统治的。它的首都亚历山大城[②]成为希腊—东方文化的中心。希腊化的亚历山大城在文化上统治古代诸国,前后长达150年(公元前约300—前约150)。甚至在其后的800年间,直到公元640年伊斯兰教徒占领这些地域为止,亚历山大一直起着重大作用。

亚历山大有许多优美的建筑物:宫殿、庙宇、广场和花园。在这些建筑物中最有名的是亚历山大博物馆。它是当时的科学文化中心。在这个博物馆里有一所古代最大的图书馆——亚历山大图书馆。

筹建这所巨大图书馆的功绩应归功于埃及国王托勒密一世[③]。他尽管是一个专横的国王,却招聘了许多学者到亚历山大来。其中一位学者就是法勒伦的德米特利乌斯[④]。他的老师就是亚里士多德的学生泰奥弗腊斯特。在前一节已经提到,亚里士多德的私人图书馆是传给泰奥弗腊斯特的,所以德米特利乌斯很了解这个私人图书馆。德米特利乌斯热心地向托勒密一世建议:在亚历山大建立一所图书馆和博物馆,托勒密一世欣然赞许。在德米特利乌斯的帮助下,大约在公元前290年,于亚历山大城的布鲁黑姆[⑤]建成了亚历山大图书馆。托勒密二世比他父亲更热心于这所图书馆的建设。他还在城市西南地区的萨拉匹斯[⑥]神庙里增建

---

① Ptolemaios 或 Ptolemaeus 亦或 Ptolemy.

② Alexandria.

③ Ptolemaios I,公元前约360—前约283年,在位是公元前323—前285年。

④ Demetrios of Phaleron,公元前约350—?。

⑤ Brucheion 或 Brucheum.

⑥ Sarapis 或 Serapis.

了一个分馆。

图3　亚历山大图书馆内部（想像图）

埃及国王对扩充馆藏是万分心切的。如前所述，亚里士多德的私人藏书有一大部分很可能是卖给亚历山大图书馆的。国王经常派专人到各国，支付高价购买图书。只要在亚历山大城出现好书，就有这个图书馆的采购人员前去抢购。他们还借来不少书籍，抄成复本。埃及国王为了搜集图书甚至采取了专横手段。例如，托勒密三世①下了这样一条征用令：凡进入亚历山大港的船只，必须把船上的书籍统统"借给"亚历山大图书馆。该馆把这些书籍用廉价的纸草纸抄写，然后不是把原书，而是把抄写本予以"退还"！也有这样的历史记载：托勒密三世曾向雅典"借来"珍贵书籍，为此支付了15塔兰特（古希腊的货币单位）的保金。后来，他想这些书比15塔兰特值钱得多，于是扣下了原书，送回抄本。手段确实是专横的，但搜书的热情是惊人的。

亚历山大图书馆的藏书十分丰富。它的藏书量，各家说法不一，有的说是10万、20万，有的说是50万，也有估计是70万的。当然采用不同的计算单位，就会得出不同的藏书量。另外也要考虑到，纸草卷的实际容量小于现代的书籍。不管怎样，亚历山大图

①　Ptolemaios Ⅲ，公元前288或280—前221年，在位是公元前246—前221年。

20

书馆是当时在希腊化诸国里最大的图书馆。它不仅收藏希腊的几乎全部的重要文献，还收有其他各国的学术作品。本来，希腊人不太愿意收藏外国的文献，尤其异教徒的书籍。但是，集聚到亚历山大的学者们都具有一种非常自由的学术风气，只要是学术作品，不管是哪一个国家的，他们都是争先恐后地去收购。因此，亚历山大图书馆变成了希腊化时代的文献中心。

亚历山大图书馆的馆长

在此以前，古代东方有过大小不同的各种类型的图书馆，但在图书馆事业发展史上，有这么多的学者聚于一馆，还是头一次。亚历山大图书馆的历届馆长都是大名鼎赫的学者。请看这份历任馆长的名单：

姓名	专长	任职年代
法勒伦的德米特利乌斯	哲学家、政治家	公元前290—前282
以弗所的芝诺德图斯①	语言学家	公元前282—前约260
昔勒尼的卡里马科斯②	文学家、目录学家	公元前约260—前约240
罗得岛的阿波洛尼乌斯③	诗人、语法学家	公元前约240—前约230
昔勒尼的埃拉托斯特尼④	天文、地理、数学、哲学、语法等方面的学者	公元前约230—前195
拜占庭的阿里斯托芬⑤	语法学家、文献学家、辞典编纂家	公元前195—前180

---

① Zenodotos of Ephesos，公元前约325—？。
② Callimachos of Cyrene，公元前约305—前约240年。
③ Apollonios of Rhodos，公元前约295—？。
④ Eratosthenes of Cyrene，公元前约275—前约195年。
⑤ Aristophanes of Byzantium，公元前257—前180年。

姓名	专长	任职年代
阿波洛尼乌斯①	语法学家	公元前 180—前约 160
萨莫色雷斯岛的阿利斯塔克②	文献学家	公元前约 160—前 145

这一名单清楚地表明：第一，亚历山大图书馆具有十分广泛的国际性，历任馆长是来自各国各地区的学者；第二，从他们任职的时间可以看出，这个图书馆的黄金时代是公元前三世纪和二世纪的前半叶，前后共约 150 年。

下面简单介绍历届馆长的事迹：

法勒伦的德米特利乌斯是亚历山大图书馆创立时期的负责人。正式的第一任馆长应当算是以弗所的芝诺德图斯。他在公元前 325 年左右生于希腊，是一位语言学家，一直从事希腊的叙事诗和抒情诗的研究工作，编纂了荷马的语汇，校对了《伊利亚特》和《奥德赛》，开辟了荷马研究的途径。我们在后面还要提到，古书的校订工作是当时亚历山大图书馆的重要工作之一。

卡里马科斯这位馆长由于编制了这个图书馆的图书目录，因而在图书馆史上享有独特的地位。当时，亚历山大图书馆的藏书已经增加很多，编制一部目录已经是势在必行了。这个目录叫做《皮纳克斯》③，看来是一部名著解题书目，其卷帙之浩繁，竟达 120 纸草卷。可惜，现存的仅仅是残片，已经无法了解其全貌。书目共分为几大类，即戏剧家、诗人、法律家、哲学家、历史学家、雄辩家、修辞学家、医学家、数学家、自然科学家、杂家等等。每一类再按目或年代排列。每一作品附有著者生平介绍、书名、作品的开头几句话、作品的总行数，还附有评介。有的图书馆学家认为，卡里

---

① Apollonios the Eidograph.

② Aristarchos of Samothrace, 公元前 217（或 215）—前 145（或 143）年。

③ *Pinakes*，又名《各科著名学者及其著作目录》。

马科斯是古代第一个目录学家;有的认为,亚述巴尼拔皇宫图书馆的书吏才是最早的目录学家①。不管怎么说,这些书吏和卡里马科斯都是目录学领域的先驱。卡里马科斯还是一位诗人、文学家、文学评论家。他从事文学史的研究,也用各种优美的韵律写下了许多短篇作品。

亚历山大图书馆的头几名馆长都是人文科学的学者。到了公元前230年代,一位自然科学的大家就任了馆长,这就是埃拉托斯特尼。他是古代最有学问的科学家之一。他不仅是数学家、天文学家、地理学家,而且还是年代学家和语法学家。埃拉托斯特尼认为地球是圆的,首次测算了黄赤道交角和地球大小,应用经纬网绘制了地图,从而奠定了数理地理的初步基础。埃拉托斯特尼就任馆长一事可以证明:亚历山大图书馆的自然科学藏书大大增多了。

下一任馆长拜占庭的阿里斯托芬是古代最伟大的语言学家之一。他校订了荷马等人的著作,研究了希腊语法,编纂了希腊辞典。他还在《皮纳克斯》目录上添加了一些注解。

仅仅从馆长的这些身份也可以看出,当时有多少学者名流集中在这所图书馆。

亚历山大图书馆的历史作用

当时亚历山大图书馆的工作与现在的有所不同,例如,书籍的校订、校勘、校点都包括在图书馆员的工作职责之内。经亚历山大图书馆校订的版本,成了标准本,并由许多书吏抄成复本,然后出售。亚历山大图书馆的这项工作使得亚历山大城保持了古代书籍贸易的垄断地位。

亚历山大图书馆在长达200多年的岁月里作为希腊文化的中心发挥了独特的作用。但是,随着希腊化文化的衰退,它的作用也

---

① 见本书第8页。

缩小了。那么,这所世界闻名的图书馆后来的命运究竟如何呢?先人并没有给我们留下可靠的史料。公元前47年,恺撒[①]率领的罗马军队远征埃及,据说亚历山大图书馆被毁了一部分。又传,公元前41年,罗马统帅马可·安东尼[②]从小亚细亚的另一所有名的拍加马[③]图书馆把大约20万卷书拨给了以美貌著称的埃及女王克娄巴特拉七世[④],作为恺撒军队破坏亚历山大图书馆的补偿。看来,罗马统治初期,亚历山大图书馆还继续存在。公元273年,罗马皇帝奥列里亚努斯[⑤]再次占领埃及,烧毁了亚历山大图书馆的大部分。后来公元390年基督教暴徒又破坏了它。实际上,在公元200年以后,人们就很少提及这所图书馆了。

1.5　拍加马图书馆及其他图书馆

希腊化时期,有一所图书馆,可与亚历山大图书馆相媲美,这就是著名的拍加马图书馆。

拍加马王国位于小亚细亚(今土耳其)的西北部。其首都亦名拍加马,地近爱琴海岸[⑥],与累斯博斯岛[⑦]相望。这个希腊化的奴隶制小国在公元前三世纪至二世纪,一度很繁荣。京城拍加马把希腊城邦和东方希腊化国家的典型特点融合在一起,其豪华堂

---

① Gaius Julius Caesar,公元前102—前44年。

② Marcus Antonius,公元前82—前30年。

③ Pergamum 或 Pergamon,亦译"帕加马"、"珀加蒙"、"别迦摩"等等。关于拍加马图书馆,详见下一节。

④ Kleopatra Ⅶ 或 Cleopatra,公元前69—前30年,在位是公元前51—前30年。

⑤ Aurelianius,公元约214—275,在位是公元270—275年。

⑥ Aegean Sea.

⑦ Lesbos.

皇,可称双绝。

拍加马城建立在小山上。最高处是皇宫、神庙和图书馆。大批的雕像图画和精制的镶嵌图案,装饰着这些建筑物。小山中腰是希腊人的住宅、竞技场、剧场等等,山下是小亚细亚人的住宅区。

拍加马图书馆的建立

拍加马图书馆可能是国王阿塔罗斯一世①开始建造的。其子欧墨涅斯二世②于公元前197—前159年统治了拍加马王国。这是该国最强盛的时期。欧墨涅斯二世要求拍加马图书馆向亚历山大图书馆看齐,而且还要超

图4　古代的读者在阅读纸草卷

过它。他要把自己的图书馆也办成学术文化中心,聘请了许多有名的学者来到拍加马。他甚至大有挖亚历山大图书馆墙角之意,一度试图劫夺亚历山大图书馆馆长阿里斯托芬,让他在自己的图书馆就职。此事败露后,埃及国王就把阿里斯托芬投入监狱。拍加马的几代国王都热心于搜集和抄写书籍,终于把拍加马图书馆建成为仅次于亚历山大图书馆的古代大图书馆。

这所图书馆同亚历山大图书馆一样,是一所科学研究机构,又是教育中心。像克拉特斯③这样有名的希腊语法学家担任了馆长。

---

① Attalos Ⅰ 或 Attalus Ⅰ,公元前269—前197年,在位是前241—前197年。

② Eumenes Ⅱ,公元前? —前159年,在位是前197—前159年。

③ Krates of Mallos 或 Crates.

羊皮纸

拍加马图书馆逐渐地变成了亚历山大图书馆的劲敌。埃及国王为了阻碍拍加马图书馆的发展，严禁向拍加马输出埃及的纸草纸。拍加马只好把已有的羊皮纸①加以改进，以代纸草纸。羊皮纸两面光滑，书写方便，比纸草纸更为适用。拍加马图书馆的一些藏书是用羊皮纸做成的。这样，从公元前二世纪起，拍加马变成了羊皮纸的贸易中心。

拍加马图书馆的建筑

1878—1886 年，柏林博物馆的考古队发掘了拍加马古迹，终于了解到拍加马图书馆的建筑样式。由于我们对亚历山大图书馆的建筑结构一无所知，所以这一发现更显得意义重大。它给我们揭示了希腊化时代的最典型的图书馆建筑模式。

拍加马图书馆紧靠着雅典娜②神殿，这是古代图书馆的重要特征之一。拍加马图书馆是二层楼的建筑，围绕着一个大庭院。图书馆的入门处用各种雕刻装饰着。楼里有四个房间，其中最大的房间，宽狭有 42×50 英尺，屋里中央搁放着雅典娜女神的大雕像和小亚细亚名家以及荷马等人的碑文。在这间屋的三面墙前搁置着长凳，凳子后边是壁橱，可以放置书籍。长凳也许用来取拿高处的书籍，或许用来隔开读者和书橱。柱廊是读书的地方。有一、两间房子是书库。这种希腊化时期的典型的图书馆建筑，可能由上述克拉特斯介绍给罗马人，而后被他们采用。

公元前 133 年，拍加马国王阿塔罗斯三世③把自己的王国让

---

① 羊皮纸的外文字 Pergament，是从拍加马（Pergamum）一字转化而来的。

② Athena，希腊神话中的智慧女神。

③ Attalos Ⅲ 或 Attalus Ⅲ，公元前约 171—前 133 年，在位是前 138—前 133 年。

与罗马。从此,拍加马图书馆对罗马的文化教育的发展起了进一步的促进作用。

据古希腊作家普鲁塔克①记载,拍加马图书馆的藏书共达20万卷。如前一节所述,据传这一大批书于公元前41年由罗马政治家马可·安东尼赠给埃及女王克娄巴特拉七世,成为亚历山大图书馆的藏书。

其他图书馆

希腊化时代,从亚历山大帝国分裂出来的还有一个塞琉西王国②,即中国史籍所称的"条支"。该国系亚历山大大帝的部将塞琉古一世③所建,领有西起小亚细亚、叙利亚,东达伊朗高原东部的广大地区。其首都安提奥克④位于土耳其南部、奥龙特斯河⑤畔。国王安提奥克斯三世⑥在这里建造了剧院、美术馆和图书馆。公元前200年左右,这所图书馆的馆长是有名的希腊史诗诗人、语法学家欧福里恩⑦。

据说,在叙利亚的阿帕麦亚⑧曾有过藏书2万册的大型图书馆。在小亚细亚的以弗所、塔索斯⑨、斯麦那⑩等地的神庙里,也有

---

① Plutarchos 或 Plutarchus,约46—约125年。

② Seleucid.

③ Seleukos Ⅰ 或 Seleucus Ⅰ,公元前约358—前280年,在位是前304—前280年。

④ Antioch.

⑤ Orontes,又名阿西河(Asi)。

⑥ Antiochos Ⅲ 或 Antiochus Ⅲ,公元前242—前187年,在位是前223—前187年。

⑦ Euphorion of Chalcis,公元前约276—?。

⑧ Apamea.

⑨ Tarsus.

⑩ Smyrna.

过图书馆。这些图书馆在古罗马时代更加发展了。

希腊化时代，在希腊本土，图书馆更为普及。杰出的古希腊历史学家波利比乌斯①说，由于雅典的图书馆甚多，西西里的历史学家提迈俄斯②不得不用 50 年的光景，在这些图书馆翻阅史料。

公元前 300—前 100 年间，雅典有一所高等学校，这所学校的图书馆具有相当的规模。该校有个规矩：每个学生必须给学校图书馆赠送 100 本书，作为晋级的礼品。希腊化时代，这样的学校图书馆在各大城市相当普遍。教科书和作业本的残片在埃及、罗得岛等地多次出土，足以证明这一点。

波利比乌斯还说，当时任何一个市民都有权利用希腊各城市的图书馆。看来，此时希腊的图书馆开始公共化了。不过，图书馆的公共性当然是限于贵族和平民，并不包括广大的奴隶。

古代希腊的文化在希腊化时代普及到了东方诸国，并在那里开花结果。而这些文化遗产，除了雕刻和建筑之外，都作为书籍保存在图书馆，然后传给了古代罗马。我们将在古代罗马时期看到希腊化文化（其中包括图书馆）的延续和发展。

1.6 古代罗马的图书馆

古代罗马在公元前六世纪后半叶，开始发展成为奴隶制国家。从公元前三世纪中叶到前二世纪中叶，罗马人通过布匿战争③、马

---

① Polybios 或 Polybius，公元前约 201—前约 120 年。

② Timaios 或 Timaeus，公元前约 356—前约 260 年。

③ 古罗马与迦太基争夺地中海西部统治权的战争。共三次：第一次是公元前 264—前 241 年，第二次是前 218—前 201 年，第三次是前 149—前 146 年。迦太基系腓尼基人的殖民地，因罗马人称腓尼基人为布匿（Poeni），故名。

其顿战争①等多次侵略战争,征服了迦太基②、西班牙大部分以及马其顿、希腊诸地区。古罗马的农业、工商业和高利贷业相当兴盛,奴隶制经济获得了巨大发展。

本来,罗马人多数从事农业和商业,对文学艺术不十分感兴趣。因此在较长时间,他们极少收藏书籍,也谈不到建立图书馆。然而,征服了希腊等国之后,罗马人开始接受了希腊文化。正如杰出的罗马诗人贺拉斯③所说的,"被征服的希腊驯服了野蛮的征服者。"古代罗马文化是希腊文化的继续和发展,它逐渐成为古典文化的重要组成部分,对后来的西方文化有着相当的影响。

私人图书馆

古罗马的军队所到之处,野蛮地毁坏了当地的文化。他们作为战利品带回了许许多多文物,例如,雕刻和布帛、珍珠和财宝、象牙和器皿等等。不仅如此,罗马人还运回了大批图书和文献。看来,古代罗马的最早几个像样的私人图书馆就是由这些运回罗马的书籍建立起来的。

公元前 168 年,罗马将军保罗斯④打败了马其顿国王柏修斯⑤。罗马士兵抢劫了马其顿宫殿的奇珍异宝。有点学者气派的保罗斯却说,我不要别的,只要图书馆,对子孙后代来说,图书馆比金银财宝还有价值。据说,这是图书作为战利品被带回罗马的开端。

除了图书之外,罗马人还带回一些文化人和有一定文化水平

---

① 罗马征服巴尔干半岛中部的马其顿王国的战争。共三次:第一次是前 215—前 205 年,第二次是前 200—前 197 年,第三次是前 171—前 168 年。

② Carthago,非洲北部(今突尼斯)的奴隶制国家。

③ Quintus Horatius Flaccus,公元前 65—前 8 年。

④ Lucius Aemilius Paulus,公元前 229—前 160 年。

⑤ Perseus,公元前 212—前 166 年。

的奴隶。这些人对传播希腊文化起了一定的作用。大约在公元前
159 年，拍加马图书馆馆长克拉特斯作为拍加马王国的使者访问
了罗马的元老院。看来，他在罗马的讲学，引起了人们对图书馆的
兴趣。

以后，罗马征服者把图书作为战利品带回本国，视为常事。如
前所述，公元前 86 年，罗马将领和独裁者苏拉攻破了雅典，带回了
阿佩利孔的藏书。据说，其中还包括亚里士多德的私人图书馆的
书籍[1]。此批珍藏之迁至罗马，对促进该城的学术文化的发展起
了很大作用。苏拉在罗马自己的住宅里设置了图书室，还聘请了
两位图书管理员。一位是古代罗马最早的图书馆员梯拉尼恩[2]，
另一位是希腊哲学家安德罗尼克斯[3]。后者把亚里士多德的著作
整理、分类、编目并加以出版。关于前者的生平，下边还要提到。
后来苏拉把这一藏书传给儿子。

罗马统帅鲁库鲁斯[4]于公元前 67 年征服了小亚细亚，带回了
许多书籍，其中包括小亚细亚的希腊化小国本都[5]王国的王室图
书馆的藏书。这些图书都作为个人藏书保存起来，但对一些学者
还是开放的。

在学者当中也出现了藏书家。例如，西塞罗的私人藏书是很
有名的。他把自己的图书馆称为我家的"灵魂"。他也请梯拉尼
恩来帮助整理自己的藏书。梯拉尼恩原先是一个俘虏，被鲁库鲁
斯从罗得岛带回罗马，不久获得解放，成为希腊文教员。后来，他
可能依靠图书贸易致富，并结识了当时罗马的许多学者和政治家。
他作为罗马最早的图书管理员，在整理书籍和编制目录方面得到

---

① 见本书第 17 页。
② Tyrannion.
③ Andronicus of Rhodes，公元前一世纪。
④ Lucius Licinius Lucullus，公元前约 106—前 57 年。
⑤ Pontus.

了好评。

　　当时被称为"最博学的"瓦罗①也拥有大规模的私人图书馆。他的著作涉及语言、宗教、法律、风俗、政治制度、哲学、地理等方面。他还写了一部失传的论著——三卷本的《论图书馆》②。在私人图书馆当中，藏书最多的应当算是公元三世纪的医生萨莫尼克斯③，他的藏书超过 6 万卷。老、小普林尼也拥有大图书馆。老普林尼④是古罗马的大博物学家，写有 37 卷的《自然史》⑤。书中列出大约 2,000 本参考书目，显然，他与国内外的学者有广泛的接触。老普林尼的辛勤是难于置信的，无论是在旅途上、在散步时，或是在浴室以及其他地方，他到处读书，做笔记。公元 79 年，维苏威⑥火山大喷火时，普林尼牺牲于自己的科学求知欲。他想观察火山喷火时可怕的自然现象，因靠火山太近，被毒瓦斯毒死。他的侄子小普林尼⑦把一所图书馆赠给自己的家乡科门城⑧。他为这个图书馆题词说，希望这所图书馆能够使年青人从游戏和赌博转向学问。

　　从十八世纪起，英国的勘察队着手发掘公元 79 年维苏威火山大爆发后被埋没的赫库兰尼姆城⑨。他们从恺撒的岳父皮索⑩家族的家中发现了大约 1,800 卷的纸草卷，其中大部分是希腊文的，小部分是拉丁文的。纸草卷是被保存在木盒子里的。从其他残片

---

① Marcus Terentius Varro，公元前 116—前 27 年。

② *De bibliothecis.*

③ Sammonicus.

④ Gaius Plinius Secundus，23—79.

⑤ *Naturalis historia.*

⑥ Vesuvio，欧洲大陆唯一的活火山，在意大利南部那不勒斯东南 10 公里处。

⑦ Gaius Plinius Caesilius Secundus，62—113.

⑧ Comum，现名 Como，在意大利北部。

⑨ Herculaneum.

⑩ Lucius Calpurnius Piso Caesoninus.

来判断,原来的藏书约有 3,000 卷,大部分是哲学书,也有小量医学和文学评论方面的书籍。由此可见,当时有教养的罗马人是热心于搜集希腊书籍的。这是迄今被发掘的唯一的古罗马私人图书馆。这次被发现的纸草卷现在保存在那不勒斯①博物馆。

如前所述,在古代罗马的贵族和富人当中,藏书之风逐渐兴起。图书的收集、整理和保管都交给有文化的奴隶或书商来做。他们的藏书可以供亲友或学者使用,但他们本人多半是不看书的,他们之所以设置私人图书馆,多数人不是为了从事学问,而是为了装饰私邸。难怪,罗马的哲学家、政治家塞涅卡②把这些人讽之为蠢驴听琴。他说:"当前,图书馆被看成是必备的装饰品,像热水浴和冷水浴设备一样。"他又说:"他们拥有数不清的图书和图书馆,但在自己的一生中连这些书的书名也都没有看过,那么这些书和图书馆对他们究竟有什么用处呢?"

公共图书馆

在古代罗马,除了私人图书馆外,还出现了许多公共图书馆。恺撒曾经准备建立一所可与亚历山大图书馆相媲美的大图书馆。他委任上述大学问家瓦罗来筹建一所规模宏大的公共图书馆。但是,恺撒还没有完成这一计划,就在公元前 44 年 3 月 15 日被密谋者刺杀。

数年之后,恺撒的部下波利奥③实现了他的遗愿。波利奥于公元前三十年代在罗马城内的阿温提努斯④小山的自由神庙⑤里设立了罗马第一个公共图书馆。跟私人图书馆一样,这所公共图

---

① Naples, Napoli(那波利),在罗马东南方向。
② Lucius Annaeus Seneca,公元前约 4—公元 65 年。
③ Gaius Asinius Pollio,公元前 76—公元 5 年。
④ Aventinus.
⑤ Atrium Libertatis.

书馆的藏书,有一部分也是波利奥在达尔马提亚①打胜仗时所获的战利品。另一部分是上述苏拉和瓦罗的藏书。这所公共图书馆也收藏希腊文和拉丁文书籍。正如老普林尼在《自然史》一书中所说的,"波利奥是头一个把人们的聪明才智变成为公共财富的人。"波利奥原先是军人,公元前40年当过执政官,不久退出政治舞台,埋头著述,写过悲剧和历史书,是罗马共和国末期的雄辩家之一。波利奥按照恺撒的意愿而建立的这所图书馆,是罗马最早的公共图书馆。

恺撒的继承人奥古斯都②,表面上保留了罗马共和政体的躯壳,实际上实行了帝制。古代罗马从此进入了帝国时期。奥古斯都一面发动对外战争,一面又大兴土木,奖励文化,罗致文人。他在即位期间建立了两个图书馆。第一所图书馆于公元前33年在十分壮丽的屋大维亚门廊③建造。这一建筑物是献给奥古斯都的姐姐屋大维亚④的,故名。门廊的第一层是大走廊,图书馆在第二层。这所图书馆开办了一百多年,直到公元80年梯特⑤皇帝时被大火烧毁为止。

奥古斯都建立的第二所图书馆于公元前28年设置在帕拉丁丘⑥上的阿波罗⑦神庙内。据说,该馆是为庆祝公元前31年奥古斯都在阿克蒂恩⑧之役战胜罗马统帅安东尼和埃及女王克娄巴特

---

① Dalmatia,今南斯拉夫西部。
② Augustus,公元前63—公元14,在位是公元前27—公元14年。
③ Porticus Octaviae.
④ Octavia,?—公元前11年。
⑤ Flavius Vespasianus Titus,39—87,在位是79—87年。
⑥ Palatine.
⑦ Apollo,太阳、音乐、诗、健康等的守护神。
⑧ Actium,位于希腊西部爱奥尼亚群岛(Ionian Is.)的阿尔塔(Arta)湾入口处。是年9月2日,双方舰队相遇于阿克蒂恩海面。安东尼和克娄巴特拉败北,逃至埃及,相继自杀。从此罗马共和国寿终正寝,奥古斯都掌握了大权,成了实际上的罗马皇帝。

拉而建立的。这个图书馆同古代罗马的其他图书馆一样,分成两个部分——希腊文图书部和拉丁文图书部。有名的著作家希吉奴斯[①]曾经担任过该馆馆长。他是西班牙的奴隶(有一说是亚历山大城出身),后来被解放,写有历史、考古、宗教、天文学、地形测量等方面的书籍。该馆后来由皇帝提比利乌斯[②]和卡利古拉[③]加以扩建,但在韦斯帕西安[④]统治时期被焚,后由多米齐安[⑤]再建,一直开办到公元四世纪。

奥古斯都之后,历代的罗马皇帝都致力于公共图书馆的建设。奥古斯都的继承人提比利乌斯于大约公元 20 年在帕拉丁丘的宫殿里开设了一个公共图书馆,它的藏书一直被保存到公元三世纪。韦斯帕西安于公元 71 年在罗马的和平神庙建立了一个公共图书馆。它于 191 年被烧毁,但由皇帝谢维路斯[⑥]再建,一直存在到公元四世纪。多米齐安修复了尼禄[⑦]统治时期公元 64 年被罗马大火烧毁的图书馆和其他公共建筑。

然而,古罗马最大的图书馆应当说是皇帝图拉真[⑧]于公元 113 年在他的神庙建造的乌尔皮亚图书馆[⑨]。这是一所古代大型图书馆,仅次于亚历山大图书馆和拍加马图书馆。该馆的希腊文图书部和拉丁文图书部构成了图拉真的神庙的东西两侧,壮丽的圆柱高耸于神庙的中央。这所图书馆还保管政府的文件档案。馆内还

---

① Hyginus.

② Tiberius,公元前 42—公元 37,在位是 14—37 年。

③ Caligula 是绰名,真名是 Gaius Julius Caesar Germanicus,12—41,在位是 37—41 年。

④ Titus Flavius Vespasianus,9—79,在位是 69—79 年。

⑤ Titus Flavius Domitian,51—96,在位是 81—96 年。

⑥ Lucius Septimius Severus,146—211,在位是 193—211 年。

⑦ Claudius Caesar Augustus Germanicus Nero,37—68,在位是 54—68 年。

⑧ Marcus Ulpius Trajanus,53—117,在位是 98—117 年。

⑨ Bibliotheca Ulpia,见本书第 36 页图 5。

有剧场和讲演厅,并设有大浴池。看来,说它是公共图书馆,还不如说是近似富豪们的俱乐部。这所图书馆一直存在到公元455年,即西罗马帝国灭亡前20年左右。

如上所述,恺撒的遗愿由后来历代皇帝付诸实现了,建立公共图书馆的传统一直延继了400多年。据古代旅行指南《罗马奇迹》①一书记载,在公元四世纪初,仅在罗马一地就有28所以上的公共图书馆。

除了首都罗马之外,估计各大城市也有公共图书馆,只因有关史料甚少,无法了解详情。这些地方图书馆大部分也附设在神庙内部。有的似乎是皇帝出资建造的,有的可能是富人赠献的。据说,小普林尼捐款建立了米兰②图书馆。皇帝哈德里安③非常喜欢希腊文化,他在雅典建立了一所大图书馆。从发掘出来的这所图书馆的遗迹看,它是方形的,四周是柱廊,共有120个圆柱,楼里有许多大房间,都是用雪花石膏和金子装饰的,里边放着绘画和雕像,还有阅览室和讲演厅。也是在雅典,有一个叫潘泰诺斯④的大实业家大约于公元100年建立了一所图书馆,献给雅典市民和图拉真。除了雅典外,罗马人还在希腊的科林斯⑤、德尔非⑥和帕特拉索⑦建立了图书馆。在小亚细亚的以弗所、哈利加纳苏斯⑧、安提奥克和斯麦那,也有图书馆。

在安提奥克,有一个图书馆是商人马龙⑨赠款建立的。马龙

---

① *Mirabilia Romae.*
② Milano(Milan).
③ Publius Aelius Hadrianus,76—138,在位是117—138 年。
④ Pantainos.
⑤ Corinth.
⑥ Delphi.
⑦ Patrasso.
⑧ Halicarnassus.
⑨ Maron.

从事航海事业而致富。他一心要向安提奥克人表示感谢,才有此举。在以弗所,有一个罗马人叫阿奎拉①,他以其父亲的名义赠献了一个图书馆。

在非洲的迦太基和塔牟加第②,还有马西里亚③和西班牙的科尔多瓦④也有图书馆。

图5　乌尔皮亚图书馆(想像图)

首都罗马和地方各城市的这些图书馆,一般都附设会堂和讲演厅,广泛地为识字的市民开放,逐渐具有公共图书馆的性质。

古代罗马在进入帝制之后,公共图书馆事业如此发展,并不是偶然的。在这一时期,古罗马的教育较前普及,识字的市民逐渐增多,因而对书籍和图书馆的需要增加了。这些图书馆对巩固罗马

---

① Aquila.

② Thamugadi 或 Timgad.

③ Massilia,现在的马赛(Marseille)。

④ Córdova.

的奴隶制政权是起了作用的。

图书馆的组织和管理

古代罗马的图书馆目录由于缺乏史料,迄今无法了解其详情。估计罗马人所编的目录近似亚历山大图书馆的《皮纳克斯》目录。

古代罗马的公共图书馆馆长,初期大都是著名的学者,正如古希腊的图书馆馆长一样。从碑文等历史材料可以知道一些馆长的名字。例如,奥古斯都在位时的馆长是希梅纳乌斯①,他还是一位医生。亚历山大出身的修辞学家狄奥尼修斯②从尼禄到图拉真的统治年代担任馆长,并曾任皇帝的秘书。哈德里安皇帝在位时的馆长是韦西努斯③,他后来主持亚历山大博物馆的馆务。大约从二世纪起,经过了多次的政府行政改革,罗马城里的全部公共图书馆都由行政长官管理,但馆内的专门业务还是由学者担任。

一般馆员大部分是国家的奴隶④或被解放的奴隶,因而早期罗马的图书馆员的社会地位是相当低贱的,这同兴旺时期的亚历山大图书馆和拍加马图书馆的馆员地位是无法比拟的。但随着图书馆的增多,馆员的地位也逐渐提高,分工也趋于专业化,馆内也有了不同的称呼,如馆长(procurator bibliothecarum),馆员(abibliotheca),副馆员(vilicus a bibliotheca),助理馆员(servi vilicia bibliotheca)之类的等级。这些馆员除了从事图书的采购、修补、摘录、排列等工作外,有的还从事抄写或翻译。馆员里也有不少女性。

图书馆的读者,显然是学者、学生、官吏、富人和从事文字工作

①   Hymenaeus.

②   Dionysius.

③   C. Julius Vesinus.

④   在罗马,奴隶分为属于国家的和属于私人的。前者被使用于公务,如建筑水道、修铺道路、从事庙宇的仆役、差使、狱卒等低级公务。

的人。老普林尼说，来馆借书的包括"普通的放羊人、农民和工匠等群众"。但这一记载不是没有可疑之处。当时这些比较贫困的罗马平民不大可能有那么高的阅读能力。罗马的所谓"公共"图书馆，其公共性恐怕只限于贵族、比较富裕的平民和一些知识分子。

当时的读者并不是随便能够在馆内浏览馆藏的，而是需要提前把自己的要求告诉图书馆，然后办理一定的借书手续。借书时间也很有限，例如，在雅典出土的一个图书馆的墙壁上刻有如下的借书规则："本馆任何书籍不得携出馆外，吾人曾宣誓，坚决执行此条规则。本馆开放时间为上午七时至中午。"看来，公共图书馆的书籍一般只能在馆内阅读，私人图书馆的书籍则多半可以借给自己的亲友。

图书馆的建筑

公元前一世纪的罗马著名建筑学家维特鲁维厄斯[1]留下了 10 卷本的《论建筑》[2]，其中谈到私人图书馆的建筑设计。他认为，图书室应当光线充足，一要便于阅读，二要防潮，以利于纸草纸的保存。

古代罗马的公共图书馆建筑，似乎同拍加马的图书馆建筑很相似。如前所述，图书馆大部分是同神庙毗连的，尽管它的藏书并不全是宗教书。神庙当然是壮丽豪华的建筑物，因此图书馆作为它的连接部分，也是一所宏伟的建筑。从图书馆到神庙的本殿，一般都由一条柱廊相连接。馆内设有阅览厅，也有柱廊，可供读者们一面走动，一面讨论问题。有些图书馆还设有讲演厅，在这里可以朗读一些作家的作品。大部分图书馆的正厅都安置着神像。例

---

[1]　Marcus Vitruvius Pollio.

[2]　*De architectura.*

38

如,罗马的阿波罗神庙的图书馆就安置有 50 英尺高的青铜的阿波罗神像。正厅周围一般还放着著名学者和作家的雕像,正似他们的永世不朽的灵魂此时此地同你说话一般。馆内还有许多其他装饰品。为了保护眼睛,一般都避免用金色的地面,而铺上绿色大理石。纸草卷是忌讳潮湿的,所以书库常常是采用内、外双墙的结构,两墙之间有一条狭小的通道。在古代埃及,纸草卷是保存在墙壁凹入处的壁龛里,后来在古罗马,珍贵的纸草卷则被保存在名为阿尔码利乌姆①的书柜里。阿尔码利乌姆用优质木料制成,常常还用象牙镶嵌,有时还带有精致的雕刻。阿尔码利乌姆一直被使用到中世纪末。

书商

图书馆的发展同书籍的出版发行是分不开的。罗马的书商大部分是兼营出版和出售的。罗马最早的大书商是阿梯克斯②。他是一个大富翁,又是一个学者。他雇佣一批精通语文的人士,使用许多有文化的奴隶,从事希腊文和拉丁文书籍的抄写工作。他的图书贸易与亚历山大城的图书贸易相差不远。他是西塞罗的好友,经常把一些孤本书供给西塞罗。

书籍的出版和出售事业的大规模发展,大约是在奥古斯都统治时期之后。书商大部分是平民。书店里设有阅读室,被订购的书就在书店里的抄写间抄写,这样的书商在罗马城里有好多家。后来书商从罗马发展到各城市,甚至在高卢③、西班牙、北非等地也有了书商。古罗马还不存在著作权。书价并不十分昂贵,这是

---

① Armarium.

② Titus Pomponius Atticus,公元前 109—前 32 年。

③ Gallia 或 Gaul,古地名,包括意大利北部波河流域以及法国、比利时、卢森堡、荷兰、瑞士的一部分。

因为抄写大部分依靠奴隶劳动的缘故。

书籍的查禁

图书的审查和查禁，无疑在古罗马以前就存在了，只是先人没有留下有关的史料罢了。到了公元前五世纪，罗马就设置了"监察官"①一职，专门从事调查户口、检查社会风纪以及追查人们的阅读情况。

古代罗马的禁书是有据可查的。如前所述，奥古斯都亲自下令设立了图书馆，但他讨厌诗人奥维狄乌斯②的作品，于是下令查禁，还把他本人流放到黑海附近。此间的详情由来，不甚明了，但奥维狄乌斯写了许多猥亵的诗和色情作品，查禁很可能与此有关。

戴克里先③整顿税制和币制，颁布了限定物价的敕令。他深怕有人伪造货币，于是查禁了所有炼金术以及有关金银的书籍。戴克里先跟以前的多数皇帝一样，压迫和镇压基督教徒，当然督基教的书籍遭到了严格的查禁。戴克里先在公元303年曾经试图关闭全部基督教的图书馆。

后来，基督教的合法地位被国家承认，主教们逐渐得势，于是他们就毁坏非基督教的图书，致使许多古代名著失传。例如，狄奥多西一世④于公元392年发布法令禁止异教，承认基督教为国教，他在前一年就力图毁掉所有的非基督教的图书馆。据说，在他的指示下，亚历山大城的萨拉匹斯神庙被毁，几乎全部书籍都被烧掉，取而代之的是一个基督教教堂的小小的图书馆。

由于这些基督教徒毁坏了异教徒的书籍，也由于后来穆斯林

---

① Censor，后来西方各种文字所用的"审查"一词，均来自这一拉丁字。

② Publius Ovidius Naso，公元前43—公元约17年。

③ Gaius Aurelius Valerius Diocletianus，245—313，在位是284—305年。

④ Theodosius Ⅰ，346—395，在位是379—395年。

执行了图书检查制度,致使珍贵的古代优秀作品散亡失传,否则我们现在能够看到的古代希腊罗马的作品远远不止这些。

基督教的图书馆

基督教徒在罗马帝国的初期,受到了种种压迫和迫害。但是到了公元二世纪,信仰基督教的人越来越多,由教徒自己建立的图书馆开始出现了。主教亚历山大①早在公元 250 年以前,就在耶路撒冷②创办了基督教的图书馆,它后来成为基督教文献的集中点之一。公元三世纪,亚历山大城是基督教教义的研究中心。希腊神学家、后来成为基督教徒的克里门特③在著述时利用了 348 个作家的书籍,足见他曾有机会利用了相当规模的图书馆。他的学生奥利金④在亚历山大城开办了神学校和图书馆。这所图书馆还附设一间抄写室。公元四世纪中叶,罗马皇帝君士坦兹⑤命令该馆抄写圣经。当时的教会为了宣传教义,都致力于图书馆的建设。

如前所述,戴克里先镇压了基督教徒并破坏了几乎全部的基督教的图书馆。但耶路撒冷附近的凯撒利亚⑥的图书馆却得以保存下来。这所图书馆是公元 231 年前后由上述奥利金筹建,后来由他的学生潘菲卢斯⑦建成的。这里收藏着许多古代基督教的文献。教会史的鼻祖尤西比厄斯⑧所写的 10 卷本《教会史》⑨、奥利

---

① Alexander,Bishop of Jerusalem.

② Jerusalem,位于巴勒斯坦地区的中部,世界闻名的古城。

③ Clement 或(Clemens)of Alexandria,约 150—217 年。

④ Adamantinus Origenes,约 185—254 年。

⑤ Flavius Julius Constans,约 323—350 年,在位是 337—350 年。

⑥ Caesarea.

⑦ Pamphilus of Caesarea,? —309.

⑧ Eusebios of Caesarea,约 263—339 年。

⑨ *Historia ecclesiastica*.

金所编的《六文本合参》①等等都是靠这里的丰富的资料编写的。有名的基督教教父、神父、《通俗拉丁文本圣经》②的译校者圣哲罗姆③,在公元四世纪曾经在这个图书馆工作过。

公元325年基督教被君士坦丁大帝④承认之后,基督教图书馆迅速发展起来。圣哲罗姆先在凯撒利亚学习,后去罗马当了教皇的秘书。教皇图书馆的建立,很可能与他有关。他自己也有很大的图书馆。这个私人图书馆不仅藏有神学的书籍,也有很多非宗教的图书。

基督教思想家奥古斯丁⑤宣扬"原罪说",声称人生来都是有罪的,只有信仰上帝才能得救。他后来任北非希波⑥的主教,在那里建立了神学书和非神学书并藏的私人图书馆。他死后,把图书馆交给了教会,并在遗嘱中着重交代了如何组织和利用这个图书馆。公元五世纪初,诺拉⑦的主教保利努斯⑧还在自己的家里开辟了一间阅览室,供教徒阅读宗教书籍。

在北非的兹尔塔⑨,在欧洲的里昂⑩、特利夫⑪,后来在阿尔⑫也建立了教会图书馆。

---

① *Hexapla*,亦译《六栏圣经》,把《旧约圣经》几种不同的希伯来文本与希腊文本,分成六栏抄录,加以对照。原作共50卷,约在公元240—245年完成,存放在凯撒利亚图书馆。七世纪时丢失,今仅存抄本残片。

② *Vulgata.*

③ Jerome 或 Hieronymus,一译热罗尼莫,约340—420年。

④ Gaius Flavius Valerius Constantinus,约274—337年,在位是324—337年。

⑤ Aurelius Augustinus,354—430.

⑥ Hippo,在阿尔及利亚的安纳巴(Annaba)。

⑦ Nola,在意大利那不勒斯的东北部。

⑧ Meropius Pontius Anicius Paulinus,353—431.

⑨ Cirta.

⑩ Lyon,法国东南部大城。

⑪ Trèves,现在联邦德国的特利尔(Trier)。

⑫ Arles,在法国的东南部。

基督教图书馆有一个特点，即逐渐以羊皮纸代替纸草纸。羊皮纸的优点是：有耐久性，取放方便，可以在正反两面写字等等。例如，上述潘菲卢斯在凯撒利亚建立的图书馆，就是遵照圣哲罗姆的命令，把已经破碎的纸草卷重新抄写在羊皮纸上。该馆的羊皮纸图书藏有 3 万册，其余是纸草卷。随着基督教的普及，羊皮纸的使用范围扩大了。

古代罗马图书馆事业的衰落

罗马帝国在公元三世纪开始受到蛮族的侵略，国内的阶级矛盾也日趋尖锐，罗马帝国逐渐衰弱下来了。古罗马的许多图书馆，有的毁于大火和其他自然灾害，有的遭受战争的破坏和蛮族的抢劫。那么多的图书馆，没有一所能够逃脱毁灭的恶运。有些纸草卷被个别有识之士保存下来，后来转交给中世纪的修道院图书馆，有些则转送到东罗马帝国首都君士但丁堡①，才幸免于毁灭，但是更多的古典作品是永远失传了。

公元 395 年，狄奥多西一世去世后，罗马帝国终于分成两个部分——东罗马帝国和西罗马帝国。东罗马帝国以君士但丁堡为都，因君士但丁堡旧名拜占庭②，故东罗马帝国亦名拜占庭帝国。西罗马帝国仍以罗马为都。

如前所述，公元 392 年狄奥多西一世颁布法令禁止异教，下令封闭所有设在神庙里的非基督教的图书馆。此时，古代罗马帝国的图书馆已是奄奄一息。正如历史学家阿米亚努斯·马尔策利努斯③在公元 378 年前后所说的，"图书馆像坟墓一样永久被关闭了"。

---

① Constantinople，现伊斯坦布尔（Istanbul），扼黑海咽喉。
② Byzantium.
③ Ammianus Marcellinus，约 330—395 年。

原来,在罗马帝国,希腊文化和拉丁文化是并存的。帝国一分为二之后,东西两方的学术交流逐渐减少了,西罗马帝国的图书馆也不再注意收藏希腊文的图书,而东罗马帝国的图书馆则着重收藏希腊文的书籍。随着基督教势力的扩张,非基督教的古代文化衰退了。

　　古代罗马的图书馆经不住蛮族的大肆入侵。公元476年西罗马帝国灭亡。灿烂的古代文化的火炬被吹灭在黑暗的中世纪。古希腊和古罗马的图书馆,作为古代文化的一翼,也受到中世纪的宗教势力的践踏。西方图书馆事业的苏兴还要等待900年,即等到十四—十六世纪的文艺复兴时期了。

第二章　中世纪初期和中期的图书馆

2.1　拜占庭帝国的图书馆

如前一章所述,罗马帝国于公元 395 年分裂为东罗马帝国和西罗马帝国。后者在公元 476 年被来自北方的蛮族所灭,前者却继续存在了一千年,直到 1453 年覆没为止。

东罗马帝国又以拜占庭帝国闻名于世,经过复杂的发展过程,大约在公元六世纪从奴隶制国家变成封建国家。拜占庭帝国把罗马帝国的政治传统、古代希腊文化和基督教三者融为一体,形成了一个独自的文化体系。拜占庭文化的希腊色彩多于拉丁色彩。当西欧沉沦在愚昧无知的黑暗世界的时候,拜占庭帝国却保持着大批学校。拜占庭不仅比西欧富庶,而且要文明得多。拜占庭的很多图书馆和修道院把许多希腊和罗马的古典保存了下来。到了十四、十五世纪,这些古典的复本传到了意大利和欧洲其他地区,促进了文艺复兴的到来。

王家图书馆

君士坦丁大帝和西罗马皇帝利西尼厄斯[①]于公元 313 年共同颁布了米兰敕令,承认基督教的合法地位。君士坦丁大帝于公元

---

① Valerius Licinianus Licinius,? —324,在位是 308—324 年。

330 年迁都拜占庭,命名该城为君士坦丁堡。他离开罗马的原因之一,就是异教徒的势力在罗马相当雄厚。迁都不久,他就在新都建立了王家图书馆,为的是收集和保存基督教的图书和文献。他派遣专人前往全国各地搜集这一类书籍。据说,在他去世时,该馆藏有大约 7,000 卷纸草卷。

君士坦丁一世的继承人尤利安①企图挽救异教徒过去的地位。基督教教会不得不把没收的财产归还异教神庙,基督教徒的讲学被禁止。看来,尤利安也毁坏了王家图书馆的一些基督教书籍。因此基督教徒给他一个绰号"背叛者"。可是,尤利安恢复异教的企图没有成功,以后历代皇帝都保护了基督教,把它作为统治的工具。于是,这所王家图书馆的藏书日益增多。据说,在公元475 年前后,它的总藏书

图6　书痴在读书

量已达 10 万卷以上,成为当时世界最大的图书馆。公元 477 年吉农②统治时期,大火烧坏了这所图书馆的大部分,但吉农立即加以重建和扩大。

①　Flavius Claudius Julianus,332—363,在位是 361—363 年。
②　Zenon 或 Zeno,426—491,在位是 474—491 年。

大学图书馆

在君士坦丁堡还出现了大学图书馆。在狄奥多西二世[1]统治时期(408—450年),君士坦丁堡的哲学学院的图书馆建立起来了。这所学校在此后数世纪一直存在,尤其在查士丁尼一世[2]统治时期大为兴盛。大约在公元850年,君士坦丁堡大学建成,不久成为近东最有影响的学府,这所大学的图书馆也逐渐发展,对九至十一世纪的拜占庭文化的发展起了相当大的作用。

《国法大全》

查士丁尼一世的政绩之一就是下令编纂了《国法大全》(一称《民法大全》)[3]。许多学者研究了将近一千年来的罗马的法律书籍共约两千卷,包括历代罗马皇帝颁布的法令和元老院的决议。《国法大全》的编纂,当然以维护统治者的利益为目的。由于商品生产开始在拜占庭帝国的经济生活中起巨大作用,所以调整商品生产者之间的关系在《国法大全》中占有重要地位。因为这部法典彻底实行保护私有制的原则,所以中世纪甚至近代的欧洲各国的法学家都很重视它。当时要编纂如此卷帙浩繁的法律大全,一定有一个法律书籍丰富的图书馆来供给资料,尽管我们没有可靠史料来证明这样的图书馆的规模和地点。

修道院图书馆

在君士坦丁堡,曾经有过东正教主教的图书馆。据说它成立的缘起是君士坦丁大帝赠给教会50卷精致的羊皮纸书籍。但这

---

[1] Theodosius Ⅱ,401—450,在位是408—450年。

[2] Justinianus Ⅰ,483—565,又译尤士丁尼安,在位是527—565年。

[3] *Corpus Juris Civilis.*

所图书馆后来发展的详情,不得而知。当时各地的修道院大半都有规模不同的图书馆或图书室。位于希腊阿克特半岛①终端的圣山②修道院图书馆,因能维持到现在而著名。它现在还收藏着乐谱和大约 11,000 件写本。

福蒂乌斯和他的《古文苑》

君士坦丁堡的大主教福蒂乌斯③是公元九世纪最有名的神学家和政治家,同时也是图书搜集家、图书解题专家和百科全书编纂者。他编纂的《古文苑》④是从 280 篇古代希腊罗马作品的详细摘录和对它们的评论。这是一部非宗教性的很有价值的作品,可惜大部分都散失了。为了编纂这部百科全书式的作品,福蒂乌斯或许自己备有私人图书馆,或许利用过相当规模的图书馆。他的学生、凯撒利亚大主教阿勒塔斯⑤有自己的图书馆,倒是有据可证的。这个图书馆的一部分书,现在保存在牛津大学的中央图书馆,其中一本还有当时的记载:购书日期——888 年、书价——相当于现在的 60 美元。拜占庭文化的繁荣时期——公元九世纪至十二世纪,私人图书馆的设置在知识分子中间并不是稀罕的事情了。

拜占庭图书馆的历史作用

十二世纪以后,拜占庭帝国逐渐衰弱了。1453 年,君士坦丁堡被土耳其人攻陷,有一千年历史的大帝国灭亡了。

拜占庭文化对西方文化的重大贡献之一就是,拜占庭保存了西方在中世纪散失的许多希腊罗马的古典作品。罗马的法令、希

---

① Acte,在希腊东北部。
② Athos Mountain,临爱琴海。
③ Photios,约 820—约 891 年。
④ *Myriobiblion* 或 *Bibliotheca.*
⑤ Arethas,? —932 年以后。

腊的文学、历史、神学以及早期基督教的文献等等,其内容之丰富,数量之可观,诚然使后人惊叹不已。可以说,这些人类的宝贵文化遗产,是被拜占庭的图书馆"拯救"下来的。十二世纪以前,已经有一些文献开始从君士坦丁堡流转到西方,但在这以后,羊皮纸文献的出售变成为从东方到意大利及西欧各国的主要商品交易之一。这些古典作品从东方流回西方,无疑对文艺复兴的到来起了不可忽视的作用。

2.2 中世纪的回教图书馆

回教的产生

公元七世纪,在拜占庭帝国的东部,回教徒的势力逐渐增强起来。以阿拉伯人为主的这些回教徒建立了庞大的国家。在八世纪,其领土扩大到东至印度与中国交界,西至非洲西北部以及欧洲的南部和东部,远远超过了古代大帝国——亚历山大帝国和罗马帝国的版图。

在八、九世纪,阿拉伯人的封建关系逐渐形成。阿拉伯封建制的特征之一,就是在封建制度内保存着奴隶制度的要素。大批奴隶在那里仍然从事最辛苦的工作——水利工程建设、打石场、矿井和棉田上的劳动等等。随着这种阿拉伯封建制的发展,产生了高度的、多民族的、多样化的回教文化。它不仅对西欧社会和中国等亚洲国家发生了影响,而且对全人类的文明的进程也起了很大的作用。

回教徒信仰穆罕默德[①]创立的宗教——回教,即伊斯兰教。

----

① Muhammad 或 Mohammed,Mahomet,约 571—632 年。

他的教义后来编写成回教圣经——《古兰经》（一译《可兰经》）。回教是一神教，信奉真主安拉①。安拉的信徒叫做穆斯林，意即"顺从真主的人"。穆罕默德断言：真主派他来传布"真信"，他是真主的"使徒"和先知。由于回教徒信仰唯一的真主安拉，他们便能利用这种信仰把所有阿拉伯人团结起来。穆罕默德死后，他的"代理人"叫做"哈里发"②，成了政教合一的回教国家的首领。

在回教产生以前，阿拉伯人在世界文化史上的地位是微不足道的。回教文化的精髓是《古兰经》。这部经书的研究和传播，成为回教徒的头等重要的事情。于是，在回教徒国家里涌现出了一大批阿訇和学者，同时也建立了教育机构。为了适应传教的需要，阿拉伯文也逐渐规范化。

中国的造纸术传入阿拉伯

值得大书特书的是，在公元八世纪，中国的造纸术传到了阿拉伯。事情的经过大致是这样的。随着阿拉伯的昌盛，它的东境和中国的西陲日益接近。唐天宝十年（公元751年），两国军队在现在中亚细亚的塔什干附近塔拉斯③地区相触，爆发了一场战争。被俘的唐朝士兵有些是造纸工人，阿拉伯人就利用这些人，开设了造纸厂。他们头一次看到平滑而柔软的纸，啧啧称羡，叹赏不绝！中国的造纸术很快流行全阿拉伯，然后传到欧洲。纸作为书写材料，其优越性确实与纸草纸和羊皮纸难以比拟。由于纸的价格低廉，抄书更为便当，图书的数量更快地增加了。为了传播《古兰经》，需要许多抄写本，因此抄书工作在穆斯林社会是相当普遍的。

---

① Allāh.
② Khalifah.
③ Talass.

阿拉伯人对图书的重视

诚然,回教徒采用武力扩大自己的势力,他们的军事领袖常被认为是一群除了《古兰经》之外对其他书籍弃之不顾的武夫,即所谓"左手持古兰经、右手握剑"的狂信者。其实,回教世界是一个爱好图书的社会,至少这个社会的高等阶层,视书为宝。他们的这种好书癖在历史上是罕见的。应当指出,穆斯林的知识阶层不仅收集宗教书籍,对非宗教书也十分看重。他们求知心之切,跃然纸上。请看阿拉伯史籍所载如下格言:

"求知求知,始自摇篮,止至坟墓",

"穆斯林人人求知,义不容辞",

又

"为求真知,不惜远游中国"。

回教图书馆的发展

回教早期的政治文化中心是叙利亚的大马士革①。倭马亚②王朝于公元661—750年在此建都。历代统治者都致力于教育事业,还建立了一所王家图书馆。起初,寺院和国家的档案也保存在这里,后来于公元689年另行剔出,成立了档案馆,而把王家图书馆改为公共图书馆。这所图书馆从世界各地购买图书或者借来抄写。他们不仅保存回教书籍,还收藏炼金术、医学、星占学、文学、历史和哲学书籍。

伊斯兰文化最繁荣的时期是公元750—1100年的阿拔斯③王

---

① Damascus.

② Umayyad 或 Ommiad,Omayyad.

③ Abbasid.

图7　回教图书馆的内部（阿拉伯彩色画）

朝统治的年代。此时，哈里发迁都巴格达①，在公元 750 年之前，回教徒的势力已经从波斯扩张到西班牙，甚至到法兰西南部。尽管各地有独自的社会背景和历史传统，但逐渐形成了以回教为特征的一个广大的文化统一体。京城巴格达的创建者阿尔—曼苏尔②请求拜占庭的皇帝把数学的写本送给巴格达的图书馆。《一千〇一夜》一书提到的有名的哈里发哈伦·阿尔－拉施德③是以酷爱书籍出名的。这一王朝的早期的多数哈里发也都是如此。大学在巴格达建立起来了。他们把大学研究机构叫做"智慧之家"④。到了哈伦·阿尔－拉施德的儿子马蒙⑤统治年代，"智慧之家"有了飞速的发展。它设有实验室、翻译服务部，甚至还有一个天文观察台。马蒙本人就是一位大学问家。他多方爱护学者，鼓励学术研究。他

---

① Baghdād.

② Al－Mansūr,？—775,在位是 754—775 年。

③ Hārun al－Rashid,约 763—809,在位是 786—809 年。

④ Dār al－Hikmah,House of Wisdom.

⑤ Al－Ma'mūn,786—833,在位是 813—833 年。

还派遣学者代表团前赴拜占庭和塞浦路斯①。他们运回了许多写本，并把它们译成阿拉伯文。可见，阿拉伯人同拜占庭人一样十分崇尚希腊文化。有些希腊作品，迄今找不到原文的，只能依靠这些阿拉伯文译本。

巴格达的图书馆作为贡物接受来自各国和各地的许多手稿。马蒙统治时期，特别着重于自然科学的研究。从印度到西班牙，各地图书馆都把天文学、数学、医学等新资料送到巴格达来。据说，该馆的藏书曾经达到数十万册。这个图书馆对于来自世界各地的学者开放，不管是神学家、科学家、诗人或医生，都可以利用这里的丰富的藏书。图书馆还为他们准备食住。

据说，当时仅巴格达一城就有 30 所公共图书馆和 100 个以上的书商。

除了在巴格达之外，回教图书馆在各地也陆续建立起来。从布哈拉②到木鹿城③，直至通往中国陆路所经过的中亚心脏地带，以及从巴士拉④、大马士革、开罗、阿尔及利亚，直到摩洛哥和西班牙，都有图书馆。1228 年，地理学家亚库特·阿尔－哈马威⑤在木鹿城发现，至少有 12 所图书馆可供读者使用。他说，木鹿城图书馆的借书规则十分松宽，他得以一次借出 200 册以上的书，摆在自己的书斋使用。

公元十至十二世纪正是开罗文化发展鼎盛之时。据说，在十一世纪初，该城各图书馆的总藏书量超过 120 万册，有一所图书馆藏书 10 万册，其中包括 2,400 份《古兰经》的抄本。当时欧洲的修道院图书馆只要能够搜集 100 卷以上的抄写本，早就名声在外

---

① Cyprus，地中海东部的岛国。

② Bukhara 或 Bokhara，现在乌兹别克苏维埃社会主义共和国。

③ Merv，现在土库曼苏维埃社会主义共和国。

④ Basra，位于阿拉伯河右岸，南距波斯湾 120 公里，现在是伊拉克最大港口。

⑤ Yakut al－Hamawi.

了。足见欧洲的修道院图书馆与阿拉伯的图书馆比较相去太远，可谓望尘莫及了。开罗各图书馆的大部分藏书，于 1004 年集中起来，放入哈里发哈基姆①建立的"智慧之家"。据说，总册数多达 60 万册。任何志学之士都可以利用这所图书馆。

伊斯兰教在西班牙的传播，使得回教文化在这里达到了相当高的水平。穆斯林在公元 711 年以后进入西班牙，在科尔多瓦、塞维利亚②、托莱多③等地建立了超过当时欧洲其余地区的文化机构。例如，在科尔多瓦有一所有名的穆斯林大学和若干大型图书馆。设在该城的皇家图书馆藏书超过 40 万册以上，它的目录竟达 44 卷，每卷 50 张，每本书只列出书名和著者。可见，其藏书之浩繁。该馆馆员在哈基姆统治时期超过 500 人，其中包括派往世界各地的图书采购人员。托莱多的图书馆从十一世纪起，进行了大量的阿拉伯作品的翻译工作。希腊医学家、数学家、哲学家的一些著作，也有从阿拉伯译文重译的，这所图书馆所藏的阿拉伯写本之丰富在西欧是遐迩闻名的。

在大小清真寺内都有图书馆或图书室，藏书量也很可观。开罗的著名清真寺阿尔－阿扎尔④于九世纪建立，至十八世纪逐渐变成大学研究机构。在的黎波里⑤的清真寺有很大的图书馆。据说，十一世纪末它收藏的《古兰经》一项就有 5 万册之多。可惜，在 1109 年十字军侵入叙利亚沿岸时，无情的战火把它烧成灰尘，片纸不留。

---

① Hākim，985—1021，在位是 996—1021 年。

② Sevilla 或 Seville，西班牙西部城市。

③ Toledo，位于马德里南部。

④ Al－Azhar.

⑤ Tripoli，在黎巴嫩西北部。

私人图书馆

在伊斯兰教的世界里,私人图书馆的数量之多和藏书之丰富,在图书馆史上是罕见的。依赖战争、征服、纳贡和贸易,一个有文化的富裕阶层形成了。由于鼓励一夫多妻制,权贵多半是大家族。他们的子弟除了做官、当军人、做买卖之外,不少人选择了致学的生涯。学术研究成为仅次于军事的受人尊敬的职业,搜集图书在富贵人家成为十分平常的事。

根据一些史学家和传记作家的记载,这一类私人图书馆多半具有可观的规模。例如,巴格达的一位学者的私人藏书之多,使得他搬家时用400头骆驼搬运这批书。历史学家瓦基迪①的藏书需要用120头骆驼才能装运。公元十世纪,有一个巴格达的居民在遗嘱中留给儿子600箱以上的书籍。1258年,巴格达的高官伊本·阿尔－阿尔卡米②有一所藏书一万卷的私人图书馆。971年,另一个高官伊本·阿尔－阿米德③雇用了一个专职的图书管理员,掌管他的需要用100头骆驼才能装运的书。有些富人设立私人图书馆并不是为了学问,而是为了显示自己的阔气。例如,十一世纪初,有一个叫阿布·阿尔－穆特里夫④的人拥有很多装订精致、书法优美的善本和名著。他把这些书看成珍宝,不仅自己从来不使用,也不许借给别人,而是专供展览之用。有人估计,公元1200年前后在穆斯林私人手里的图书远远超过当时西欧的公共图书馆和私人图书馆的总藏书量。

---

① Omar al－Waquidi,747—823.

② Ibn al－Alkami.

③ Ibn al－Amid.

④ Abu al－Mutriff.

回教图书馆的馆藏

引人注目的是回教图书馆的藏书的多样化。他们绝不是专藏回教书籍的,而是注意搜集世界各国的任何时期、任何学科的图书,并加以抄写和翻译。从希腊、罗马的古典到梵文的哲学,从埃及的历史到印度的叙事记,从拜占庭查士丁尼一世的《国法大全》到中世纪法兰西的爱情诗歌——所有这些都能够在这里或那里的回教图书馆找到。尽管回教徒的几乎全部图书馆都毁灭了,但我们从残存的目录中可以知道这一点。例如,大马士革的图书馆收藏全部的亚里士多德的著作。拜占庭的《国法大全》在很多穆斯林图书馆都能找到。这说明,阿拉伯人很重视这部法典,尽管这个法典同伊斯兰地区通行的法律有很大的不同。

当然,回教图书馆的主要藏书是宗教书籍。《古兰经》的抄本和注释本、伊斯兰统治者和军事领袖的传记、名门显贵的家谱等等,可以说是汗牛充栋的。其次,阿拉伯的文学,例如《一千〇一夜》等等都是被妥善保存的。地理书、历史书,特别是关于探险考察的故事、关于哈里发们的统治和战事的故事都是深受人们欢迎的。在科学书籍当中,突出的是医学、天文学和炼金术的书。哲学书籍也十分被重视。各种辞典、文法书、教科书也很多。在贸易中心,簿记和会计的书和有关各地货币兑换率的资料也屡见不鲜。近似旅行指南也可以在他们的图书馆找到。

关于回教图书馆的建筑结构,我们知道的很少。看来,除了设有阅览室之外,还有供集会和讨论的房间。

当时的图书当然不是印刷的,而是抄写的。有的是用羊皮纸,有的是用其他动物皮制造的纸,而更多的是从中国传来的纸。阿拉伯的书籍是很考究装帧的。阿拉伯文字的书法本身就是一种艺术。珍贵图书的封面常常用精制的犊皮纸或羊皮纸制成,在封面染上奇异的颜色,有的还压印美丽的浮雕图案。这是人们未曾看到过的优美的图书。

回教图书馆的组织和管理

在大型图书馆里，馆员人数通常是数百名，包括抄写员、装订工、书籍装帧工和警卫员。馆长不是学者，就是著作家或诗人。显贵家族的子弟所羡慕的职业之一就是当一名图书馆员。

大型图书馆的藏书目录是按类编制的。同一类书常常不是按著者，而是按照书籍的到馆顺序排列。因此这种目录近似于按类编排的财产登记簿。这种目录有的多达 10 卷、20 卷，甚至 40 卷。

一般说来，在回教图书馆借书是比较方便的。当然，现代意义上的"公共图书馆"是没有的，但它们对学者和一些学生是开放的，有些图书馆还向读者提供抄写和翻译的方便。

回教图书馆对学者的帮助

回教图书馆对学者们的写作所起的作用，从下列几个事例可以看得十分清楚。公元 987 年，穆罕默德·阿尔－纳丁①编制了多卷本的《科学索引》。这是各门学科的阿拉伯文书籍的目录，附有每本书的著者简历。十世纪的历史学家、法学家穆罕默德·阿尔－塔巴里②写了 150 卷的世界史。他说，在写作过程中参考了一万卷以上的书。十一世纪初的埃及学者、天文学家海桑③写了 100 卷以上的有关数学、天文学、哲学和医学的书。不少阿拉伯作家在西方也是很知名的，例如十二世纪，居住在西班牙的著名的阿拉伯哲学家、医学家阿威罗伊④把亚里士多德的著作从东方带回

---

① Muhammad al – Nadim，? —995.

② Muhammad al – Tabari，838—923.

③ Alhazen，阿拉伯姓名是 Ibnu'l – Haitham，约 965—1039 年。

④ Averroes，阿拉伯姓名是伊本·路西德(Ibn – Rushd)，1126—1198 年。

西方,并附加了注解。这些加注本后来被译成拉丁文和法文。十二世纪末,生在布哈拉的阿维森纳①是一位知识渊博的学者。他的医学教科书在西欧是很有名的,一直被使用到十七世纪。西班牙的穆斯林阿芬帕斯②以他的自由的哲学思想影响了西欧学术界。西班牙的回教神学家伊本·阿尔-阿拉比③的神秘的神学同但丁④的《神曲》⑤是如此相近,以致被认为后者是取材于前者的。

回教图书馆的衰落

十分不幸,回教图书馆遭到了同古代图书馆相似的命运。内战和外来侵略毁灭了几乎全部的回教图书馆。上述《科学索引》列出的阿拉伯文书籍,目前流传下来的还不到千分之一,可见回教图书馆被毁坏之严重程度。据传,上述开罗的"智慧之家"在十一世纪遭到了破坏。大臣阿布尔-法拉吉⑥从这所图书馆运走了需要用 25 头骆驼才能运走的图书,并以 10 万第纳尔⑦卖掉,把这笔款当做他军队的士兵的薪金。数月之后,土耳其军队打败了哈里发军,侵入皇宫,奸淫掳掠。珍籍的书皮被土耳其士兵剥掉,拿去做靴料。十一世纪到十三世纪的十字军远征疯狂地破坏了异教徒——穆斯林的图书馆。给回教图书馆以致命打击的,则是蒙古人。他们从十三世纪侵入阿拉伯地区,所到之处彻底毁坏了所有的学校和图书馆。书籍的皮革封面拿去修军靴;光彩夺目的手写

---

① Avicenna,阿拉伯姓名是伊本·西拿(Ibn - Sinā),980—1037 年。

② Avempace,或 Avenpace,阿拉伯姓名是伊本·巴哲(Ibn - Bājjah),? —1138 年。

③ Ibn al - Arabi,1165—1240.

④ Dante Alighieri,1265—1321.

⑤ *Divina commedia*.

⑥ Abū'l - Faraj.

⑦ Dinar,近东各国的货币单位。

本拿到兵营去点火;无数的学者和学生被杀戮……。在这些蒙古征服者当中,倒有一人值得一提,即自称成吉思汗继承者的跛子帖木儿①。他四处进军,杀人如麻。帖木儿在建筑上的奇癖是把头盖骨堆成金字塔。镇压伊斯法罕②地区的叛乱时,他所堆成的一个金字塔用了7万人的脑壳。但他还能对被征服民族的文献给予一定的注意。他搜集了许多书籍,在帖木儿帝国首都撒马尔罕③建立了一所大图书馆。

回教图书馆的历史作用

伊斯兰文化,尤其它的图书馆对西方起过哪些影响呢?如前所述,这些图书馆绝大部分遭到了毁灭性的破坏,所藏图书遗留下来的是寥寥无几的。但它们同拜占庭的图书馆一样,保存了古代希腊罗马的文献,在它们被毁坏之前,断断续续地传到了西方,对以后文艺复兴的到来起了一定的作用。它们通过西班牙、南部意大利或西西里岛,流传到西方。例如,早在953年,日耳曼王奥托大帝④就派遣戈尔斯的约翰⑤去西班牙的科尔多瓦,学习阿拉伯文。他搜集了许多阿拉伯文的自然科学文献和亚里士多德的译本,装进好几包鞍囊,满载而归。又如,1070年英国学者摩里的丹尼尔⑥访问了托莱多,带回了大批阿拉伯的科学书籍。西班牙国王阿尔丰沙十世⑦于十三世纪创建的萨拉曼卡⑧大学,是以穆斯林

① Timur‑i‑lang,在西方传讹为 Tamerlan 或 Tamerlane,1336—1405,在位是1370—1405 年。

② Isfahan 或 Ispahan,位于伊朗中部。

③ Samarkand,现在苏联乌兹别克苏维埃社会主义共和国。

④ Otto I der Grosse,912—973,在位是 936—973 年。

⑤ John of Gorce.

⑥ Daniel of Morley.

⑦ Alfonso X el Sabio,1221—1284,在位是 1252—1284 年。

⑧ Salamanca,在马德里西北部的城市。

大学为模式的,甚至有些教科书是从阿拉伯文译过去的。

伊斯兰文化对中国的影响

伊斯兰文化对中国也产生了很大的影响。唐永徽二年(公元651年),哈里发奥斯曼①遣使来华,朝贡通好。从此伊斯兰教开始传入中国。

中国最早记载伊斯兰教的典籍是杜环的《经行记》。他在唐天宝十年(公元751年)的塔拉斯之战被俘,在阿拉伯生活十二载。后附商船回国,写了这本书。书中对伊斯兰的教义教典等等都有扼要而正确的记录。可惜,《经行记》原书早已失传,杜环之叔杜佑②所著《通典》200卷,曾选载其中数则。

在唐、宋、元各朝,穆斯林商人经陆海两路来到长安、西北、广州、泉州、杭州、扬州等地,长年定居经商。尤其从元朝以来,迁居中国的波斯、阿拉伯和中亚的穆斯林日增。他们散居各地,与汉、维吾尔、蒙古等族长期杂居、通婚、融合,逐渐形成中国的回族。伊斯兰教在中国得到很大发展。

在元代,伊斯兰文化对中国的贡献主要有回回天文历和回回医药学。元世祖忽必烈尚未登位时,曾召请过回回天文学家,其中有札马鲁丁③等人。札马鲁丁在至元四年(公元1267年)进呈他编制的一种回历《万年历》,元政府每年编印数千本,颁发给信奉伊斯兰教的各民族使用。同年,札马鲁丁负责制造了七件阿拉伯天文仪器。至元八年,政府在上都(今内蒙古自治区正蓝旗境内)建成回回司天台,由札马鲁丁负责。回回司天台还藏有西域文字

---

① 'Othmān,约574—656,在位是644—656年。
② 735—812年。
③ Jamāl al – Din.

的天文、数学书籍，其中有托勒密的①《天文学大成》、欧几里得的②《几何原本》等。上都回回司天台曾是中国一个研究阿拉伯天文学的中心。元、明两代，编制回历一直是中国天文工作的一个组成部分。此时也有一些阿拉伯天文学书籍被译成汉文。

元代，设有广惠司和回回药物院。广惠司是"掌修御用回回药物及和剂，以疗诸宿卫士及在京孤寒者"③，于至元十四年（公元1277年）设立。回回药物院也是掌回回药事，于至元二十九年设立。回回医药由政府专设机关来利用，它在医药学上的贡献必定是很大的。

明代，郑和七次下西洋，最远曾达非洲东岸、红海和回教圣地麦加④，促进了中国和伊斯兰各国的经济文化交流。郑和就是穆斯林。随行人员马欢著《瀛涯胜览》、费信著《星槎胜览》、巩珍著《西洋番国志》，记述了航行中的见闻，都很有价值。

明代，陕西人穆斯林胡登洲⑤曾到天方朝觐，回来后兴学，提倡中国寺院的经堂教育，以培养寺院的阿訇。从此，寺院教育大为发展。

《古兰经》大约从十七世纪开始译成汉文。早年，穆斯林家庭都珍藏《古兰经》，他们在朝觐麦加或前赴圣城时，往往以重金购置，带回中国。随着寺院教育的发展，寺院中的藏书也日益增多。

---

① Klaudio Ptolemaios 公元二世纪，宇宙的地球中心说的创立者。
② Eukleides 或 Euclid，公元前约 300 年。
③ 《元史·百官志》。
④ Mecca 或 Meccah，在沙特阿拉伯。
⑤ 1522—1597 年。

2.3 中世纪的基督教图书馆

随着古代罗马帝国的覆没,全欧洲进入了封建专制时期。封建主义延续了前后一千年,即约从五世纪起,至十六世纪止。在这段时期里,基督教支配了政治、思想、文化、教育等各个领域。国家利用基督教,巩固了自己的统治。基督教的神秘主义束缚了人类文明的进展。所谓中世纪的"黑暗",指的是教会的专横跋扈、封建主的野蛮统治和民众的愚昧无知。

到了中世纪,古代的大型图书馆无踪无影了,继而代之的是收藏基督教书籍的、规模极小的修道院图书馆。当然,这些图书馆也兼收一部分希腊罗马的经典作品,而基督教图书馆能够把各种古典保存下来,也应当说,它在历史上起过一定作用。

正如在《古代罗马的图书馆》一节提到的,早期的基督徒图书馆已于三世纪末、四世纪初在埃及、巴勒斯坦、叙利亚建立起来。到了中世纪,它们逐渐从意大利普及到欧洲各国。

本尼狄克特

公元 529 年,贵族出身的本尼狄克特[①]在罗马西北 90 英里的卡西诺山[②]建立了修道院。为了修道的需要,他在院内部配备了若干《圣经》、神学书籍以及使徒和殉教者的传记等。本尼狄克特不是想培养神学者和其他学者,所以藏书也是很有限的。

本尼狄克特为修道院制定了严厉的《本尼狄克特法规》[③]。后

---

① Benedictus of Nursia,约 480—543 年。

② Monte Cassino.

③ Regula Monachorum 或 Benedictine Rule.

来这一法规被西欧各国君主和教会主教强制推行,成为拉丁教会修道院的通用章程。《本尼狄克特法规》中的《每人的手工劳动》、《圣典阅读》等章节有如下规定:

读书对有罪的可鄙的人来说是一种义务,它可以使他们感知神的存在;

富有教诲的段落必须在饭前和傍晚天天阅读;

《圣经》的某些章节由于刺激性太大,不允许在晚上阅读;

复活节前的四旬斋①头一天,必须把书分配给每一个修道士,每人必须在密室里反复阅读,年老的僧侣要在走廊巡查每人的阅读情况,发现懒散者必须严加惩办;

等等。

该法规没有提到图书馆和图书馆员,看来他们的藏书十分有限。但是,人数不少的修道士每人都要分到一本书,所以需要一定数量的抄本。由此看来,抄书工作可能早在这个时候就开始了。到了八世纪后半叶,卡西诺修道院变成了学术中心,收集了许多珍贵书籍的抄写本。

卡西奥多尔等

与本尼狄克特同时代的卡西奥多尔②对于修道院图书馆的发展作出了贡献。他是罗马的贵族,在日耳曼蛮族所建的东哥特王国③任要职,前后达四十余年。他又是六世纪最著名的著作家之一。卡西奥多尔本想在罗马建立一所大学,由于政局不稳,只好作罢。他在公元 540 年前后退出政治舞台,在意大利南部建立了维

---

① Lent,亦称大斋节、封斋节,指复活节前 40 天,在此期内非星期日需要斋戒和忏悔。

② Flavius Magnus Aurelius Cassiodorus,约 487—约 583 年。

③ The Ostrogothic Kingdom.

瓦留姆①修道院。他仿照东罗马帝国的作法,在修道院内设立了近似神学院的机构,并以他个人的藏书为基础,建立了修道院图书馆。

他是第一个强调世俗文献对基督教徒的重要性的人。他认为,要对《圣经》有比较确当的了解,必须研究非宗教的书籍,因而把知识生活定为僧侣的义务之一。他主张,修道院的图书馆必须兼收文法、历史、地理、音乐、农业等方面的书籍。他从意大利各地和北非,甚至从东方搞到希腊的原文著作,在修道院内组织翻译。

他也是第一个在修道院内设置抄写室②的人。在维瓦留姆修道院,文化水平较高的僧侣都勤勉地进行抄书工作。卡西奥多尔本人也亲自参加抄写,给别人作出榜样。他强调抄写要准确,也要求书籍装订得优质和美观。

他的主要著作之一就是《神性文献和世俗文献提要》③。这是一部百科全书式的作品,专为修道士学习各门世俗学科而编辑的。书中编有一份解题书目,很可能是该修道院图书馆的藏书目录,或是各修道院应该收藏的标准书籍目录。这份目录选编了适合于修道院收藏的各种书籍,在以后的若干世纪中一直被作为修道院图书馆藏书的标准。卡西奥多尔一直活到近百岁。

这里应当提到另一位学者波伊提乌斯④。他曾与卡西奥多尔同在东哥特王国任要职,因失宠而被监禁,最后被处死。他早年在罗马名门、政治家、雄辩家辛马克斯⑤的私人图书馆学习,成绩斐然。他把古代哲学名著译成拉丁文,起到了向西方传播希腊哲学

---

① Vivarium.
② Scriptorium.
③ *Institutionrs divinarum et seculdarium litterarum.*
④ Anicius Manlius Severius Boethius,480—524.
⑤ Quintus Aurelius Symmachus,约340—约402年。

的作用。在狱中写成的《哲学的慰藉》①一书,被称为"古典哲学绝笔",以后近千年间成为西欧学者的教本。在这本书中,他描写自己曾利用过的图书馆,是以象牙为壁,一排排陈列着装订精美的书籍。

图 8　中世纪的抄写员

爱尔兰修道士

中世纪初,对欧洲大陆的修道院的建立起很大作用的,不是意大利的僧侣,而是爱尔兰的修道士。初看起来,这种现象似乎不好理解,但历史总是事出有因的。公元 432 年,罗马教皇派遣帕特里克②主教到爱尔兰,从此基督教在此地扎下根,历经一百多年开花结果。在这一百多年间,欧洲大陆却到处遭受蛮族的入侵,几乎谈不到文化事业的发展。爱尔兰则不同,它从未遭到蛮族的武力骚扰,直至八世纪古代斯堪的纳维亚人③入侵为止。由于这个原因,来自欧洲大陆的基督教文明,在六世纪开始从爱尔兰倒流,传回欧

①　*De consolatione philosophiae.*
②　Patrick,约 387—461 年。
③　Norsemen.

洲各国。

爱尔兰修道士的特色是富于苦行精神和求知热忱。公元五、六世纪,《圣经》稿本、神学经典以及世俗作家的作品大批地从欧洲大陆流入爱尔兰,并作为宝藏被保存起来。在爱尔兰的修道院的抄写室里,一种爱尔兰的书法和书籍装帧技术发展起来了。在当时的爱尔兰,被任命为抄写员是一件很光荣的事,抄写员直属于修道院院长。爱尔兰的修道士视书为基督教的生命液,携带圣典到处传教。

从爱尔兰来到欧洲传教的最有名的僧侣之一,就是圣科伦班①。他先在英格兰,后在法兰西北部的吕克瑟伊②、德国的维尔茨堡③和萨尔茨堡④等地建立了修道院。所有这些修道院都附设图书馆,它们逐渐变成了各国、各地区的图书中心。科伦班最后到了意大利,大约在612年于亚平宁山⑤区的博比奥⑥建立了一个大修道院。

博比奥修道院图书馆

博比奥修道院图书馆逐渐变成了意大利最大的图书馆。它不仅收藏宗教书籍,同时也注意世俗作品的搜集。据说,上述维瓦留姆修道院图书馆的大部分抄写文献在卡西奥多尔死后移交到这里保存。在这个图书馆也附设抄写室,责成修道士从事抄书工作。由于当时羊皮纸价格昂贵,就把非宗教的古典作品从羊皮纸上用刀削掉,把宗教作品写在上面。但是原来的字迹往往削不净,因而

---

① St. Columbanus,543—615.

② Luxeuil.

③ Würzburg,在联邦德国巴伐利亚州。

④ Salzburg,在慕尼黑东南。

⑤ Appennines.

⑥ Bobbio.

变成了所谓的"重复抄写"①。

这个修道院于 835 年制定的修道戒律有如下一条:"图书馆馆长的责任是保管全部图书、监督阅读和管理抄写员。"十世纪的该馆图书目录表明,馆藏是 650 册以上。在当时的欧洲,这是一个惊人的藏书量。博比奥修道院图书馆在中世纪变成了学术中心和抄写中心。它起了把欧洲最古老的一些图书传递给现代的重要作用。它的藏书后来移交给米兰的安布罗西安图书馆②和梵蒂冈图书馆③。

僧侣们对修道院图书馆的重视可见于中世纪流行的这一句话:"没有图书馆的修道院,就像没有武器的城堡。"④

其他修道院图书馆

从六、七世纪起,在欧洲各国都出现了许多修道院图书馆。

法国有上述吕克瑟伊修道院图书馆(约 590 年建立)、科尔比⑤修道院图书馆(约 660 年建立)等等。

瑞士的圣加仑⑥修道院于 612 年由上述爱尔兰圣人科伦班的徒弟、同为爱尔兰人的加卢斯⑦建立,并以他命名。目前的圣加仑修道院图书馆的建筑是 1758 年重建的,它的内部装饰被认为是瑞士最美丽的洛可可⑧式建筑艺术。所藏手写本约 2,000 件,均属于中世纪初期和中期的珍籍。

---

① Palimpsest,见本书第 68 页图 9。
② Biblioteca Ambrosiana.
③ Biblioteca Apostolica Vaticana.
④ Claustrum sine armario quasi castrum sine armentario.
⑤ Corbie,在法国北部。
⑥ St. Gallen. 见本书第 69 页图 10。
⑦ Gallus,约 550—645 年。
⑧ Rococo,欧洲十八世纪的建筑。艺术风格以纤巧、华丽、烦琐、俗气为其特征。

英国有坎特伯雷①修道院图书馆（597 年建立）、韦尔茅斯②修道院图书馆（约 674 年建立）、贾罗③修道院图书馆（681 年建立）。后两个修道院是姐妹修道院，其院长比斯柯普④前后六次越过阿尔卑斯山到了罗马，带回很多书籍。古代旅行之艰苦是现代人难于想像的。无疑，只有宗教的热忱才经得起这些风霜的。比斯柯普临死前，把这些最珍贵、最丰富的图书交给了他的同事们。被称为"英国学术之

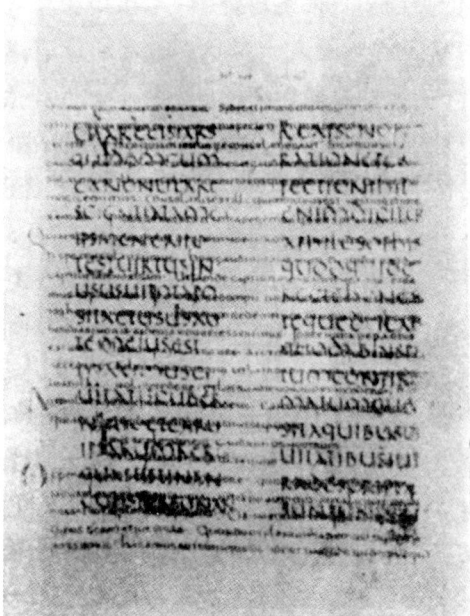

图9　羊皮纸上的重复抄写。原为四、五世纪抄写的西塞罗的手稿，到了七世纪，又在它上面抄写了奥古斯丁的手稿。

父"的贝达大师⑤利用了这些藏书，写出了一部记述准确、材料丰富的《英国基督教会史》⑥。

---

① Canterbury，在伦敦东南。
② Wearmouth，又名桑德兰（Sunderland），在英格兰北部。
③ Jarrow，在英格兰北部。
④ Benedict Biscop，约 628—690 年。
⑤ Beda 或 Bede 亦或 Baeda，尊称是 Baeda Venerabilis，约 673—735 年。
⑥ *Historia ecclesiastica gentis Anglorum.*

图10　圣加仑修道院图书馆的内部

德国比较有名的修道院图书馆是赖赫瑙①修道院图书馆（724年建立）、富尔达②修道院图书馆（744年建立）、科尔维③修道院图书馆（822年建立）等等。同爱尔兰传教士一样，英国传教士也前来欧洲大陆，热情布教。其中最有名的是圣博尼法齐乌斯④。他来到尚未开化的德国，建立了许多修道院，享有"德国使徒"之誉称。他从英国携带了许多英格兰式的袖珍抄写本。博尼法齐乌斯以80岁的高龄还前往弗里斯兰⑤传教。当他在该地被暴徒杀害时，行囊中还装着许多书籍。有名的富尔达修道院就是他着手建立的，第一任院长是他的徒弟施图尔

---

　　① Reichenau，联邦德国巴登—符腾堡州的康斯坦茨湖（Constance Lake），即博登湖（Boden See）中的一个岛。

　　② Fulda，在联邦德国黑森州（Hessen）的东部。

　　③ Corvey，又名赫克斯特尔（Höxter），在北莱茵－威斯特法伦州，威悉河（die Weser）畔。

　　④ Bonifatius，又名Boniface，原名为Winfrid，约680—755年。

　　⑤ Friesland，指荷兰北部。

姆①。这个修道院的图书馆在九世纪拥有抄写员 400 名,以抄写泥金写本而闻名。它在 744—749 年编制的目录一直被保存下来。

尽管如此,从六世纪到九世纪的欧洲图书馆事业是在黑暗的中世纪文化史上最黑暗的一幕。只是在当时的学术中心西班牙,存在若干学术研究团体。当时最有名的西班牙学者塞维利亚的伊西多尔②主教是一位热心的藏书家,甚至为他本人的图书馆附设了抄写室。从他所作的诗中可知,这所私人图书馆有 14—16 书箱,收藏著名书籍数百册。他利用这些书编辑了一部当代的百科全书,名为《词源学》③。书中引用了 150 位以上的古代作家的著作,还有专章记述图书馆、图书馆员及其任务。

加洛林的文艺复兴

八世纪末、九世纪初,法兰克国王查理大帝④统治时期出现了所谓的"加洛林的文艺复兴"。加洛林(Carolingian)王朝是由查理的名字(Karl)得名的。当时,封建的土地所有制关系已经相当巩固,这一经济基础的反映就是封建文化的某种程度的发展。国家需要有知识的僧侣,来宣扬基督教,以巩固王权。国家也需要一批有知识的公务人员。由此可见,所谓"加洛林的文艺复兴",并不是古代文艺的复兴。

查理大帝除了在武功方面,还在文化事业方面留下了伟绩。他是否会阅读,史家的看法不尽相同,但他喜欢听别人给他念书,倒是事实。查理大帝设立了学校、教堂和图书馆,并从各国招聘了

---

① Sturm,? —779.

② Isidorus de Sevilla,约 570—636 年。

③ *Etymologiae*(*Origins*).

④ Charlemagne 或 Karl der Grosse,742—814,在位是 768—814 年。

学者。其中最有名的是英国的阿昆①。他原先是英国约克②圣堂学校校长。公元782年，查理大帝聘请他到亚琛③当皇室学校校长，并指导全国的教育计划。796年，他当了图尔④的圣马丁⑤修道院院长。这是王国内历史最悠久、基金最优厚的修道院之一。阿昆在这里增设文理科的课程，使得这一修道院成为一个教育中心。他派人回约克，把那里的图书运来，丰富了圣马丁修道院图书馆的馆藏。阿昆很重视抄写工作，亲自到抄写室加以监督，连标点、拼法和字体等细节都不放过。他把古罗马以后一直使用的大写字体⑥加以改良，采用了字迹清晰的加洛林朝小写字体⑦。这种字体以后数百年一直被使用。

查理大帝本人也很关心收集欧洲各地方的文献资料，命令外国学者从他们本国送来各种抄写本。查理大帝至少有两所皇宫图书馆。一所在里昂附近的巴尔贝岛⑧，另一所在亚琛的皇宫里。在皇宫图书馆，存放有许多标准的文献。照这些文献抄写的书，还可以出售。

"加洛林的文艺复兴"无论在空间或在时间上都是非常有限的。到了十世纪，"加洛林文艺复兴"的影响消失殆尽，呈现出明显的文化衰退景象。图书馆和抄写室衰落了，书价因此猛涨。十一世纪，拉丁文语法学者普里斯基阿努斯⑨的一部文法书同一所

---

① Alcuin, 735—804.

② York, 在英格兰北部。

③ Aachen, 在波恩西部, 位于联邦德国、比利时和荷兰三国交界处。

④ Tours, 在巴黎西南。

⑤ St. Martin.

⑥ Majuscule.

⑦ Minuscule.

⑧ Isle – Barbe.

⑨ Caesariensis Priscianus, 生卒年不详, 六世纪初的人。

房子加上一块土地的价值相等；1074 年，博根①的乌尔里希②伯爵以一所葡萄园才换得了一部普通的弥撒书。修道院的图书馆至多也不过有一个书橱，装着几十部手抄的宗教书。书法和书籍装帧艺术从九世纪末也开始衰退。

大教堂的图书馆

大约在十二世纪出现了大教堂。它是主教或大主教布道之处。大教堂不仅比修道院大，而且是训练僧侣和实施初级世俗教育的地方，近似宗教大学。大教堂的图书馆规模不小，经费来源稳定，藏书较多，管理也相当完善。巴黎圣母院③的图书馆是其中有名的一所。英国坎特伯雷大教堂图书馆规模最大，1300 年约有 5,000 册书。

罗马教廷的图书馆

罗马教廷图书馆的创立可以追溯到公元四世纪或更早一些时间。在古罗马确实存在基督教文献的总图书馆④。

1309—1377 年，罗马教廷设在法国南部的阿维尼翁⑤。教皇约翰二十二世⑥和继任的两位教皇大力购买图书，因此藏书量从 1,500 册增至 2,000 多册。按照教廷的"已故神甫遗产充公法"⑦，凡在教廷去世的神职人员，其遗产全部归教廷所有。于是遗产中

---

① Bogen，在联邦德国巴伐利亚州。

② Ulrich．

③ Notre – Dame de Paris．

④ Alfred Hessel，*Geschichte der Bibliotheken*，S.16—17．和 Elmer D. Johnson，*A History of Libraries in the Western World*，1965，p.108—110．

⑤ Avignon，旧译亚威农，位于法国南部。

⑥ Johannes XXII，1249—1334，在位是 1316—1334 年。

⑦ Right of Escheat．

的图书源源不绝地进入教廷图书馆。该馆收藏着有关教会的政治、法律等方面的丰富资料，这是当时的其他图书馆无法相比的。不久，出现了西方教会的大分裂的局面。在分裂和混乱中，这些图书大部分都散失了。

基督教图书馆的特点

如上所述，中世纪初期和中期是图书馆事业发展史上的衰退时期。修道院图书馆的数目十分有限，而其规模也小得惊人。据估计，一般修道院图书馆的平均藏书量在二、三百册左右。较大的图书馆，如瑞士的圣加仑修道院图书馆的总藏书量仅仅 300 册。德国有名的赖赫瑙修道院图书馆只有 413 册书。那一所历史悠久的意大利的博比奥修道院图书馆，苦心孤诣三个世纪，才拥有大约 650 册的藏书，而这一数量却使当时的欧洲人惊叹不已。尽管抄书人员不断地进行工作，但是十三世纪初欧洲各图书馆的总藏书量少于十世纪。这是因为连绵不断的动乱、宗教的禁锢主义以及接踵而来的学术的衰退所使然。

中世纪的图书一般都是用羊皮纸。一本书大致等于 10—20 卷纸草卷。在这一时期，纸草纸已废而不用，纸的制造法从中国传到欧洲，是在中世纪末期。

图书的出借是非常严格的，这是因为要把遗失的书再次抄写，是一件十分困难的事。在修道院内部借书，有的规定一年办一次集体借书，在特定的日子所有的僧侣都来归还前一年借走的书，然后借用当年要看的书。有的规定，借用的书只能白天在书橱附近阅读。向修道院外出借书籍，也不是没有的，但一般都要付相当数目的押金。馆员因管理不善而遗失图书的，不仅要赔偿与书价相等的金款，另要罚款。中世纪初期和中期的修道院图书馆一般都没有阅览室之类的设备。

几乎所有的修道院图书馆都附设抄写室。没有印刷业的中世纪,图书的增加只能靠抄写。很多修道士抱着对上帝的虔诚,日积月累地进行抄写。在抄写室还给书的封面加色或绘画,然后装订。

修道院图书馆的目录也是很落后的,一般只有财产登记簿模样的东西。随着藏书的增加,有的图书馆粗分宗教书和非宗教书。宗教书的顺序是:圣经、圣父的著作、他们的传记、有关的注释书等等。有的按文字分开,如拉丁文书和其他文种分别搁放。有的图书馆还按图书的开本大小分类,有的按赠寄者的不同加以编排。

查理大帝时代的修道院图书馆全部都被毁坏了,没有一所得到保存。只有圣加仑修道院图书馆的最初的建筑设计图还被保存着。这一设计图表明:图书馆是二层楼的建筑,位于修道院本堂的东侧,楼下是抄写室,楼上是书库。中世纪后期的图书馆建筑略有发展,详情将在后面记述。

总之,修道院图书馆反映出中世纪的学术文化的退步。在漫长的中世纪只有这么小小的文献中心,况且它的特点之一就是封锁性。靠近中世纪后期,大学图书馆和大教堂图书馆出现了,修道院图书馆在十七世纪以后就失去了其微小的历史作用。

随着欧洲人使用纸张和采用印刷术,随着文艺复兴的到来,图书馆事业又向前发展了。当资产阶级在封建主义的胎胞中蠕蠕而动时,图书馆及其他文化教育机关的划时代的变革开始了。此时,修道院图书馆或快或慢地进入了历史博物馆。

当然,修道院图书馆在历史上也起过一定的作用。它们不同于古代图书馆,很少受到政权更迭的影响,在较长时间内一直得以存在,因而能够把一部分人类的文化遗产保存下来。中世纪的图书馆员和抄写员的这一功绩也是值得大书特书的。

2.4 大学图书馆的兴起

中世纪的学校大多数是教会开办的,主要是培养神职人员和国家公务人员。中世纪欧洲社会的上层阶级都是非常无知的,骑士通常是不识字的,连自己的名字也不会写。不是所有的国王都会阅读。德意志皇帝亨利四世①曾因本人会看信而受到人们的赞美。

中世纪大学的兴起

十字军的远征、城市的发展、商业的发达、个人自由的增长——所有这些都扩大了欧洲人的见识,人们对知识的需要增加了。于是从十二世纪开始,出现了中世纪的大学。起先这些大学或多或少受到教会的控制,后来逐渐摆脱了宗教的束缚。应当说,在此以前早在西班牙成立的回教的高等教育机构,对欧洲其他地区的大学的兴起,也起过作用。

早期的大学是在欧洲各城市自然形成的。求知欲旺盛的许多学生不避长途跋涉,周游四方,追随某一硕学大师,这样逐渐地有相当数量的教员和学生固定在一地。起初他们并没有自己的土地或建立永久的校舍,然而渐渐地按照学术范围联合组成院系。大学一词来自拉丁字 universitas,有"联合组成"或"总和"之意。院系一词亦转用拉丁字 facultas——"才能"一字,即教授某种科目的能力。这些大学后来经教会或政府批准,可以给学生颁授学位。

早期的大学主要讲授神学、法律、医学等等。到了十四、十五世纪,学术风气甚盛,大学的发展同文艺复兴的兴起相辅相成。大

①　Heinrich Ⅳ,1050—1106,在位是 1056—1106 年。

学的课程也逐渐摆脱神学的束缚。中世纪的大学终于成为欧洲的三大势力之一,而与教权、王权并驾齐驱。

起初,有名的大学是意大利北部的波伦亚①大学,很多学生集合在此地学习罗马法律。还有一所是由神学院发展起来的巴黎大学。巴黎大学对英国、德国的大学的兴起给予了很大影响。英国的牛津大学、剑桥大学相继成立,德国也成立了查理学院②、海德堡③大学等等。到了十六世纪初,从西班牙到斯堪的纳维亚,从英国到波兰,已经有了 70 多所大学。初期的大学都设有神学院、法学院、医学院和预科(学艺系)等等。

早期的大学没有设立图书馆。教授当然是有自己的藏书的。学生不是向老师借书,就是向书商④买书。这些书商要从大学当局领到执照并受到大学的严格管理。随着大学规模的扩大,同一院系的学生组织起来,共同享用一批书籍。有时大家出钱买些书,有时还得到毕业生或大学教育赞助人的赠书。如此,逐渐地各院系开始掌管若干教学用书。大学图书馆就是这样建立起来的。

巴黎大学的图书馆

中世纪的典型的大学图书馆是巴黎大学和牛津大学的图书馆。巴黎大学大约在 1150 年建立,于 1200 年得到国王的特许证,从而使它的权利合法化。它起先主要是讲授神学和哲学。当时在大学周围有许多书商。它们都被置于大学当局的监督之下。著名的爱书家比尤里⑤把巴黎大学附近的图书市场说成是"汇集全世

---

① Bologna.

② Collegium Carolinum,即布拉格大学。详见本书第 80 和 319 页。

③ Heidelberg.

④ Stationarii.

⑤ Richard de Bury,又名 Richard Aungerville(或 Aungervyle),1281(或 1287)——1345.

界图书的花园"。书籍生意之兴隆,可见一斑。

到了 1257 年前后,教父索邦[1]捐款,在巴黎大学建立了索邦学院,同时把自己的藏书献出来。之后,德国、意大利、英国、西班牙等国的许多学者也捐款、赠书。加之,许多作家把自己作品的原稿交给这个学院的图书馆保存,这种作法后来变成了惯例。于是索邦学院图书馆成为巴黎大学的最重要的图书馆。到了 1289 年,它的藏书已经超过 1,000 册,1338 年已超过 1,722 册以上。这个藏书总数是惊人的,我们知道那时修道院图书馆的平均藏书量仅仅是二、三百册。当时该馆所藏的图书主要是神学和哲学书籍。

这个图书馆初期的建筑构造,大致是这样的:图书馆是 40 英尺长、12 英尺宽的细长的房子,两侧有 19 个小窗户可以采光。屋里有 28 张书桌子。珍贵图书用锁链牵在书桌上,叫做"锁藏图书"[2],每一个书桌牵有十几本到几十本书不等。锁链较长,可以把书拿到书桌面上。这种书桌很像修道院的读经台,故起名"读经台式"[3]。这是一种在中世纪盛行的阅览和保管图书的新办法。

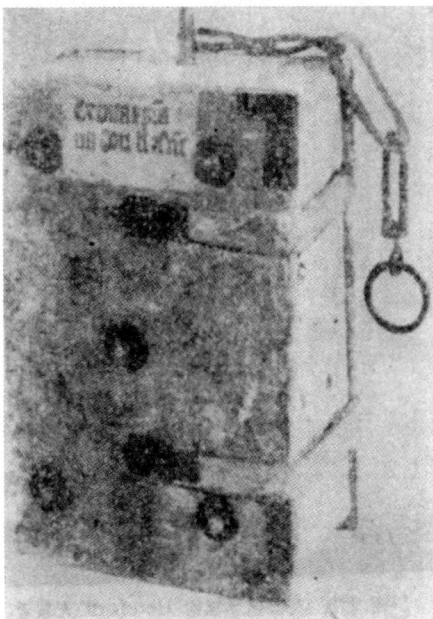

图 11a　锁藏图书

---

① Robert de Sorbon, 1201—1274.

② Chained book.

③ Lectern – system.

图 11b　英国赫里福德(Hereford)大教堂
图书馆的锁藏图书和"读经台式"书桌

藏书分为十大类,首先是神学、医学和法学,然后是当时所说的"三学科"①(文法、修辞学、逻辑)和"四学科"②(数学、几何、天文、音乐)。每类书都用不同的颜色加以区别,有时在书架上也标有文字或数字以示类别。在同一类内,按著者名字的字母顺序排列,在目录上还抄有每一本书开头几句话。在索邦学院图书馆的大约 1,000 册书里,只有 4 本是法文书,其余全是拉丁文。

十四世纪以后,附属于巴黎大学的 50 多个学院,都设有大小不同的图书馆。到了十九世纪,这些图书馆才合并成为巴黎大学图书馆。

---

①　Trivium.

②　Quadrivium.

牛津大学的图书馆

1163 年,牛津的几所本尼狄克特派①的宗教学校合并成为大学,而后于 1249 年仿效巴黎大学采用学院制,即由若干学院组成为牛津大学。

跟巴黎大学一样,牛津大学早期建立的大部分学院,并不是一建校就附设了图书馆,而是经过了相当长的年头才建立了自己的图书馆的。例如,默顿学院②创立于 1264 年,到了 1377 年才正式开办了图书馆;奥里尔学院③创立于 1324 年,到了 1375 年才有了 100 本藏书的图书馆。新学院④的建立与它的图书馆的开办是同时的,即在 1380 年。以后大部分学院都是一建校就有了图书馆。

新学院和它的图书馆是由英国著名的政治家、温切斯特⑤的主教威廉⑥建立的。他把学院校舍建成正方形,把图书馆放置在院舍的中央。以后,不少院舍都仿照了这种建筑格式。

上面提到的爱书家比尤里为牛津大学的达勒姆学院⑦图书馆的建设提出了雄心勃勃的计划,可惜在他生前没有能够实现。1345 年他去世时,把自己的藏书赠给这个图书馆。比尤里多次前往大陆,完成外交使命。他是当时最热心的爱书家之一。像法国的一些国王一样,他在自己周围召集彩饰画家、抄写员、装帧师等等。他还支付巨款通过法国、德国、意大利等国的书商购买书籍,

---

① 参见本书第 62—63 页。
② Merton College.
③ Oriel College.
④ New College.
⑤ Winchester,英国南部城市,位于伦敦的西南。
⑥ William of Wykeham, 1324—1404.
⑦ Durham College.

并为此亲自访问了巴黎。他临死前还写了一部书《爱书家》①。有人认为，这是一部带有中世纪色彩的图书馆理论的书②。

建立牛津大学的图书馆总馆的努力，早在十四世纪初就开始了。大约在 1320 年，伍斯特③的主教科班④开设了一个图书馆，藏书是按学科分开搁放。据说，这是牛津大学图书馆总馆的开端。但这个馆的业务直到 1412 年才真正开展起来。

其他大学的图书馆

剑桥大学图书馆的历史与牛津大学的相似。该大学所属的学院都有自己的规模不大的图书馆。大学图书馆总馆大约于 1415 年成立。

欧洲大陆的大学都是仿照巴黎大学和牛津大学建立起来的。它们也相继开办了图书馆。然而在大陆，大学图书馆的总馆的建立稍为晚些。他们把更多的精力放在院系图书馆的建设上。例如，海德堡大学的文学院就有自己的相当好的图书馆。德国最古老的大学查理学院是查理四世⑤于 1366 年在布拉格建立的，这个大学图书馆的藏书是很丰富的。1412 年，藏书家、医生安普罗尼乌斯·拉廷克⑥在爱尔福特⑦建立的学生图书馆——安普罗尼乌斯图书馆⑧因收藏大量的抄写本而享有盛名。这批抄写本多达

---

① *Philobiblon.*

② Alfred Hessel, *Geschichte der Bibliotheken*, S. 46—47. 和 Elmer D. Johnson, *A History of Libraries in the Western World*, 1965, p. 137.。

③ Worcester, 英国中西部城市, 位于伯明翰南部。

④ Thomas Cobham.

⑤ Charles（或 Karl）Ⅳ, 又名 Charles of Luxemburg, 1316—1378, 在位是 1347—1378 年。

⑥ Amplonius Ratinck, 1363—1435.

⑦ Erfurt, 在民主德国西南部。

⑧ Amploniana 或 Bibliotheca Amploniana.

635 卷,迄今保存完好无缺。

图 12　牛津大学默顿学院图书馆——现存的
英国最古老的学院图书馆

大学图书馆的结构

早期的大学图书馆的藏书来源，不像修道院图书馆那样依靠抄写，而大部分是来自捐赠。上面已经提到一些赠书的例子。我们还可以举出一些，例如，格洛斯特的公爵汉弗利①把自己的藏书赠给牛津大学，于 1488 年成立了汉弗利公爵图书馆。这些书大部分是希腊文、拉丁文的古典和当时法国和意大利的作品等。这些藏书成为牛津大学图书馆早期的馆藏之一。又如，1450 年弗里德里希三世②的御医约翰奈斯·津德尔③留下遗嘱，把 200 本的医书和数学书赠给布拉格大学，即查理学院。赠款也常常用来买书。在一些大学，有时也募集一些购书资金。然而，早期的大学图书馆规模都不大，直到十五世纪末和十六世纪印刷书籍大量出现，大学图书馆的藏书才开始增长。

在初期的大学图书馆，不供流动的书大部分都用锁链牵在书桌上。阅读的地方大半是细长的屋子，从高大的窗户采取自然光，在窗户与窗户之间搁放书桌。

早期的大学图书馆的目录，没有什么值得一提的。有的按著者或标题的字母顺序排列，有的像是图书财产目录。借书规则也很不一致，不过大致跟修道院图书馆的差不多，即大部分书只能在图书馆阅读。有时学生可借出一些书，但多半需要交纳保金。

在早期的大学图书馆里，还没有出现专业的图书馆员。管理图书的人员一般是水平较低的人员或是学生。有些早期的大学跟宗教界有联系，如牛津大学就是由僧侣担任图书保管员。

---

① Humphrey, Duke of Gloucester, 1391—1447.
② Friedrich Ⅲ, 1415—1493, 在位是 1440—1493 年。
③ Johannes Sindel.

中世纪大学图书馆的历史作用

一般说来,早期的大学图书馆是从修道院图书馆直接派生出来的,因此在许多方面两者有相似之处。但有一点是有原则区别的,即修道院图书馆的重点在于保存图书,而大学图书馆则侧重于利用图书。大学图书馆是为培养和造就数以千计的学生服务的。这些学生毕业之后并不是隐退在修道院,毕生研究神学,而是走向广阔的世界,以他们所学的法律、哲学、医学等专门知识,再去教育别人。如果说,修道院图书馆在长达一千年的时间里保存了知识,那么大学图书馆就是开始使用了知识,为文艺复兴的到来和为中世纪的结束开辟了道路。

2.5 其他类型的图书馆

在中世纪中期以后,除了教会图书馆和大学图书馆以外,还出现了君侯贵族的图书馆、私人图书馆以及为数极其稀少的城市图书馆。这时封建贵族和骑士阶级出现了,市民阶级也开始抬头,用各民族语言写成的文学作品逐渐增多,在贵族和权贵所在的一些城市,非宗教的世俗教育也逐渐兴起。纸作为廉价的书写材料,也从东方传入了欧洲。拿工钱的抄写员、插图画家以及抄书书商等特殊的阶层也相继出现。在这些情况下,下述新型的图书馆问世了。一般说来,这些类型的图书馆都是属于萌芽状态,但它们通常是后来的市立、州立以及国立图书馆的前身,因而引起图书馆史学者的注意。

君侯图书馆

神圣罗马帝国的皇帝弗里德里希二世①是一位才华横溢的君主。他对学术、艺术的发展十分关心，不仅保持同回教各国的密切的文化来往，而且大力促进阿拉伯文献的翻译工作。他在自己的皇宫所在地——那不勒斯和巴勒莫②建立了相当规模的私人图书馆。他在一封给波伦亚大学的书信中夸耀了自己的图书馆。的确，在当时欧洲的君主中再没有第二个人拥有这样大型的私人图书馆了。

法国的圣路易九世③在巴黎的圣夏佩尔寺院④内放置了教父们的许多著作。他本人认真地阅读这些书籍，也乐意把它们借给他人。当时的大学者、十三世纪最好的百科全书⑤的编辑者樊尚⑥极力帮助路易九世建立这所图书馆。路易九世还下令编纂华丽的《圣经》和旧约诗篇。于是，从市民阶层里涌现出一批画家和插绘师，巴黎逐渐变成了欧洲书籍出版业的中心。有些人把法国皇家图书馆的创建追溯到路易九世，也不是没有道理的。

到了十四世纪，法国的贤王查理五世⑦从父王那里继承了少量图书。他是一位爱书家，自己又购买了许多图书。大约在1367年或1368年，他把自己所藏的主要写本973卷移至富丽堂皇的卢佛尔宫⑧，其余的保存在各城堡。当时的女诗人克里斯蒂娜·

---

① Friedrich Ⅱ,1194—1250,在位是1198—1250 年。

② Palermo,在西西里岛上。

③ Louis Ⅸ(Saint Louis),1214—1270,在位是1226—1270 年。

④ Sainte – Chapelle.

⑤ *Speculum majus*,共80 卷,1473 年出版。

⑥ Vincent de Beauvais,约1190—1264 年。

⑦ Charles Ⅴ(Le Sage),1337—1389,在位是1364—1380 年。

⑧ Le Louvre.

德·皮桑①评论查理五世的这一宝藏说:"它是一所极好的图书馆,藏有优秀作家编著的最有价值的各门学科的图书,这些书都抄写得很优美,装饰得很华丽。"②在这些藏书中有为数不少的法译本,其中包括亚里士多德和圣奥古斯丁著作的译本等等。查理五世在许多藏书上亲自盖印藏书章,以满足自己的奢侈欲和求知欲。他的宠臣、侍从马莱③担负这批藏书的管理工作,并编制了一份详尽的藏书财产目录。这是法国图书目录的嚆矢。

在德国,在上一节提到的查理四世不仅在布拉格建立了大学,还在名宰相约翰④的协助下,把布拉格建成为文化中心。查理四世从四方招聘文学家和书籍装饰师,他自己也有一所图书馆。

私人图书馆、城市图书馆

在中世纪后期,有些文人学者也备有自己的图书馆。教训诗《赛跑者》⑤的作者、诗人胡果⑥是德国早期的有名的图书收藏家。他对自己所藏的 200 册图书十分自豪。牧师、城市的参议员、医生、学校校长以及贵族及其夫人们也有各自的藏书。

在上一节已经提到达勒姆⑦的主教、爱书家比尤里的事迹和他的图书馆。据估计,他的藏书有 1,500 卷之多,这是十四世纪英格兰最为著名的一所私人图书馆。

---

① Christine de Pisan,约 1364—1430 年。

② 转引自 A. Hessel,*A History of Libraries*,translated by R. Peiss,1955,p. 131,note 39。

③ Gilles Mallet.

④ Johann von Neumarkt.

⑤ *Der Renner*.

⑥ Hugo von Trimberg,约 1230—1313 年。

⑦ Durham,在英格兰的北部。

法国的亚眠①教会事务长、贵族、诗人富尔尼瓦尔②也有一所私人图书馆。他写了《藏书家》③一书。书中描述一座"书苑",苑内有不同类别的写本,放置在若干桌上。这是一部由饱学之士写成的、寓意深长的书。书中提到的写本大多数确有其书。富尔尼瓦尔还向巴黎的索邦学院赠送了300册书。

　　除了私人图书馆之外,在极少数城市也出现了为市民服务的图书馆。如德国的不伦瑞克④早在1413年就有了这一类图书馆。但在中世纪后期,这一类型的图书馆还没有显示出它的活力。

第三章　中世纪后期、文艺复兴时期的图书馆

3.1　意大利的图书馆

文艺复兴

在十四、十五世纪的欧洲,由于商品经济的发展,资本主义生产关系逐渐在封建制度内部形成,新兴资产阶级的利益和要求在文化上也得到了反映。富裕的商人、工业家、银行家都属于这个阶级,大批杰出的诗人、作家、学者和艺术家都是这个阶级的知识分子。

他们创造的新文化具有非教会、非"彼岸"的特点。他们的眼光从云端转到了地上,从天国转向了人间。他们所感兴趣的并不是"来世"的生活,而是人间生活的乐趣。他们渴望从教会的压制下解放人的个性,力图使人的理智战胜宗教的迷信。虽然他们还没有走到否定神的地步,但是他们把神加以人化了。他们反对禁欲主义,把人的身体、人的情欲和人的需要看成是自在的目的,看作是生活中最重要的东西。他们反对神学的悲观情绪,而强调乐观的情调。这种文化的特点是对人、对人类的未来、对人的理智充满胜利的信心。人发现了自己的价值:天地间最尊贵的是人,万物中最美的是人。他们要用科学来解释自然界的认识和人的认识;

他们也要求艺术从封建的愚昧文化中解放出来。因此人们把这种新文化叫做"人文主义"（humanism 源出拉丁字 humanus——人的），它是与信神相对立的一种概念。恩格斯说，文艺复兴是"一个人类从来没有经过的最伟大的、进步的变革，是一个需要巨人而且产生了巨人——在思维能力、热情和性格方面，在多才多艺和学识渊博方面的巨人的时代。"[1]

新兴的资产阶级利用和改造希腊罗马的古典的意识形态，因为这种意识形态是在过去经济上最繁荣、政治上最民主的古代城市里创造出来的。因此，十六世纪的历史学家认为，这一新兴文化是古代文化的复兴，因而通称"文艺复兴"。尽管当时的人文主义还有严重的缺陷，如资产阶级的阶级局限性、反封建斗争的妥协性等等，但是文艺复兴的基本精神是不能否定的，它是一场真正的文化革命。

文艺复兴首先于十四世纪在意大利发生，到了十五世纪在那里占了统治地位。大约从十五世纪中叶起，逐渐扩展到德国、法国、英国等国，于十六世纪上半叶达到高峰。到了十六、十七世纪发展到欧洲其他国家。

文艺复兴和图书馆事业

文艺复兴推动了图书馆事业的发展。中世纪的教会图书馆逐渐衰落下去了。此时，大批学者到处寻找古代希腊、罗马的古典。人文主义者的一些私人图书馆是很有名的。这时也开始出现了若干早期的公共图书馆。十五世纪中叶，活字印刷术的发明对文化的普及起了很大的作用。从此人们有可能购买大量的廉价书籍了。图书馆的馆藏也大大丰富，开始出现了几万册藏书的比较大型的图书馆。印刷事业的发展也把图书管理和图书出版截然分开

---

① 《马克思恩格斯选集》，第 3 卷，1972 年版，第 445 页。

了。以前的图书馆不仅是收藏图书的地方,同时也是"制造"图书的场所,许多图书馆都设有抄写室,自己抄写书籍。印刷术的普及使图书的出版事业专业化了。

彼特拉克

意大利的人文主义者对古代文化的敬仰,首先表现在对挖掘长期埋没的古典的极大热忱。他们抱着前所未有的热情到各修道院去搜集湮没无闻的古代作家手稿,而且获得了显著的成就。我们现在很难领会十四世纪的人们在发现拉丁语古代文献时的欢欣。但是如果我们考虑到,他们由于受到罗马诗人和散文家的影响,就有可能摆脱中世纪经院哲学和教会的枷锁而重新认识世界,那么我们就可以理解他们的心情了。

认识到这些古典的文化价值的先知,就是意大利"文艺复兴之父"彼特拉克[1]。他首先提出"人学"与"神学"的对立。他是中世纪伟大的学者和诗人,用大众语言——意大利文写了《抒情诗集》,抒发对情人劳拉[2]的爱情,描写自然景色,渴望祖国的统一。他的抒情诗和但丁的《神曲》都是十四世纪诗歌的最高峰。他用拉丁文写的《没有收信人的信》[3],揭露了教皇统治的种种罪恶。

后人称赞彼特拉克是"开垦意大利的土壤,去种植希腊文化"的人。只要听到有珍贵书籍,他就不顾一切困难,不远千里,亲自跋涉去搜集。他游历巴黎、根特[4]、列日[5]、科隆[6]等地,其主要目的是到被人冷落的修道院图书馆去搜集古老的抄本。久经散佚的古

---

① Francesco Petrarch,1304—1374.

② Laura,? —1348.

③ *Epistolae sine nomine.*

④ Gent,或 Ghent,亦或 Gand,位于比利时西北部。

⑤ Liège,位于比利时东部。

⑥ Cologne 或 Köln,位于德国西部。

代书籍从此重见天日。在列日,他发现了很多书籍,其中包括西塞罗的两篇演说的抄本。在巴黎,他得到圣奥古斯丁的《忏悔录》①。被他发现的还有:罗马修辞学者、演说家昆体良②,罗马喜剧家普劳图斯③,罗马诗人、唯物主义哲学家卢克莱修④,罗马大诗人维吉尔⑤等人的作品。他有时托人代抄,有时亲自抄写。彼特拉克把这些古籍装订得非常漂亮,以示对古典的重视。他不是把它们看作早已流逝的过去而是作为富于生命的现在,加以摄取。

他在《论对幸福和不幸所采取的手段》⑥一书中,痛斥那些只囤聚图书、根本不看书的人。彼特拉克把书当成会说话的朋友。他在一封信中说:"书可以使我们心旷神怡,跟我们说话和商量,以活生生的、主动的友情成为我们的伙伴。"他的私人图书馆大约有 300 卷书,是当时很完备的私人图书馆。他叫家仆们像保护神庙一样,保护自己的图书馆。到了晚年,他准备把自己的图书馆赠给威尼斯⑦市,希望市政府在这一藏书的基础上建立一所近似古罗马时期的大型公共图书馆,供学者和有知识的人使用。但是他的这一希望没有实现。很遗憾,他的珍藏在死后随之散失。

1374 年 7 月 19 日清晨,人们发现,彼特拉克把头埋在被打开的维吉尔的书里,安详地去世了。卒年七十。

薄伽丘

彼特拉克的学生薄伽丘⑧,也是意大利文艺复兴时的作家、人

---

① *Confessions.*

② Marcus Fabius Quintilianus,约 35—95 年。

③ Titus Maccius Plautus,公元前约 254—前 184 年。

④ Titus Lucretius Carus,公元前 99—前 55 年。

⑤ Publius Vergilius(或 Virgilius)Maro,公元前 70—前 19 年。

⑥ *De remediis utriusque fortunae.*

⑦ Venice,意大利语是 Venezia,拉丁语是 Venetia。

⑧ Giovanni Boccaccio,1313—1375。

文主义的重要代表。他反对封建专制，拥护共和政体。他的代表作《十日谈》①，描写新兴市民阶级对禁欲主义的反抗，嘲讽贵族和教士的卑鄙、虚伪和残暴，反映当时意大利的社会生活。他的作品对传布人文主义的思想，促进欧洲小说的发展，有较大的影响。意大利佛罗伦萨②的居民非常崇敬但丁、彼特拉克和薄伽丘，称他们为"佛罗伦萨三杰"。

他同彼特拉克一样，不知疲倦地搜集古代作品的抄本。他在卡西诺山修道院③发现了罗马历史学家塔西佗④的名著《历史》⑤。如此宝贵的修道院图书馆，竟无门无锁，漫草侵窗，尘埃满桌，书则脱页甚多，有的还廉价出售。据说，他看到此情，不禁大声哭泣。

他在年近半百的时候开始学习希腊文，以便直接阅读希腊古典。传说，1360 年，年已 47 岁的薄伽丘是佛罗伦萨大学新设的希腊文课的唯一的学生。这是人文主义者研究希腊的开端。

1360 年，薄伽丘把彼特拉克长年渴望得到的荷马诗集的拉丁文译本送给他。薄伽丘的私人图书馆是很有名的，他的藏书全部赠给佛罗伦萨的圣斯皮里托⑥修道院。

美第奇家族的图书馆

意大利佛罗伦萨共和国的统治者柯西莫·美第奇⑦和其孙洛伦佐·美第奇⑧都是人文主义的热心倡导者。他们以自己的丰富

---

① *Decameron.*
② Florence，意大利语是 Firenze。
③ 参见本书第 62 页。
④ Publius Cornelius Tacitus，约 55—约 120 年。
⑤ *Historiae.*
⑥ San Spirito.
⑦ Cosimo de'Medici，1389—1464。
⑧ Lorenzo de'Medici，1449—1492。

藏书为基础,建立了举世闻名的美第奇家族的图书馆。

在叙述美第奇家族的图书馆之前,需要简略介绍一下当时意大利的历史背景和美第奇家族的一些情况。十三世纪至十五世纪的意大利是四分五裂的,没有统一成为一个国家,但是资本主义的生产关系早于西欧其他各国发展起来。独立的城市国家,如威尼斯共和国和热那亚①共和国在商业上发财致富。佛罗伦萨共和国则在工业和银行业上凌驾他国。十五世纪,这个共和国的政权落入佛罗伦萨一个大银行家柯西莫·美第奇手中。美第奇的银行不仅在佛罗伦萨,而且在全欧各地都有分行。他还给各国国王贷款,加强了他的国际影响。美第奇不担任任何官职,也正式被称做普通公民,但是共和国的任何一件重要措施,如果没有得到他的同意就不能实行。只有他的拥护者才能获得各种官爵。这就是僭主政治,是一种暴政。柯西莫·美第奇统治佛罗伦萨长达 30 年之久(1434—1464),被称为"国父"。后来,美第奇家族的成员,有的当了公爵、大公,有两人还当选为教皇。

柯西莫·美第奇取消了人头税,改征所得税,使得他的竞争者纷纷破产,最后把他们挤出政治舞台。这种措施起初使贫民的纳税负担稍有减轻,但它的目的当然是蛊惑人心。

僭主美第奇同时是一位学者。他精通拉丁文,并略谙希腊文、希伯来文和阿拉伯文。他多方支持人文主义者,因为他们的反封建的意识形态有助于巩固新兴资产阶级、美第奇家族的统治。他也是一位古代抄本的十分热心的搜集者。他不惜人力和财力,派遣大批采购人员前往世界各地。

许多书商也为美第奇搜集和抄写古典作品。例如,佛罗伦萨最有名的书商韦斯帕西阿诺·达·比斯提奇②就以十分昂贵的价

---

① Genoa,意大利语是 Genova。

② Vespasiano da Bisticci,1421—1498.

钱替美第奇抄书。有一次,美第奇想把一批书献给一个修道院,就叫比斯提奇代为搜集。后者回答说,这一批书没有现成的,费力搜集还不如抄写。美第奇也不细问抄写工钱,立即同意比斯提奇的意见。于是,比斯提奇同时雇用了 45 人抄书员,在 22 个月内替美第奇抄缮了大约 200 种书籍,都是细密缮写和精致装订的。

美第奇对学者也多方支持。尼科里①是当时很有名的学者和热心的搜书家,只要手头有钱,就用来购书,几次弄到倾家荡产的地步。每到这时刻,美第奇总是慷慨解囊,尼科里要多少书钱,就给他多少。尼科里希望,死后将自己的 1,430 本藏书供给公众使用。美第奇把这一珍藏连同他丰富的私人藏书,放在佛罗伦萨的圣马可②修道院,成立了美第奇家族的图书馆。这是文艺复兴时期带有公共性的最早的图书馆之一。

如果说,中世纪图书馆具有封闭性和保守性,带有近似藏书楼的特征,那么美第奇家族的图书馆的开放性是一个突破。在图书馆发展史上出现的这一现象,也同其他上层建筑的种种现象一样,预告了资本主义时代即将到来,封建主义临近灭亡。

彼特拉克、萨留塔奇③等人多年来渴望早日出现这一类供学者使用的图书馆。资本主义在佛罗伦萨的进一步发展,把他们的这一梦想变成了现实。

这个图书馆藏有《圣经》抄本多种,并有宗教注释书、早期基督教教父的著作、中世纪作家的著作,以及许多哲学、史学、诗歌和语法的古典书籍。后来成为教皇尼古拉五世的帕伦图契里④,一

---

① Niccolo Niccoli,1364—1437.

② San Marco.

③ Coluccio Salutati,1331—1406。曾任佛罗伦萨共和国秘书,首先用古典拉丁文草拟外交文书。由于精通拉丁文,获得"西塞罗的猴子"的光荣绰号。他是藏书家,认为图书馆应当成为学者的有效工具,主张建立大型公共图书馆。

④ Nicolaus V,Tommaso Parentuccelli,1397—1455,在位是 1447—1455 年。

度在这个图书馆工作过。

当时,佛罗伦萨成了学术活动中心。美第奇也提倡美术、文学和建筑学,还优待来自拜占庭帝国的希腊人亡命者,请他们讲授柏拉图哲学。美第奇让年轻的意大利哲学家费栖纳①学习柏拉图哲学,叫他把中世纪哲学家还不知道的柏拉图原文著作译成拉丁文,并以费栖纳为中心成立了"柏拉图学园"②。当时研究柏拉图哲学本身,就有反宗教的意义,因为这是把最伟大的古代哲学家柏拉图的权威同经院哲学的靠山亚里士多德的权威相对抗。

柯西莫·美第奇于 1464 年 8 月 1 日聆听旁人给他诵读柏拉图的《对话篇》而离开了人间。

柯西莫·美第奇的孙子洛伦佐·美第奇进一步扩展了美第奇家族的图书馆。洛伦佐的绰号是"豪华者"③,他也统治了佛罗伦萨很久,是一个手腕灵活的政治家。他本人又是一个诗人、文艺倡导者,进行了广泛的保护文学艺术的活动。靠他的赏赐生活的人文主义者,不知其数。他跟其祖父一样,积极收购和搜集希腊文、拉丁文的抄本。他委托拜占庭的学者、希腊人拉斯卡利斯④搜集希腊的古代抄本。为此,拉斯卡利斯两次长途跋涉,前往近东,每次都满载而归。

洛伦佐继承祖父的志业,在圣洛伦佐教堂建立了一所图书馆。到了 1495 年,它的藏书已达 1,017 册。这个图书馆在 1571 年正式向公众开放,这就是有名的洛伦佐图书馆⑤。此时的总藏书量为 3,000 种书籍和手稿。馆舍及其内部装饰是由文艺复兴时期的

---

① Marsilio Ficino,1433—1499.

② The Platonic Academy of Florence.

③ "il Magnifico".

④ Andreas Johannes Lascaris(或 Laskaris),约 1445—1535 年。

⑤ Biblioteca Laurenziana.

艺术大师米开朗琪罗①从 1525 年开始建造的。大阅览室采取传统的中世纪建筑格式，宽 34 英尺，长 152 英尺。在中央的通道两侧各摆着 44 张阅览桌，每桌置书 20 至 30 册，都用铁链系住，书单则贴在书桌的一端。

洛伦佐图书馆欢迎学者们到馆内阅读，甚至允许其他藏书家到馆内抄写珍籍。馆藏约半数是希腊文书籍及其他非拉丁文著作。洛伦佐·美第奇是最先允许把活字印刷本置于书架的藏书家之一。

图 13　米开朗琪罗设计的洛伦佐图书馆的内部

闻名于世的洛伦佐图书馆，现名"美第奇·洛伦佐图书馆"②。这个图书馆以它独特的馆藏现在还为广大群众服务。它的藏书至 1976 年止，为 54,724 册书，10,722 份手稿和 4,389 种摇篮刊本③。

① Michelangelo Buonarroti,1475—1564.

② Biblioteca Medicea Laurenziana.

③ Incunabula,详见本书第 118—120 页。

尼科里

此人前面已提及,但仍需作一些补充。他几十年如一日进行了很有组织的搜书工作。尼科里向一切地方派出了搜书代理人,同时也靠这些人帮助美第奇扩大国际贸易网。他曾经向一个代理人发出指示:彻底寻查德国所有修道院的藏书。这一指示目前还保存着。他自己以 70 岁的高龄还去了一趟德国,详尽地记载了这次访书的细节。他对各国图书馆的情况和当代的书情,了如指掌。西塞罗、阿米亚努斯·马尔策利努斯等人著作的很多抄本都是他发现的。

如前所述,他肯付出巨款购买图书,但从不吝惜出借自己的珍书。他非常高兴地跟借书人一起交谈这些书的读后感。据说,他去世时,还有 200 多本书在朋友手中。

他写过有关正字法的论文,也能够写出非常美丽的文艺复兴字体。当时的文人大半都是书法家。不用秀丽的字体抄书,他们是决不会满意的。难怪,他们的多数人对突然出现的活字印刷本,厌恶已极。

波乔

波乔①是又一位寻找古代抄本的最重要的人物之一。他也是古典学者、人文主义者,曾任罗马教皇的秘书。他认为,自己的神圣义务是:把古典财宝从修道院的束缚下解放出来。无论寒暑风雪,山遥路远,都没能削弱他为学术收书的诚心。他受尼科里的委托,前往各地寻找古代抄本。当他发现再没有其他更好的办法的时候,只好进行抄写。但他宁愿采取另一种"拯救"古籍的法子,即索性把书塞进法衣,堂而皇之走出修道院。

---

① Poggio Bracciolini,1380—1459.

1414 年,他被派遣去德国南部的康斯坦茨①,参加宗教会议。会后趁机访问了德国、瑞士和法国的修道院,而在瑞士的圣加仑修道院和法国的克留尼②修道院所得甚多。

他发现的古代抄本有:西塞罗的八篇演说、罗马唯物主义哲学家卢克莱修的《物性论》③、昆体良的《演说术原理》④、罗马帝制末期的史学家阿米亚努斯·马尔策利努斯的《历史》⑤、塔西佗的《演说家对话录》⑥和《日耳曼尼亚志》⑦、罗马喜剧家普劳图斯的十二部喜剧以及其他抄本多种。

后人之所以能够看到这么多的拉丁文古典作品,在很大程度上是由于波乔及其他人文主义者的艰难搜书的结果。

东方文献的搜集

人文主义者不仅在欧洲的修道院寻找古典抄本,还从近东抢救了许多希腊古典。早在 1453 年拜占庭帝国覆没之前,即大约从十五世纪初起,就有大量的希腊古典的抄本传入西欧。从东方搜购书籍的活动,前后连续了一个多世纪。首先是逃亡欧洲的希腊学者带来了一些珍贵书籍,其次是不少意大利人被知识欲和冒险欲所驱使,远征到东方,带回不少抄本。威尼斯由于地理位置的优越,变成了东方书籍的贸易中心。许多船长认为,返航时运回抄本可以获利。

---

① Konstanz.

② Cluny,位于里昂北。

③ *De rerum natara.*

④ *Institutio oratoria.*

⑤ *Rerum gestarum libri.*

⑥ *Dialogus de oratoribus.*

⑦ *Germania.*

意大利人文主义者古阿里诺①在君士坦丁堡学习希腊文,回来时携带希腊文写本 50 卷。西西里岛的学者、人文主义者、藏书家奥利斯帕②从 1414 年起几次去近东,带回希腊古典 238 件。他说:"我记得,曾经在君士坦丁堡把自己的衣服给了希腊人,以换得抄写本。对此事,我丝毫没有感到羞耻。"③意大利人文主义者菲勒尔福④于 1420 年以威尼斯公使的身份前往君士坦丁堡,带回希腊文写本约 40 卷,其中多数是当时还没有拉丁译文的,后来由他翻译。如前所述,流亡到意大利的拜占庭学者拉斯卡利斯,接受洛伦佐·美第奇的委托前往近东,收获颇多。威尼斯的贵族们也不甘落后。例如,朱斯蒂尼亚尼⑤一家对发现东方的抄本很感兴趣。不仅希腊文的抄本,还有希伯来文的著作也在搜集之列。精通数种古代语言和东方语言的佛罗伦萨人文主义学者皮科·德拉·米兰多拉⑥就搜集了上百卷的希伯来文写本。

可与威尼斯并列的古典抄本的贸易中心就是佛罗伦萨。该城有一条街叫做"书巷"⑦。在这里,雇有抄书员的书商,比比皆是。其中最有名的就是上述那位比斯提奇。他是中世纪最末一个大抄书业者,很注意搜集标准抄本。他雇用的抄书员之多,在意大利名列前茅。售书对象不仅是意大利若干著名图书馆,远至匈牙利、葡萄牙、英国都有他的顾客。他的书店变成了文献学者的聚集地点。

值得注意的是搜购者并不是大学、教堂或政府机构,而是个人。其中多数是人文主义的学者,还包括商人、传教士以及各国

---

① Guarino da Verona(拉丁名为 Varinus),1370—1460.

② Giovanni Aurispa,1369? —1459.

③ 转引自 Alfred Hessel, *Geschichte der Bibliotheken*, S. 51.

④ Francesco Filelfo(拉丁姓为 Philelphus),1398—1481.

⑤ Guistiniani.

⑥ Pico della Mirandolla,1463—1494.

⑦ Via degli librai.

君侯。

贝萨里昂和圣马可图书馆

贝萨里昂①是希腊人,但长期居住意大利,还担任了枢机主教②。他又是一位哲学家、人文主义者,曾经把许多希腊古典译成拉丁文,并计划建立一所世界上最大的希腊文图书馆,据说,为此花费了 3 万古尔登③。他派人去希腊和小亚细亚寻找图书,发现了四世纪希腊诗人昆图斯④等人的作品。

1468 年,贝萨里昂遗赠威尼斯市珍藏总共 746 卷(其中 482 卷系希腊文著作),附加条件是:应当妥为保管,并向民众开放,以利于"东方和西方的天然联系"。但这一珍藏被搁置在威尼斯的圣马可教堂,前后约有 100 年无人过问。直到 1553 年,著名建筑家、雕刻家桑索维诺⑤所设计的华丽的大厦建成,这批宝书才重见天日。这就是有名的圣马可图书馆。

这所图书馆经过了 500 多年的变迁,现在叫做国立马可图书馆⑥。据 1976 年统计,藏有书籍 1,201,832 册,手稿 12,719 件,其中有珍贵的中世纪文物,如但丁的《神曲》的手稿、1323 年马可波罗⑦的遗嘱、1493 年罗马出版和 1505 年威尼斯出版的哥伦⑧书信等等。

---

① Johannes Bessarion,1403—1472.

② 亦称"红衣主教"。天主教的最高级主教,由教皇直接任命,分掌教廷各部和许多国家重要教区的领导权。

③ Gulden,古代的金、银币名。

④ Smyrnaeus Quintus.

⑤ Jacopo Sansovino(原名 Jacopo Tatti),1486—1570.

⑥ Biblioteca Nazionale Marciana.

⑦ Marco Polo,1254—1324.

⑧ Christopher Columbus,约 1446—1506 年。

费德里戈等

当时的君侯也有不少人置备了私人图书馆,其中最有名的是乌尔比诺①城公爵费德里戈·达·蒙特菲尔特罗②的图书馆。该馆藏书之丰富,当时没有一所图书馆可与匹敌。费德里戈不仅在军事方面有所建树,同时也是一位博学的雄辩家。他幼年就开始搜集图书,非常喜爱古典作品。他不惜重价购买古籍,所得战争赔款都用来建造纪念馆、建立图书馆和从事艺术活动。此时,不少君侯也像费德里戈那样,深受人文主义影响。"为图书和建筑着想"——这是当时各国君侯的具有时代特点的口头禅。

弗德里戈长年雇用三、四十名抄写员,驻在佛罗伦萨和其他城市。无论何时,只要听到国内外有善本书,就立即派人前去。

他一度雇用那位佛罗伦萨有名的书商比斯提奇主持馆务,主要负责图书采购。为了把各门科学的图书收集齐全,这个图书馆还配备了其他图书馆的馆藏目录,如梵蒂冈图书馆、美第奇家族的图书馆以及遥远的英国牛津大学图书馆的书目等等。这种作法在当时是罕见的。

馆藏既有标准的教会典籍,也有当代的作品。某些著名的著作搜集得相当完备,在这一点上,其他图书馆是望尘莫及的。例如,但丁和薄伽丘的作品是齐全的,当代 25 名社会科学家的著作不仅有拉丁文和希腊文的原著,而且还有译本。在希腊文书籍中,教父的著作占多数,但也有不少古代作家的作品。如希腊悲剧作家索福克勒斯③、希腊抒情诗人品得④、希腊后期喜剧作家米南德⑤

---

① Urbino,位于意大利中部。
② Federigo da Montefeltro, 1422—1482.
③ Sophokles,公元约 496—前 406 年。
④ Pindaros,公元前约 522—前 422 年。
⑤ Menandros,公元前 342(或 341)—前 291(或 290)年。

等人的作品都是全套的。此外,中世纪几位神学家的著作也是齐全的,甚至医书也力所能及地搜集了许多。所藏书籍全是抄写本。在费德里戈看来,收存印刷本是可耻的。

每一本书的封面装潢实属蔚为大观。所有的稿本在书皮上都涂上金饰。在费德里戈新建的官邸中,设有若干书室,室内满置图书。阅书的地方,光线充足,显然是准备供学者利用的。

从现存的一份史料可以看到,费德里戈对图书馆馆长是怎样要求的。馆长应当是"学识渊博,神采奕奕,和蔼可亲,精通文学与语言",他必须管好图书,编好目录,保护图书,以免损坏,让读者容易接近图书,还要仔细办理出借手续,不得遗漏等等。

1482年费德里戈去世,此时藏书有772卷(又一说是1,120卷),于1658年交给了梵蒂冈图书馆。

十五世纪,意大利的其他贵族也拥有图书馆。例如,1452年,贵族马拉特斯塔①在意大利北部的切泽纳②设立了一所图书馆——马拉特斯塔图书馆③。它的馆舍、馆内设备和图书一直被保存下来,这是唯一一所现存的文艺复兴早期的图书馆建筑。关于文艺复兴时期的图书馆建筑结构,还要在下面谈到。

那不勒斯国王阿尔丰沙一世④鼓励学术研究,也建立了图书馆。在学者们的激励和推动下,十五世纪那不勒斯的珍贵藏书在意大利境内名列前茅。

另一贵族埃斯特⑤家族早在十三世纪就拥有私人图书馆。

---

① Domenico Malatesta Novello,? —1465.

② Cesena.

③ Biblioteca Malatestiana. ,见本书第102页图14。

④ Alfonso Ⅰ,1396—1458,在位是1443—1458年;作为西西里国王叫做 Alfonso Ⅴ,在位是1416—1458年。

⑤ Este.

1598 年,馆址从费拉拉①迁至摩德纳②。该馆现名叫"埃斯特和大学图书馆"③。

图 14　意大利北部切泽纳镇的马拉特斯塔图书馆——现存的唯一一所文艺复兴早期的图书馆

米兰的贵族维斯康蒂④和斯福尔查⑤也有丰富的私人图书馆。斯福尔查图书馆后来作为战利品被并入路易十二⑥设在布卢瓦⑦

---

①　Ferrara.

②　Modena,以上二城市位于威尼斯和佛罗伦萨之间。

③　Biblioteca Estense e Universitaria.

④　Visconti.

⑤　Sforza.

⑥　Louis XII,1462—1515,在位是 1498—1515 年。

⑦　Blois,法国北部城市。

的法国皇家图书馆。

3.2　匈牙利国王马提亚的图书馆

　　十五世纪欧洲最著名的皇家图书馆,实属匈牙利国王马提亚·科尔温①的图书馆。当时,匈牙利之所以能够建成如此优异的图书馆,绝不仅仅是因为这位国王格外好书。如果我们不指出如下两点,那是不足以说明问题的。第一,马提亚曾经占领奥地利大部分,定都维也纳,大大振兴了国威。十五世纪后半叶,中欧最强盛的国家就是马提亚统治的匈牙利。拥有强大的国力,才能建成很好的图书馆。看来,这是一条规律,古今中外莫能例外。第二,此时从意大利开始的文艺复兴运动逐渐扩大到中欧。人们曾说,当时的匈牙利变成了第二个意大利。马提亚在学术文化方面的成就,尤其他的图书馆,是文艺复兴的直接产物。

　　马提亚趁拜占庭帝国覆没、古代典籍散失之时,派人去近东,极力搜求古典抄本和基督教作家的著作。他雇用了数十名抄写员、插画工和装订人员。抄写员除了 30 名在宫廷任职外,还在佛罗伦萨常驻 4 名。马提亚国王也是那位著名的佛罗伦萨书商比斯提奇的大主顾。

　　1470 年,马提亚同那不勒斯国王的公主比特利斯②结婚,这又进一步加强了匈牙利同意大利的关系。皇后也是一位热心的搜书家。他们二人协力经营的图书馆,藏书丰富而美观。马提亚特地邀请意大利名画家安吉利科③的门生来画封面。国王还在欧洲首

①　Mátyás Hollós（或 Matthias I Corvinus）,1440—1490,在位是 1458—1490 年。

②　Beatrice.

③　Fra Angelico,1387—1455.

次采用伊斯兰式的封面涂金的东方装潢方法。

图书馆设在布达①宫殿的一翼,分为拉丁文书籍和希腊、东方书籍两部分。据说,总藏书曾达5万卷之多,但史家怀疑这个数字,认为最多也是此数的十分之一。德国图书馆学家福尔斯蒂乌斯估计大约是2,500卷②。

马提亚死后,藏书逐渐散失。1526年,土耳其占领布达。为了拯救这所图书馆,匈牙利人民募集了巨万钱币,向土耳其将军进贡,但也无济于事。土耳其士兵尽其暴戾之能事,将书撕碎,踩在脚下,剥劫封皮的金饰。呜呼!稀世珍藏抢掠殆尽。所剩100多卷,为现代欧洲若干图书馆所珍藏,其中维也纳的奥地利国家图书馆③收藏最多。

3.3 梵蒂冈图书馆

人文主义的影响所及,连教会本身也不得不来适应新的形势了。为了继续管制思想和影响社会,僧侣也开始学习新文化的某些成分,甚至有几个教皇——尼古拉五世、庇护二世④就受过人文主义的教育。由尼古拉五世重建的梵蒂冈图书馆,在很大程度上突破了中世纪修道院图书馆的常规,广泛搜集世俗作品,变成了十

---

① Budapest(布达佩斯),该市位于多瑙河的右岸地区叫布达,左岸叫佩斯。

② Joris Vorstius und Siegfried Joost, *Grundzüge der Bibliotheksgeschichte*;7 Aufl.,1977,S.21.

③ Österreichische Nationalbibliothek.

④ Pius Ⅱ(原名 Enea Silvio Piccolomini,通称 Aeneas Silvius 或 Sylvius,1405—1464),在位是1458—1464年。庇护二世积极搜集古典。作为人文主义者,写下了许多作品,创作了诗歌、小说,研究过修辞学,写过史地书。据说,他的一本地理书对哥伦布有过影响。

五世纪意大利最重要的图书馆。

尼古拉五世原名帕伦图契里,自小刻苦学习。当他还是一个普通僧侣的时候,就多次说过:"我如能得到资财,必定完成两件事——搜集典籍和从事建筑。"由于家境贫寒,帕伦图契里只好经常借贷买书。如前已述,他曾在柯西莫·美第奇的图书馆工作过。美第奇委托他编制一份标准的采购书目①。后来这份书目变成了新建馆的标准目录。据说,乌尔比诺图书馆等在建馆之际,都参考过这份目录。经过多年的努力,他积累了丰富的图书知识,终于成为一个图书和图书馆的专家,与他的朋友比斯提奇齐名全欧。

1447年,帕伦图契里当上了教皇,是最大的爱书家和图书专家登上皇位,这在教廷史上是罕见的。帕伦图契里终于把"图书和建筑"的誓言付诸实现了。

罗马教廷的图书馆原先设在教廷所在地法国的阿维尼翁城,其藏书早已散失。教廷搬回罗马后,所剩残破书籍仅有350余册。尼古拉五世就把自己的藏书并入,并继续增加馆藏。他把1450年大赦年的大笔收入用来购书。遥远的东方诸国和斯堪的纳维亚各国都有梵蒂冈搜书人员的足迹。由于尼古拉五世的努力,馆藏迅速增至1,200册(其中拉丁文书约有800册)。梵蒂冈图书馆变成了意大利最佳图书馆之一。

馆长托尔特利②大力协助尼古拉五世,曾经计划把一些有利于维护天主教教义的希腊著作译成拉丁文。

尼古拉五世企望获得古代托勒密国王或图拉真皇帝那样的荣誉。为此他计划建造一座图书馆大宫殿,以便向学者们提供做学问的地方。不料,教皇过早去世,这一宏伟计划落空了。

_____

① *Canone bibliografice*,详见 A. Hessel,*A History of Libraries*,p. 132,footnote 54.
② Tortelli.

教皇西克斯图斯四世①也很重视图书馆，他把梵蒂冈图书馆馆藏加以扩充，而且重建了馆舍。教皇即位不久，即 1471 年 6 月 14 日就确定了图书馆每年的经费。大约过了 6 个月，即同年 12 月 17 日发布了有关重建馆舍的训令，成立了由 5 位建筑家组成的委员会，用 3 年时间建立了图书馆宫殿。殿内的装饰均出自当代杰出艺术家之手。

1475 年，人文学者、历史学家普拉蒂纳②担任梵蒂冈图书馆馆长。他是一位优秀的学者、爱书家，得到西克斯图斯四世的完全信任。普拉蒂纳把有生之年献给了梵蒂冈图书馆的建设。他对馆藏进行分类，在去世前 8 天，即 1481 年 9 月 14 日，把馆藏目录编制完毕。

当时，图书馆的开放之风也吹进梵蒂冈图书馆。当然所谓的"开放"对象一般仅限于学者。普拉蒂纳制定了简便的手续，给神职人员和学者有机会利用该馆藏书。世俗著作在梵蒂冈图书馆也逐渐增多。意大利名诗人阿里欧斯托③曾说："西克斯图斯从世界各地收集了古典，以便公众使用。"此时的罗马变成了学术研究的一大中心。

梵蒂冈图书馆的藏书在 1475 年已有 2,500 册（拉丁文书籍占三分之二，希腊文等书占三分之一）。据 1484 年的书目清单，馆藏已达 3,500 册，即比尼古拉五世时增加了两倍。当时，在馆藏规模上，除了匈牙利国王马提亚的图书馆外，再没有一所图书馆可与为匹。馆内分为三部分：公用图书室（再分拉丁文书籍部和希腊文书籍部）、珍本书室和教皇私用图书室。比斯提奇曾经说过略嫌夸大的赞词："自托勒密王朝以来，任何图书馆所藏各种书籍的数

---

① Sixtus Ⅳ, 1414—1484, 在位是 1471—1484 年。

② Bartolommeo de' Platina (原姓 Sacchi), 1421—1481.

③ Lodovico Ariosto, 1475—1533.

量,从未达到梵蒂冈图书馆藏书量之一半。"

梵蒂冈图书馆几经变迁,终于成为天主教会的近似中央图书馆的机构,目前仍在梵蒂冈城。

3.4　法国的图书馆

皇家图书馆

法国皇家图书馆的起源可以追溯到十三世纪。如前所述,路易九世和查理五世①曾经有过自己的很好的图书馆。当然,有些国王去世之后,所存图书常常散失,说不上他们的藏书有什么连续性。

屈指可数的世界大型图书馆——巴黎国家图书馆②是由法国皇家图书馆发展起来的。它成立的确切年代,很难考证。1461—1483 年在位的路易十一世③通过征用的办法,把一些写本和图书集中起来。一般认为,该馆是在这些年代建立的。

1495 年,查理八世④出征意大利,把那不勒斯国王的图书馆的一部分藏书带回巴黎。1500 年,路易十二又把上述意大利贵族斯福尔查的图书馆作为战利品带回法国。

意大利的文艺复兴之风,在十五世纪下半叶开始吹进法国,到了十六世纪初达到了高潮。这正是弗朗斯瓦一世⑤统治时期。

---

①　见本书第 84—85 页。

②　La Bibliothèque Nationale, Paris.

③　Louis XI, 1423—1483, 在位是 1461—1483 年。

④　Charles Ⅷ, 1470—1498, 在位是 1483—1498 年。

⑤　François Ⅰ, 1494—1547, 在位是 1515—1547 年。

1534 年,弗朗斯瓦一世在枫丹白露①建立了一所意大利式的很大的皇家图书馆。人文主义者、杰出的文献学家比代②是该馆馆长。前述希腊学者拉斯卡利斯③受托前往近东为这一所皇家图书馆搜集上古典稿本。

呈缴本制度的创立

弗朗斯瓦一世颁布了在图书馆事业发展史上具有划时代意义的法令——呈缴本法令。这是世界上最早的呈缴本法。呈缴本的制度给以后数百年的国家图书馆的发展带来了很大影响。这个法令于 1537 年 12 月 28 日公布,名为《蒙彼利埃法令》④。它规定:出版商必须向皇家图书馆呈缴其出版物每样一本,在国外出版并在国内出售的图书也要告知该馆,以便购入。这一制度的产生,是同印刷书籍的出现紧密相关的。由于活字印刷的书籍增多,政府就开始要求出版商呈缴出版物,以便检查书籍内容,检查合格者才能领取出版权。显而易见,从呈缴本制度也派生出著作权的问题。此后,各国政府也陆续模仿法国。呈缴本制度经历了多次变迁、甚至摩擦,发展到现在。关于这一点,以后还要多次提到。

3.5 文艺复兴时期的图书馆的特点

十四、十五世纪的图书馆事业的特点,大致可以归纳如下。

1. 这一、二百年是图书馆发展史上的重要时期。资本主义因

① Fontainebleau,在巴黎南部,法国国王的居处。

② Guillaume Budé,1468—1540.

③ 见本书第 94 页和第 98 页。

④ *Ordonnance de Montpellier*,蒙彼利埃位于马赛西北,临地中海。

素在意大利的初次出现,推动了学术的发展,接踵而来的就是图书馆事业的兴盛。当时,意大利的图书馆事业在欧洲占有领导地位。法、德、英等国的图书馆则步其后尘。这一状况同意大利当时在全欧洲所占的经济地位是相称的。

复兴古代文化的热忱,推动了大批人文主义者去从事大规模的、有计划的搜书和抄书工作,从而丰富了图书馆的馆藏。反过来,图书馆事业的发展又推进了文艺复兴运动。

2.这一时期兴起的,主要是私人图书馆。这同修道院图书馆的大衰退是一个明显的对照。

文艺复兴时期的不少私人图书馆后来成为国家图书馆或公共图书馆的基础。从这一意义来说,十四、十五世纪的图书馆是近代图书馆的胚胎。

这个时期的图书馆可以分为三类:一是人文主义者的图书馆,二是国王、君侯、贵族等统治阶级的图书馆,三是天主教的梵蒂冈图书馆。

人文主义者为了保存和利用古籍而建立自己的图书馆,这是理所当然的。至于那些统治者,一部分是代表新兴资产阶级利益的,同封建势力有些矛盾,所以对人文主义抱有好感。他们对搜集和保存古典作品有积极性,这也是很好理解的。另一部分统治者的情况却大不相同。这些人仅仅是为装潢门面而收集图书的。这些"收藏家"只是为了摆阔才建立豪华的图书馆。这一类图书馆叫做"巴罗克①图书馆",在十五世纪已经开始出现,而到了十六、十七世纪增多了。关于这一类"巴罗克图书馆",将在第四章第四节详述。

至于梵蒂冈图书馆的历史作用,则需要进行分析。教会在中世纪无疑是反动势力的代表,而梵蒂冈教廷正是它的中枢机关。

---

① Baroque.

但是,到了中世纪后期,社会前进了,新的市民阶级开始形成,基督教已经无法照旧统治下去了,它只好接收人文主义的某些成分来继续维持自己的统治。总之,教会被迫适应新形势,这一点在教廷的各种政策里表现得十分明显,同样在梵蒂冈图书馆的重建上也表现得十分突出。例如,与过去的修道院图书馆不同,这个图书馆开始搜集和收藏相当一批古典著作和世俗作品,也让不少人文主义者来利用这些图书。有些教皇公开标榜人文主义,摆出一副支持学术研究的姿态,高价收买一些人文主义者,让他们在梵蒂冈图书馆钻研古典,过着豪华的生活,使他们不再公开攻击教廷。

但是,历史有另外一面。从客观情况说来,我们不能否认梵蒂冈图书馆在搜集古代著作方面所起的作用。与教皇们的主观意愿相反,这些大量珍籍在近数百年为学者们所用,对人类文化的发展是起了作用的。历史的发展有时是与当时者的愿望相违背的。如果不指出这一点,如果对一切反动人物的所作所为一味采取否定的态度,那也是不恰当的。

3. 文艺复兴的初期还没有出现印刷图书,当时书籍的生产仍旧是依靠抄写。但文艺复兴时期的抄写工作已经不是在修道院,而是在文化发达的大城市进行的,抄写量也空前增多,还出现了专门的抄书业和书商。图书贸易也越过了国界。

4. 由于人文主义者十分热爱古典,所以抄写要求认真、工整、美丽。于是产生了华丽的文艺复兴字体。豪华精致的装潢也是尊重古典的一种表现。

5. 馆藏结构起了很大的变化。过去是宗教书籍占有主位,现在则是古代经典和世俗作品大量增加,甚至梵蒂冈图书馆也没能例外。

6. 馆藏册数比以前增多了,但增加量还是有限的。因此以前的图书馆管理方式仍然可以使用,在图书馆经营方面,这个时期没有什么新的突破。不管分类、编目或排架、出借,以至于图书馆的建筑结构,都基本上是旧态。直到十五世纪末,活字印刷技术广泛被采用,生产出大量的印刷图书,出现了数万以至数十万藏书的大图书馆,到了此时才引起了图书馆管理方式的极大变革。

7.向学者提供看书的方便,这是文艺复兴时期图书馆的特点之一。在这一时期,许多人文主义者主张"开放"图书馆。某些私人图书馆也逐渐向"公众开放"。但这绝不是现代意义的公共图书馆。当时的知识分子还是按照古代罗马时代的想法,把图书馆看成是交流思想的场所、寻求美的享受的场所。图书馆的使用者还局限于知识分子上层。但这同藏书楼式的修道院图书馆已经有了很大的区别。此时,图书馆从单纯地"保存书籍"向有效地"利用书籍"迈出了一步。

8.这一时期的图书馆馆长都是饱学之士,但还没有出现专业的图书馆员。这是因为中世纪陈旧的图书管理方式并没有起什么变化,各种客观条件还没有促成图书馆管理成为一个专门学科,所以也不可能出现现代意义的图书馆专业人员。

3.6　文艺复兴时期的图书馆建筑

豪华的装饰和庄严的外观是这个时期的图书馆建筑的特色。如前所述,意大利的不少图书馆是由文艺复兴时期的建筑大师建造的。墙壁用浮雕装饰起来,地面以花砖铺砌,天花板上画有彩绘,窗户则安上彩色玻璃,宛如宫殿府邸。

文艺复兴的时代气息也在图书馆建筑上充分表现出来。例如,法国的勒普伊①修道院图书馆,在它的墙面上画有中世纪的学艺——语法、逻辑学、修辞学和音乐的化身,在这下面画有相应的

① Le Puy,位于里昂南部。

古代名人像——拉丁语语法家普里斯基阿努斯、亚里士多德、西塞罗和犹八①。剑桥大学的伊顿②图书馆,在它的彩色玻璃上画有音乐、修辞学、算术、语法等图案。又如,法国的贝叶③修道院图书馆,墙壁上画的像同该馆 1480 年的藏书目录的分类法完全一致。不少图书馆还摆着地球仪、浑天仪,挂着各种地图,有的还陈列文物、古董,似乎比起现代的图书馆富有余兴。总之,馆内的装饰和设备同学术研究场所的气氛是很吻合的。

图 15　勒普伊修道院的壁画。中间是逻辑学的化身和修辞学的化身,左端是亚里士多德,右端是西塞罗。

在这一时期,书籍阅览方式大部分是采用大学图书馆的读经

① Jubal,据《旧约圣经》创世纪第 4 章第 21 节说,系乐工之祖。
② Eaton.
③ Bayeux,位于法国西北部,临近英吉利海峡。

台式。如前所述,读经台方式是仿照修道院读经台的样式,做成书桌。书桌有一斜面,把书放在这一斜面上阅读。也有把书搁放在桌面底下的。不管哪一种办法,每一本书都用锁链子牵在书桌上,因此读者只能在书桌近处读书。

书桌一般都挨着窗户排列,以便采光。每张书桌标有数字或记号。用锁链拴住图书的方式,在十五世纪是很普遍的。当时的抄写本十分珍贵,价钱又很高,也只好采用这种办法防止丢失。当然,有一小部分书没有枷锁,是可以借出的。这种读经台方式一直被采用到十六世纪下半叶。

为了节省地方,后来有的图书馆把读经台式改成了两三个格子的书架模样,把书放在每一格里,但仍旧用锁链把书牵住。这叫做"书棚式"①。目前通行的书架是从这里发展起来的。

随着印刷图书的大量出现,铁链枷锁的方式完全不适应了,于是出现了墙壁式②。这一情形将在下面详述③。

3.7 最早的联合目录

各馆之间交换馆藏书单这等事,估计早在中世纪就开始了。从十三世纪上半叶起,带有联合目录性质的书名单,已经存在。例如,有些修道院图书馆把邻近修道院的藏书也记录下来。巴黎大学的索邦学院图书馆就有一份书单,收录巴黎其他馆所藏的供学生使用的神学书。这些都在不同的程度上带有联合目录的性质。

---

①   Stall – system.

②   Wall – system.

③   见本书116、132—134 各页。

英国的方济各会①的几名修道士同心协力在 1250—1296 年间编制了一份《英国图书目录》②。这是现存的最早的联合目录。它收录了 183 所修道院图书馆的 94 名作家的书籍。

到了 1410 年，伯里·圣·埃德蒙兹③的修道士波士顿④以《英国图书目录》为基础，编制了《教会写本目录》⑤。它收有 673 名作家的图书，并附有作者简介，收录的图书比《英国图书目录》大约多 10 倍。波士顿并不认为，这份目录的编制工作已经完成，他希望后人能够继续补编。这份目录在十七世纪有人进行抄写。其抄写本目前保存在剑桥大学图书馆。

3.8　活字印刷术

活字印刷术的发明

我国是最早发明印刷术的国家。公元前流行的印章捺印和五世纪出现的拓印碑石等方法是刻板印刷的前身。随着造纸和制墨等生产技术的发明，大约在隋代产生了刻板印刷术，到了唐代已很盛行。刻板印刷术先后传到亚洲各国，也影响到非洲和欧洲。

随着社会生产的发展，到了宋庆历年间（1041—1048 年），毕

---

① Ordo Franciscanorum，一译"法兰西斯派"，亦称"小兄弟会"。天主教托钵修会（乞食修会）之一。十三世纪初意大利人方济各（Francesco d'Assisi 1182—1226）所创。该会会士，麻衣赤脚，周游各地，以托钵乞食为主，宣传所谓"清贫福音"。初期宣称会内不置恒产，但后来积累了大量产业。

② *Registrum librorum Angliae.*

③ Bury St. Edmunds，英国小城市，位于剑桥北部。

④ John Boston.

⑤ *Catalogus scriptorum ecclesiae.*

图16 谷登堡

昇[①]首创了泥活字版。这是世界上最早的活字印刷,比德国人谷登堡[②]使用金属活字早400年。

毕昇以后陆续出现木活字和锡、铜、铅等金属制成的活字版。因为这些金属活字不易附着水墨,所以未能推广。

我国的活字印刷,除了传到朝鲜、日本等国外,还经由新疆传到波斯、埃及,再传入欧洲。公元1450年前后,谷登堡受中国活字印刷的启示,用铅、锡、锑的合金初步制成了活字版,用油墨印刷,为现代的金属活字印刷奠定了基础。

印刷术的发明对图书馆事业的巨大影响

活字印刷术的发明和推广对人类文化的进程产生了极其深远的影响。下面仅就活字印刷对图书馆事业的影响简述如下。

1.从古代图书馆的出现,直到活字印刷的发明,书籍的保管同书籍的生产一直有着密不可分的关系。在这几千年里,抄书工作一直是图书馆工作的一个组成部分,馆内设有抄写室,备有抄书

---

① ?—约1051年。

② Johann Gutenberg,1394或1400—1468年。

员。尽管后来产生了专门从事抄写工作的职业,但抄书员大部分是附属于图书馆的。中世纪后期的抄书业业主,其中绝大部分人被有名的图书馆所雇佣,负责搜购图书和进行抄写。

活字印刷的出现,把图书的管理和图书的生产完全地、永久地分隔了。抄写室逐渐地消失了,抄书员再也不需要了。于是形成了两种专门的行业:图书出版事业和图书馆事业。

2. 廉价的印刷书籍的大量出版,使得一般市民阶层也容易买到书,同时也使图书馆的藏书以空前的速度增加。过去想象不到的大型图书馆出现了,其藏书量不是几万,而是几十、几百万,甚至超过一千万。同时图书馆的种类也增多了。资产阶级在民族国家确立自己的统治地位之后,出现了国家图书馆。向一般民众开放的公共图书馆也纷纷成立。大学图书馆、科学研究图书馆、儿童图书馆等等各种类型的图书馆,雨后春笋般地涌现出来了。这些现象在印刷图书出现之前是难以想象的。

3. 馆藏的膨胀给图书管理带来了未曾料想到的种种问题。粗糙的几大类分类表再也不能使用了。图书的著录要求科学化、标准化。各种不同类型的目录的编制也提到了日程。不同类型的图书馆的协作分工问题也产生了……。总之,在图书馆管理方式上尽管是缓慢地,但是深入地孕育着一场革命。附带说一下,目前,电子技术在图书管理上的应用,正在呼唤具有同样深刻意义的又一次革命。

4. 图书馆的建筑结构也起了根本性的变化。铁链枷锁的图书,即锁藏图书,看不见了。读经台式逐渐被墙壁式所取代,最后出现了书库。

5. 研究如何管理和利用图书,变成了一门新生的学科——图书馆学。同时也出现了掌握图书馆知识的专业图书馆员。

6. 与出版权、著作权相联贯的呈缴本制度在各国被采用,出现了力求网罗全国出版物的中央图书馆或版本图书馆。

7. 随着民族国家的建立,印刷术也为本国语言出版物的出世提供了条件。从前的欧洲图书馆主要收藏拉丁文、希腊文书籍。从此以后,本国文字的图书变成了馆藏的主要部分。

最初的印刷图书

谷登堡开始印书是在德国西南部城市美因茨①。标有出版日期的最早的印刷品是教皇的"赎罪券"②(也叫"赫罪符"、"免罪符"),日期是 1454 年。赎罪券是中世纪天主教发售的一种符箓。教会声称,教徒购买了这种券,就可以获得"罪罚"的赦免。教廷曾经多次大量出售此券,骗取了大宗金钱。1454 年的赎罪券是重建梵蒂冈图书馆的那个尼古拉五世发售的,为的是筹备对土耳其战争的战费。以前的赎罪券是手写的,这次由于发售量很大,所以采取了活字印刷。买券人的姓名和买券的日期是空栏,其余是活字印刷。

最早的印刷图书是所谓的《谷登堡圣经》③,由谷登堡于 1455 年印制,每页 42 行。当时印了 185—200 份,保存到现在的还有 47 份。

活字印刷术在十五世纪以前已经传播到欧洲各地,如科隆(1464 年)、巴塞尔④(1466 年)、罗马(1467 年)、威尼斯(1469 年)、巴黎(1470 年)、里昂(1473 年)、伦敦(1480 年)、斯德哥尔摩⑤(1483 年)等等。

---

① Mainz.

② Indulgence.

③ *Gutenberg – Bibel.*

④ Basel,瑞士第二大城市,在西北边境,莱茵河畔。

⑤ Stockholm,瑞典首都。

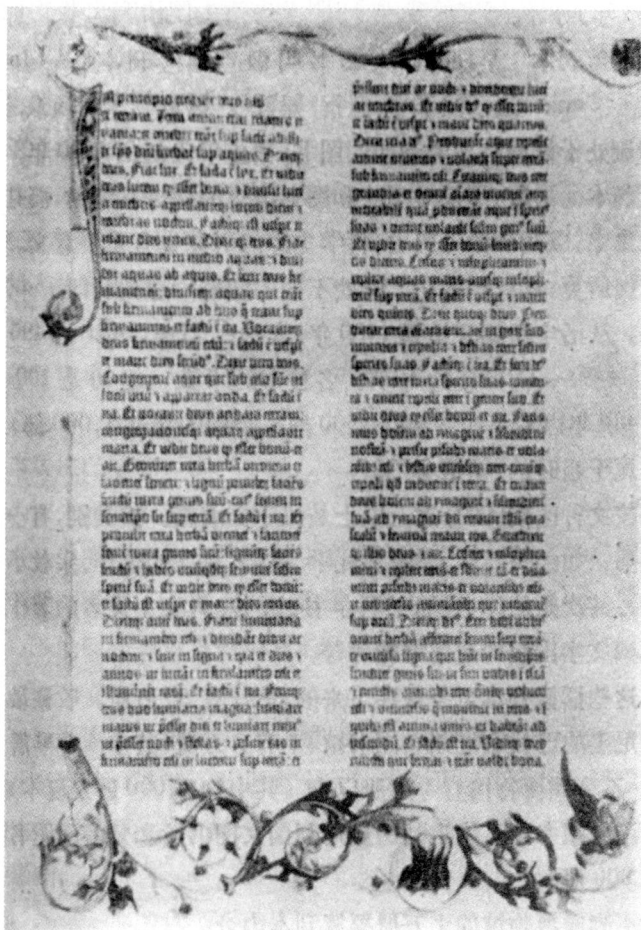

图 17 《谷登堡圣经》

摇篮刊本

早期的印刷图书叫做"摇篮刊本"——Incunabula。"Cunae"

这一拉丁字,意指"摇篮"。摇篮刊本的涵意是在活字印刷处于摇篮时期所刊印的图书,截止年代划在 1500 年。研究摇篮刊本的出版,不仅对书史和图书馆史的探讨有帮助,而且对一般文化史,以及政治思想史、科学史等的研究也有重要意义。

据估算,摇篮刊本在 250 处不同的印刷厂总共刊印了 4 万种。其中,从活字印刷开始到 1480 年,大约占 21%,1481—1490 年约 29%,1491—1500 年约 50%。各种书的印数,起初是 100—200 部,1480 年以后平均是 400—500 部。个别的超过 1,000 部,那已经是属于当时的"畅销书"了。

按文种区别,四分之三以上是拉丁文书籍。按类别,有一半是宗教书,如经院哲学、宗教典礼学、圣经、教父的著作、宗教小册子等等。其次是法律书、自然科学书、医书、人文主义者的著作以及用各国文字出版的通俗书籍等等。

这些摇篮刊本至今保存下来的,估计有 50 万册。收藏最多的是慕尼黑的巴伐利亚州立图书馆[1],有 2 万册(其中 4,000 册是复本)。不列颠博物馆有 1 万册以上(其中约 1,000 册是复本)。巴黎的国家图书馆、维也纳的奥地利国家图书馆和梵蒂冈图书馆各有 8,000 册。

不列颠博物馆的 1 万册摇篮刊本内分:

    意大利出版的   4,000 册
    德国出版的   3,400 册
    法国出版的   1,000 册
    荷兰出版的   700 册
    瑞士出版的   400 册
    英国出版的   200 册
    其他地方出版的   300 册

---

① Bayerische Staatsbibliothek.

出版量最大的是意大利。这一数字也说明,意大利在文艺复兴运动中的地位。

目前最齐全的摇篮刊本目录是由普鲁士国家图书馆①的黑布勒②教授主编的《摇篮刊本联合目录》③。这份目录收录各国的公家和私人收藏的摇篮刊本,于 1925—1940 年编制出版了 1—8 卷,预计共出 12 卷。

伊拉斯谟

十五世纪下半叶和十六世纪,巴塞尔是图书印刷的中心之一。荷兰人伊拉斯谟④是驰名西欧各国的人文主义者。他后来居住巴塞尔,跟"印刷工人之王"弗罗本⑤一起印制古典作品和人文主义者的著作。1516 年,伊拉斯谟首次刊印希腊文《新约全书》,并附上了他自己的拉丁文译文和注释。此书的出版为圣经批判学⑥开辟了道路。有了希腊文原典就可以拿来同公元四世纪末—五世纪初圣哲罗姆翻译的《通俗拉丁文本圣经》加以对比了⑦。

伊拉斯谟在 1500—1520 年间出版了自己的著作《格言》⑧,共34 版,每版 1,000 册。此书至十六世纪末共印 132 版。可以说从莎士比亚⑨到蒙台涅⑩,未曾有一个作家和思想家没有受到这一本书的影响。

---

① Preussische Staatsbibliothek.

② Konrad Haebler, 1857—1946.

③ *Gesamtkatalog der Wiegendrucke.*

④ Desiderius Erasmus, 约 1469—1536 年。

⑤ Johann Froben, 1460—1527.

⑥ Biblical criticism.

⑦ 见本书 42 页。

⑧ *Adagia.*

⑨ William Shakespeare, 1564—1616.

⑩ Michel Montaigne, 1533—1592, 法国怀疑论哲学家。

图 18　伊拉斯谟

描写中世纪欧洲生活习俗的《家常谈》①从 1518 年到 1522 年出了 25 版,其后每年都刊印改订补充版,至十七世纪初出了 75 版。

伊拉斯谟在英国的时候,结识了空想共产主义最早的代表人物之一托马斯·莫尔②,在他的启发下写成了讽刺作品《愚人颂》③。此书主要揭露封建统治的罪恶和教会对人民的愚弄,抨击经院哲学和宗教偏见,对西欧反封建斗争,特别是对德国的宗教改革运动起了积极作用。《愚人颂》于 1511 年刊印,至十九世纪末出了 220 多版。伊拉斯谟的这些著作大部分都被宗教当局取缔,禁止出版。但越是如此,他的书传播得越广。

伊拉斯谟等人还对十五世纪初波乔等人搜集的古典抄本,进行了评价、编辑、出版筹备等工作。

---

① *Colloquia familiaria.*

② Thomas More, 1478—1535.

③ *Moriae encomium.*

3.9　德国人文主义者的图书馆

在纽伦堡[1]，博学的人文主义者舍德尔[2]拥有一个约600册的私人图书馆。其中有200册已经是印刷图书了。该城的名人皮尔克海马[3]在藏书签票[4]上印有"为自己，也为朋友"[5]几个字。法国爱书家让·格洛里厄[6]的藏书签票上也写有"属于让·格洛里厄，也属于朋友们"[7]等字。这些都表明，当时人文主义者的私人图书馆是愿意向志同道合的人开放的。

在奥格斯堡[8]，古代史学家、有名的古罗马帝国街道路图的所有者波伊廷格[9]，也有一个很好的图书馆，分类编目工作进行得很有条理。他的2,100多本藏书只有170本是抄写本。可见到了十六世纪初，印刷图书已经相当普遍了。

在德国各君侯的图书馆当中，仅仅提一下马克西米利安一世[10]的王室图书馆。马克西米利安大力推动了德国的人文主义运动，也为印刷术的推广作出了贡献。

---

① Nürnberg，德意志联邦共和国东南部城市。

② Hartmann Schedel，1440—1514.

③ Willibald Pirckheimer，1470—1530.

④ Ex libris，贴在书本封里的藏书条，印有本书所有者的姓名、图案、格言等等，从十五世纪开始流行。

⑤ Sibi et amicis.

⑥ Jean Grolier，1479—1565.

⑦ Jo. Grolierii et amicorum.

⑧ Augsburg，位于德意志联邦共和国东南部，在慕尼黑西北。

⑨ Konrad Peutinger，1465—1547. 这部羊皮纸的道路图集叫做《波伊廷格地图》（*Tabula Peutingeriana*），画有从西班牙到印度的古代的道路。

⑩ Maximilian Ⅰ，1459—1519，在位是1493—1519年。

第四章　十六—十八世纪的图书馆

4.1　宗教改革和图书馆事业

十六世纪初,欧洲的新兴资产阶级在宗教改革的旗帜下发起了一次大规模的反封建运动。这次运动在宗教上的表现形式是:对西欧封建制度的主要支柱——天主教会发动猛烈的进攻。这是一场巨大的社会政治文化运动。

宗教改革以及随之发生的农民起义和国内外战争,对图书馆事业的影响有好坏两个方面。

从消极面来说,在改革运动和屡次战争中,不少珍贵图书被拆散或毁坏。宗教运动起来以后,许多天主教的修道院被没收或破坏。几世纪来收藏在这里的宝贵图书资料被当作"教皇的资料"处理掉。1524—1525 年的农民起义毁坏了许多教会图书馆。从美因河①畔的图林根②,经过奥登瓦尔德③和黑森林④直到瑞士,很多教会图书馆遭到惨重的破坏。例如,在 1525 年的图林根地区的农民起义中,就有 70 所修道院被毁。

---

① Main,莱茵河右岸支流。
② Thüringen,德国中部的一个州,现已废除。
③ Odenwald,德国西南部山区。
④ Schwarzwald,同上山区。

1562—1598 年,在法国的胡格诺战争①中,图书馆的损失也很大。例如,1562 年孔代②将军的士兵把卢瓦尔河畔弗勒里③修道院的贵重图书掠夺净光。

　　图书损失最大的,应当算是英国。1536—1539 年,英王亨利八世④实行宗教改革,成立了"英国圣公会"⑤,即英国国教,国王变成了教会的首脑。亨利八世封闭所有寺院,没收寺院的领地和财产,归他自己和亲近所有。约有 800 所修道院(占全部寺院的三分之二)交给了国王。估计此时全国有 25 万册图书被毁坏。有的书被投入烈火中烧掉,有的散失,有的被卖,也有流出国外的。无法补替的书籍和写本,从此永远消失了。到了 1550 年,爱德华六世⑥任命了一个委员会,派往牛津大学和剑桥大学,把图书馆的几乎全部书籍当成"教皇的资料"加以毁坏了。牛津大学图书馆甚至连书架也被搬去卖掉。驰名全欧的这两所大学的学生也随之激减。英国的这次毁书比起秦始皇焚书有过之而无不及。当时的作家贝尔⑦对废止天主教的修道院表示赞许,但对破坏图书馆则悲痛万分。他说:"如果每一州郡都有一所图书馆,以保存名著,那还是不错的。但是不经考虑,全部毁坏,则将永远是英格兰的最大耻辱。"⑧英国的印刷事业也受到严格的检查。没有政府的许可,什么书也不允许付印。直到十七世纪初,英国的图书馆事业仍

---

　　①　Huguenote,胡格诺是法国新教的一个派别,它与天主教进行的长期战争,叫做胡格诺战争。

　　②　Louis I de Borbon Condé,1530—1569.

　　③　Fleury - sur Loire,卢瓦尔河是法国最长的河流,发源于塞文山脉,经中央高原,西流注入大西洋的比斯开湾。

　　④　Henry Ⅷ,1491—1547,在位是 1509—1547 年。

　　⑤　The Anglican Church.

　　⑥　Edward Ⅵ,1537—1553,在位是 1547—1553 年。

　　⑦　John Bale,1495—1563.

　　⑧　转引自 Elmer,D. Johnson,*A History of Libraries in the Western World*,1965,p. 174.

处在最暗淡、最低潮的状况。

以上是宗教改革运动给欧洲图书馆带来的消极面。

然而,我们也要看到光明的一面。以马丁·路德①为首的宗教改革家都很强调教育的重要性。为了从天主教的愚昧政策中解脱出来,也为了新兴资产阶级的需要,必须培养出一大批有知识、有文化的人。1524年,路德发出了那一封有名的《给德意志所有城市的参议员的信》②。路德在信中以极大的热情谈到教育的重要性。他回顾了大学教育的缺陷和修道院的变质,同时指出教师的重大作用。他说,对青少年进行教育是上帝的命令,教育就是拯救灵魂的事业。他认为,既然在买赎罪券、做弥撒、去朝圣等愚蠢的举动上能够花掉那么多钱,那么把这些钱拿来办教育是不愁入不敷出的。他强调德语的重要性,同时也号召学习外语。

为了达到这一目的,他在信中意味深长地强调:"为了建立好的图书馆或图书室,不应当吝惜汗水和金钱,在那些有能力做到这一点的大城市,更是不应当吝惜。"③

路德的这一号召是适应当时宗教改革在文化上的客观要求的,从此德国的城市图书馆有了长足的发展。过去在德国只有少数不值一提的城市图书馆,但在宗教改革的影响下不少城市都新建了图书馆。它们的藏书大部分是来自被废除的天主教修道院的。较大的城市图书馆有:马格德堡④图书馆(1525年建立)、汉堡⑤图书馆(1529年建立)、施特拉斯堡⑥图书馆(1531年建立)、

---

① Martin Luther,1483—1546.

② *An die Ratherrn aller Städte deutsches Lands.*

③ 转引自 Joris Vorstius und Siegfried Joost, Grundzüge der Bibliotheks - geschichte, 1977, S. 26.

④ Magdeburg,在易北河畔,位于柏林的西南部。

⑤ Hamburg.

⑥ Straβburg,阿尔萨斯地区的经济和文化中心。

奥格斯堡图书馆(1532 年建立)、柯尼斯堡①图书馆(1541 年建立)等等。

在这一时期,学校图书馆也发展起来了。为了建立新教的学校,享有"德国的导师"②称号的宗教改革家梅兰希通③和新教的神学家布根哈根④等人进行了许多工作。目前德国的 40 所以上的学校图书馆就是在这个时期建立的。

随着新教的发展也建立了新教教会的图书馆。这些图书馆大部分规模很小,馆藏也是从天主教修道院没收过来的。到了这个时期,天主教修道院作为教育中心的作用完全结束了。院内的抄书室也被取消了。修道院图书馆的藏书,一部分被没收,变成了国家图书馆、大学图书馆或公共图书馆的藏书。另一部分,如前所述,在宗教改革运动和农民运动中被毁掉了。也有一部分被卖掉,许多爱书家、书商等争先恐后地抢购了修道院所藏的许多羊皮纸珍贵图书。

新教还建立了不少大学,它们的图书馆也很活跃。此时,大学的各院系的图书馆逐渐地合并成为大学图书馆总馆。

4.2 书目编制工作的进展

图书市场目录

十六世纪,德国的图书出版事业和图书馆事业在欧洲占有领

---

① Königsberg,原为德国东普鲁士的城市,现为苏联西端城市,改名为加里宁格勒。

② "Der Praeceptor Germaniae."

③ Philipp Melanchthon,1497—1560.

④ Johannes Bugenhagen,1485—1558.

导地位。历史上第一本图书市场目录就是在德国印刷出版的。当时,国际图书贸易的中心是美因河畔法兰克福[1]。

由于印刷图书的增多,书籍的印制和发行逐渐分开了,出现了各自独立的印刷业者和书商。于是产生了这样的需要,即印刷业者有必要把正在刊印的图书通知书商,而书商则有必要把新书告知购买者。印刷业者和书商起初是靠简单的通知单或新书广告来解决这个问题的。后来逐渐出现了新书目录和出版目录。

1564年,《法兰克福图书市场目录》[2]应运而出,以后每隔半年出版一次,直至1749年。莱比锡[3]也是图书贸易的中心之一,从1595年开始编制图书市场目录。这份目录几经变迁,一直刊印到1860年。图书市场目录收入德国的全部新书,初期还编入外国新书。目录先按文种分开,每一文种再按类别排列。主要著录项目都很齐全,就是没有标出书价。

图书市场目录在德国的出现说明,当时德国图书贸易事业已经发展到很高的水平。印刷术的诞生地——德国,同时也变成了书目的发源地。

值得一提的是,法兰克福和莱比锡的这两份图书市场目录,起先是由书商私人编印的,后来却由这两个城市的市政府负责刊印了。市政府经营公共图书馆,这并不罕见,但由市政府出面来编制图书市场目录,这是少有的。足见德国人对文化事业是何等的重视,对图书出版事业是何等的肯下工夫。

《世界总书目》

十六世纪中叶,瑞士出现了一位博学之士,着手编制一本包罗

---

① Frankfurt am Main.
② *Frankfurter Meβkatalog.*
③ Leipzig.

拉丁文、希腊文和希伯来文的图书总目录。这就是"德国的普林尼①"、"书目之父"格斯纳②。他是植物学家、动物学家,又是医师,还是一位文献学家。格斯纳生于苏黎世③,在巴黎短暂逗留,后来在巴塞尔学医,1537—1540 年在洛桑④的科学院讲授希腊文,1541 年获得博士学位,同年在苏黎世大学担任医生和讲授生物学,是近代植物学和动物学的奠基人之一。

图 19　格斯纳和他的《世界总书目》封面

格斯纳很早就对书目编制工作感兴趣。他博览群书,才识非

---

①　参见本书 31 页。
②　Konrad Gesner,1516—1565.
③　Zürich,在瑞士中部东北方向。
④　Lausanne,位于瑞士西南部。

凡,多年来从事翻译和稽考工作,并同各国的饱学之士通信,巡访有名的图书馆,还亲自参加各馆的工作。一句话,他是一位不知疲倦、勤恳苦练的学者。25 岁的时候,他立志整理迄今人类所获得的全部知识,并着手把现存的一切书籍汇集成一本书目。1545年,他编成了《世界总书目:拉丁文、希腊文和希伯来文全部书籍的目录》①。这一套书目收录上述 3 种文字的 3,000 名著者的书籍共约 12,000 册,均按著者的字母顺序排列。1548 年,又编印了一本分类索引。格斯纳把一切知识分成 21 个大类。这一分类体系突破了中世纪通行的 7 大类分类法。1555 年,他又出版了补遗,添加了 3,000 种书。这样《世界总书目》总共著录了 15,000 本书。精力充沛的格斯纳几乎把这些书都阅读过,至少是浏览了一遍。当然这一书目不是真正意义的"世界"书目,所收只限于这 3 种死语②的书。据估算,这份总书目收入的图书占 1555 年以前欧洲出版物的四分之一或五分之一。但是,把这 3 种文字的学术著作,不管哪一门学科的,也不管是哪国出版的,都全部收录进来,在这个意义上是说得上"世界的"。应当指出,当时还没有像现在这样汇集群书的中央图书馆或国家图书馆,况且通信条件又很差。在 400 多年前独自能够编成这样一部具有知识广度和深度的书目,那是一项非凡的事业。

如前所述,匈牙利国王马提亚的那所有名的图书馆,后来被土耳其军队掠夺殆尽③。这桩历史震惊了年轻的格斯纳。他想,一个人在有限的生命中获得人类的全部知识,是不可能的,但把所有的知识产物作为人类的共同财富记存下来,是有可能的。从此,他

---

① *Bibliotheca universalis seu Catalogus omnium scriptorium locupletissimus in tribus linguis, latina, graeca et hebraica.*

② 像拉丁语、满语那样,过去曾通行,但现在已经不作为口语使用的语言。

③ 见本书 103—104 页。

献身于书目编纂事业。许多学者是作为自己专业的延伸来编制该专业的书目的，对他们来说，书目工作是第二位。格斯纳则不同。他给书目编制工作赋予了它本身的意义。杰出的博物学家格斯纳同时被称为近代书目的创始者，是当之无愧的。

如前所述，经过宗教改革的德国，在十六世纪出现了图书出版事业和图书馆事业的高潮。这时，意大利的图书馆开始走下坡路，而英国的图书馆遭受了亨利八世的沉重打击，还没有回复元气。法国的图书馆是值得一谈的。但是在谈论这些问题之前，还有必要简单介绍一下德国诸侯的若干图书馆和"巴罗克"图书馆。

4.3 德国诸侯的图书馆

德国在1870—1871年的普法战争之前，分裂成为许多小国，一直没有能够统一起来。德国诸侯建立的这些小邦都是独立王国。它们的首府自然成为小邦的政治文化中心，因此诸侯的图书馆在德国图书馆史上占有重要的地位。

在十五世纪，君侯图书馆或多或少都带有私人图书馆的性质。十六世纪是过渡时期，一部分图书馆仍旧专供君侯自家使用，另一部分则开始逐渐转向对外开放。到了十七、十八世纪，其中绝大部分都变成了很重要的公共图书馆。

例如，十六世纪普鲁士的阿尔勃莱希特[①]公爵在柯尼斯堡建立的君侯图书馆，就分为两个馆：一所是专供公爵使用的宫室图书馆，另一所是对外开放的所谓的城堡图书馆。这是君侯图书馆开始部分地向外开放的一个实例。这所图书馆又叫做"银子图书

---

① Albrecht von Preußen，1490—1568.

馆"①,因为其中一部分藏书是用银子装潢的。当时,印刷图书大量出现,抄写本几乎不再生产了,因此酷爱图书装潢的富贵人家,只好在印刷图书的封面上下工夫。用银子装饰书面就是一例。这所图书馆在1827年同柯尼斯堡大学图书馆合并。

十六世纪德国最有名的君侯图书馆就是海德堡的帕拉丁纳图书馆②。这所图书馆的大部分馆藏来自选帝侯③奥特亨利④的藏书。他酷爱艺术和图书,格外留意搜集德国的抄写本。他的藏书是用褐色的牛犊皮装潢起来的,这种图书以其具有文艺复兴时期的装订特色而驰名于世。帕拉丁纳图书馆在很长一段时间内起到德国西南地域的知识文化中心的作用。

到了十七世纪,在三十年代战争⑤中,海德堡被天主教联盟的统帅梯理⑥所占领(1622年)。翌年,同属天主教联盟的巴伐利亚的马克西米利安⑦选帝侯,作为战利品把帕拉丁纳图书馆赠送给梵蒂冈图书馆。赠送的方式是十分隆重的。破损的抄写本以全新的牛犊皮重新装订,在每一卷书上都题有如下献词:"我自一图书馆而来,此馆系巴伐利亚之马克西米利安公爵攻占海德堡时所获得,并以战胜纪念品惠赠于格雷哥里十五。"⑧送到梵蒂冈图书馆的有古书抄写本约3,500卷、印刷图书约5,000册。马克西米利安的这一行为一直受到普遍的非难,德国人多次要求收回这一批珍本。历时近200年,到了1815—1816年,才有德国最老的抄本

---

① Silberbibliothek.

② Bibliotheca Palatina.

③ 在神圣罗马帝国,有选举皇帝的权力的君侯。

④ Ottheinrich von der Pfalz,1502—1559.

⑤ 1618—1648年,以德国为主要战场的国际性战争。

⑥ Johann Tserclaes von Tilly,1559—1632.

⑦ Maximilian Ⅰ von Bayern,1573—1651.

⑧ Gregory ⅩⅤ,1554—1623,在位是1621—1623年。

847 卷回到海德堡。

德国诸侯的图书馆形式多样。普鲁士的弗里德里希大帝[①]在各地的行宫中都有少量藏书,甚至于行军作战之际,也随行携带书箱。传说,梅克伦堡[②]的某一公爵,在他的座车中所载的书籍比所带的哈巴狗还多。如果真有其事,也可算是对斯文的一种戏谑了。

4.4 "巴罗克"图书馆

所谓的"巴罗克"图书馆是在十七世纪盛行的特殊类型的图书馆。"巴罗克"一词原有"不圆的珠"或"荒谬的思想"之意,后来人们开始用此词来嘲笑十六世纪下半叶至十八世纪初的意大利的艺术风格以及受其影响的欧洲各地类似的风格。巴罗克的特点是一反文艺复兴盛期的严肃、含蓄、平衡的风格,而日趋豪华、浮夸。

十六世纪下半叶,巴罗克图书馆首先出现于西班牙、法国,后来也传到其他国家。巴罗克图书馆的特点如下:

1. 这种图书馆的经营者大部分是权势日益增大的君主和诸侯。

2. 他们经营图书馆的主要目的不在于教育,而在于摆阔。

3. 巴罗克图书馆终于废除了中世纪的读经台式管理方式,创造了墙壁式管理办法。这在图书的收藏、借阅、馆舍的结构等方面都是一大进步。随着印刷图书的大量出现,图书馆的藏书量也不断增加,原来的铁链牵锁的读经台式阅读室越来越不适应形势的发展了,图书馆需要更大的空间。巴罗克式的宽阔的大厅恰好适

---

① Friedrich Ⅱ Der Groβe,1712—1786,在位是 1740—1786 年。

② Mecklenburg,位于德国北部。

应了这个要求。读经台式的书架被拆除，人们依着大厅的墙壁排列了书架（所谓的"墙壁式"），后来书架一直架到屋顶。为了拿取上部的图书，沿着墙壁还加了跑马廊。

图书馆内部结构的这种变化，固然是由于藏书量的激增而引起的，但当时普遍存在的对巴罗克艺术的酷爱也影响了图书馆建筑的变革。君主和诸侯的追求豪华的热望，在图书馆建筑上也表现得很明显。他们在图书馆内部设置了又宽又高的大厅，大厅周围是书架，大厅中间的宽敞的空间可以供参观者来回走动，也可以陈列地球仪、古钱以及其他珍贵文物。整个图书馆像是一座宫殿。这种图书馆叫做"大厅图书馆"①。

如前所述，君主和诸侯的图书馆逐渐向开放型图书馆发展，而这种巴罗克图书馆正是走向开放型的一种过渡形式。

4.5　西班牙的艾斯库略尔宫图书馆

世界上最早的墙壁式大厅图书馆在 1567 年产生于西班牙。十六、十七世纪的西班牙文化经过了一个灿烂的时期，名为"黄金时代"。伟大作家塞万提斯②就生活在这个年代，并创作了《堂吉诃德》③这样一部不朽的世界名作。但是，西班牙与意大利不同，意大利的城市国家在经济和文化高涨时期同中世纪封建的天主教思想体系力图实行彻底的决裂。西班牙却没能做到这一点。因此，连塞万提斯这样的先进人物也不可能同天主教思想意识彻底断绝关系。

---

① Hall library.

② Miguel de Cervantes Saavedra, 1547—1616.

③ *Don Quijote.*

图20 艾斯库略尔宫图书馆——最早的"大厅图书馆"

　　1563 年,天主教的坚决维护者、反对宗教改革的中心人物、西班牙国王菲力浦二世①,在马德里②的近郊建造艾斯库略尔王宫③,以纪念 1557 年西班牙在圣康坦④战胜法国。这座闻名全球的宫殿先由建筑师托莱多⑤设计,在他逝世后由其弟子艾列拉⑥设计建成,历时 21 年(1563—1584 年)。宫内的图书馆于 1567 年竣工。这所图书馆首次废除了读经台式的图书保管办法,创造了墙壁式排架法,即沿着四周墙壁搁放开架书架。如前所述,这是书籍保管的一次大改革。在艾斯库略尔宫图书馆的大厅里,各圆柱之间的墙壁都是用来设置书架的。大厅中间有陈列桌,弓形的天棚装饰

---

① Felipe Ⅱ,1527—1598,在位是 1556—1598 年。

② Madrid.

③ El Escurial 或 Escorial.

④ Saint - Quentin,位于巴黎的东北。

⑤ Juan Bautista de Toledo,? —1567.

⑥ Juan Bautista de Herrera,约 1530—1597 年。

得十分华丽。

该馆馆藏在 1587 年已达 18,000 册之多。艾斯库略尔宫是一座阴森而雄伟的庞大建筑,是西班牙君主森严气魄的象征。僧侣打扮的菲力浦二世在这里读书和治理国家。很可惜,1671 年,大火把这所图书馆的 4,000 件抄本和摇篮刊本烧毁了。

4.6 法国的图书馆

皇家图书馆

十六世纪的法国同德国一样,遭到了胡格诺战争的破坏,但图书的损失比德国要轻。文艺复兴运动于十六世纪波及法国,促进了十七世纪法国文化运动的高涨。这次运动的推动者当中有:路易十四[①]、著名政治家黎塞留[②]、马萨林[③]、柯尔培尔[④]等人。法国最早的定期刊物《法国新闻》[⑤]在黎塞留的帮助下于 1631 年创刊。法兰西研究院[⑥]于 1635 年由黎塞留创立。科学院[⑦]于 1666 年由柯尔培尔建立。

法国皇家图书馆初期的情况已在第三章第四节谈到。1567年,它从枫丹白露迁到巴黎,直到现在。

从十六世纪到十八世纪,该馆的藏书增加很快。路易十四在

---

① Louis XIV,1638—1715,在位是 1643—1715 年。

② Armand – Jean du Plessis,Duc de Richelieu,1585—1642.

③ Jules Mazarin,1602—1661.

④ Jean – Baptiste Colbert,1619—1683.

⑤ *Gazette de France.*

⑥ Académie Francaise.

⑦ Académie des Science.

位前后 54 年,是国威大振、文化兴盛的时期。他加强了专制统治,有名的"朕即国家"①乃出自他之口。他起用了柯尔培尔,推行了重商主义政策,同时还提倡美术和古典文学。法国国家势力的日趋强大,自然会促进图书馆事业的发展,而柯尔培尔本人又是一位爱书家。1661 年,他把皇家图书馆置于亲自监督之下。

首先,柯尔培尔不惜耗费巨资,派遣很多人去全国各地及东方诸国采购图书。当时曾有人说:"为了满足自己主人对图书的酷爱,柯尔培尔先生从来不会遗忘任何一件可以扩大和装饰这所图书馆的事情。"②

第二,柯尔培尔给驻外使节规定了一项任务:必须在世界各地搜集图书和抄本。于是法国的外交人员和传教士连续不断地寄回各种文字的珍贵书刊。在这些书籍中,也包括 1697 年清圣祖康熙赠给路易十四的中文书 45 套、312 册。这一批书是由法国传教士白晋③带回巴黎的。

第三,皇家图书馆从来不放松获得重要书籍的一切机会,其中有的是整批并入的,有的是捐赠的,也有出资购买的。每批均以千卷计。

第四,如前所述,世界最早的呈缴本法令是 1537 年由弗朗斯瓦一世颁布的。1617 年,法国国王又下敕令:国内一切出版物必须向皇家图书馆交纳两册。柯尔培尔在职期间,呈缴本制度执行得最严格。

由于采取了上述措施,皇家图书馆的藏书在柯尔培尔时代增加了 4 倍。到了十八世纪初,馆藏已达 7 万册以上,到了 1790 年

---

① L'Etat, c'est moi.

② 转引自 A. Hessel, *Geschichte der Bibliotheken*, S. 78.

③ Joachim Bouvet, 1656—1730, 号明远。耶稣会会士,奉路易十四之命于 1688 年到北京。1697 年回国,翌年再度来中国,在宫廷讲授天文历学、数学、医学等。卒于北京。

增加到 15.7 万册。该馆的馆藏无论在质量上还是在数量上都是在当时各国图书馆中首屈一指的。

随着皇家图书馆馆藏的增多,很自然地就产生了分类编目的必要性。十八世纪,文化教育和科学研究的进展也要求图书馆能够提供各种目录。早在 1622 年,当时的馆长里戈①就编制了该馆的第一套目录。它收录了大约 6,000 册书,其中一半以上是抄写本,这也反映了当时的馆藏情况。到了路易十四时期、柯尔培尔管理该馆的时候,馆长克勒芒②对日益增加的馆藏,采取了果断措施:对全馆的图书重新进行分编。1675 年把馆藏分为 23 类,每类给一个字母。一套新目录于 1688 年编印完成,共计 10 册,其中 6册按著者姓名字母顺序排列,另 4 册按主题排列。在 1690 年又编制了抄写本目录 8 册。1718 年,比尼安翁③当了馆长。他在 1739年把馆藏分为 4 大部分:神学、教会法则、民法和文学。比尼安翁在 1739—1753 年又编印了 11 册印刷目录,但只编了神学、法律和文学类,其余没有完成。

随着皇家图书馆的发展,馆内机构也有了一些变化。十八世纪初新设了两个部——铜板画部和勋章部。该馆的所有者,即王室成员们对后一个部特别感兴趣。因此该馆在搜集图书的同时,也很注意搜罗珍贵文物。看来,十七、十八世纪的皇家图书馆仍带有浓厚的陈列馆色彩,还不是一所纯粹的科学研究机构。

从该馆的非开放性也可以看出这一点。一直到了 1735 年,它才向民众公开,在此以前人们是很难利用这所图书馆的。

1789 年资产阶级大革命后,这所图书馆起了巨大变化。1792年,改名为"国家图书馆",名符其实地成为法国国家图书馆。这

---

① Nicolas Rigault(拉丁名是 Rigaltius),1577—1654.

② Nicolas Clément,? —1712.

③ Jean Paul Bignon,1661—1742.

些将在第五章第二节详述。

诺代和马萨林图书馆

法国皇家图书馆尽管有了如此长足的发展,但在十七世纪中叶的巴黎还出现了一所私人图书馆,使前者相形见绌了。这所图书馆就是马萨林图书馆[①]。马萨林原籍意大利,后来加入法国籍,成为法国政治家、红衣主教,1643 年起为首席大臣。在路易十四成年之前,马萨林实际上是法国的统治者,他不遗余力地执行了旨在巩固专制王权的各项政策。马萨林本人对科学文化事业倒不格外关心,马萨林图书馆之所以驰名于国内外,是因为有了杰出的馆长诺代[②]。

诺代是一位饱学之士、医学家、哲学家、历史学家,同时也是图书馆学的开拓者。1642 年他受聘担任马萨林图书馆馆长,这是最理想的人选。在此之前,他在几所图书馆工作过。1627 年,发表了《关于图书馆建设的意见》[③]一书,这是第一本图书馆学理论书。诺代探讨了图书馆的目的、规模和质量、馆藏的管理以及馆舍的结构等等。其中一些论点迄今仍富于启示。诺代在书中设想了一所标准的“世界图书馆”的雏形。

他的图书馆理论可以归纳如下:

1. 图书馆不应该专为特权阶级服务。迄今的图书馆多半是权贵游玩的场所,他们之所以经营图书馆,主要是为了欣赏馆内的珍本和古董,这一情况必须改变。

2. 因此,图书馆不要仅限于收藏古代善本,更为重要的是要大力搜集近代的文献,过去的图书馆偏重于搜罗古典作品,馆藏均以

---

① Bibliothèque Mazarine.

② Gabriel Naudé,1600—1653.

③ *Adris pour dresser une bibliothèque.*

神学、历史、文学等人文学科著作为主，多半带有怀古倾向。今后的图书馆应当着眼于新生的学科。

3. 馆藏不应当有倾向性和排他性。无论新书或旧书，异教徒的书或非异教徒的书籍，宗教书或一般图书，都要一视同仁。所有知识领域的主要著作和著名作品都要搜集其原著和译本，同时要配备最优秀的注释本、辞典、字典、书目等参考书。

4. 必须科学地管理藏书。没有受过训练和没有纪律的乌合之众，不能叫做军队，同样没有经过很好的分类和编目的书堆也不配叫做图书馆。

5. 培根①在当时已经提出了人类知识的科学的分类，但图书馆的分类表应当有所不同。图书分类要建立在科学分类的基础上，但同时又要充分考虑其应用性，换言之，图书分类必须是最自然、最方便的。分类表必须具备合理的细目。

6. 图书馆必须向一切研究人员开放，经营图书馆的目的决不在于提高图书馆所有者（君主、诸侯、贵族等人）的声誉。

从这些论点可以看出，诺代所设想的图书馆实际上是供学者使用的科学研究图书馆，是同那种豪华的、摆阔的巴罗克图书馆截然对立的，但与后来出现的公共图书馆也不尽相同。

上述图书馆理论的出现，是有其时代背景的。这个时期产生了许许多多伟大的学者——机械唯物论者霍布斯②，物理学家、天文学家伽利略③，天文学家刻卜勒④，唯物主义者、自然科学家、历史学家培根，二元论哲学家、数学家、自然科学家笛卡儿⑤，天赋人

---

① Francis Bacon,1561—1626.

② Thomas Hobbes,1588—1679.

③ Galileo Galilei,1564—1642.

④ Johannes Kepler,1571—1630.

⑤ René Descartes,1596—1650.

权论的创始人之一、国际法的鼻祖格劳修斯①等等。文艺复兴的初期是人文科学和美术繁荣的时代。资本主义生产力向前发展，进一步促进了学术研究的昌盛。美洲的发现、环绕世界航行的成功等等地理发现以及对殖民地掠夺的开始，也促使人们重视各种科学技术的研究。纺织业、冶金业和矿业的改进，军事技术的改良，造船业的发展等等都促进了新的自然科学的研究。印刷术的推广对知识的迅速传播起了巨大作用。接着，新的哲学也产生了。新兴的科学对教会的烦琐哲学世界观进行了有力的冲击和坚决的斗争。以理性取代宗教、以怀疑取代权威的时代逐渐来到了。这就是十七世纪后半期到十八世纪的所谓"启蒙时期"。

诺代的图书馆建设理论就是在这样的历史背景下产生的。到了这样的时代，仅仅搜集图书已经远不适应时代的要求了。对汗牛充栋的藏书，必须进行系统的组织和科学的管理。科学家现在要求的，并不是那些收藏古代珍本的富丽堂皇的巴罗克图书馆。现在他们所希望的是：图书馆能够变成他们的实验室。这里不仅要有古代文献著作，也要有最新的学术论著；不仅要有基督教的书籍，也要有异教徒的书籍。

在这种时代的要求下，图书的管理工作逐渐职业化了，于是产生了掌握图书知识的专业人员，同时也出现了初期的图书馆理论，为即将诞生的一门崭新学科——图书馆学奠定了基础。诺代以及随后出现的莱布尼茨②就是图书馆理论的先驱者。

诺代在马萨林图书馆把他的上述理论付之实现了。马萨林图书馆正式建馆是 1643 年。诺代立志把它建成民族文化遗产的集中地和国际性学术资料的中心。他亲自到英国、佛兰德③、德国、

---

① Hugo Grotius,1583—1645.

② Gottfried Wilhelm Leibniz,1646—1716.

③ Flanders,现在比利时的西北部佛兰德省和法国北部部分地区。

意大利等地,进行了长期的寻书活动。他对全欧洲的图书贸易市场,了如指掌。仅在 1646—1647 年一年当中,就购入了 1.4 万册书。有的书籍是整批采购的,有的是通过各种途径收来的。马萨林把诺代的搜书计划交给驻外将军和外交官,勒令执行。到了 1650 年前后,马萨林图书馆的藏书已达 4 万册。

图 21　马萨林图书馆的内景

这个图书馆的办馆宗旨是"向一切愿意来馆学习的人开放"①,这同当时许多图书馆对读者加以种种限制是一个明显的对照。马萨林图书馆从 1645 年起每周开放一次;1648 年以后每天开放。当然,该馆也不同于现在的公共图书馆,其主要读者是专家

---

① A tous ceux qui y vouloient aller estudier.

学者。

马萨林图书馆的藏书都是用摩洛哥山羊皮制造的鞣皮作书面的,并用金字压印了红衣主教马萨林的纹章。

诺代把这所上好的图书馆称作"世界第八奇观"[1]。

到了十七世纪五十年代初,马萨林两次亡命,随之,该馆图书亦被掠夺。诺代悲伤万分,就像父亲失去了自己心爱的儿子。他向议会控告无效,只好前往斯德哥尔摩,在瑞典女王克里斯蒂娜[2]处任职。

不久,马萨林获准回国。他立即召回诺代,准备重建这所图书馆。不幸,诺代病死在海路上(1653年)。马萨林图书馆直到1691年才得以重新开放。这所图书馆目前还存在,1926年在行政上归属国家图书馆,从1945年起改属法兰西研究所图书馆[3]。目前馆藏约50万册,抄本5,800卷,摇篮刊本1,900册。

诺代的这些成就,据他自己说,是向英国的博德利图书馆[4]和意大利的安布罗西安图书馆学习的结果。看来,现在我们需要把眼光转向英国和意大利了。

4.7　英国的博德利图书馆

在第二章第四节的《大学图书馆的结构》里已经提到,汉弗利

---

① "世界七大奇观"是古代七种著名的建筑物和雕刻品的称谓,通常指:(1)埃及的金字塔、(2)巴比伦的空中花园(Hanging Gardens)、(3)以弗所的阿苔密斯(Arte-mis)神殿、(4)奥林匹亚的宙斯(Zeus)神像、(5)哈利卡纳苏斯的摩索拉斯陵墓(Ma-usoleum)、(6)地中海罗得岛上的太阳神巨像和(7)亚历山大城的灯塔。

② Alexandra Christina,1626—1689,在位是1632—1654年。

③ Bibliothèque de l'Institut de France.

④ Bodleian Library.

公爵把自己的藏书赠给牛津大学,成立了汉弗利图书馆。后来,在1550—1556年间,爱德华六世的改革委员会委员来到牛津大学,不仅取缔了天主教文献,也抢走了其他图书。我们将要叙述的这位托马斯·博德利①,是牛津大学的毕业生,当了多年的外交官,出使欧洲各国。当他晚年回到牛津的时候,决心把有生之年献给图书馆建设,要独自重建这所被毁的母校图书馆。1598年,五十三岁的博德利向大学副校长列举了自己的有利条件:有渊博的学识、有充分的资金和办事能力、有乐意资助的著名好友多位,最后还有任何人都不会来打扰的闲暇。像博德利这样,主要靠个人的创造精神建成一所大图书馆,在图书馆史上实属罕见。

博德利是伊丽莎白②时代典型的英国人,是莎士比亚、培根的同时代人。这是人文主义教育鼎盛时期,又是向海外扩展国力的时代。在博德利的身上,人文主义的思想同果敢的时代精神结合在一起。他为人诚挚热心,灵敏精干。

图22　十七世纪的博德利图书馆

为了建设牛津大学的图书馆,博德利献出了毕生精力和全部财产。他首先把自己的藏书赠给图书馆,还派人去国外买书。他

---

① Thomas Bodley,1545—1613.

② Elizabeth,1533—1603,在位是1558—1603年。

逗留国外多年,熟悉各国书籍的最佳来源。他还得到精力拔群的伦敦书商约翰·比尔①的帮助,在意大利、法国、英国搜集到许多珍本。他四处通信,以各种不同的辞句,或致学者,或致书商,或致其他名人志士,恳求帮助。捐赠者当中有如下佼佼者:1603 年,英国著名的军人、探险家、作家罗利②在他第二次被关进伦敦塔③的前夜,捐赠了 50 英镑;1605 年,培根赠送了新作《学问的进展》④,"向这位挪亚方舟⑤的制造者、拯救学问免遭洪水淹浸的博德利致以崇高的敬意"。

经过将近 5 年呕心沥血的经营,1602 年终于在汉弗利公爵图书馆的旧址上建成了藏书 2,500 册的图书馆。这在当时可算是一大收藏了。这所由他创建的图书馆名副其实地被称为"博德利图书馆"。

该馆馆长是很有才干的托马斯·詹姆斯⑥。但事无巨细,博德利仍要亲自过问。

由于詹姆斯的提醒,博德利前去伦敦图书出版公司⑦交涉呈缴本问题。外交官出身的博德利自不待言是一位雄辩家。1610年他终于劝说该公司同意,每出一种新书都向博德利图书馆交纳一册。这是在英国首次出现的呈缴本。当时,博德利怎样说服了图书出版公司,详情已不甚明了。最初双方谈妥的是绅士协定,没有法律约束力。不久该公司懊悔了:交纳出版物,对出版公司没有

---

① John Bill(或 Bille).

② Walter Raleigh,1552 年前后—1618 年。

③ The Tower of London,伦敦古堡,曾作监狱。

④ *Advancement of Learning*.

⑤ Noah's ark,《圣经·创世纪》记载,上帝降洪水灭世时,义人挪亚为避洪水而制造了长方木柜形大船。西方文学常以方舟作为避难所的象征。

⑥ Thomas James,1573—1629.

⑦ Stationer's Company.

多大益处,早知如此,何必当初! 但博德利绝不退让,经常督促出版公司履行协定。尽管英国的呈缴本制度在近几百年来几经变化,但博德利图书馆直到现在还一直享受着这一特权。

呈缴本制度的引进,使得博德利图书馆的藏书急速增长。1612 年,建立了新馆舍。1613 年,博德利逝世那一年又加以扩建。1634—1640 年建成的大馆舍已经废除了读经台式,而首次把墙壁式引进了英国。书架全部贴靠墙壁,一直升到屋顶,中间是大厅,为了取拿高处的图书,还架了跑马廊。

博德利图书馆的编目工作是很先进的,它在 1605 年编印了英国第一套印刷目录,收录了当时的馆藏 2,000 余册,显示了馆藏建设的巨大进展。1620 年又编印了第二套印刷目录。詹姆斯还编了一份手写的主题目录,现在还保存在该馆。这是主题目录最早的样式。

馆藏以古典原著为主,几乎没有收藏译本。

按照博德利亲自制定的借阅规则,每天开馆 5 小时,大学毕业生可以进入书库。

博德利图书馆的这些成就博得了很多人的赞赏。英国散文家兰姆①曾说:"牛津地方除了各种古迹珍物外,最使我愉悦、使我安宁的就是丰富的图书。"②

英皇詹姆斯一世③于 1605 年和 1610 年两度参观博德利图书馆,对它极为赞赏。他说:"如果我不是帝王,倒很乐意当一名大学师生,像博德利图书馆的这些书籍一样,被囚缚于此地。"④

博德利于 1613 年去世,他把大批遗产和大片土地留给了牛津

① Charles Lamb,1777—1834,曾与其姐玛丽(Mary)·兰姆合编有名的《莎士比亚故事集》(Tales from Shakespeare)。

② E. A. Savage,The story of libraries and bookcollecting. London,1901,p. 143.

③ James Ⅰ,1566—1625,在位是 1603—1625 年。

④ 同上书,p. 147。

大学,作为该馆今后的发展经费。

博德利逝世以后,仍有不少名人赠书献款。例如,著名的法学者、历史学家、政治家塞尔登①赠送了大约 8,000 本希腊文和东方的抄本。十七世纪的动乱时期,也有不少人把私人图书馆捐献出来。1646 年,反对英王的议会军占领牛津时,费尔法克斯②将军专门派兵保护博德利图书馆,以免遭受战灾。

1620 年博德利图书馆的藏书已达 1.6 万册,是当时欧洲最大的图书馆之一。十八世纪初,馆藏增至近 3 万册,成为欧洲最大的图书馆。不列颠博物馆成立之前,博德利图书馆实际上起了国家图书馆的作用。后来,博德利图书馆在其规模上一直仅次于不列颠博物馆图书馆。

博德利图书馆现在仍是牛津大学的中心图书馆。1976 年它的馆藏已有:340 万册图书、4,168 米长的抄本、18,500 份契据证书等等。

4.8 意大利的图书馆

宗教改革运动对意大利的图书馆没有造成多大的破坏。十七世纪和十八世纪初,意大利图书馆事业达到了高峰,以后就开始走下坡路。但意大利的图书馆建筑仍有很大的进展。从西班牙的艾斯库略尔宫引进的大厅式图书馆建筑,在意大利又有了进一步的发展。

下面简略地介绍这一时期新建的两所图书馆——米兰的安布

---

① John Selden,1584—1654.

② Thomas Fairfax,1616—1671.

罗西安图书馆和罗马的安吉洛图书馆①。

安布罗西安图书馆于 1602 年由米兰的红衣主教博罗梅奥②建立,是以教父、基督教圣歌之父圣安布罗西乌斯③的名字命名的。该馆的多件珍贵抄本来自中世纪意大利最大的博比奥修道院图书馆④。安布罗西安图书馆主要为学术研究服务,该馆由 16 名学者组成的学术委员会来管理。委员会想方设法吸引研究人员来利用馆藏。图书馆还附设了一个印刷厂,以便刊印学术委员会的作品。1609 年,该馆正式对外开放。当然,开放的对象一般是限于学者和中、高级知识分子。为了便于读者接近书架,适当地考虑了藏书的排列顺序。该馆还设有美术陈列馆。

安吉洛图书馆于 1605 年建立,原是奥古斯丁修道会⑤会士安吉洛·罗卡⑥的私人图书馆。1614 年开始对外开放。

以上两所图书馆至今仍然是意大利最佳的珍本图书馆。

4.9　近代图书馆学的先驱莱布尼茨等

前面已经提到诺代对图书馆学理论的贡献。在介绍另一位图书馆学理论家莱布尼茨之前,还有必要说说利普西乌斯⑦、杜里⑧

---

① Biblioteca Angelica.

② Federigo Borromeo,1564—1631.

③ Saint Ambrosius,340? —397.

④ 见本书第 66—67 页。

⑤ Augustinian Order,天主教的托钵修会(乞食修会)之一,会士以托钵乞食为生,因而得名。

⑥ Angelo Rocca.

⑦ Justus Lipsius,1547—1606.

⑧ John Durie(或 Dury),1596—1680.

和法国的百科全书派①。

利普西乌斯是荷兰的拉丁语学者,于 1595 年出版了《论图书馆的结构》②一书。有人说,这本书奠定了近代图书馆史的基础③。他在最后一章里强调指出图书馆的功用。他说:"关于图书馆这一题目,我再也没有更多的话要说了。我只想补充一点,即图书馆的功用问题。如果图书馆无人光顾,或仅偶尔来些参观者;如果图书馆不能经常地被学生所利用,那么又何必建立这样的图书馆呢?这种图书馆同塞涅卡所说的'披着学问外衣的懒惰的奢侈'又有什么两样呢?"④

强调图书馆的功用,这并不是什么新思想。但利普西乌斯的这一思想是在资本主义初期学术研究方兴未艾那样的历史背景下重新提出的,其意义就大不相同了。

杜里是英国人,曾任皇家图书馆馆长。他在 1650 年写了一本书——《新式图书馆的管理者》⑤。他认为,图书馆是用图书帮助读者学习的中间人(factor);图书馆员的任务是"管理学术的公共库存,增加这些库存并采用对所有人最有用的方式使这些库存成为有用的东西"。⑥ 这是一本在英国出现的图书馆理论书。看来,在杜里的思想里已经有了建立近代的公共图书馆的萌芽。

在这里,也要提一下由法国启蒙思想家所组成的百科全书派。他们在法国资产阶级大革命前夕,大造舆论,反对封建主义,推广

①　Encyclopédistes.

②　De bibliothecis syntagma.

③　Raymond Irwin, The Origin of the English Library, 1958, p. 182.

④　转引自 S. L. Jackson, Libraries and Librarianship in the West, 1974, p. 172.

⑤　The Reformed Librarie Keeper.

⑥　转引自 A. Esdaile, The British Museum Library, 1946, p. 245.

进步思想。在他们编辑的《百科全书》①中，宣传图书馆是社会所必需的一种机构，强调图书是反封建斗争的强有力的武器。由狄德罗②和达朗贝③主编的这部百科全书中，收有好几条有关图书馆的条目。

在十七世纪前后，除了上述诺代、利普西乌斯、杜里等人之外，真正可以称为图书馆理论的系统的创立者应该说是莱布尼茨。

很多人都知道莱布尼茨是一位大数学家和大哲学家，同牛顿④并称为微积分的创始人，但很少有人知道，他还是一位杰出的图书馆馆长和近代图书馆理论的创始人。下面仅就莱布尼茨在图书馆事业上的成就做一简述。

莱布尼茨在少年时代大量地阅读了父亲藏书中的古典哲学作品。早在1667年21岁时，就在美因兹选帝侯国前首相博伊尼堡⑤的私人图书馆工作。1672—1676年，他逗留巴黎和伦敦，主要从事学术研究。此时正是法国宰相柯尔培尔统治时期，是法国皇家图书馆欣欣向荣的年代。莱布尼茨同许多学者交往，其中包括有名的图书馆馆长克勒芒等人。他读了诺代的《关于图书馆建设的意见》一书，深有同感，进一步认识到建立学术专业图书馆的重要性。

1676年回国以后，在约翰·弗里德里希⑥公爵的私人图书馆（设在汉诺威⑦）当馆长和修史官。1690年起，除了担任其他职务

---

① *Encyclopédie, ou Dictionnaire raisonné des sciences, des artes et des métiers*, 33 *vols.*, 1751—1772.

② Denis Diderot, 1713—1784.

③ Jean Le Rond d'Alembert, 1717—1783.

④ Isaac Newton, 1642—1727.

⑤ Johann Christian Freiherr von Boyneburg, 1622—1672.

⑥ Johann Friedrich von Braunschweig, ? —1679.

⑦ Hannover, 在联邦德国北部。

外,还兼任沃尔芬比特尔①的奥古斯特公爵图书馆②馆长,直至 1716 年逝世。可见,莱布尼茨毕生几乎没有离开过图书馆这一工作岗位。

沃尔芬比特尔的奥古斯特公爵图书馆在莱布尼茨的领导下变成了当时德国最佳图书馆。他为这所图书馆争得了每年固定的经费(尽管是二百塔勒③的有限的数目),也建立了字顺目录,更重要的是建造了一所新馆舍。这是第一次把大厅图书馆引进了德国。卵形的中央大厅十分壮丽。屋顶是半球形的,并装有美丽的天窗。大厅四周墙壁是书架。

图 23 莱布尼茨

然而,莱布尼茨对图书馆事业的贡献主要还不在于他的上述实际工作,而在于他对图书馆理论的创建。他并没有写过这一方面的专著,他的有关图书馆的精辟理论都散见在他的书信和向汉诺威领主们呈上的无数封建议书中。我们可以把他的观点归纳如下:

① Wolfenbüttel,位于汉诺威东南部。
② Herzog August Bibliothek.
③ Taler,德国旧时的一种银币。

1. 他认为,图书馆应当是用文字表述的人类全部思想的宝库。杰出人物的著作,不管是哪一民族、哪一时代的,只要他们的思想对后人有可取之处,都应当收集。换言之,图书馆是所有时代、所有民族的伟大人物向后人讲述他们的杰出思想的场所。因此,莱布尼茨把图书馆称作人类的"百科全书"、"一切科学的宝库",甚至赞誉图书馆为"人类灵魂的宝库"。我们不得不指出,莱布尼茨的这种思想同250多年后出现的"北京图书馆只不过是看看小儿书的地方"之类的思想,其相距岂止十万八千里?!

2. 莱布尼茨十分强调藏书的质量。他认为,一个图书馆价值的大小,不是看它的藏书数量,也不是看它保存有多少稀有版本,而是要看那些曾经对人类社会进步有过贡献的著作,究竟收藏多少。这种认识同当时许多图书馆专心搜罗稀有珍本是针锋相对的。

3. 莱布尼茨进一步强调,有学术价值的新出书刊,应当及时地、连续地、均衡地补充采购。他认为,馆藏的补充对图书馆,如同食物对有生机体一样,是必需的。在十七、十八世纪,各门学科日新月异,这一客观现实给图书馆提出了新的要求,而莱布尼茨正是及时地、明确地向图书馆界提出这一要求的先驱者之一。在学术科学更加发展的今天,这一提法仍然具有其现实意义。

4. 他多次强调,图书馆必须有固定的经费。初听起来,这本是人人皆知的自明之理,其实不然,至今国内外图书馆大都苦于经费不足。图书馆事业的不发达,其主要原因之一就是没有足够的财力。

几十年来,莱布尼茨不厌其烦地以各种不同方式向领主们(图书馆的所有者)提出经费要求,以保证图书馆的顺利发展。从近数百年的图书馆史看来,杰出的馆长们在这一方面都是莱布尼茨的门生。例如,下面将要详述的不列颠博物馆馆长帕尼齐[①]就是一位年年向英国国会伸手索要图书补助经费的能手。如果当时帕尼齐没有能够做到这一点,就谈不上不列颠博物馆的巨大发展。

5. 莱布尼茨认为,图书馆的头等重要的义务是:想方设法让读者利用馆藏,为此必须配置完备的目录。他强调字顺目录的重要性,也要求编制分类目录,同时推荐主题索引(Schlagwort Indices,Subject Indexes)。

6. 他还主张尽可能地延长开馆时间,不要给图书出借规定太多的限制,还要求馆内有取暖设备和灯光设备。1706—1710 年,奥古斯特公爵图书馆重建馆舍时,莱布尼茨曾建议设置一间有取暖和照明设备的房间,但直到 1835 年莱布尼茨逝世 100 多年后,他的这一建议才付之实现。当时的图书馆除了自然采光外,几乎没有什么灯光装置,更谈不上取暖设备了。

7. 莱布尼茨坚信,全国性的图书目录组织能够给学者们以他们所需要的图书情报。同时认为,科学研究工作的进展在很大程度上要以大图书馆能够提供学者们多少资料而定。他又指出,只有确保每一个学者能够迅速准确而简便易行地检索有关他研究题目的已有的全部学术成果,才能谈到学术研究的真正进展。

莱布尼茨的上述思想在诺代、杜里等人的著作里已经部分地有所表述,但是第一次比较全面、比较明确地指明近代学术参考图书馆的重要性,并指出其发展方向的,不是别人,正是莱布尼茨。他在图书馆理论上的功绩是值得大书特书的,他的一些理论迄今仍具有一定的现实意义。

先进的理论要被多数人所接受,是需要时间的。莱布尼茨的理论在十八世纪只是逐渐地被认识,部分地被采用。一直到了十九世纪,他的理论才普遍开花结果。

---

① Anthony Panizzi, 1797—1879.

4.10 德国的格廷根大学图书馆

　　十八世纪的德国大学图书馆,一般说来,多数不太像样。有的图书馆只因馆员住在郊区,索性就不开馆了。冷天馆员得了病,就闭馆一冬。马尔堡①大学图书馆每年冬天闭馆,前后达 10 年之久,这是因为所有的房间都没有取暖设备。吉森②大学图书馆每周只有星期六下午开馆。有的图书馆,光线暗淡,满屋蜘蛛网。有的图书馆,要从书架上取一本书,就像走钢丝一样惊险。政府在财政上对大学图书馆也没有什么帮助,几乎所有大学图书馆都没有固定的经费。教授们大半靠自己的藏书进行教研工作。甚至发生了这样一件几乎不可置信的事:1736 年,很有名气的莫泽尔③教授在一个学会的就任演说中一本正经地提议:关闭大学图书馆,代之以教授图书馆,以便后任教授能够一任接一任地继承这种图书馆。

　　当德国的大学图书馆处在这种萎缩不振的情况下时,唯有格廷根④大学图书馆独放异彩。这是因为:第一,这所图书馆很有意识、很有生气地应用了莱布尼茨的理论;第二,办校人员从大学的整体来考虑图书馆的建设。他们明确地认识到,图书馆的素质会给整个大学的特性带来极大的影响。

　　格廷根大学是 1737 年建成的一所较新的学校。它理所当然地建立了按当时的标准来说比较近代化的图书馆。建馆的筹备工作早在 1735 年就开始。大学学监明希豪森⑤是第一任馆长。他

---

① Marburg,位于美因河畔法兰克福的北部。
② Gießen,同上。
③ Johann Jacob Moser,1701—1785,政治学家、国际法学家。
④ Göttingen,德意志联邦共和国东部莱内河(Leine)畔城市。
⑤ Gerlach Adolf von Münchhausen,1688—1770.

精力充沛,认真负责,直到 1770 年去世前后凡三十五载,一心扑在这所图书馆的建设上。古典语言学家格斯纳①兼任图书馆的工作,是实际上的馆长。格斯纳不仅学识渊博,而且对读者谦恭有礼。他认为,图书馆员不能像商人那样,只是积聚图书的资本,他们应当同更多的人一起分享这一财富。继任的海涅②是一位组织能力很强的人,他在该馆任职前后 49 年(1763—1812 年)。海涅于 1782 年发现了罗伊斯③这位杰出的合作者。的确,在一定的条件下,人的因素是起决定作用的。格廷根大学图书馆在以下几个方面做出了惊人的成绩。

1. 该馆每年享用足够的图书经费,进行了有组织、有计划的新书采购工作。明希豪森直到逝世之前,一直亲自负责采购工作,为此他经常不断地翻阅书籍拍卖市场的目录和古籍书目,同国内外书商保持密切的联系。选择书籍还及时征求教授们的需求,该馆极为尊重他们的建议,以确保购书质量。1752 年,该大学出版了《格廷根学术杂志》④。明希豪森就把图书馆工作同它紧密地连结起来,新到书刊的评介工作就交给这份杂志的书评家们。这份刊物出版不久就引起欧洲各国学术界的重视。

2. 该馆制定了对读者十分方便的各种制度。除星期六外,每天开馆 10 小时。借书并不困难,连学生都可以一次借到 10—12 册书。当时人们普遍认为,这个图书馆的特点之一就是可以"自由地、不使人为难地使用馆藏"。

3. 图书馆内部的管理,按十八世纪的水平,亦堪称模范。所有馆藏都编有字顺目录、分类目录和主题目录。分类表并没有采用

---

① Johann Matthias Gesner,1691—1761.
② Christian Gottlob Heyne,1729—1812.
③ Jeremais David Reuβ,? —1837.
④ *Göttingische Gelehrte Anzeigen.*

严格的科学分类,而是使用莱布尼茨推荐的实用的分类法。罗伊斯上任后,大约在 1790 年,用书号把书架上的书和目录卡片有机地连结起来。新书从入馆到分编、上架以及出借,各个环节都是有条不紊的。

该馆建馆时只占一间教室。1763 年,海涅到任时藏书 6 万。过了 20 年,增加到 12 万,1812 年,他逝世时已达 20 万。1900 年增至 53 万多册。

十八世纪末,几乎没有一个学者不赞赏格廷根大学图书馆。其中有海德①、歌德②、洪堡③这样的名人。1801 年,歌德参观该馆时留下这样的话:"我们仿佛站在巨大的资本面前,它静悄悄地把数不胜数的利钱捐赠给我们。"④当然难免有极少数嫉贤妒能的小人物。照他们的说法,"妄自尊大"的格廷根大学教授们之所以能够在学术上有所建树,仅仅是因为他们受到这所图书馆的恩惠。

4.11 专业图书馆

给"专业图书馆"下一个明确的定义是不太容易的。一般说来,有特定的藏书范围,或有一定的服务对象是专业图书馆的特点。有人把宗教图书馆、公立学校图书馆以及大学的院系图书馆也算在专业图书馆之列。有人则从狭义来解释,排除上述几类图书馆。下面就狭义的范围介绍几所早期的专业图书馆。

在西欧,从十六世纪就开始出现了一些专门图书馆,但它们的

① Johann Gottfried Herder,1744—1803,德国哲学家、作家和文学理论家。

② Johann Wolfgang von Goethe,1749—1832.

③ Wilhelm von Humboldt,1767—1835,德国语言学家、政治家。

④ 转引自 J. Vorstius, und S. Joost,*Grundzüge der Bibliotheksgeschichte*,1977,S. 52.

早期的历史还有待进一步探索。十七、十八世纪,专业图书馆有了一些发展,到了十九世纪逐渐增多。二十世纪以后,专业图书馆已成为图书馆队伍中的一股不可忽视的力量。专业图书馆日益显示出它们独特的作用。

在伦敦,1497 年成立了法律团体的林肯学院图书馆①。这是英国最古老的、最大的法律图书馆。1518 年,伦敦的皇家内科学院图书馆②成立。

在德国的汉堡,1735 年成立了一所独特的图书馆——商业图书馆③。它收藏贸易、航海、地理、政治等方面的书籍。第二次世界大战前,该馆藏书已增至 20.8 万册,但在大战中,遭受飞机轰炸,片纸未剩。战后重建,到 1972 年已拥有 12 万册书。

1763 年,由曾肯堡④建立的曾肯堡图书馆是一所医学专业图书馆,设在美因河畔法兰克福。1907 年以前,它只向曾肯堡自然科学团体成员开放。在二十世纪,它发展成为德国最大的自然科学图书馆。目前藏书 73 万册,其中 25 万是学位论文。

又如,1766 年荷兰文学社⑤创设于莱顿⑥。该社的图书馆是欧洲最重要的文学图书馆之一。它于 1877 年合并到莱顿大学。现有书籍 10 万册以上和写本 2,000 卷,绝大部分是有关荷兰文学和文学史的。

在丹麦也是很早就成立了专业图书馆,如哥本哈根⑦的皇家

---

① Lincoln's Inn Library.
② Royal College of Physicians Library.
③ Commerzbibliothek.
④ Johann Christian von Senckenberg,? —1772.
⑤ Maatschappij der Nederlandse Letterkunde.
⑥ Leiden,荷兰西部城市。
⑦ Copenhagen.

园艺图书馆①早在 1752 年就已成立。

　　巴黎的"兵工厂图书馆"②是很有名的。但它并不是有关兵器的专业图书馆,而是以它丰富的法国文学史的馆藏而驰名。它的创始人波尔米侯爵③一度担任兵工厂的总管,他把自己的图书馆设在兵工厂,因而得名。兵工厂图书馆创于十八世纪,后来几经变迁,成为法国国家图书馆的一个组成部分。该馆的法国文学书籍甚为可观。目前馆藏达 150 万卷,抄本 1.5 万卷,其中罕见的文学抄本数千卷。

①　The Royal Horiticultural Library.

②　Bibliothèque de l'Arsenal.

③　Marquis de Paulmy d'Argenson,Marc Antoine René de Voyer,1722—1787.

第五章 1789—1870 年的图书馆

5.1 资产阶级革命和图书馆

社会革命的目的在于：改变生产关系，解放生产力，推动社会向前发展。生产关系的变更，主要指的是生产资料所有制形式的变动。因此，不难理解，图书馆作为一种文化财产，它的所有关系也要随着社会革命的进展而发生巨大的变化。

文艺复兴时期，出现了新兴资产阶级的图书馆和多少资产阶级化了的君侯贵族的图书馆，而修道院图书馆则开始衰退，僧侣对图书的垄断权逐渐被削弱。宗教改革运动进一步摧毁了这种权势，所谓教会的"世俗化"，从经济关系来说，无非是教会财产，包括图书财产在内，统归资产阶级占有罢了。1789 年的法国资产阶级大革命，是推翻封建专制、确立资本主义制度的一场社会革命。资产阶级在掌握政权之后，立即把皇家图书馆宣布为"国有"，同时把修道院的图书和逃亡贵族的图书加以没收，归入"国家财产"。从此，由修道院及其他封建势力控制图书馆的局面，便永远结束了。图书馆的财富和图书管理事业都由自称代表"国家"和"人民"的资产阶级来掌管了。

5.2　法国大革命和法国图书馆

1789 年 7 月 14 日,巴黎人民武装起义,攻占了巴士底狱①,法国大革命开始了。同年 11 月,教会的财产被宣布为国有。1792 年,逃亡到国外的贵族的财产也被没收。

当时被没收的图书,据估计,全国有 800 万册之多,仅巴黎一地就有 200 万册。为了保管、整理和利用这么大量的图书,在全国各城市设立了"文献保管所"②,所有被没收的图书统统送到这里集中。这种"文献保管所"仅在巴黎一地就有 9 所。

在图书的集中过程中,也曾发生过毁坏、损失等情况。但法国的资产阶级比英国的亨利八世开明得多,后者在没收教会财产时曾大肆毁坏和大量焚烧了图书。这种野蛮行为在第四章第一节详述了。当然,当时的法国也有一批"过激派",硬要把刻印在书上的贵族纹章等装饰刮毁,但遭到艺术爱好者的极力反对而没有得逞。

法国的资产阶级政权对图书的管理和利用是相当关心的。在政局十分动荡的时期,即从 1789 年革命爆发到 1795 年督政府③成立,前后五、六年,共颁布了 20 项有关图书馆的法律和法令。他们还曾制定了一项计划:利用文献管理所的图书,编制全国总目④。这项计划,说起来很容易,但做起来却困难重重。政府要求各文献

①　Bastille,十四到十八世纪巴黎的城堡和国家监狱,十六世纪起主要用来囚禁政治犯,成为法国封建专制的象征。

②　Dépôts littéraires.

③　Le Directoire,1795—1799 年法国的最高政府机关,由五个督政官组成,每年改选一人。

④　Bibliographie générale.

保管所的职员把所内的全部图书登记在卡片上,然后寄到巴黎的"书目局"①,由该局汇总编目。到了 1794 年 4 月,书目局集中了 140 万张卡片,但全国文献保管所的图书总量此时已超过 1,200 万册。要把如此大量的图书全部编成目录卡片,这在和平时期也不是一件轻而易举的事情,何况在革命动乱时期要汇集一套全国书目呢!

后来,各地的文献保管所把图书供给新建立的地方图书馆。但是,这些书籍都没有很好地被利用。总的说来,十九世纪法国的地方图书馆事业并没有多大起色。

但在首都巴黎,情况就相当不同了。政府对首都的图书馆事业实行了严格的管理。1792 年,皇家图书馆改名为国家图书馆,成为国有财产。它接收了大量的被没收的图书,馆藏以空前的速度增涨。1793 年,它享有特权,可以从所有文献保管所调进抄本。1795 年,调进的权限扩大到一般图书,换言之,全国所有的文献保管所,没有国家图书馆的许可,就不能调配自己的图书。于是,国家图书馆的藏书在短短的几年内增加了好多倍,即从原来的 15.7 万册增加到 60 多万册。

在这项工作中,建树非凡的人物是该馆印刷图书部主任万·普雷特②。他是比利时的学者,从 1784 年开始在该馆工作。万·普雷特为学者查索资料,一贯诚恳热心。他记忆力非凡,对馆藏非常熟悉,各种材料一索即得,享有"活目录"③的光荣称号。文献保管所成立之后,到那里为国家图书馆挑选图书,首先轮到的就是万·普雷特。他凭着那惊人的记忆力,挑选了至少 30 万册书。据说,在翻天覆地的大革命中,他两耳不闻窗外事,一心专编馆内书。

---

① Bureau de Bibliographie.
② Joseph van Praet,1754—1837.
③ "Le catalogue vivant".

国家图书馆不单从文献保管所,还从索邦学院、圣日耳曼－德－普雷①修道院、圣维克多②修道院等图书馆得到了许多很珍贵的图书。

后来,拿破仑③征服了许多国家。他从荷兰、德国、奥地利、西班牙、意大利等国把许多图书作为战利品带回巴黎,交给了国家图书馆。拿破仑下台后,归还各国的也只是其中的一部分。

拿破仑曾想把国家图书馆建设成为世界上最好的图书馆。他给该馆增加经费,重新颁布了严格的呈缴本法律,责令各出版商交纳新书每种 1 册。1805 年的一项法令还规定:国家图书馆有权拿出自己的复本同国内任何图书馆的图书进行交换。尽管这项法令没有被严格执行,但从这件事也可以看出拿破仑的意图——即国家图书馆要名副其实地成为法国的第一图书馆。

法国大革命以前,这所图书馆每周开放两天。1796 年 9 月 11 日,万·普雷特规定,由即日起每天开放 4 小时。

有人估计,国家图书馆的藏书在 1818 年已有近 100 万册,1860 年增至 150 万。在十九世纪初,这一大批馆藏的通盘的分编工作还没有被提到日程上来。

5.3 不列颠博物馆

不列颠博物馆的创立

在英国,建成国家图书馆的途径,与法国有很大的不同。如前

---

① St. Germain－des－Prés,本尼狄克特派的修道院,在该院的图书馆里集中了该派各修道院所藏的十分丰富的资料。

② St. Victor.

③ Napoléon Ⅰ,Napoléon Bonaparte,1769—1821,在位是 1804—1814 和 1815 年。

所述,十八世纪以来,法国的修道院图书馆被解散,但它们的图书大部分还能够保存下来,成为国家图书馆和地方图书馆的基本藏书。英国则不同,早在十六世纪,宗教改革就把教会图书馆毁坏殆尽。英国人早已失掉了利用修道院图书馆的藏书来建立国家图书馆的良机了。

英国的皇家图书馆也没有能够为国家图书馆的建立创造更多的条件。如前所述,法国的皇家图书馆具有悠久的历史。法国国王为了显示自己的权威,搜集了很多图书,建立了自己的图书馆。随着时间的迁移,皇家图书馆开始允许学者来利用,尔后发展成为国家图书馆。英国的皇家图书馆则不同,大多是在主人死后,藏书也就逐渐散失。历代英王又很少有人关心图书馆。因此,英国就没有一所藏书可观的皇家图书馆来为国家图书馆奠基。

由此可见,英国的国家图书馆,即不列颠博物馆,只能由几批私人藏书汇集而成,同时在建馆的过程中,起主导作用的也不是国王,而是议会。

1753 年,英国议会下院批准建立不列颠博物馆。在此之前大约200 年的岁月里,也曾有几次动议,要求在伦敦建立国家图书馆,但是都没有成功。

早在 1556 年,科学家约翰·迪①就向玛丽②女皇建议,设立国家图书馆,未成。1570 年,航海家吉伯特③向伊丽莎白一世建议,设立英国学士院和附属于该院的国家图书馆。伊丽莎白本人虽然也收集了一些价钱昂贵的图书,用天鹅绒和金银的钩环装订它们,在书皮上镶嵌宝石,但是她的图书只不过是宫廷的一种装饰品而已,女皇并不真正关心图书馆,因此也没有采纳吉伯特的建议。大

---

① John Dee,1527—1608.

② Mary Ⅰ 或 Mary Tudor,1516—1558,在位是 1553—1558 年。

③ Humphrey Gilbert,1539? —1583.

司教派克①主张,以皇家图书馆为主体建立国家图书馆,也没有成功。1693 年,皇家图书馆馆员、有名的语言学家本特利②建议,把皇家图书馆改为国家图书馆。他于 1697 年匿名写了《关于建立皇家图书馆,暨由议会法令加以认定的提案》③,并要求保证国家图书馆每年能有固定的经费。这一建议同样没有被国王批准。

又过了半个世纪,英国的国家图书馆——不列颠博物馆才宣告成立。下院于 1753 年 6 月 7 日正式通过了建立不列颠博物馆的法令。可以说,不列颠博物馆的生母就是英国议会,而催生婆则是下院议长昂兹洛④。他是一位关心保护文物的有识之士。在他的大力倡导下,下面三部分珍藏才能汇集成为不列颠博物馆的初期馆藏,即斯隆⑤的珍藏、哈利⑥家族的私人图书馆和柯顿⑦家族的私人图书馆。下面分别介绍一下这三批珍藏的来历。

斯隆是当日的名医和自然科学家,曾接替牛顿,任皇家协会⑧的第二任会长(1727—1741 年),也任过御医。他致力于天花的预防工作而扬名天下。据说,人们逐渐对牛奶巧克力糖感兴趣,也有赖于他的推许。他一生搜集了许多珍贵文物,其中包括 4 万余册图书(内有抄本 3,500 件)、32,000 枚货币、5,843 种贝壳、2,275种矿石以及无法计数的动物、植物和矿物的标本。据说,他在牙买加⑨工作了一年半,回国时把鳄鱼和黄蛇也带回了伦敦。他的觅

---

① Matthew Parker,1504—1575.

② Richard Bentley,1662—1742.

③ *A proposal for building a Royal Library and establishing it by Act of Parliament.* 本特利在这里所说的"皇家图书馆"实指国家图书馆。

④ Arthur Onslow,1691—1768.

⑤ Hans Sloane,1660—1753.

⑥ Harley.

⑦ Cotton.

⑧ Royal Society.

⑨ Jamaica,加勒比海中的第三大岛,在古巴南面。

集欲之强,可见一斑。

斯隆的这些珍藏,在当时的上层社会里早已享有盛名。例如,东南亚的动植物在当时的伦敦是罕见的东西。许多名人,如,法国启蒙运动的著名代表伏尔泰①、美国政治家和大学者富兰克林②等都曾前去参观过。

作为一位医生,斯隆收藏了许多自然科学方面的书籍,但藏书中也包括人文科学的珍贵的抄本和善本。

斯隆留下了遗嘱:出让他的珍藏,条件是:一,为了有利于今后医学及其他科学的研究,这些珍藏不要分散而应集中保管;二,出让费为 2 万英镑,留给他的两个女儿

此时,彼得堡③的科学院④有意买下这批遗物,但是斯隆的生前友好还是尊重了故人的意志,把它们留在伦敦。

斯隆的亲友们请求国王乔治二世⑤购买这批珍藏,变成国家财产。但国王认为皇家的财力支付不了这笔钱,于是把问题转交给议会。财政大臣同样认为,不能用公款来购买这样的"零星小玩意儿"。事情几乎要搁浅了。此时,出面促使此事成功的就是上述下院议长昂兹洛。他建议,在议会设立特别委员会来审定斯隆遗产的价值。委员会审议的结果是:斯隆珍藏的价值远远超过他所要求的出让费。但财政大臣还是极力反对,说要购买的话不仅有斯隆的遗产,还有正要出售的哈利家族的图书馆。昂兹洛立即抓住了大臣的这句话,他鼓动该委员会向议会提出一项同时购买这两笔珍藏的议案。昂兹洛也知道国家财政有困难,因此提议,用发行彩票来筹募费用。于是 1753 年 6 月 7 日议会审定了"不列

---

① Voltaire,原名 François Marie Arouet,1694—1778.

② Benjamin Franklin,1706—1790.

③ Петербург.

④ Академия наук и художеств.

⑤ George Ⅱ,1683—1760,在位是 1727—1760 年。

颠博物馆法"。这是斯隆逝世后 5 个多月的事。其立案、审案及议决之迅速,在十八世纪的英国议会是罕见的。

彩票筹款额是 10 万英镑,其中 2 万付给斯隆遗属,1 万英镑用来购买哈利图书馆,其余则留作博物馆地皮的购买费和今后的经营基金。

不列颠博物馆购买的第二批藏书就是哈利图书馆。这一大批珍贵文献是罗伯特·哈利①及其子爱德华·哈利②前后两代,用巨万家产搜集起来的。哈利家族的这所图书馆主要收藏宗教和历史方面的旧书和手稿,特别是希伯来语、希腊语、拉丁语的手抄本,中世纪教会资料,英国和法国的宫廷资料及其他历史文献等等,均为珍品。

不列颠博物馆藏书的第三个来源是柯顿家族的图书馆。罗伯特·布鲁斯·柯顿③系苏格兰出身之名家,是古代手稿、书籍、钱币的热心搜集者。柯顿图书馆在数量上不及哈利图书馆,但所藏的有关英国的史料是十分珍贵的。如,大约公元 1000 年抄写的独一无二的《贝奥武甫》④的抄本、九世纪开始编写的《盎格鲁撒克逊编年史》⑤等等。现在仅存 4 份的《大宪章》⑥的缮写本,其中 2 份就保存在这所图书馆里,据鉴定其中 1 份是原件。柯顿图书馆还收藏有十六世纪的政治文书等等。

柯顿先得宠于英王詹姆斯一世,还被封为爵士。后因著文批

---

① Robert Harley, 1661—1724.

② Edward Harley, 1689—1741.

③ Robert Bruce Cotton, 1571—1631.

④ *Beowulf*, 创作于大约公元八世纪的英国英雄史诗, 是一部欧洲最早的用本民族语言写成的史诗。

⑤ *Anglo - Saxon Chronicle*.

⑥ *Magna C(h)arta*, 亦称《自由大宪章》, 1215 年英国大封建主迫使英王约翰签署的文件, 后成为英国君主立宪的宪法性文件之一。

判王权,被囚,图书馆也被没收。其子托马斯①收回该馆,并增添了馆藏,其孙约翰②于 1700 年将该馆赠献给了国家。

柯顿图书馆连同英国王家的资料遭到 1731 年的大火,该馆的珍藏有四分之一被烧毁,所剩资料的多数也被水火毁坏,为了修补这些珍贵文献,前后花费了一世纪以上的岁月。

不列颠博物馆把以上这三部分文献作为基本馆藏,于 1753 年出世了。选定馆址和修补馆舍,用去了 6 年的时间,正式对外开放是 1759 年 1 月 15 日。1757 年,乔治二世把皇家图书馆连同它享有的接受呈缴本的特权交给了不列颠博物馆。乔治二世的 1.2 万册抄本和印刷图书固然珍贵,但对不列颠博物馆说来,意义更为重大的,当然是呈缴本权利的获得。

不列颠博物馆在开馆后的半个多世纪里,发展缓慢。尽管陆续有人赠来一些文物资料,但作为博物馆,其收藏品远远不如当时欧洲大陆的那些大博物馆丰富。图书部分更为薄弱。正如它的名称所标志的那样,与其说它是研究的场所,还不如说是展览的场所。不列颠博物馆似乎是美术馆、博物馆和图书馆三位一体的机构。此外,它受了斯隆珍藏的影响,建馆伊始就着重于自然科学。最初三任馆长均为医学家,也说明了这一点。

在十八世纪,不列颠博物馆还没有固定的经费,很少购书。馆藏的增加主要是依靠赠献、呈缴本和图书交换。在这一时期的赠书中,值得一提的是伦敦书商托马森③用毕生精力搜集的 1640—1661 年英国内战时期的小册子共约 2.2 万多件。这一批珍贵史料被乔治三世④买去后,于 1762 年由国王赠给不列颠博物馆。该

---

① Thomas Cotton,1594—1662.
② Johan Cotton,1679—1731.
③ George Thomason,1602—1666.
④ George Ⅲ,1738—1820. 在位是 1760—1820 年。

馆在十八世纪末的总藏书量约 10 万册,远不及牛津大学的博德利图书馆。

不列颠博物馆的宗旨是为国内外学者和志学之士开放,但实际上入馆者需要在前一天送交该馆馆员或知名人士的介绍信,而且每天的入馆人数也有一定的限额,开馆时间又短,因此有时要等到数周才能领到入馆证。后来甚至有人暗地高价转卖入馆证。书库的位置远离借书处,借书有时要等一两天。

总之,在十八世纪,不列颠博物馆还没有名副其实地成为可以从事学术研究的国家图书馆。不列颠图书馆真正成为世界的图书宝库,并为一般人自由地使用,那要等到十九世纪——英国称霸全球的时代的到来。

图书馆员的拿破仑——帕尼齐

在十九世纪,英国把侵略的魔掌伸到全世界。到了十九世纪末,它侵占了大于本土 150 倍的殖民地,变成为英国人自夸的"日不落帝国",即世界上最大的殖民帝国。

此时,不列颠博物馆的馆藏迅速增加。由于战胜了拿破仑,英国人在十九世纪初从埃及掠夺了许多古代美术品、考古学资料和纸草纸文献。从罗马、雅典、巴比伦等地也搜刮了很多古代珍品以及泥版文书。从非洲、印度以及几乎世界各地鲸吞了无数的珍宝。众所周知,英国侵略者从中国强夺了数不清的珍贵文物。这些瑰宝大部分都保存在不列颠博物馆。

进入十九世纪后,图书的增加也非常迅速。1813 年,著名的英国议会律师哈格雷夫[1]的遗孀,请求议会购买她丈夫毕生艰辛搜集的法律书和 499 件法律文献。议会支付了 8,000 英镑,把这

---

[1]　Francis Hargrave.

批材料交给不列颠博物馆。1817 年,英国议会购买了神学博士柏尼①遗留下来的 1.3 万册书和早期希腊文、拉丁文的抄本 500 件,以及十分珍贵的十七、十八世纪的英国报纸。购买费是 13,500 英镑。议会同样把这批书刊交给不列颠博物馆,但又从博物馆经费中扣除了这一笔款项,并命令该馆把其中的复本卖掉。议会对图书经费何等吝啬,由此可窥见一斑。1823 年,乔治三世个人搜集的古书和普通书籍共 8.4 万册也并入该馆。著名的博物学家、皇家学会会长、不列颠博物馆理事会理事班克斯②,于 1820 年去世。他把全部图书 1.6 万册赠与该馆。艺术品搜集家阿伦德尔③收藏的中世纪英国史、法国文学、尤其珍贵的文艺复兴时期的抄本,也在 1831 年赠捐该馆。第一批中文资料,是 1825 年进入不列颠博物馆的,尽管数量很少。至 1828 年,该馆的藏书已超过了 20 万册。

世界第一强国英国,依靠它的雄厚的经济力量发展了包括图书馆在内的文化事业,同时也野蛮地推行了它的炮舰政策,从世界各地搜刮了人类无数的珍贵文物,集中于伦敦一地。不列颠博物馆名副其实地成为世界帝国的国家图书馆了。它的发展是由客观的、必然的历史规律所支配,同法国皇家图书馆在法国称霸欧洲的时代发展成为欧洲最佳图书馆,如出一辙。

此时,在不列颠博物馆出现了一位杰出的馆长帕尼齐。他是图书馆史上的英雄人物,人们称他为"图书馆员的拿破仑"、"图书馆界巨擘"。时代造就了卓尔不群的大人物,反过来,他们又推动了时代向前发展。

---

① Charles Burney, 1757—1817.

② Joseph Banks, 1743—1820.

③ Thomas Howard Earl of Arundel, 1586—1646.

帕尼齐是意大利人，1797年生于伦巴第①。起先当律师，后进入政界。因政见过激，被摩德纳大公国②驱逐出境，经由瑞士、德国、荷兰，于1823年逃至英国。摩德纳大公对帕尼齐进行缺席裁判，宣判为死刑。大公把判决书送给帕尼齐，并追索裁判费。帕尼齐回函，不言而喻，拒绝付款，信末署名"帕尼齐在天之灵"。摩德纳大公的这一愚拙的举动招致了全欧的嘲笑。

帕尼齐一方面继续参与政治活动，另一方面跟英国的文人学者交往，于1832年加入了英国籍。

1831年，帕尼齐作为"一位很有学识和才能、最适合在不列颠博物馆工作的人"③，参加该馆的工作。精力充沛的帕尼齐下班后还留在馆内工作，直到深夜。因夜间点蜡烛，容易失火，经别人劝阻，他才作罢。1837年，帕尼齐就任印刷图书部主任，1856年被任命为第六任不列颠博物馆馆长。他工作有魄力，不怕困难，勇于创新。为了贯彻自己的主张，有时同周围的人闹翻了，他全不在意。旁人讥笑谩骂，也不屑一顾。他全心全意地为心爱的不列颠博物馆前后奋斗了35年。1866年由于身体欠佳，退职。晚年，他继续同旧友来往，有时还应邀参加不列颠博物馆的馆务会议。

为了表彰他的功劳，英国和法国政府很早就准备授与他贵族称号，但他一直敬谢不敏。1868年，英国首相格莱斯顿④又一次劝他接受爵位。未等帕尼齐的回音，格莱斯顿就已呈奏女皇，并获准。帕尼齐一生独身，行为检点，也没有所谓的"女友"，尽管妇女们对他的印象不坏。

帕尼齐对不列颠博物馆的贡献概括起来，有如下几个方面：

---

① Lombardia，意大利北部的行政区，首府米兰。

② 大公国是以大公（在公爵之上的爵位）为国家元首的国家。

③ *Select Committee on the British Museum*，1831，para 5511. 转引自 Edward Miller，*Prince of Librarians*，1968，p.75.

④ William Ewart Gladstone，1809—1898.

图 24　帕尼齐

1. 他认为,不列颠博物馆应当发展成为与英国的国际地位相适应的国家图书馆,决不能比巴黎的国家图书馆稍逊一筹。他说:"不列颠博物馆应当收藏世界上一切语种的有用的珍贵图书。英文的藏书应当是世界第一的,俄文藏书应当在俄国境外是第一的,其他外文的收藏也应当如此。"①过去被忽视的地图、乐谱、报纸以及官方文件等等,也在收集之列。帕尼齐知道,一册仅仅数页的小册子很可能对后世的历史学家来说是一份珍贵无比的历史资料。不列颠博物馆从这时起也开始搜集俄语等斯拉夫语种的图书、中近东以及东亚语种的书籍。

当然,帕尼齐不仅要求增加藏书量,而且更注意图书的质量,尽量收藏好的版本、可信的标准版等等。他很重视藏书结构的系统性和科学性。

为了增添不列颠博物馆的馆藏,帕尼齐还多方设法得到藏书家的赠书。这里仅举一例,说明他在这方面的活动情况。政治家、

----

① *House of Commons*:*Parlimentary Papers* 1860 V. 39,p. 199. 转引自藤野幸雄《大英博物馆》,岩波书店 1975 年第 65 页。

藏书家托马斯·格伦维耳①由于同帕尼齐交往甚厚,最终决定把自己的全部珍藏献给不列颠博物馆。

格伦维耳比帕尼齐大四十多岁,他像对待自己的孩子那样疼爱这位年轻有为的意大利学者,甚至乐于让帕尼齐自由地使用自己的珍藏。帕尼齐极力帮助格伦维耳搜集图书,只要他从国外回来,总是为自己的这位好友带回一些珍贵图书。

有过这么一段故事。格伦维耳是不列颠博物馆理事会的理事之一。1835 年,理事会否决了给帕尼齐增薪的提议。不知何故,正好格伦维耳没有参加这次会议。他事后知道此事,非常气忿。据说,从此格伦维耳再也没有参加过理事会。

格伦维耳是原首相乔治·格伦维耳②的儿子,年老后拿干薪③。他把这些薪金的大部分用来买书,逝世前总共收集了16,000种、20,240 册图书。其中有早期的印刷图书,西班牙、意大利的文学书,英国史的图书,还包括莎士比亚的有名的最早的对开剧本等等。

原先,格伦维耳打算把这批珍藏遗留给侄子④,但后来改变了主意。帕尼齐对不列颠博物馆工作的忠诚和热忱深深地打动了格伦维耳的心。同时他认为,用干薪买来的这些书理应归还国家。他在去世前一年做出决定,把这批珍藏全部捐赠不列颠博物馆,条件仅有两条:一、藏书不要拆散,二、编制一份目录。格伦维耳当面把这一遗愿告诉了帕尼齐,帕尼齐感动得热泪盈眶! 自从皇家图书馆赠书以来,这是最大规模的一次赠书。

在帕尼齐的领导下,不列颠博物馆的藏书成倍地增加。1837

① Thomas Grenville,1755—1846.

② George Grenville,1712—1770.

③ 挂名不工作而领取的薪金。

④ 幸亏格伦维耳没有这样做。几年之后他的侄子破产,被迫廉价卖掉了自己的藏书。

171

年,当他就任印刷图书主任时,图书总数是 24 万册;1856 年,任馆长时已增加一倍,即 52 万册;1866 年退职时,据说馆藏已达近 100 万!

不列颠博物馆变成了当时世界上最大的图书资料中心,为国内外学者提供了他处无法寻找的大量珍贵材料。

2. 同莱布尼茨一样,帕尼齐为了获得足够的图书经费,奔走呼号,声嘶力竭。没有充裕的固定经费,是办不好图书馆的——这一简明的道理不是所有人都能理解的,迄今为止仍有一些人还不理解。

如前所述,不列颠博物馆多年来一直没有固定的经费。图书来源主要靠呈缴本和捐赠。1820—1824 年的全部购书费总共为 200 英镑。1836 年帕尼齐向英国议会调查不列颠图书馆馆务的委员会说:"以如此微薄的经费,实在无法谈论采购计划。甚至巴马①小公国也有 4,000 英镑的图书经费。"②尽管后来不列颠博物馆的图书经费略有增加,但也很有限。例如,到了 1843 年,图书采购费也只有 3,000 英镑(当年购买了 3,140 本书),1845 年是 4,500英镑(购买 7,630 本书)。

帕尼齐为确保每年固定的图书经费和追加费而多方奔波。他在 1845 年呈递报告,要求每年拨给 1 万英镑的固定经费,另加 5 千英镑的附加经费。经过帕尼齐的力争,议会最后只好同意。以后大约半个世纪,不列颠博物馆每年基本上能够获得这一笔比较充裕的图书采购费。毫无疑问,没有这样一大笔固定经费,不列颠博物馆无论如何也赶不上巴黎的国家图书馆,也成不了世界上最大的图书馆。

---

① Parma,在意大利西北部,位于米兰东南。

② *Report from the Select Committee Appointed in the Following Season to Consider the Same Subject*,1836,Minutes,para. 4773—4774,转引自藤野幸雄《大英博物馆》第 62 页。

3.为了增加不列颠博物馆的馆藏,为了收齐英国的出版物,帕尼齐非常严格地要求出版社按照著作权法交纳呈缴本。

1842年,著作权法有所更改,它规定在伦敦出版的图书必须在1个月之内送到不列颠博物馆,地方出版社的书必须在3个月内送到,在殖民地出版的书必须在1年之内送到。新的著作权法又规定:呈缴本必须同在书店出售的一样,是完整的本子;出版社不肯交纳,则被课以与书价相同的罚款;呈缴本还包括乐谱等等。

尽管有这样的明文规定,但多数出版社还是不认真执行。在四十年代,呈缴的图书只有出版物的五分之二左右。1848年,英国议会调查不列颠博物馆馆务的委员会质问帕尼齐,为什么许多书籍,不列颠博物馆没有收藏。他回答说,英格兰地区的出版物,我们收到一些呈缴本,但这些册数同实际出版数相差甚远;在苏格兰和爱尔兰出版的书,我们几乎没有收到;至于在殖民地出版的书,我们一本也没有收到,而原则上我们不应该用公款来买那些本来应当交纳来的书籍。

帕尼齐主张对出版社采取强硬措施,严格执行呈缴本制度。他是律师出身,在他的思想里,法律就是法律,世上绝无不执法的道理,有法必依,执法必严。他那刚烈的性格在这一点上也表现得很突出。

他认为,对不遵守著作权法的出版社给予法律制裁是最有效的办法。1850年,他多次给不列颠博物馆理事会打报告,要求授予他全权,以控告违法出版商。理事会终于同意他的意见。于是帕尼齐先给各出版社写信,要求遵守呈缴本制度,如再违反,定将诉诸法律,勿谓言之不预也。对地方的出版社,他派遣代理人,监督呈缴情况。对伦敦的出版社则采取通过法院判罪的办法。大约50家出版商接到了不列颠博物馆的警告信。帕尼齐对其中最顽固的13家进行了起诉。其中5家立即认罪,补送了呈缴本,剩余8家则被传讯到法庭。他们万万没有想到,事情竟会弄到如此地步,刚开庭时他们还愤愤鸣不平,但法院宣判他们有罪,依法罚了款。

从这时起,呈缴本的册数剧增。从前,如 1843 年呈缴本仅仅是 2,409 本,1845 年是 3,596 本。帕尼齐采取上述措施后的第二年即 1851 年,猛增为 9,871 本,1852 年达 13,934 本,1856 年再增至 26,335 本。

同出版社"斗争"并不是一件轻松愉快的事。有的出版社反而控诉帕尼齐说,呈缴本确实送去了,博物馆却诬陷我们,甚至说如果帕尼齐是英国人的话,本来可以绅士般地解决问题等等。但帕尼齐始终没有改变对呈缴本的态度。

4. 帕尼齐的另一项功绩是制定了有名的 91 条著录条例①。在此以前,可以说几乎不存在统一的著录规则。目录的著录非常混乱。帕尼齐强调必须有科学的著录规则,目录一定要严格地按照著录规则加以编制。他坚信,如无统一的著录条例,则无从谈起图书的有系统的整理、妥善的保管和充分的利用。他多次指出,著录混乱的目录是有百害而无一利的废物。

他同印刷图书部的同事一道研究并制定出 91 条著录规则。著者和书名是著录的核心,并以著者为主要款目。这 91 条著录规则在以后 100 多年成了世界不少国家的著录原则,直到 1961 年 10 月在巴黎召开的国际编目原则会议②,仍是遵守这 91 条的基本精神的。

5. 帕尼齐的巨大功绩之一,就是修建了世界闻名的圆顶阅览室和铁制书库。

不列颠博物馆的阅览室不仅狭窄,阅读条件也很差。帕尼齐

---

① *Rules for the compilation of the catalogue of printed books in the Library of the British Museum.*

② International Conference on Cataloging Principles.

174

在任何方面都要赶上巴黎的国家图书馆。他设计了一个圆顶阅览室和一个铁制书库。这两栋建筑的竣工标志了图书馆事业史的一个新的时代的开始。

当时欧洲各国的图书馆都还在固守传统的大厅图书馆[①]形式,仅仅在如何扩大大厅面积这一点上打圈子。帕尼齐打破了历来的图书馆建筑结构,毅然决然地把阅览室和书库隔开,向图书馆建筑的近代化迈出了可喜的第一步。

1852 年,帕尼齐提出了阅览室和书库的新建计划。一年之前,万国博览会建造了铁骨建筑物——水晶宫。很可能这一建筑结构启发了帕尼齐。他设想用铁制骨架结构建造阅览室和书库。建筑师是当时英国有名的建筑家斯默克[②]。帕尼齐把不列颠博物馆的中央庭院利用起来,在这里建筑阅览室和书库。在建造过程中,帕尼齐事无巨细,一一过问。工程于 1853 年开始,至 1855 年竣工,从 1857 年起正式使用。

圆顶阅览室建成,世人为之感叹不已。这一阅览大厅,高达 35 米,大厅直径长达 42 米,其规模远远超出伦敦的圣保罗大教堂[③]、罗马的彼得寺院[④]、君士坦丁堡的索非亚教堂[⑤]。在阅览室里可以摆设近 500 个读者座位,是当时世界上座位最多的阅览室。

阅览室的中心是服务台,略微离开读者座位。服务台的周围是目录柜,读者座位如同花瓣一般地围绕着服务台,即以它为中心形成放射形。阅览室的圆形墙壁,分为上、中、下三段。每段搁放常用书各 2 万,共 6 万。下一段是参考工具书,读者可以自取。阅览桌相当宽大,看书可以不影响左右读者。在其他国家的图书馆

---

① 见本书第 132—133 页。

② Sydney Smirke,1798—1877.

③ St. Paul's Cathedral.

④ Piazza di San Pietro.

⑤ Hagia Sophia.

图 25　不列颠博物馆的圆顶阅览室

从来没有看见过这样大的桌子。桌面用皮革包起来,桌上设有小书架,这些都是帕尼齐的主意。这些阅览桌迄今还被使用着。自然光从圆顶周围的一扇接一扇的窗户中射进来。暖气设备也相当不错。

500位读者同时进入这样大的阅览室,如何保持室内的安静,确实是一大问题。有人预言过:"在不列颠博物馆,没有一个人可以好好地写作,读者十有八九不能专心阅读。请你设想一下吧。如果500个人一齐咳嗽、乱写东西而发出嘈杂的声音、腿打哆嗦、来回跺脚、走动、说话、发笑、打喷嚏、打鼾、乱摸、嘟哝、咕哝……那么会产生什么样的局面呢?肯定是一场不和谐的大合唱。"①

但是,事实怎样呢?出人意料,圆顶阅览室竟然能够保持一片

---

① 转引自 Arnuld Esdaile,*The British Museum Library*,1948,p.364.

肃静,以至于招来了"借此地睡觉的人"。为了防止骚音,帕尼齐费尽了心机,阅览室的地面是在砖瓦上铺了硅酸盐水泥,再盖上吸音性能很强的橡皮地毯。圆顶阅览室从此变成了从事学术研究的绝佳场所,100多年来无法计数的国内外学者在这里成就了他们的研究工作。

阅览室的外围是书库。在图书馆建筑史上帕尼齐首次使用了铁制书架。书库的地板也是用铁条连结而成。各铁条之间的空隙可使自然光从库顶射到库内各层。帕尼齐首次把两排书架背靠背地并排起来。这样的书库结构有如下好处:铁制的书架和地板有利于防火;这种地板不用砖瓦,可节约书库空间,背靠背的书架同样也节省面积;用铁骨架又减少了建筑费用。帕尼齐创造的这种书库结构——双面书架,直到目前,仍为很多图书馆所采用。

再者,帕尼齐把书库各层的高度降低为2.44米,因而最高一层的书,用小梯子就可以取书。每一书架的长度也是2.44米,而且书架板可以随意拆下或移动。

帕尼齐建成的这个书库和圆顶阅览室,其书架总长度为25英里,可容纳130万册书。

由于建筑结构均以铁制品组成,因而人们开始用"铁制图书馆"[①]称呼这个图书馆。

这种双面书架结构,在帕尼齐之前已有人开始试用。但在大型图书馆正式采用这种结构,就是帕尼齐。在此之后,不少国家的大型图书馆都是采用帕尼齐的建筑格式来设置阅览室和书库。例如,斯德哥尔摩的皇家图书馆[②](1866年)、巴黎的国家图书馆

---

① "Iron Library".

② Kungliga Biblioteket.

（1868年）、美国的国会图书馆①（1897年）、普鲁士的皇家图书馆②（1914年）等等。帕尼齐在这一方面的功绩，也是值得大书特书的。

圆顶阅览室盖成以后，不列颠博物馆的利用者大为增加。帕尼齐任馆长时期，读者一年约5万人次。下一任馆长时期（1866—1878年）增为10万人次。再下一任馆长时期（1878—1888年）增为20万人次。

6. 馆长帕尼齐非常关心馆员的生活待遇。当时，不列颠博物馆馆员的薪水比其他官厅职员的低。帕尼齐向该馆理事会呈递报告，要求全面提高馆员工资，并新设助理馆员一级。这一请求终于获准。帕尼齐甚至对馆员食堂、馆内卫生等事，也十分关注。馆长如此关心馆员，这在不列颠博物馆建馆以来未曾有过。

马克思和不列颠博物馆

不列颠博物馆在馆长帕尼齐的杰出领导下，终于成为当时世界最大的图书馆。不言而喻，这里的丰富宝藏对科学研究工作起了巨大作用。国内外的无数学者在这里学习和研究。应当说，在他们的成果里凝结着帕尼齐的辛勤劳动。马克思和列宁曾经在这里享用了帕尼齐的成果，写出了《资本论》③及其他不朽的著作。

马克思流亡伦敦的年代，正好与帕尼齐任职的时期基本吻合。马克思到伦敦还没有过1年，就申请领取了该馆的阅览证。不列颠博物馆至今还保存着马克思的这份阅览证。证上写着：

1850年6月12日　　Dr. Charles④ Marx

---

① Library of Congress.

② Die königliche Bibliothek.

③ *Das Kapital.*

④ 卡尔这一名字不是用德文，而是用法文拼写的。

28　Dean Street, Soho

（卡尔・马克思博士，索荷广场，第恩街 28 号）

根据不列颠博物馆的档案记载，马克思曾在 24 年之后，即在 1874 年更换过阅览证。

从第恩街步行到不列颠博物馆只需 10 分钟左右的时间。马克思只要家里没人生病，或没有什么客人，就每天从早上 9 时到晚上 7 时都在不列颠博物馆学习。恩格斯曾经说过："共产主义同盟的盟员在科伦被判罪以后，马克思……在 10 年内专心研究不列颠博物馆图书馆所供给的政治经济学方面的丰富宝藏。"①

当时的英国正处于资本主义发展的高潮。马克思剖析了这一最典型的资本主义国家的社会形态，写出了给这一社会敲丧钟的经典著作《资本论》。不列颠博物馆向马克思提供了它所收藏的、世界上任何地方都找不到的珍贵资料。汗牛充栋的官方公报、议会记录、英国工厂视察员、调查员、医生等人的调查报告等等，这些都是揭发资本主义社会的恐怖和工人阶级的贫困的第一手材料。马克思为贫寒所迫，生活十分艰苦，但他一进入不列颠博物馆，就忘却了这一切，变成了最勤勉的读者。据不完全统计，他为写作《资本论》曾在这里精读过 1,500 多部书，并且还作了大量的摘要和笔记。

1857 年，圆顶阅览室盖成之后，马克思继续来到这个最适合科学家看书的地方读书。他到底经常坐在哪个座位？有的说是坐在 AA.0 行的 7 号，有的说是 G 行的 7 号，也有的说是 K 行的 8 号，说法不一。最新的不列颠博物馆参观指南说，本馆从来不给读者指定固定的座位，马克思很有可能选择 K 行到 P 行的位置，因为这些座位靠近历史文献学参考书，对马克思的学习比较方便。

《资本论》于 1867 年出版。马克思把《资本论》第二版和法文

_____

① 《马克思恩格斯选集》，第 3 卷，1972 年版第 37 页。

版赠送给不列颠博物馆，以表谢意。该馆一直保存着马克思的这两部赠书[1]。

毫不夸张地说，如果没有帕尼齐领导下的不列颠博物馆给马克思以如此大量的珍贵资料，那么马克思在写作《资本论》等著作时一定会遇到不可想像的困难。

列宁和不列颠博物馆

列宁几次侨居伦敦期间，也充分地利用了不列颠博物馆的宝藏，写出了几部著作。1902年4月，列宁偕同夫人克鲁普斯卡娅[2]来到伦敦。可以说，他抵达此地后第二天就开始设法领取不列颠博物馆的阅览证。英国工会总联合会总书记米契尔[3]于4月21日和23日写信给该馆馆长，介绍列宁。4月29日，不列颠博物馆正式给列宁发下了阅览证。证号是A72453。[4] 证上署名是列宁的笔名雅科布·里希特[5]。从这一天起，列宁就成为该馆的积极读者。他每天很早就起床，赶在一开馆就进去，争取更多的时间在这里学习。克鲁普斯卡娅回忆说："当1902—1903年我们住在伦敦的时候，弗拉基米尔·伊里奇有一半时间花在不列颠博物馆里，那里有世界藏书最丰富和设备完善的图书馆。"[6]

在此以前，列宁曾到过莫斯科、柏林、巴黎、慕尼黑等地的图书馆，利用过它们的政治、经济及其他社会科学的书籍，但这几所图

---

[1] 不知何故，马克思没有把《资本论》德文初版赠给不列颠博物馆。1952年该馆以高价购得第一版，连同这两部赠书展在"名著"书柜里。

[2] Надежда Константиновна Крупская，1869—1939.

[3] Isaac Mitchell.

[4] 参见 *Владимир Ильич Ленин*：*Биографическая хроника* 1870 – 1924. T. 1. стр. 380 – 381，401.

[5] Jacob Richter.

[6] 克鲁普斯卡娅：《论列宁》，人民出版社1960年版，第381页。

书馆的藏书都不像不列颠博物馆那样丰富。

1902—1903 年,列宁正在致力研究农业问题和土地问题,他把不列颠博物馆馆藏中有关这一类问题的各种文字的书籍都阅读了[①]。1903 年春,他写成了《给农村贫民》[②]一书。

据不列颠博物馆人员回忆,列宁经常坐在 L 行 13 号桌,即阅览室入口的左侧,第二排的第四张桌子[③]。

以后,列宁每次到伦敦,没有一次不到不列颠博物馆学习。例如,1905 年春天他抵达伦敦,参加俄国社会民主工党第三次代表大会。当时他就到那里抄录马克思和恩格斯的著作。1907 年,俄国社会民主工党第五次代表大会在伦敦开会期间,列宁也在不列颠博物馆工作了整整 5 天[④]。

1908 年 5 月下半月,列宁专程从日内瓦前往伦敦,到不列颠博物馆搜集和研究哲学著作。此时,列宁正在写《唯物主义和经验批判主义》[⑤]一书,以反对马赫主义等主观唯心主义和信仰主义,捍卫马克思主义哲学的基本原理。列宁需要的几种材料在日内瓦找不到,而且吵吵闹闹的侨居生活也严重地影响他的工作,于是列宁去伦敦找那一间僻静的圆顶阅览室和那里的宝藏了[⑥]。他在不列颠博物馆进行了一个多月的紧张的哲学理论探讨。《唯物主义和经验批判主义》一书很快在 1908 年 10 月末写成了。克鲁普斯卡娅回忆说:"伊里奇对伦敦之行非常满意,他搜集了所需要

---

① 参见 *Владимир Ильич Ленин: Биографическая хроника 1870 – 1924. Т. 1*. стр. 382 – 384,386,404,407 – 409,427,435 – 437,441,445 – 446,447.

② *К деревенской бедноме.*

③ A. Rothstein, *Lenin in Britain*, P. 13. 转引自 *Ленин в Лондоне*,стр. 137。

④ 参见 *Владимир Ильич Ленин: Биографическая хроника 1870 – 1924. Т. 2*. стр. 67,332.

⑤ *Мамериализм и змпириокримичизм.*

⑥ 克鲁普斯卡娅:《列宁回忆录》,人民出版社 1960 年版,第 165 页。

的材料,并对这些材料进行了详细的研究。"①

在不列颠博物馆学习的世界名人很多。例如,英国历史学家、宣扬英雄崇拜的卡莱尔②;英国名作家狄更斯③、萨克雷④、哈代⑤、萧伯纳⑥;第一国际会员、巴黎公社社员瓦累斯⑦;地理学家、无政府主义思想家克鲁泡特金⑧;俄国民粹派著名活动家克拉夫钦斯基⑨等等。

帕尼齐以后的不列颠博物馆

帕尼齐以后的不列颠博物馆尽管遇到各种各样的问题,但仍然继续发展着。

下面仅就它的字顺馆藏总目和它收藏的中国资料文物作些简单的介绍。

帕尼齐任职期间,于1841年印制了一本馆藏目录,后来没有继续编印。他认为,没有通盘的考虑和充分的准备,馆藏目录是编不好的。这一说法固然正确,但面对日益增多的藏书,不列颠博物馆迟早要被迫解决馆藏目录问题的。

当时帕尼齐采用的是手写的书本式活页目录,到馆新书可以随时插入。这一办法在当时还是先进的。但是这种书本式活页目录在1850年已经增加到150本,到了1875年猛增为2,250本,还不包括音乐、地图等专题目录。这样大量的书本目录占去了阅览

---

① 克鲁普斯卡娅:《列宁回忆录》,人民出版社1960年版,第165页。
② Thomas Carlyle,1795—1881.
③ Charles John Huffam Dickens,1812—1870.
④ William Makepeace Thackeray,1811—1863.
⑤ Thomas Hardy,1840—1928.
⑥ George Bernard Shaw,1856—1950.
⑦ Jules Vallès,1832—1885.
⑧ Пётр Алексеевич Кролоткин,1842—1921.
⑨ Сергей Михайлович Кравчинский,1851—1895.

室的很大面积,装订这些书目又费钱又费事,加上目录频繁地被读者查阅,很快就翻烂了。到了十九世纪末,印制馆藏目录已是燃眉之急,势在必行了。

第八任馆长邦德①下决心编印馆藏字顺总目,命令阅览室主任加内特②负责这项艰巨的工作。

加内特在 16 岁的时候,由帕尼齐介绍来馆工作。他没有在正规学校学习过,在馆内做过阅览室的上架、出纳等工作。他在该室工作前后达 24 年,非常熟悉不列颠博物馆的馆藏。加内特不仅认识每一本书的封面,而且知道它的内容。惊人的记忆力和刻苦的学习使他成为一位饱学之士。至今还流传着关于他的各种各样的传闻。例如,有一次他马上给读者回答十七世纪的十几代罗马教皇的名字,次第无误,皆无遗漏。又如,他能说出两年前在一本小小的杂志上发表的某篇论文篇名等等。他的服务态度既热情又周到,深受读者欢迎。他变成了不列颠博物馆不可缺少的人员,人们亲切地称呼他为"活的主题索引"③。许多大作家,如英国文学家勃特勒④就在自己的著作中题词感谢加内特的帮助。1883 年,爱丁堡⑤大学赠予他名誉博士学位。1893 年,加内特被推选为联合王国图书馆协会⑥会长。他还留下许多文学、传记、目录学等方面的著作。

由加内特主编的《不列颠博物馆字顺馆藏总目》⑦从 1881 年开始印制出版,于 1900 年完成。总目收录了该馆在 1881 年以前

---

① Edward Augustus Bond,1815—1898.
② Richard Garnett,1835—1906.
③ "A walking subject index".
④ Samuel Butler,1835—1902.
⑤ Edinburgh,英国北部城市。
⑥ Library Association of the United Kingdom.
⑦ *British Museum. Catalogue of Printed Books.*

入藏的 130 万册图书,著录了 450 万以上的款目。1882—1899 年入藏的图书另编追加目录,于 1900—1905 年出版。

目录的主编从 1884 年起由加内特担任,1890 年以后是米勒[1]。加内特在馆藏总目出齐后不到一年,即 1906 年去世。在逝世前,他看到了这套总目全部出齐,一定感到无限的欣慰。据说,把这一套总目从头到尾浏览一遍的,只有加内特一人。世界的大型图书馆以印刷目录的形式向国内外显现自己的馆藏,这还是第一次。

不列颠博物馆还有一些专题目录,如《英国地志专题目录》等等。

*　　　*　　　*

不列颠博物馆最早的中文资料在斯隆的珍藏、哈利家族的珍藏、皇家图书馆的藏书中可以找到个别几本。该馆正式收入中文图书是十九世纪以后,1825 年正式登录了第一批包括中文在内的东方文字资料。

十九世纪上半叶,有一个叫马礼逊[2]的英国人,是西方殖民国家新教派来中国的第一个传教士,曾在英国殖民机构东印度公司[3]任职 25 年,当过秘书和翻译。此人曾多次建议英国政府在中国自设法庭,以取得治外法权,是英国殖民主义的忠实走狗。马礼逊又是一个盗窃中国古书文物的惯贼。他把违禁盗买的价值约 2,000 英镑的大宗珍贵资料带回英国。不列颠博物馆当时筹不出这笔钱,后来被伦敦大学买去。

马礼逊的儿子小马礼逊[4](又名马儒翰)继承父亲的职业,担

---

[1]　Arthur William Kaye Miller,1849—1914.

[2]　Robert Morrison,1782—1834.

[3]　East India Company,1600 年创立,1858 年解散。

[4]　John Robert Morrison,1814—1843.

任英国在中国的商务监督的翻译,鸦片战争时期参加了侵略军,并参与了外国侵略者强加于中国的第一个不平等条约——南京条约的谈判。小马礼逊在华时期,尤其在鸦片战争期间,抢劫了许多古书文物。1847年,英国政府把它们买下来,移交不列颠博物馆。这一批资料共计11,509卷,包括三十部戏剧集、法律、地理、地方志、佛典等等。

在此以前,英国外交部也把一大批在中国掠夺的写本、文书、地图等等移交不列颠博物馆。

英国的考古学家、探险家斯坦因①前后三次(1900—1901年、1906—1908年和1913—1916年)深入新疆、甘肃一带,为英国的印度殖民政府进行非法测量和偷盗文物的活动。他从敦煌窃走了在石窟里珍藏了一千余年的大量写经、古写本、佛教绘画、版画等等。其中藏于敦煌千佛洞的木刻本《金刚经》,系于唐咸通九年(公元868年)刻印,是目前世界上唯一有确凿年代可考的最早的印刷物。全卷长4,877毫米、高244毫米,是一种刻板技术相当成熟的作品。这些近1万件珍品后来都归入不列颠博物馆。从此该馆的中国资料驰名全世界。

1900年,八国联军侵入北京。英军从清宫劫去传为顾恺之②的名作《〈女史箴〉图》,也藏于不列颠博物馆。

《永乐大典》副本③的大部分,也遭受到八国联军的焚毁,未毁的几乎全部都被侵略者劫走,其中一部分也藏于不列颠博物馆。

该馆的中文目录,有东方书刊文献部主任道格拉斯④编制的

---

① Mark Aurel Stein,1862—1943.

② 东晋画家,约345—406年。

③ 其正本大约毁于明亡之际。

④ Robert Kennaway Douglas,1838—1913.

《不列颠博物馆图书馆所藏中文图书手稿及绘画目录》①（1877年）及其续篇（1903 年）。这份目录收录了两万册以上的中文资料，是西欧最早的一本中文文献大型书目。印刷这份目录所用的中文铅字是从上海运去的。继任的主任吉尔斯②于 1940 年编完了《斯坦因收藏目录》③，但没有出版。关于敦煌的贵重文物，吉尔斯发表过若干文章，载于《东方学院通报》④。

5.4　法国大革命和德国图书馆

　　法国资产阶级大革命对英国图书馆事业并没有什么直接影响。这一点从不列颠博物馆的发展上也能看得出来。法国大革命对德国图书馆事业的影响倒是很大的。

　　十八世纪末，法国的军队开始侵入德国，所到之处立即取消了贵族的封建特权，解除了农民的赋役和年贡，竭尽全力地消灭中世纪的残余。尤其莱茵河左岸，自从并入法国之后，受到了法国大革命的进步影响。拿破仑起了旧社会制度的破坏者和新的资本主义制度的开拓者的作用。但是，作为法国资产阶级利益的总代表，他又是一个残酷无情的侵略者和压迫者。

　　对于图书文物，法国侵略者也是贪得无厌的。法国军队所到之处，立即成立了"政府委员会"⑤，把珍贵的图书和艺术品运回巴

---

　　①　*Catalogue of Chinese Printed Books，Manuscripts and Drawings in the Library of the British Museum.*

　　②　Lionel Giles，1875—1958.

　　③　*Catalogue of the Stein Collection.*

　　④　*Bulletin of the School of Oriental Studies* 1935—1943.

　　⑤　Regierungskommission.

黎。受害最深的是科隆、梅斯①、特利尔、美因茨等莱茵河左岸地区,以及德国南部的纽伦堡、萨尔茨堡,还包括奥地利的维也纳。德国北部,幸免遭劫,唯独沃尔芬比特尔一馆遇祸不浅。

这一大批珍贵图书,即使在 1815 年订立和约之后,也仅有一小部分归还德国。例如,非常稀少的每页 42 行的《谷登堡圣经》就仍旧收藏在巴黎的国家图书馆。

有一个法国人叫莫热拉尔②的,在搜刮图书的过程中大显身手。他原先是本尼狄克特派的修道士,对鉴别写本和摇篮刊本有相当丰富的知识。早在法国大革命之前,他就乘其他修道士的无知,要尽了种种花招,从许多修道院廉价拐骗了大批珍贵图书。1802—1806 年,他作为政府委员会的成员来到莱茵地区。因为他有版本知识,对各地修道院的情况又很熟悉,所以胸有成竹地没收了大批图书,运回巴黎。

当然也应当指出,政府委员会的成员多数是图书文物方面的行家,他们有眼力挑选最有价值的写本和摇篮刊本。在这样的骚动变乱中,只要没有把这些珍本毁坏或散失,而是把它们保存起来,这还是好的。这些珍贵资料在以后的科学研究工作中发挥了很大的作用。

没有运到巴黎的次要的图书,归入仿照法国建立起来的"文献保管所"。挑剩下的大部分图书被当时兴旺起来的古旧书店或收藏家买走了。也有一部分书被拍卖。当然在分散过程中也有相当一批书被毁掉。

法国大革命对德国图书馆事业的影响还有另一面,即这次大革命加速了教会的世俗化,从而改变了教会的图书所有权关系。拿破仑强迫德国实行教会领地国有化,变僧侣的领地为世俗的领

---

① Metz.

② Jean Baptiste Maugérard,1735—1815.

地,同时大力缩减德意志国家的数目。在法国的强迫下,于 1803 年通过了所谓全帝国代表会总决议。根据这一决议,112 个德意志小国,像教士统治区、帝国城市、帝国伯爵和帝国骑士的小国都被取消了。差不多所有僧侣的公国都归还于世俗。于是一大批大教堂、修道院和教会的图书都归州或市所有了。

教会世俗化进行得最彻底的是巴登①、符腾堡②,尤其是巴伐利亚。从教会世俗化受益最多的是巴伐利亚的慕尼黑王室图书馆③。

慕尼黑王室图书馆

慕尼黑的王室图书馆是 1558 年由豪华奢侈的巴伐利亚的阿尔勃莱希特五世④大公建立的。起先叫做大公图书馆,后来易名为选帝侯图书馆、王室图书馆等,从 1919 年起改为巴伐利亚州立图书馆。

从十六世纪末起,精力充沛的马克西米利安大公(后为选帝侯)统治了巴伐利亚。他非常关心这所图书馆的发展,1602 年下令该馆出版希腊写本的目录,1607 年还发布了管理这个图书馆的训令。该馆在马克西米利安之子的年代(1663 年)开始接受呈缴本。三十年战争时期,这个馆同其他许多德国的图书馆一样,馆务日渐衰飒。法国大革命爆发后不久,它很快变成为德国境内珍本书最丰富的图书馆。这就是上述教会世俗化给它带来的好处。毫不夸大地说,没有教会的世俗化,就没有今天的慕尼黑图书馆。

从法国刮来的这阵世俗化台风,席卷了巴伐利亚的所有教会,

① Baden,在德国西南部。
② Württenberg,在德国南部。
③ Die Münchener Hofbibliothek.
④ Albrecht V von Bayern,1528—1579.

188

它们失去了对自己的图书的所有权。图书文物没收委员会的领导人阿雷廷①男爵是一位大学者,专攻历史、法律和政治。他为慕尼黑王室图书馆尽力最大。1803 年间,他多次出访,仔细地视察了60 多所修道院的藏书,把其中最珍贵的图书资料加以接管,送到慕尼黑王室图书馆。该馆前后接收了大约 150 所修道院的藏书,其中包括许多写本和摇篮刊本。慕尼黑王室图书馆一跃变成为欧洲的"宝库"之一。

它接收的中世纪拉丁文写本有数千件之多,图书有数万册,其中有大量的摇篮刊本(该馆目前仍然是世界上摇篮刊本收藏最多的图书馆,总数为 16,300 册)。在这些珍贵的写本中,有《穆斯皮利》②、《古福音诗》③等等。

此时,慕尼黑图书馆面临的一项艰巨任务是:如何把所藏的22,000 件写本编成目录。这项工作先由 1804—1828 年在该馆任职的日耳曼语学者多岑④着手,然后由施梅累尔⑤完成。施梅累尔是慕尼黑大学的教授、著名的日耳曼语学者,被后人称作"现代写本目录之父"、"图书馆员的天才"等等。他在 1829—1852 年间编制了一套长达 10 万张的写本目录。这份目录为后人编制更为浩繁的写本目录奠定了基础。

施梅累尔的另一功绩是:重新确定了写本目录的编制原则,即按写本的出处(来源地点)编制的原则⑥。原先,写本目录是按写

---

① Johann Christaph von Aretin,1772—1824.

② *Muspilli*,公元 830—840 年间用巴伐利亚方言写成的诗,描写世界末日和最后审判的情景。

③ *Helianda*,约公元 830 年用古代萨克森语言写成的福音诗,作者可能是一位修道士。诗中把基督教思想同古代日耳曼的思想融合在一起。

④ Bernhard Josef Docen.

⑤ Johann Andreas Schmeller,1785—1852.

⑥ "Provenienprinzip".

本的主题归类的。多年的实践证明,此法不可取。施梅累尔改为先把写本按写本的文种区分,然后再按写本的出处编排。这样可以把每一所古老的修道院的藏书集中在一起,有助于了解中世纪文化的纵横交错的概貌。

剧增的图书也等待着人们去加工整理。此时,出现了德国近代图书馆学的理论家和实践家施雷廷格①。他原先是本尼狄克特派的修道士,曾在修道院图书馆工作,从 1802 年起来到慕尼黑。看重实践的施雷廷格,反对过分严格地按照科学系统整理图书,而主张采取简便易行的办法。他把慕尼黑王室图书馆将近 10 万册藏书粗分成为 12 个大类,然后再分为 200 个小类。这一简易办法果然加快了图书的整理进程。该馆在 1936 年以前一直采取此法。施雷廷格对图书归类采用极其简要的办法,但对目录的编制却提出了非常严格的要求。图书分类工作结束后,他立即把全部力量投入到字顺目录的编制工作,于 1819 年把馆藏字顺目录编制完毕。之后,他立即编制馆藏的主题目录。主题目录直到下一世纪才受到人们普遍的重视。可以说,施雷廷格是编制这种目录的先驱之一。到 1851 年去世为止,他编完了 8 万册书的主题目录。很可惜,在他之后,慕尼黑王室图书馆没有人继承这项工作。

施雷廷格是 1807 年最初使用"图书馆学"——"Bibliotheks - wissenschaft"这一专门名词的学者。他的主要著作是《图书馆学综合性教科书试编》②(1808—1829 年)。如前所述,他认为图书馆工作的核心是目录的编制。这一本书在图书馆学史上第一次全面地叙述了图书馆的目录编制原理,因而具有重大意义。

慕尼黑王室图书馆的馆舍也不适应日益剧增的图书和写本的

---

① Martin Schrettinger,1772—1851.

② *Versuch eines Vollständigen Lehrbuch der Bibliothek - Wissenschaft.*

需要。爱好艺术的巴伐利亚国王路德维希一世[1]，指定著名建筑师格特纳[2]建造新馆舍。格特纳在艺术风格上力图把古典主义和浪漫主义结合起来。1832—1843 年,他为王室图书馆设计了一所外观十分古雅、具有意大利文艺复兴早期建筑风格的馆舍,但内部设备却是新式的。新馆是长方形的,长的一方是正面,有 151 米。书库和工作室是分开的。各层的高度是 2.5 米,淘汰了那些笨重而危险的梯子。除了大阅览室外,还设有当时极少见的期刊阅览室。

马克思在 1836—1841 年,恩格斯在 1840—1841 年曾经是该馆的读者。

图 26 1843 年建成的慕尼黑王室图书馆(现在的巴伐利亚州立图书馆)

---

① Ludwig 1,1786—1868,在位是 1825—1848 年。

② Friedrich von Gärtner,1792—1847.

慕尼黑王室图书馆在 1830 年已有 35.5 万册书,1843 年增至 55 万册。无论在馆藏的丰富,资料的珍贵,还是在馆舍的宏伟上,都堪称德国第一。到了二十世纪,藏书已超过 100 万卷。第二次世界大战时,约有 50 万册书被炸毁。战后修复馆舍,附加建筑亦已完成。至 1976 年,馆藏总数为 370 万册,4 万件写本,16,300 册摇篮刊本。

维也纳王室图书馆

维也纳王室图书馆[①]的创建年代可以追溯到十五世纪末、十六世纪初,甚至十四世纪。马克西米利安一世对这所图书馆的发展关心备至。他是一位人文主义者,多方款待学者文人,注意收集图书,对学术文化的发展十分关注。他本人也从事文笔活动。在他的统治年代,王室图书馆有所发展。

十八世纪下半叶,奥地利教会世俗化政策引起了教会图书所有权的改变,许多图书集中到王室图书馆。在奥地利,教会世俗化比德国来得早些,是在法国大革命以前发生的。1773 年,奥地利女王玛丽亚·特蕾西亚[②]宣布废除耶稣会,1782 年其子约瑟夫第二[③]撤消并清算了不少寺院。当时全国约有 2,000 所寺院,被废除的就有 1,300 所左右,其中大寺院有 400 多所。此时,教会的大量图书都被没收,交给了维也纳的王室图书馆、维也纳大学及其他大学。维也纳的王室图书馆在十八世纪末是德、奥图书馆当中珍藏最丰富的一所。但是,如前所述,不久慕尼黑的王室图书馆赶到前面了。法国大革命和拿破仑的征战,对奥地利各图书馆是很大的威胁。维也纳的王室图书馆曾多次将其珍藏迁出京城,以免法

---

① Die Hofbibliothek Wien.
② Maria Theresia,1717—1780,在位是 1740—1780 年。
③ Joseph II ,1741—1790,在位是 1780—1790 年。

国人的劫掠。

这所图书馆后来成为奥地利的国家图书馆。

图 27　1711 年前后的维也纳王室图书馆和珍品陈列室

5.5　专业图书馆员的出现

直到十九世纪中叶,图书馆馆长一职都是由教授、学者、作家、科学家来兼任的。例如,著名的德国作家莱辛①于 1770—1781 年在沃尔芬比特尔的奥古斯特公爵图书馆当过馆员,但并没有认真对待这一职务。著名的德国语言学家、《格林童话》的作者格林兄

_____

① 　Gotthold Ephraim Lessing,1729—1781.

弟①也是在图书馆工作多年,但他们的兴趣并不在图书馆事业上。

当然,凡事皆有例外。歌德对他所兼任的图书馆工作就非常认真,并作出了成绩。他从 1797 年起全面负责魏玛②公国图书馆馆务。歌德努力吸收格廷根大学图书馆的先进经验,因为他对这所大学图书馆很熟悉,并对它评价很高。为了补充魏玛公国图书馆的馆藏,歌德亲自查看图书集市和图书拍卖市场的各种目录,从魏玛、爱尔福特以及国外采购图书。他还把自己的全部作品和其他书籍多册赠给这所图书馆。对目录的编制工作,歌德也格外关心,经常向专家咨询,编成了字顺目录以及抄本、摇篮刊本、传记、东方书籍、肖像、版画等各种目录。他要求图书馆员熟悉图书馆工作的全部过程,并制定了工作定量。歌德还开展了馆际互借工作,尤其同耶拿③大学图书馆建立了互借关系。在歌德任职期间,魏玛公国图书馆的藏书增加了一倍。

从 1817 年起,歌德还管理耶拿大学图书馆。他曾试图编制一套联合目录,把魏玛公国图书馆、耶拿大学图书馆和耶拿的比特纳④教授的藏书收录在一起。

大文豪歌德乐于兼任图书馆馆长,并能够做出这些成绩,这是值得大书特书的。但到了十八世纪末,十九世纪初,图书馆事业毕竟开始专业化了。随着馆藏的剧增和馆务的专业化,这种兼职馆长或兼职馆员已经不能适应工作的需要了。十九世纪,一批精明强干的专业图书馆员在图书馆事业比较发达的德国出现了。他们从事大型图书馆或学术图书馆的复杂的组织管理工作,同时也把图书馆的实践上升到图书馆的理论。

---

① Jacob Grimm,1785—1863。
　Wilhelm Grimm,1786—1859.
② Weimar,在民主德国西南部。
③ Jena,在民主德国西南部。
④ Christian Wilhelm Büttner,? —1801.

在这些专业人员中佼佼者有：上述慕尼黑王室图书馆的写本目录专家施梅累尔、摇篮刊本专家海因①、图书馆学目录学专家艾伯特②、施雷廷格、佩茨赫尔特③等等。

艾伯特对图书馆学理论的贡献尤为突出。他于 1823—1825 年领导沃尔芬比特尔的奥古斯特公爵图书馆的工作，然后于 1825—1834 年担任德累斯顿④的王室图书馆馆长。他因取书爬梯子，不慎坠落而身亡，年仅 43 岁。

艾伯特 20 岁时写了《论公共图书馆》⑤一书，30 岁前后出版了《图书馆员的修养》⑥。他还编辑了《普通目录学辞典》⑦1—2 卷等等。

艾伯特的图书馆学思想是资产阶级启蒙运动思潮在这一科学领域的反映。他要求合理地安排图书馆内部的一切事务。图书的分类编目都必须符合科学性。他主张，图书馆员必须接受严格的专门教育，图书馆员应当占有独立的职位，图书馆必须由这样的专业人才来管理，而不应该由兼职的学者教授来领导。他对每一个图书馆员的要求是："我要费尽心血，为他人效劳"⑧。这句话是有针对性的。如前所述，文人学者来馆工作，是一种闲职。他们来馆的目的并不是为读者服务，正相反是要图书馆为他们服务。莱辛的下面这句"名言"正好道出了这些兼职馆长（或馆员）的心意："我是想来利用图书馆的，而不是想来被图书馆所利用的。"⑨艾伯

---

① Ludwig Haim, 1781—1836.

② Friedrich Adolf Ebert, 1791—1834.

③ Julius Petzholdt, 1812—1891.

④ Dresden, 在民主德国的东南部。

⑤ *Über öffentliche Bibliotheken.*

⑥ *Die Bildung des Bibliothekars.*

⑦ *Allgemeines bibliographisches Lexikon.*

⑧ "Alliis inserviendo comsumor".

⑨ 转引自 J. Vorstius und S. Joost, *Grundzüge der Bibliotheksgeschichte*, 1977, S. 47.

特认为,必须结束这样的局面,作为一名图书馆员必须把自己的全部精力花在读者身上,否则就不能成为一名真正的图书馆员。

与艾伯特同时代的杰出图书馆员就是上述施雷廷格。他与艾伯特不同,比较着重于实践。他有一句名言:"图书馆应当尽快地找到必要的书籍,以满足任何文献工作的需要。"①为此,图书馆管理必须成为"一门专门的独特的学科"②。

法学家默尔③尽管不是毕生从事图书馆工作,但对图书馆事业及其理论有过贡献。他在1836年自告奋勇地要求兼任蒂宾根④大学的图书馆馆长,直到1844年为止。他以他那满腔的理想主义热情改进了图书馆的管理工作,并提出了一些图书馆的理论。他同艾伯特一样,强调图书馆员必须有专业思想,甚至说过这样的话:"不管是什么人,只要当了图书馆馆长,就必须不分昼夜地思考和订立计划。为了图书馆,他必须采购、交换、恳求——甚至可以再加一句——盗窃。"⑤当时德国的大学图书馆都是由图书馆委员会来监督的。这样的委员会由校长、系主任和各系教授组成,权限很大。专职的图书馆员只有排除图书馆委员会的无理的干涉,才能真正展开工作。默尔对图书馆委员会持批评态度。他还首次提出了各馆之间藏书建设的分工协调的思想。

图书馆学理论家佩茨赫尔特在1866年编制了德国第一本目录学手册《目录大全》⑥。书中把国内和国外的各种类型的目录分门别类地收入在一起,并加了解题。他还著有《德国、奥地利和瑞

---

① 转引自 *Lexikon des Bibliothekswesen*, B. 1, S. 269.

② 同上。

③ Robert von Mohl, 1799—1875.

④ Tübingen,在德国西南部,位于斯图加特南部。

⑤ 转引自 A. Hessel, *Geschichte der Bibliotheken*, S. 102.

⑥ *Bibliotheca bibliographica*.

士的图书馆总览》①(1844 年)和《图书馆学问答》②(1856 年)等等。

在这时期,出现了德国最早的图书馆学杂志《萨拉匹斯神殿》③。它由莱比锡市图书馆馆员瑙曼④编辑,从 1840 年开始出版,半月刊,至 1870 年停刊。几乎同一时期,佩茨赫尔特出版了目录学杂志《图书馆学文献通报》⑤(出版年代是 1840—1886 年,其间刊名时有改变)。这两份杂志起了相辅相成的作用。

5.6 会员图书馆

富兰克林的会员图书馆

十八世纪出现了一种新型的图书馆——会员图书馆⑥。它在图书馆史上占有独特的地位。印刷工出身的美国大政治家、大科学家富兰克林于 1731 年在费城⑦创办的会员图书馆,是其中最有名的一所。

以前的图书馆,或是由王侯贵族建立,或者由修道院设置;或是大学的附属图书馆,或是资产阶级上层人物的私人图书馆。总之,不是由统治阶级经办,就是由学府设立。

---

① *Adressbuch des Bibliotheken Deutschlands mit Einschluss von Österreich und der Schweiz.*

② *Katechismus der Bibliothekenlehre.*

③ *Serapeum*,萨拉匹斯(Serapis 或 Sarapis)是埃及和希腊的宗教神灵,具有诸神的属性,相传是宇宙的支配者。他的神殿叫做 Serapeum.

④ Robert Naumann,1809—1880.

⑤ *Anzeiger für Literatur der Bibliothekswissenschaft.*

⑥ Subscription library.

⑦ Philadelphia.

会员图书馆则不同。它是采取个人入股的方式建立起来的图书馆,每个会员拿出一定的金额,共同购买和共同利用图书。因此有时也叫做"图书馆公司"[①]、"社会图书馆"[②]、"团体图书馆"[③]等等。有人把它译成"收费图书馆"或"组合制图书馆",也不是没有道理。

加入富兰克林的会员图书馆的成员,大半是收入较少、生活不宽裕的市民阶层,如小业主、店员、职员等等。他们的社会地位并不高,一般属于小资产阶级或资产阶级的下层。这些人大多数都没有机会受到正规的学校教育,但喜欢读书,求知欲很旺盛。他们都想自学成材,愿意从微薄的收入中拿出一定的钱购买图书,从书本中得到有用的知识,以便将来在社会上做出一番事业。他们多数是欧洲移民的第二代,进取心很强,对明天满怀信心,想在美国这一块新天地开拓出一条个人奋斗的阳关道。

1731 年富兰克林创办会员图书馆的时候,年仅 25 岁。他生于波士顿[④],1724 年年底曾到伦敦,当了两年的印刷工。1726 年回国,1728 年 22 岁时开办了费城第三家印刷所。1729 年秋天,他集合了几位好学的朋友,组织了一个名为"小集团"[⑤]的读书讨论会。他们起先借用一个酒吧的一间房子集会,约有 10 个人参加,每星期五晚上集合,讨论一些大家关心的问题[⑥]。这些人或多或少都有自己的图书。后来富兰克林提议,把每人的图书带来,在讨论问题时便于查考,大家也可以互借一些书带回家去看。这一提议被采纳。尽管集拢来的书籍并不太多,但好处马上显露出来了。

---

① Library company.

② Social library.

③ Society library.

④ Boston.

⑤ "Junto".

⑥ 《富兰克林自传》,三联书店 1956 年版,第 50—51 页。

于是富兰克林进一步建议，建立一个合作社性质的图书馆——会员图书馆。

图28　富兰克林（中间站立者）和他的会员图书馆（油画）

　　按照富兰克林起草的会员图书馆的章程，先交40先令作为图书购买费，以后每年支付10先令。起初，招募了大约50名会员。1732年3月收到了向英国本土订购的第一批图书。图书馆每星期六下午4时至8时向会员出借图书。这就是有名的"费城图书馆公司"[①]。富兰克林把它称作"所有北美会员图书馆之母"[②]。

　　当时在波士顿以南的殖民地，没有一家像样的书店。在纽约和费城，印刷所兼营文具店。店里出售的仅限于纸张、日历、歌本以及普通学校用书。爱好读书的人只好远向英国订购图书。当时书籍是一种贵重品，既稀有，又昂贵，是一般人可望而不可得的珍品。对低薪的店员、职工来说，会员图书馆正好能够满足他们求知的欲望。

　　① "Library Company of Philadelphia".
　　② 同上《富兰克林自传》，第59页。

会员图书馆的会员有三项权利:一、可以借书;二,可以要求添购自己想看的书;三,在每年一次的会员大会上有权选举图书馆的管理员。会员交纳的会费等于股票,持有股票的会员是股东,他有全权向别人出让或赠送股票。后来,费城的这所会员图书馆逐渐向非会员开放。有市民权的人可以在馆内看书。如果交付一定的保证金,还可以把书借出馆外。久而久之,会员图书馆逐渐向公共图书馆过渡。费城市民亲切地称它为"我们的市图书馆"或"费城图书馆"。1741 年前后,州议会特意把州议会堂的一间房子(后来叫做"独立大厅")提供给会员图书馆,作为馆舍。

这所会员图书馆在独立战争(1775—1783 年)之前编制藏书目录,前后共 6 次。从 1741 年编制的第一份目录来看,创立后 10 年共收藏了 375 种书,自己购买的是 291 种,寄赠的是 84 种,把复本加在一起共 432 册。

这 291 种书按类别统计如下:

历史	91
文学	55
自然科学	51
哲学	28
神学	25
社会科学	21
其他	20
总计	291

这份统计表说明些什么呢?①

第一,历史书籍约占三分之二,其中多数是英国史。可见,殖民地的年轻人对革命和君主政府崩溃的历史是非常关注的。

---

① 见小仓亲雄发表在《图书馆界》11 卷 3 号上的《フランクリンとフイラデルフィア图書館会社》一文,转引森耕一《図書館の話》1973 年第 115—117 页。

第二,神学书籍不到总数的 9%,自然科学却比神学书多一倍。

第三,历史、文学、自然科学三者合计,超出总数的三分之二以上。

第四,藏书中几乎没有外文书。这一点同当时哈佛大学图书馆①的馆藏有明显的不同。后者的藏书有一半是以拉丁文为主的外文书。

第五,文学书绝大部分是当代作品,仅有一本拉丁文的古典作品。这所图书馆的读者并没有怀古倾向,他们的眼光是盯着现代和未来的。

第六,引人注目的是哲学中有几本约翰·洛克②的书。洛克是英国的唯物主义哲学家,反对专制制度,拥护英国的"光荣革命"③。在美国独立战争之前,美国青年把洛克的学说借来,作为自己的思想支柱,这是很自然的。

富兰克林建立的这所会员图书馆在 1770 年拥有 2 千册书,1851 年增至 6 万册,仅次于当时美国最大的哈佛大学图书馆(84,200册)。它在 1790 年建造了自己的独立的馆舍。这所图书馆目前还存在,1975 年的藏书量是 40 万册。

会员图书馆在美国的发展是相当迅速的。1780 年以前,在新英格兰④已有大约 50 所。其中著名的是 1747 年在罗得岛州的新

---

① Harvard University Library.

② John Locke,1632—1704.

③ Glorious Revolution,亦称"不流血革命",1688 年英国国会发动了政变,推翻了复辟的斯图亚特王朝。

④ New England,指美国东北六州,即缅因(Maine)、新罕布什尔(New Hampshire)、佛蒙特(Vermont)、马萨诸塞(Massachusetts)、康涅狄格(Connecticut)和罗得岛(Rhode Island)。

港①建立的雷德伍德图书馆公司②。它是在商人和慈善家亚布拉罕·雷德伍德③的私人图书馆的基础上建立起来的。雷德伍德还资助了 500 英镑。1750 年,这所图书馆的馆舍建成。这栋建筑可以说是在英国殖民地最早建造的独立的图书馆建筑。这所图书馆现在还存在。取得该馆的会员资格,是在社会上享有威望的象征。1748 年,在南卡罗来纳州④的查尔斯顿⑤,17 名青年人每人筹措了 10 英镑,用来购买新出的小册子和杂志,由此发展成为会员图书馆——查尔斯顿图书馆团体⑥。至 1750 年,会员增至 160 人以上。该馆免遭独立战争的战火及其他天灾,长期为查尔斯顿市民服务,变成了该市很有价值的文化财富。1754 年,纽约的 70 名绅士商定每人先出资 5 英镑,以后每年支出 10 先令,建立了"纽约会员图书馆"⑦。该馆的图书保存在纽约市市政厅的一间房间里,至 1773 年已拥有 1,500 册图书。

　　会员图书馆在独立战争之后迎来了全盛时期,后来逐渐分化成为两种类型,即为学术研究服务的和供大众使用的。属于前者的有 1807 年建立的著名的"波士顿雅典娜神殿图书馆"⑧。该馆接收了许多寄赠的珍贵图书,又精于选购资料,终于变成了与哈佛大学和美国国会图书馆并驾齐驱的大型图书馆。1814 年,藏书 8,000 多册;1827 年,21,000 册以上;1849 年,5 万册以上。该馆目前还存在。它的会员股票作为珍贵的家财,世世代代传下来。

---

① Newport.

② The Redwood Library Company.

③ Abraham Redwood,1709—1788.

④ South Carolina,在美国东南部。

⑤ Charleston,在南卡罗来纳东南。

⑥ Charleston Library Society.

⑦ New York Society Library.

⑧ Boston Athenaeum Library.

各种不同结构和不同服务对象的会员图书馆在十九世纪有了很大的发展。在 1790—1815 年间,仅新英格兰六州就有 500 所以上,1870 年增加到 1,000 所以上。

关于会员图书馆所起的重要作用,富兰克林在自传中这样说过:"图书馆自身成为伟大的事业,而且继续增加。那些图书馆(指会员图书馆)增进了美洲人的普通知识,使普通的商人和农夫的知识同其他各地的大多数绅士一样,并且也许在某种程度上对于使全殖民地普遍地站起来保卫自己的权利有所贡献。"①

英国的会员图书馆

富兰克林在英国殖民地——美洲大陆建立的会员图书馆,其起源还是在英国本土。在他逗留英国期间,这一类图书馆在那里已经不是稀罕的事物,他无疑在伦敦等地看到过许多,因此得到启发。下面简单回溯一下英国的会员制图书馆的历史。

十八世纪上半叶,在伦敦及其他大城市出现了商业性的流通图书馆,也就是租借图书馆或租书店②。它们向一般市民提供通俗读物,凡有能力付出微少租金的,如每月支出不超过 1 先令,就可以借到书。至十九世纪末,英国多数大城市都有这一类型的图书馆。进入二十世纪,廉价书的大量出现和公共图书馆的普遍建立,致使这种图书馆日渐零落。

非商业性的会员图书馆大约从十八世纪起在英国出现。起先是一些较为富裕的读书人,组织"学术讨论会"或"读书会",并附设图书馆,专供会员使用。这种图书馆叫做"图书俱乐部"③、"图

① 《富兰克林自传》,第 59—60 页。
② Circulating library 或 lending library.
③ Book club.

书社"①、"读书社"②或"文学社"③等等。这种图书俱乐部一般只有少数人参加，共同出资，购入若干书籍，大家轮着阅读。当时没有馆舍，也没有图书管理员，只是在某一会员的家里设置若干书架。读书会成立起来也不难，解散也很容易，在会员中把书一分配或卖掉就算了结。

会员图书馆是从那些少数比较固定的图书俱乐部脱胎而来的。十八世纪中叶，英国的书籍也是很昂贵的。当时一般读书人要买一本书，必需三思而后行。是买它，还是买一条裤子；是买它，还是买全家几口人一个月的茶叶和食糖。如同富兰克林的费城会员图书馆，英国的会员图书馆也是在这样经济条件下发展起来的。最初的会员图书馆于1757年在利物浦④成立。此后50年，在较大的城市都有了会员图书馆，如利兹⑤、谢菲尔德⑥、布里斯托尔⑦、布雷德福⑧、伯明翰⑨、莱斯特⑩、曼彻斯特⑪、约克等城市。支持这些会员图书馆的都是有产阶级的中层。他们依靠这种类型的图书馆，支出微少的费用，获得阅读书报的机会。从入会会费来看，利物浦、利兹在1770年前后是1畿尼⑫，1785年前后涨到3至5畿尼。可见，没有一定的工资收入还是不能加入会员图书馆的。

---

① Book society.
② Reading society.
③ Literary society.
④ Liverpool，在英格兰西北部。
⑤ Leeds，在英格兰北部。
⑥ Sheffield，在英格兰北部。
⑦ Bristol，在英格兰西南部。
⑧ Bradford，在英格兰北部。
⑨ Birmingham，在伦敦西北部。
⑩ Leicester，在英格兰中部。
⑪ Manchester，在英格兰西北部。
⑫ Guinea，英国的旧金币，合现在的21先令。

英国最有名的会员图书馆应当说是伦敦图书馆[①]，它是由著名文学家、历史学家卡莱尔发起建立的。性格急躁、易于发火的卡莱尔，对于不列颠博物馆不允许外借图书，火冒三丈。1841年，他劝说了格莱斯顿等知名人士建立了这所图书馆。创建时有3,000册书和大约500名会员。入会会费是6英镑，以后每年交付2英镑。今天，几乎所有的会员图书馆已不复存在，唯独伦敦图书馆走过了100多年的崎岖不平的道路，直到现在还在发挥作用。究其原因，不外乎它对脑力劳动者之服务极其周到，尤其对作家们能够提供公共图书馆不能胜任的服务项目。该馆编制的改版多次的馆藏印刷目录，质量优异，充分反映出英国优秀作品的出版演变过程。该馆的会员不仅限于伦敦一地，而且遍及全国。伦敦图书馆目前拥有会员5,000人，藏书量是75万册。

十八世纪后半叶和十九世纪风行英美的会员图书馆，逐渐被新生的公共图书馆所接替。

5.7 公共图书馆

英国初期的公共图书馆

十九世纪下半叶，在英美两国几乎同时出现了近代的"公共图书馆"[②]。在此以前，图书馆史上也曾经产生过公共性质的图书馆。例如，古罗马的图书馆是向自由市民开放的。又如，贵族、僧侣或新兴资产阶级的一些私人图书馆，逐渐向文人学者，甚至向一部分市民开放，终于变成公共性的机构。再如，十六世纪上半叶，

---

① London Library.
② Public library.

路德等人提倡的城镇图书馆是企图为一般市民服务的。诸如此类的图书馆在图书馆史上也常常被叫做公共图书馆，但在资本主义社会，尤其自十九世纪下半叶先在英美出现、后在各国普及的公共图书馆，则有若干不同的含义。

在资本主义社会兴起的公共图书馆有三个特征：一，向所有居民免费开放；二，经费来源是地方行政机构的税收；三，公共图书馆的设立和经营必须有法律依据。

既然公共图书馆是资本主义社会的产物，那么它比起封建社会的图书馆就具有相当的进步因素，如旧图书馆所没有的开放性、一定的经费的保证、由法律规定的相对稳定性等等。

公共图书馆也不是突然出现的。前面提到的会员图书馆是公共图书馆的先声。

1850 年，英国议会通过了英国第一部公共图书馆法[1]。促成此事的主要人物是爱德华兹[2]、尤尔特[3]等人。

爱德华兹被称为"英国公共图书馆运动的精神之父"。他出身于贫寒的建筑工人家庭，没有受过正规教育，但自学成材，知识渊博，通晓多种外语。年轻时经常利用不列颠博物馆，24 岁写了一本小册子，评述不列颠博物馆的管理及其存在的问题。1839 年 27 岁时，作为编外人员参加不列颠博物馆的工作，同后来的馆长帕尼齐一道参加了所谓《帕尼齐著录条例》的编制工作等等，直至 1850 年才离开了不列颠博物馆。他具有理论的洞察力和实际的工作能力，再加上不知疲倦的勤奋，终于使他成为图书馆界的泰斗。他的视界比较宽阔，眼光不只放在不列颠博物馆一处。多年来，全国性的图书馆建设问题，尤其公共图书馆的问题，引起他的

---

[1] The Public Libraries Act.

[2] Edward Edwards, 1812—1886.

[3] William Ewart, 1798—1869, 英国政治家。

注意和关心。1847年,爱德华兹发表了《伦敦和巴黎的公共图书馆》①一文,翌年发表了一份关于欧洲公共图书馆的统计资料②。它引起了下院议员尤尔特的重视。

此时,英国议会指定尤尔特等人成立公共图书馆委员会,专门考虑在全国各地设立公共图书馆的问题。尤尔特对公共教育、出版自由、废除死刑等社会问题十分关注。他请爱德华兹及其他人到公共图书馆委员会来当证人。爱德华兹介绍了欧洲大陆各国的图书馆发展情况,阐述了建立公共图书馆的必要性。

1850年,英国议会通过了尤尔特等人联名提出的关于建立公共图书馆的提案。其要点如下:

1. 人口1万人以上的英格兰各城市,有权建立公共图书馆;

2. 是否建立公共图书馆,必须先由市议会提议,交给纳税人投票表决,获得三分之二以上的赞成票,才能制定有关法令;

3. 对每1英镑的固定资产课以半便士的财产税,以支付公共图书馆的建造费和地租;

4. 这笔款项不能用来购买图书。公共图书馆的图书来源应当是赞助人的赠书或捐款。

这一部公共图书馆法有两个特点:第一,此法并没有强制性,采用与否,由各城市全权决定;第二,图书购买费没有法律上的保证。

1855年,再次由尤尔特建议,对公共图书馆法进行了修改,其要点如下:

1. 此法的适用范围扩大到人口5,000人以上的城镇;

2. 增加税收率,对每1英镑固定资产按1便士课税;

3. 税收可以用来购买图书。

---

①　*Public Libraries in London and Paris.*

②　*Public Libraries in Europe.*

关于公共图书馆产生的历史背景及其历史意义,似乎可以提出如下几点:

1. 产业革命后,出现了大城市。工人阶级和其他贫穷阶层的人数不断增加。小资产阶级,特别是它的中下层,在社会中的比重也不小。他们对知识和教育的要求日益增多。会员图书馆的出现和发展,已经预示了公共图书馆即将应运而生。

2. 同时也应当指出,在 1850 年前后的英国,公共图书馆运动还处于初期阶段,还没有出现高潮。公共图书馆法不是在民众的压力下被迫采纳的。在此法通过后的二、三十年间,公共图书馆的发展比较缓慢,这一历史事实也证明了这一点。

3. 掌握一定知识和技术的工人和民众的存在是资本主义生产继续发展的必要条件。资本主义社会需要受过教育的工匠、有技术的工人、有知识的公务人员等等。到了十九世纪中叶,资产阶级中较有远见的分子已经开始考虑义务教育、成人教育、社会教育等问题。公共图书馆的设立是符合资产阶级的利益的。

4. 同时,资产阶级把公共图书馆的建立看成是一种所谓"社会政策",即妄图利用公共图书馆这一手段来达到缓和阶级矛盾的目的。资产阶级的残酷剥削导致工人阶级和各阶层被压迫群众的日益贫困化,引起许许多多所谓的"社会不安"。为了"平息"民众的不满,资产阶级及其政治家绞尽脑汁,无所不施其伎。公共图书馆的设立,从这一点来说,是资产阶级的一种"文明"镇压措施。资产阶级政治家在议会讨论公共图书馆法时,异口同音、大言不惭地说出了这样些话:"公共图书馆法如能审议通过,等于配备了最便宜的警察";"防范所需的国家开支,几乎等于照此法建立公共图书馆所需要的费用"等等①。

5. 工人阶级可以利用资产阶级社会的各种制度和措施,如议

---

① 参见森耕一《図書館の話》,第 144 页。

会讲坛、结社自由、言论自由等等,来促进自身的解放事业。同样,工人阶级也可以利用公共图书馆、义务教育等一系列文化措施,来提高自己的知识水平。可见,公共图书馆的建立和发展在客观上有利于工人阶级。

6. 公共图书馆的某些管理方式、工作方法等等是没有阶级性的。无产阶级在夺取政权之后,可以在旧有的公共图书馆的基础上,大力发展公共图书馆事业,使它真正成为"民众掌握知识、探求真理"的宫殿。

总之,公共图书馆的出现在图书馆史上、在人类文化史上是划时代的一件大事。

最先采纳公共图书馆法的城市是诺里奇①,但这里的公共图书馆真正开始活动是 1857 年以后的事。

1851 年,在温切斯特市成立了公共图书馆。1852 年,在博尔顿②、伊普斯威奇③、曼彻斯特、牛津等市;1853 年,在布莱克本④、谢菲尔德、剑桥等市陆续成立了公共图书馆。但总起来说,公共图书馆运动的进程是十分缓慢的。

在初期的公共图书馆中,值得提到的是曼彻斯特市的公共图书馆⑤。1850 年,尤尔特推荐爱德华兹担任该馆馆长。爱德华兹 8 月赴任,翌年 1 月正式被任命。他多年的理想在曼彻斯特付诸实现了。他担任馆长前后 6 年,其经营堪称模范,曼彻斯特公共图书馆成为以后成立的公共图书馆的样板。曼彻斯特市建立公共图书馆,是巧用"先斩后奏"之法而成的,即在市议会进行市民投票以前,早已由几名积极推动者组织了公共图书馆筹备委员会,进行

---

① Norwich,在伦敦的东北部。
② Bolton,在英格兰西北部,位于曼彻斯特的西北方向。
③ Ipswich,在英格兰东部。
④ Blackburm,在英格兰西北部,位于曼彻斯特的西北方向。
⑤ Manchester Public Library.

募捐（总计 13,000 英镑），买下了馆舍，配备了图书，也任命了馆长。经过一年多的准备，一切就绪之后，至 1852 年 8 月才获得市议会的赞同，再由纳税人投票。12,500 名纳税者中，参加投票的有 4,000 人左右，投反对票的只有 40 人。9 月 6 日曼彻斯特公共图书馆正式开馆。此时，已备好约 25,000 册书。

至 1860 年，英国总共仅有 28 所公共图书馆。初期的公共图书馆大多依靠当地名人的财力支援。上述曼彻斯特公共图书馆就是一例。报纸经营人、大富豪约翰·帕斯莫尔·爱德华兹[①]就为 12 所以上图书馆捐赠了馆舍。

利用公共图书馆的，主要是工人、手工业者、职员、店员等等。此外也有律师、建筑家、军人、传教士等。

公共图书馆的藏书，主要是文艺书，其次是历史书籍、传记、游记，再次是期刊，还有其他人文科学和自然科学的书籍。

到了十九世纪最后 25 年，公共图书馆的发展加快了。这是因为 1870 年通过了初等教育法，从 1876 年实行义务教育，读书人数大为增加的原故。1877 年成立的图书馆协会，为促进公共图书馆的发展也起了作用。1887 年，维多利亚女王[②]即位五十年之际，许多城市建立了公共图书馆，以资纪念。据统计：

1860 年	有公共图书馆	28 所
1870 年	有公共图书馆	35 所
1877 年	有公共图书馆	77 所（或 75 所）
1889 年	有公共图书馆	153 所
1900 年	有公共图书馆	360 所

---

① John Passmore Edwards,1823—1911.

② Alexandrine Victoria,1819—1901,在位是 1837—1901 年。

美国初期的公共图书馆

美国的公共图书馆几乎与英国同一时期出现。在这里同样也是会员图书馆起了公共图书馆的先驱作用。但美国与英国不同,公共图书馆法并不是由国会统一制定,而是由各州、各市自行通过的。

由地方行政机构资助的最早的公共性质的图书馆,是康涅狄格州索尔兹伯里①镇的宾厄姆儿童图书馆。在波士顿经营出版业和开办书店的凯莱布·宾厄姆②,幼年时代很想看书,但找不到图书馆。他背井离乡,到外谋生,却一直想着无书可读的故土的儿童们。他于1803年把150本书送给了家乡索尔兹伯里镇,该镇即设立了宾厄姆儿童图书馆。1810年,镇议会议决:从镇的财政开支拨款100美元,供该儿童图书馆添购图书。之后,在1821年又支付20美元,1826年50美元,1836年50美元等补助经费。尽管款数不多,这却是由地方政权机构资助图书馆的先声。

马萨诸塞州的列克星敦③镇议会于1827年设立了一所儿童图书馆,由镇公所支付60美元。以后不定期地拨出了购书费。

以上二例都是临时性拨款,不足以保证图书馆经营的稳定性和连续性。

到了1833年,新罕布什尔州的彼得博罗④镇议会议决:从州政府拨给的教育经费中抽出一定款数,来建立一所向全镇居民开放的免费的镇立图书馆。该馆最初购买了370册书,落脚在镇邮局的一角,并由邮局局长兼任图书馆馆长。后来,镇公所任命了3

---

① Salisbury,在该州西北部。
② Caleb Bingham,1757—1817。
③ Lexington,位于该州东北部。
④ Peterborough 或 Peterboro,在新罕布什尔州的南部。

名理事,掌管图书馆事务。在 1849 年新罕布什尔州通过州的公共图书馆法以前,该镇每年拨出不少于 100 美元的图书经费。彼得博罗镇可以说是未来的美国公共图书馆的雏形。这个小镇的小小图书馆已经具备了现代意义的公共图书馆的要素,即向全体居民免费开放和有地方行政机关的固定的经费支出。现在有待完善的只是州议会的正式的立法手续了。

1848 年,马萨诸塞州议会通过了一项法案,决定在波士顿市建立公共图书馆①,这是在美国大城市依法设立的最早的公共图书馆。翌年,新罕布什尔州也通过了公共图书馆法,认可州内各市镇建立公共图书馆。之后,各州效法,前后通过了类似的法令,即缅因州在 1854 年,佛蒙特州在 1855 年,俄亥俄州②在 1867 年等等。据统计,在十九世纪后半叶,马萨诸塞州一州制定了大约 60 条有关图书馆的法令。

下面简略介绍波士顿公共图书馆的建立经过。1841 年 4 月 24 日,法国著名的口技演员、善变演员③瓦泰马勒④来到波士顿,建议进行国际间的图书交换,并希望作为图书接受单位,成立了一所公共图书馆。但波士顿市在其后数年并没有采取什么措施。1847 年巴黎市寄赠来了大约 50 册图书。于是 1848 年 1 月,市议会讨论了瓦泰马勒的建议,请求州议会立案,依法建立波士顿公共图书馆。同年 3 月,州议会通过了一项法令,责成波士顿市建立一所供市民使用的公共图书馆,制定必要的管理规则,并规定图书馆经费由该市财政经费中开支,每年不超过 5,000 美元等等。

---

① Boston Public Library.

② Ohio,在美国东北部五大湖之一伊利湖的西南方向。

③ 迅速换装而演另一角色的演员,能在同一戏中扮演几种不同角色的演员。

④ Nicolas Marie Alexandre Vattemare,1796—1865。他在 1840—1850 年间积极推进国际图书交换,在巴黎建立了"国际交换中心"(Agence centrale des échanges internationaux)。

波士顿公共图书馆的筹建工作在 1852 年以前没有什么进展。
此年,波士顿市长催促此事,并发出了三项指示:任命图书馆馆长、
在市中心物色适当的馆舍和组织图书馆理事会。1854 年波士顿
公共图书馆正式对外开放。1858 年迁入新馆,当时的藏书是图书
7 万册、小册子 17,938 册。该馆一直得到很多人的寄赠和支援。
金融家贝茨①赠款 5 万美元,图书馆可以用这笔款项的收益来购
买图书。哈佛大学校长、希腊文学专家埃弗雷特②赠寄珍贵图书
文献 1,000 册等等。

波士顿公共图书馆成立的历史意义是怎样强调也是不会过分
的。波士顿当时是仅次于纽约、巴尔的摩③、费城的第四大城市
(1850 年人口 15 万)。在这样的通都大邑会建成了公共图书馆,
其影响绝非人口一、两千的小镇索尔兹伯里、列克星敦、彼得博罗
所能比拟的。正如波士顿市议会在 1847 年所预料的,"在本市建
立一所免费的公共图书馆,必定会有许多城市来效法。"如前所
述,各州都步马萨诸塞州之后尘,纷纷通过了公共图书馆法。

波士顿公共图书馆在管理方式上还创造了一个很好的范
例——由理事会来掌握办馆方针。理事会由市议会上院、下院议
员各 1 名和市民代表 5 名组成,理事由两院全体议员选举。市议
会仅保留任命馆长和决定他的薪金的权力,其余权限全部归属理
事会,如监督图书馆的预算、制定借书规则、任命其他馆员等等。

文学史专家、教育家、哈佛大学教授蒂克纳④是理事之一。他
对波士顿公共图书馆的建设起了很大作用。他曾求学于德国格廷
根大学。这所大学的图书馆藏书丰富,服务质量极好⑤,给蒂克纳

---

① Joshua Bates,1788—1864.
② Edward Everett,1794—1865.
③ Baltimore,位于费城与华盛顿之间。
④ George Ticknor,1791—1871.
⑤ 见本书第 153—155 页。

留下极其深刻的印象。他认为,公共图书馆应当成为广大人民进行自我教育的必不可少的机构,它应当配备大量的通俗读物,供一般读者阅读,常用书要准备一定数量的复本等等。波士顿公共图书馆理事会成立不久,于 1852 年向市议会递呈了一份报告书,题目是《公共图书馆的目的和达到此目的的最好的办法》。据说,该报告书的主要起草人是蒂克纳。报告书从十五世纪印刷术的发明讲起,中间阐述了图书馆事业的发展,最后谈到近代公共图书馆的目的和机能。

蒂克纳偏重于强调公共图书馆的群众性。另一位理事、上述哈佛大学校长埃弗雷特则主张公共图书馆应当为学术研究服务。理事会同时采纳了这两种主张,一方面为一般读者服务,另一方面也为研究人员提供各种方便。该馆收集了不少参考工具书,1861年开设了参考阅览室。1871 年,建立东波士顿分馆。这是在美国最早出现的分馆。

波士顿公共图书馆馆长是朱厄特[①],于 1857 年就任。他是一位杰出的图书馆员,对图书的选购十分内行。在他的领导下,波士顿公共图书馆日新月异。1858 年,该馆出版了馆藏普通图书部分的印刷目录,另在阅览室也备有参考工具书的印刷目录。1858年,馆藏近 9 万册。1877 年增至 30 万册左右。每年的图书流通量超过 100 万册。该馆自创建起至今天,在美国图书馆界起着领导作用。

----

①   Charles Coffin Jewett,1816—1868.

214

第六章　1870—1945 年的图书馆

6.1　图书馆协会的成立

十九世纪,世界市场逐渐形成。随着各国的物质生产越来越带有世界性,精神生产也打破了各地区、各民族的关闭自守状态。交通工具和通信手段的进一步发达,使得各地区、各国家之间的来往更加方便。超越地界和国界的接触迅速地给予各国的社会状况和精神生活以巨大的影响。正如马克思和恩格斯所说的,"各民族的精神产品成了公共的财产。"[①]全国性的学术团体的成立和国际性的学术活动的开展,能够使一国的思想和成果很快传播到他国。此等情形在图书馆界也不例外。

全国性的图书馆协会首先在图书馆事业比较发达的美英各国建立起来。图书馆界的同行们渴望组织起来,以便相互交流工作经验,商讨共同性的问题,进一步加强图书馆员的职业意识。这标志着图书馆事业进入了一个新的阶段。各国的图书馆协会成立后,展开了许多工作,其中包括出版学术刊物、制定统一的编目条例、编制各种联合目录、推进馆际互借工作、促进图书馆学校教育、审批图书馆员的资格等等。到了十九世纪末、二十世纪初,还正式成立了国际性的图书馆组织。

---

① 《马克思恩格斯选集》,第 1 卷,第 255 页。

美国图书馆协会

最早的图书馆协会成立于美国。1853 年 5 月 13 日,美国的几位著名图书馆员和一些关心图书馆事业的人士发出了一封邀请信,建议于 9 月 15 日在纽约集会,讨论图书馆的共同问题。这些倡导者当中有前面已经提到的史密森研究所[①]图书馆馆长、后来的波士顿公共图书馆馆长朱厄特,著名的图书馆员普尔[②],书籍出版商诺顿[③]等人。参加会议的共 82 人,其中有图书馆员、教育家、著作家、牧师等等,全部是男性。会上就大家关心的问题交换了意见,并决定在下次会上成立永久性的图书馆协会。但由于南北战争的爆发及其他原因,竟然拖延了 23 年,直至 1876 年才召开了第二次会议。

1876 年是美国独立一百周年。借费城举行纪念盛典之际,召开了图书馆大会,有 103 人参加(其中有 13 名妇女),会上正式成立了美国图书馆协会[④]。这次会议的筹备工作由下列著名人士进行:字典式目录的提倡者卡特[⑤]、十进分类法创始人杜威[⑥]、《美国图书馆杂志》[⑦]主编莱波特[⑧]等等。

会议于 10 月 4 日开始,自 6 日起用 3 天时间讨论了成立图书馆协会的问题。会议选举波士顿公共图书馆馆长温泽[⑨]为协会理事长,杜威为秘书兼司库。翌年 9 月 4 日在纽约召开了第二次大

---

① Smithsonian Institution,1846 年建立于华盛顿,美国的国际图书交换中心。
② William Frederick Poole,1821—1894.
③ Charles Eliot Norton,1827—1908.
④ The American Library Association,简称 ALA。
⑤ Charles Ammi Cutter,1837—1903.
⑥ Melvil Dewey,1851—1931.
⑦ *American Library Journal.*
⑧ Frederick Leypoldt,1835—1884.
⑨ Justin Winsor,1831—1897.

会,制定了协会章程。

协会的宗旨是:在世界范围内扩大和改进图书馆服务和图书馆事业,特别是努力使书籍和理念成为美国生活中的活力,使所有的人都易于利用图书馆,使图书馆员的业务水平有所提高,并创作和发表专业著述和文献。

近一百多年来,美国图书馆协会为推进图书馆事业做了大量的工作。图书馆工作中的一切实际问题和理论问题都是它所关心的。它同英国图书馆协会一起于 1908 年制定了英美编目条例①。它对美国图书馆馆员的培养和教育尽力甚多。为了推进图书馆事业,它做了许多统计调查工作。在国际活动方面,它同外国的图书馆界建立紧密的联系。美国一直没有设立全国性的行政机构,来总管各种类型图书馆。因此,美国图书馆协会在一定的意义上起着统辖全国图书馆组织的作用。

有趣的是,美国图书馆史上的几件大事都发生在 1876 年。

1. 美国图书馆协会的成立;

2. 美国第一份图书馆学杂志《美国图书馆杂志》的创刊;

3.《杜威十进分类法》②的发表;

4. 卡特的《字典式目录规则》③的发表;

5. 美国联邦教育局发表了关于美国公共图书馆的长达 1,187 页的详尽的特别报告④。报告的第一部分论述美国公共图书馆的历史、现状及其管理。报告说,当时美国有各种类型的图书馆共 3,682 所,全国上下对图书馆工作的兴趣日益增大,从而对图书馆员的要求也不断增加等等。这份报告对美国以后的公共图书馆事

---

① *Anglo – American Code.* 正式名称为 *Cataloguing rules: author and title entries.*

② *The Dewey Decimal Classification.*

③ *Rules for a Printed Dictionary Catalogue,* Boston, 1876.

④ *Public Libraries in the United States of America.*

业的发展起到了一定的推动作用。报告的第二部分就是上述卡特的《字典式目录规则》。

美国图书馆界以此集大成来纪念独立一百周年是最适宜不过的。

关于杜威的十进分类法和卡特的字典式目录，后边还要详述。

《美国图书馆杂志》于 1876 年 9 月创刊，由莱波特、杜威、卡特等人担任编辑。从 1877 年 11 月起变成美国图书馆协会的会刊。

英国图书馆协会

美国图书馆协会的成立，对国外，尤其对英国的影响很大。它成立的第二年，即 1877 年，英国图书馆协会也诞生了。同年 10 月，由当时的伦敦研究所图书馆员、后来的牛津大学博德利图书馆馆长尼科尔森①提议，在伦敦召开了第一次图书馆员的国际会议。有 8 个国家的 140 所图书馆的馆员 218 名参加，它们是：英国、美国、比利时、丹麦、法国、意大利、希腊和奥地利。会上，不列颠博物馆馆长琼斯②教授说，我们已经进入了一个新的时代，思想交流和经验交流的规模越加扩大，这就是这个时代的特征。他强调，前任馆长帕尼齐和"公共图书馆之父"爱德华兹的图书馆实践具有普遍的国际意义。杜威介绍了他的十进分类法。会上对目录组织问题给予了极大的关心。

会议的最后一天（10 月 5 日）专门讨论图书馆协会的问题，决定成立"联合王国图书馆协会"，并推选琼斯为协会主席。这就成了先例，以后历任主席都由不列颠博物馆馆长担任。协会书记由

---

① Edward Williams Byron Nicholson, 1848—1912.

② John Winter Jones, 1805—1881.

尼科尔森和特德①共同担任。协会的宗旨是:"团结所有从事图书馆工作和关心图书馆事业的人们,以便大力推进现有的图书馆管理方法,并在需要之处建立新馆。"经英美双方商定,《美国图书馆杂志》省去开头二字,叫做《图书馆杂志》,作为美英两个协会的会刊,两国各出一半编辑。这一状况一直延续到 1882 年 7 月。英国图书馆协会于 1898 年成为法人团体。

1895 年,在英国又成立了另一个协会——"图书馆助理员协会"②。它比英国图书馆协会更富有群众性,得到普通图书馆员的支持。1922 年该会易名为"助理图书馆员协会"③,于 1929 年合并于英国图书馆协会。

其他国家的图书馆协会

德国的图书馆协会成立较晚。经过多年的筹备之后,1900 年在马尔堡召开了"德国图书馆员协会"④的成立大会,1945 年以前除了战时外几乎每年都召集大会。它从 1902 年起出版《德国图书馆年鉴》⑤。随着公共图书馆在德国的发展,于 1922 年成立了"德国公共图书馆员协会"⑥。

奥地利于 1896 年成立了"奥地利图书馆事业协会"⑦。1919 年,这一协会宣布解散,因此 1945 年以前,奥地利的图书馆员参加了德国图书馆员协会的活动。1946 年,奥地利图书馆事业协会复

---

① Henry Tedder,1850—1924.
② Library Assistants' Association.
③ Association of Assistant Librarians.
④ Verein Deutscher Bibliothekare.
⑤ *Jahrbuch der Deutschen Bibliotheken.*
⑥ Verband Deutscher Volksbibliothekare.
⑦ Österreichischer Verein für Bibliothekswesen.

生,改名为"奥地利图书馆员联合会"①。

另外,日本(1892 年)、瑞士(1897 年)、丹麦(1905 年)、法国(1906 年)、意大利(1930 年)、波兰(1917 年),都先后成立了图书馆协会。

如前所述,图书馆史上首次国际会议于 1877 年在伦敦召开。相隔 20 年,即 1897 年,第二次国际性集会仍在伦敦举行。来自 14 个国家的 641 名代表参加,其中美国代表就有 50 名之多。会上,杜威、卡特、德国著名图书馆学者米尔考②报告了公共图书馆的问题,引起了与会者的极大兴趣。

以后还召开过几次国际会议。如,1898 年在瑞士开会讨论抄本的保存问题。1910 年在布鲁塞尔③召开过图书馆员和档案管理员的国际会议。1923 年在巴黎,1926 年在布拉格④,还开过国际集会。

经过这几年的努力,1927 年在爱丁堡召开的国际会议上终于成立了国际性的图书馆协会——"国际图书馆协会联合会",简称"国际图联"⑤。关于它的情况将在第十一章第二节详述。

---

① Vereinigung Österreichischer Bibliothekare.

② Fritz Milkau,1859—1934,德国近代杰出的图书馆学者、古典语言学家、著名的《图书馆学手册》(*Handbuch der Bibliothekswissenschaft*)三卷本的头两卷的编者。

③ Bruxelles(Brussel,Brussels).

④ Praha(Prague).

⑤ 英文名称是 International Federation of Library Associations and Institutions,简称 IFLA. ,法文名称是 Fédération internationale des associations de bibliothécaires et des bibliothèques,简称 FIAB。德文名称是 Internationaler Verband der bibliothekarischen Vereine und Institutionen,简称 IVBV。

6.2 图书馆学校的建立

十九世纪下半叶,在图书馆事业上的另一件大事是图书馆学校的创立。

十九世纪中叶以前,图书馆教育同师徒制度十分相似,即在图书馆内部,老馆员带领新馆员,一边工作一边学习。很显然,这种零散的、不系统的学习已经不适应近代图书馆工作的要求了。当图书馆学作为一门新生学科问世时,建立图书馆学校的要求也就提到日程上来了。德国图书馆学的先驱艾伯特、施雷廷格等人早在十九世纪初就强调图书馆专门教育的必要性。

格廷根大学的图书馆学讲座

最早在大学开设图书馆学讲座的是德国的格廷根大学。1886年,著名的图书馆学学者齐亚茨科[①]就任格廷根大学图书馆馆长,同时被任命为图书馆学教授。他积极筹备图书馆学的讲座,于1886年开课。这是历史上第一次在大学讲授图书馆学。讲课的课目有:目录学、抄本史、印刷史、古文书学[②]、图书馆管理法及其他相关课目。

从这些课目可以看出,德国的图书馆学教育着重于目录学、古文书学等文献研究,学术性较强,是以培养科学研究图书馆的馆员为主的。与此相比,美国初期的图书馆学教育则着重于图书的整理技术和图书馆的管理,甚至打字技术,是以培养公共图书馆的馆

---

① Karl Dziatsko,1842—1913.

② Palaeography,解释古代公文、书翰、敕令、特许状、遗嘱等的意义,并判定其年代、真伪等的学问。

员为主的。

齐亚茨科的讲座由于客观条件还不够成熟,没有能够继续下去。

杜威的图书馆学校

最早的图书馆学校是于 1887 年 1 月 5 日由杜威建立的,比齐亚茨科开课时间稍晚半年。早在 1879 年杜威就撰文强调,图书馆工作是一种专门的独立的职业,图书馆学的理论必须与实践相结合,为此有必要建立图书馆学校。他还主张吸收妇女参加图书馆的工作和进入图书馆学校。

1883 年 5 月,杜威被任命为哥伦比亚大学图书馆①馆长。他抓住这一绝好机会,征得大学当局的同意,于 1887 年正式成立了"图书馆管理学校"②,附设在哥伦比亚大学内。第一批学生除该大学的工作人员旁听外,共 20 名,其中 17 名是女生。讲授课目有:图书馆的经营、书籍的保管、书目、分类法、目录著录、参考咨询、外语等等,大部分都是与图书馆管理技术有关的。

这所学校经营了两年。当时的哥伦比亚大学相当保守,不主张男女同校,而图书馆学校的学生则多数是女生。因此开学伊始,杜威就遭到了反对。此外还有一些其他原因,该校不得不于 1889 年停办。同年,杜威趁调任奥尔巴尼③的纽约州立图书馆之际,把这所学校也搬到了奥尔巴尼。教学方针仍然着重于实际的图书馆技术,甚至包括图书馆专用字体的学习、打字、书籍补订法等等。这所学校一直开办到 1926 年,在国内外享有盛名。该校毕业生都成了美国各图书馆的骨干。这所学校于 1926 年又归属于哥伦比

---

① Columbia University Library.

② The School of Library Economy.

③ Albany,位于纽约北部。

222

亚大学,改称"图书馆服务学校"①。

美国的图书馆学校不断增加,按建校时间统计:

    1900 年以前建校的　　　4 所
    1900—1919 年建校的　　8 所
    1920—1939 年建校的　　22 所
    1940—1950 年建校的　　2 所
    至 1950 年共计　　　　　36 所

随着图书馆学校的增多,各校的教学内容和师生质量出现了一些差异。为了制定图书馆学校的教学标准,美国图书馆协会于1924 年在协会内设置了图书馆教育委员会②,于 1927 年制定了美国图书馆学校最低标准,对所有的图书馆学校进行了审核。1950年以前得到美国图书馆协会认可的学校就是上述 36 所。

美国的图书馆学校一般都是大学毕业生才有资格入学,即已获得某一学科的学士学位的人才能再度进入设在大学研究生院的图书馆学校。进修一年的图书馆学课程,可获得图书馆学的学士学位;进修两年的可获得硕士学位;再进一步深造的,可得博士学位。最早开设图书馆学博士课程的是芝加哥③大学(1928 年)。

设有图书馆学校并可授予博士学位的大学有:密执安④、伊利诺伊⑤、加利福尼亚⑥、哥伦比亚、芝加哥等著名大学。

此外,各大学和各图书馆经常举办图书馆员培训班或讲座,设法提高图书馆员的业务水平。

在美国,要成为图书馆学专家有两种途径:一是已经具有某一

---

① The School of Library Service.
② Board of Education for Librarianship.
③ Chicago.
④ Michigan.
⑤ Illinois.
⑥ California.

图29 美国宾夕法尼亚州立大学的目录学班(约1894年)

专业知识的人再来进修图书馆学;二是图书馆员进入大学的研究生院,专修某门科学。在美国,一般认为,图书馆员应当是某种学科的学者兼图书馆学的专家。

密执安大学图书馆馆长、著名的图书馆学家毕晓普[1]对图书馆学的教育不遗余力。1926年,他担任该大学图书馆学系主任,直至1941年退休为止。作为一名学者,他特别强调图书馆学理论在图书馆教育中的重要性。

英国的图书馆学校

英国的图书馆学校建立较晚。直到1919年才在伦敦大学内设置了一所图书馆学校。后来在威尔士[2]大学、谢菲尔德大学等

---

① William Warner Bishop,1871—1955,1917—1919年任美国图书馆协会会长,1931—1936年任国际图联会长。

② Wales.

224

也建立了大约10所图书馆学校。英国的图书馆教育介乎美国和德国之间,既讲授学术性较强的课目,也传授一些图书馆的专门技术。

在英国要取得图书馆员这一专门资格是不太容易的。英国图书馆协会从1885年起,受国家的委托,有权给图书馆工作者授予两种不同的资格。申请图书馆员资格的人必须通过英国图书馆协会的如下三种考试:

1. 初步考试(Elemantary or Entrance Examination)

2. 中间考试(Intermediate or Registration Examination)

3. 最终考试(Final Examination)

初步考试共6小时,3小时考英国文学史,另3小时考图书馆管理、分类编目、工具书使用法等等。

初步考试及格者,始得参加中间考试。大学毕业生可以免去初步考试,直接接受中间考试。

中间考试的科目有:图书馆的组织、行政、财务、法规、建筑、设备、目录、分类、书目、采购、文学史以及两门外语。中间考试及格后,再到英国图书馆协会认可的图书馆工作两年,才被授予"协会准会员"①的资格。每年约有1,400人参加中间考试,被录取的仅300多人。考试之难,可想而知。

准会员自从事实际工作5年,才有资格参加最终考试。这次考试难度更大,必须回答英国文学史的一些相当专门的问题。除了阐述图书馆的组织管理总论外,还要写出论文论述公共图书馆、学校图书馆或专业图书馆的组织管理问题。此外还要考书目史、古文书学、高等分类法等等。最终考试合格者,才能获得图书馆员的最高资格——"协会正式会员"②。通过这三道难关获得这一资

---

① The Associate of the Library Association,简称ALA. 。

② The Fellow of the Library Association,简称FLA. 。

格的图书馆工作者,不言而喻,在英国享有盛誉。英国的图书馆馆长多数是协会正式会员。

其他国家的图书馆学校

在德国,大约于 1870—1880 年间逐渐取消了由教授(或学者)兼任图书馆馆长的制度,改由图书馆的专业人员当任馆长。此时,德国图书馆学先驱者的宿愿终于得偿。然而,为了适应这一新情况,必须加快培养图书馆的专门人才,并制定相应的考核制度。于是,1893 年普鲁士政府发布了学术图书馆员的考试条例,1909 年又发布了中级图书馆馆员的考试条例。

在法国,早在 1821 年就建立了旨在培养古文献专家的"古典学校"①。该校毕业生在国家图书馆和大学图书馆发挥了很大作用,因为这些图书馆多数是从中世纪的修道院图书室和贵族君侯的私人图书馆发展起来的,收藏着丰富的古文献资料。该校是典型的讲授学术课目的机构,在很长时间内不教授图书馆技术。这种图书馆教育法对德国、意大利、西班牙等国有相当大的影响。

1930 年,成立了巴黎市立图书馆员学校②。这所学校照美国图书馆教育的办法讲授图书馆技术,培养中级图书馆员。

从 1879 年起,法国也施行了图书馆员资格的国家考试制度。

在瑞士,1918 年建立了日内瓦图书馆学校,学制三年,前两年学习理论,最后一年实习。同年在丹麦的哥本哈根也开设了图书馆学校。1934 年,在西班牙的巴塞罗那③开办了三年制的图书馆学校。

---

① École Nationale des Chartes.
② École municipal de bibliothécare de Paris.
③ Barcelona,在西班牙东北部。

在俄国,著名的图书馆学家哈芙金娜①于 1913 年首次在莫斯科的沙尼雅夫斯基大学②开办了图书馆学课程,到 1917 年培养出约 1,000 名图书馆员。十月革命以后,苏联的图书馆事业和图书馆教育蓬勃发展。在全国纷纷成立图书馆学讲习所。从 1921 年起,图书馆学的课程成为许多大学的文法院系学生的必修课目。从三十年代起,图书馆学的高等院校出现了。1930 年,在莫斯科建立了国立莫洛托夫图书馆学院③;1935 年,国立哈尔科夫图书馆学院④成立;1941 年,在列宁格勒成立了国立克鲁普斯卡娅图书馆学院⑤。这 3 个学院都设有 3 个系:图书馆学系、目录学系和少年儿童图书馆系。学习年限为 4 年,比其他国家多一至二年。在各学院和若干大型公共图书馆还设有研究科,在这里进修 3 年,提出学位论文,答辩通过后可以获得教育学硕士学位。1934 年的法令规定,没有受过图书馆教育的人,必须参加国家考试,合格后才能成为图书馆员。以上种种说明,苏联的图书馆教育是相当严格的。

---

① Любовь Борисовна Хавкина,1871—1949.

② Щанявского университет, 由教育家沙尼雅夫斯基(Альфонс Леонович Щанявский,1837—1905)出资,于 1906 年在莫斯科建立。这所大学成了普及科学知识的巨大中心。

③ Московский государственный библиотечный институт им. В. М. Молотова,1964 年改名为"莫斯科文化学院"(Московский институт кулътуры).

④ Харьковский государственный библиотечный институт,1964 年改名为"哈尔科夫文化学院"(Харьковский институт культуры)。

⑤ Ленинградский государственный библиотечный институт им. Н. К. Крупской,1964 年改名为"克鲁普斯卡娅列宁格勒文化学院"(Ленинградский институт культуры им. Н. К. Крупской)。

6.3 美国的图书馆事业

十九世纪七十年代以后,美国的图书馆事业进入了世界先进的行列。日益上升的资本主义给图书馆事业提供了充分的物质条件。设备良好的新馆舍陆续建成,各馆都有比较充足的经费。新的技术广泛地应用到图书馆工作上。

为了追求利润,为了保持国家的威严,也为了巩固资本主义的社会秩序,美国的统治阶级必须发展新的工业和新的科学技术。在这过程中,图书馆的作用,尤其科学研究图书馆的作用,日益突出。美国的统治阶级不惜花费巨额,加强国家图书馆、大学图书馆和其他专业图书馆的建设。甚至在经济萧条时期,他们也没有大幅度地削减图书馆的经费。

到了七十年代,垄断资本进一步控制文化领域,它们企图对文化教育、新闻出版以及图书馆事业施加自己的影响。发达的资本主义社会所需要的已经不是简单的体力劳动者,而是有一定文化的工人、公务人员以及知识分子大军。不少百万富翁和"慈善家"认为,把自己获取的一小部分利润投入图书馆的建设,是很合算的。富人捐款、捐书和捐馆舍,不是稀罕的现象。这也是推进美国图书馆事业的一个重要因素。

美国人还把欧洲各国的图书馆事业多年积累的经验吸收过来,而且有所发展。到了上世纪下半叶,一批先进的美国图书馆学者出现了。他们的图书馆理论和实践具有国际意义。例如,杜威的十进分类法对几乎所有的国家,包括中国,都产生过影响。又如,目录卡片的集中编目和印刷发行的办法,迄今各国都还在采用。美国的公共图书馆采取民主的手段,成功地解决了一系列当时所面临的问题。正因为如此,列宁在《对于国民教育能够做些什么》①一文中，全面肯定了纽约公共图书馆②的工作。他们很好地解决了如下几方面的问题，如，公共图书馆的开放性问题、一切为读者着想的问题、开架制问题、把图书借出馆外的问题、为宣传图书而举办报告会展览会等问题、为儿童服务的问题等等。列宁极为称赞该馆的工作。十月革命以后，他多次号召苏联的图书馆员向美国和瑞士的图书馆学习。苏联图书馆事业之所以取得了很大的成就，其中一个重要的原因就是因为苏联的图书馆员遵照列宁的指示认真学习了这些先进经验。

美国人具有仿佛自相矛盾的国民性。他们一方面富于求实精神，讲究实际，另一方面又富于幻想，有果敢精神。这一特点在美国图书馆事业上也明显地表现出来。例如，美国通行的字典式目录系统，一方面备有专为一时的需要所设置的简洁的主题，一索即得，马上可以解决具体的实际问题。另一方面，他们又幻想把包罗万象的人类知识统统编入这一套字典式目录系统中，让人们或从著者，或从书名，抑或从主题，均可直接检索。

总之，十九世纪末、二十世纪初美国图书馆事业的高速发展反映了美国的高度物质生活和比较成熟了的资本主义社会。

资产阶级开办图书馆，毕竟是从它自身的利益着眼的。尽管如此，资本主义是比封建主义更高级的、更先进的社会。这一点在图书馆事业上也十分明显地反映出来。在资本主义社会中，图书馆越是发挥它作为社会机构的职能，它对人民群众的精神生活的影响就越大，甚至可以说，社会生活已经离开不了图书馆。这一点在封建社会是料想不到的。

---

① 《列宁全集》，第 19 卷，人民出版社 1959 年版，第 271—273 页。

② New York Public library.

国会图书馆

1800 年美国首府迁至华盛顿,此时美国国会图书馆成立。它起先只是为国会议员服务的法律参考性质的图书馆,到 1814 年藏书仅有 3,000 册,很少被人利用。同年,入侵华盛顿的英军把图书馆也毁坏了。第二年,卸任的第三届总统杰斐逊①把自己的藏书 6,487 册出让给国会图书馆,他的藏书不限于法律书籍。以后国会图书馆的馆藏逐渐增多,1850 年已达 5 万册,仅次于当时美国最大的哈佛大学图书馆。1851 年,火灾又烧毁了它的许多藏书,所剩仅 2 万册。

在重建过程中,它的藏书增长很快。富于美国史料的彼得·福斯②图书馆于 1867 年并入国会图书馆。与此同时,佩蒂格鲁③法律图书馆的藏书也合并进来,其中有头三届总统——华盛顿④、亚当斯⑤和杰斐逊的文件档案。1866 年,史密森研究所的图书馆把大约 4 万册的图书移交给国会图书馆,其中大部分是自然科学书籍。1867 年,著作权注册处⑥交由该馆管理。从此,该馆享有每种出版物两册的呈缴本的特权。到 1875 年,馆藏增至 30 万册。国会图书馆逐渐变成了美国的国家图书馆。

1865—1897 年任国会图书馆馆长的斯波福德⑦为建造一座名副其实的国家图书馆大厦而奋斗。1897 年,他的夙愿实现了:一幢先进技术与古典幽雅兼而有之、巍峨壮丽与华美富丽融为一体

---

① Thomas Jefferson,1743—1826.
② Peter Force,1790—1868,美国史学家。
③ James Louis Petigru,1789—1863,美国法学家。
④ George Washington,1732—1799.
⑤ John Adams,1735—1826.
⑥ Registry of Copyright.
⑦ Ainsworth Rand Spofford,1825—1908.

的图书馆大厦,矗立于国会大厦的东侧广场。这是一座当时世界上"最安全、最宏伟、最奢侈"的图书馆建筑。1897 年 11 月 1 日,它向盼望已久、赞不绝口的公众敞开了大门。

新馆是仿照不列颠博物馆的模式建造的。有八角形的大阅览厅,书库可容纳 300 万册书,总面积约 4 英亩,装有当时最先进的设备,如明亮的灯具、铁制书架、图书传送机、馆内通话系统等等。目前,国会图书馆的主楼仍是 1897 年建造的这所建筑。

该馆的馆员在 1864 年仅有 5 名,新馆建成后在 1900 年有 185名,另在著作权注册处还有 45 名工作人员。到了二十世纪三十年代末,馆员人数已达 1,000 名。

图 30　美国国会图书馆

1899 年,38 岁的普特南①就任馆长。这是第一位图书馆的专业人员担任国会图书馆馆长。他把丰富的图书馆工作经验用于国

---

① Herbert Putnam,1861—1955.

会图书馆,并把该馆的方针同美国图书馆事业的更为广泛的利益结合起来。普特南任职前后长达40年,呕心沥血,惨淡经营,把国会图书馆办成了世界最大的图书馆。他对国会图书馆的贡献与帕尼齐对不列颠博物馆的贡献不相上下,不分伯仲。他初任馆长时,该馆藏书约80万册。1939年退休时,总藏书已达600万册,国会图书馆已成为盖世无双的资料中心。普特南不仅是一位出类拔萃的馆长,而且是一位杰出的图书馆学家。他在分类编目方面的成就至今仍影响着世界许多国家的图书馆工作。普特南的主要贡献是:编制国会图书馆分类法,发行印刷目录卡片,编制《全国联合目录》①等等。

国会图书馆最初采用杰斐逊藏书的分类表,即按培根的知识分类编制的44大类目的分类表。严格说来,它不是一部图书分类法。普特南接任时,也没有一套完整的目录,书籍排架也无一定的方法。加之,人员不足,素质较差,80万册图书急待科学地整理加工。普特南以极大的魄力和远见,改变了这种状况,努力把国会图书馆扩大成为一个全国图书馆系统的核心,即国家图书馆。

1900年他作出决定,编制一部适合本馆藏书的分类法。经过4年的研讨,1904年著名的《美国国会图书馆分类法》②问世了。它吸取了卡特编制的《展开制分类法》③及其他分类法的长处,并根据馆藏特点制定了比较详细的类目。这一分类法除了在政府机关图书馆使用外,逐渐地被一些科技图书馆和大学图书馆所采用。它和杜威十进分类法对近代各国的图书分类法影响很大。

在普特南的领导下,国会图书馆从1901年开始发行印制目录卡片。这对全国图书馆的分类编目的统一,对提高目录的质量,对

---

① *National Union Catalog.*

② *The Library of Congress Classification.*

③ *Cutter's Expansive Classification.*

消除各馆的重复劳动,起了巨大的作用。

印制和发售印刷卡片,最早是 1853 年史密森研究所图书馆馆长朱厄特提议的。剑桥大学图书馆于 1861 年第一次编制印刷卡片,后来此法传到荷兰、法国和德国。1870 年,波士顿公共图书馆也开始印制卡片。1893 年,由波士顿的图书馆用品公司①(第一任经理是杜威)开始大量印制和出售印刷卡片。1901 年,国会图书馆接管了这项事业。卡片上印有国会图书馆的分类号和杜威十进分类法的号码以及主题标目。印刷卡片每年出售 6,100 万张。这一套卡片目录从 1944 年起编成书本式的著者目录,从 1950 年起编制书本式主题目录。国会图书馆编制的《国会图书馆字典式目录所用主题标目》②,对主题目录的编制是不可缺少的工具。

印刷卡片的编制和发行应当说是编目事业上的一次革命。之后,许多国家也仿效此法。近来电子计算机开始进入编目领域,但它能完全取代印刷卡片的日子,也不是近在咫尺。

国会图书馆在普特南的领导下从 1902 年开始编制《全国联合目录》。此目录收入美国和加拿大大约 2,500 所图书馆的藏书,至 1946 年已编有 1,400 万张卡片,近年已增至 1,800 万张,并定期编印成册。

国会图书馆从 1927 年起还编印《美国和加拿大图书馆期刊联合目录》③,1966 年出了第三版。

该馆也是国内外图书交换的中心。它所藏的有关苏联、中国、日本等方面的资料在欧美各国图书馆中最为丰富。

国会图书馆很早就开展了咨询服务工作。馆内设有各学科的参考咨询部,各行各业的专家在那里工作,随时解决读者提出的

---

① Library Bureau.

② *Subject Headings Used in the Dictionary Catalogs of the Library of Congress.*

③ *Union List of Serials in Libraries of the United States and Canada.*

问题。

除了一般书刊外,该馆还收藏小册子、照片、明信片、幻灯片、唱片、电影片、版画、乐谱等等。它的音乐图书馆、法律图书馆是很出色的。馆内还设有为盲人读者服务的全国中心。

1938 年,该馆增建了可以容纳 700 万册图书的馆舍。1979 年再次扩建。

如前所述,美国国会图书馆从上世纪末开始变为美国的国家图书馆。它除了为国会服务外,还把全国作为自己的服务对象。它是美国的学术中心机构之一,也是美国的一所民众的大学,任何人都可以到这里来利用它的丰富馆藏,不必查验什么证件。它还同世界各国的图书馆建立密切的联系,并积极为他们服务。

大学图书馆

美国在殖民地时期已经建立了若干大学,如哈佛大学、耶鲁大学①等等。进入十九世纪以后,又新建了许多大学。但是,建校初期大学图书馆一般来说是很不像样的。馆藏是贫乏的,也没有专职的图书管理员,通常只有一个年轻教员兼管图书,开馆时间很短,借书规则很严。

大约从十九世纪下半叶起,美国的大学图书馆开始走向近代化。南北战争结束后,美国的大学教育突飞猛进,以适应资本主义的进一步发展需要。旧的教学法只要求学生死背讲义,不鼓励他们多读书。那时的大学图书馆,自不待言,是可有可无的。十九世纪中叶,德国的学术思想对美国的影响增大了。大学开设了德语课,德文书籍大量进入图书馆。不少大学教授是德国大学毕业的。德国的"大学的自由"吸引了美国学生。人们以获得德国的学位为荣。德国大学的教学法被引入美国大学。例如,1873 年,哈佛

---

① Yale University.

大学开始采用德国的哲学博士学位制。按照德国大学的教学法，教授们指定学生阅读很多书籍。为了取得学位，学生必须翻阅大量的参考资料。教授们必须积极参与图书的选订工作。大学图书馆逐渐变成了知识的宝库和学术研究的场所。开馆时间延长了，借书方便了，各种各样的参考咨询工作开展起来了，大学图书馆逐渐变为教学和科研不可缺少的机关。著名的图书馆学者、教育家吉尔曼①说："大学图书馆是大学的心脏。"这一名言道出了大学图书馆的重要性。

随着大学图书馆的不断发展，在美国也出现了争论不休的老问题：即大学图书馆应以院系的分馆为主，还是以总馆为主的问题。例如，哈佛大学图书馆是采用以分馆为主的分散经营方式；哥伦比亚大学图书馆则采用以总馆为主的集中经营方式。看来，1940年以前，大型的综合性大学图书馆多数采用前一种方式。

在美国大学图书馆中历史最悠久的是哈佛大学图书馆。它目前藏有900万册以上图书和110万件以上的缩微复制品，是世界上最大的大学图书馆。该大学创立于1636年，设在马萨诸塞州波士顿以西的剑桥。起先，牧师约翰·哈佛②赠送了约380册书和小笔款项。建馆初期，主要靠赠献维持，发展缓慢。1723年仅有3,000册书，1827年有2.5万册书。1840年迁入独立的馆舍时有4万册书，不包括小册子。至1866年增加到11.4万册书和9.5万册小册子。馆藏的增加主要还是依靠赠送。据统计，1780—1840年的60年间，主要的赠送有1,000次以上。至1900年，藏书超过56万册。

1915年，该馆搬进了威德纳③纪念图书馆。威德纳是一位少

---

① Daniel Coit Gilman，1831—1908.

② John Harvard，1607—1638.

③ Harry Elkins Widener，1885—1912.

见的收藏家,曾将有关英国文学的几乎全部著作都搜罗起来。1912 年,他乘船遇难,年仅 27 岁。他的母亲把儿子的这批珍藏赠给哈佛大学,还献出了一栋优质壮观的图书馆馆舍。它有 300 个带书架的阅览席位和 10 层书库,不仅可以容纳当时哈佛大学的 100 万册左右的全部藏书,据当时估算,还足够供该馆今后半世纪的发展之用。这栋威德纳图书馆之宏大,可想而知。但是,哈佛大学的发展超出了人们的预料,仅仅 15 年刚过(1930 年),威德纳图书馆的书库已经书满为患。1925 年的藏书量是近 250 万册,1940 年近 400 万册,1950 年 600 万册,1970 年前后 750 万册。将各种资料计算在一起目前已超过 1,000 万册。

哈佛大学图书馆的馆藏,不论在数量或在质量上都可与不列颠博物馆和法国国家图书馆相媲美。自创立到现在,前后三百余年,接连涌现出不少优秀图书馆员,他们对该馆的建设,费尽了心血。英国文学、世界文学、法律、经济、斯拉夫学以及东方学等等方面的珍藏颇多,资料价值极高。

如前所述,该馆是采用分散管理办法,目前有 90 多个院系分馆和专业分馆,各分馆都藏有几十万册图书。

十八世纪建立的大学还有:耶鲁大学、哥伦比亚大学、宾夕法尼亚大学[①]、普林斯顿大学[②]等等。它们的图书馆目前都有数百万册藏书。十九世纪建校的大学,它们的图书馆也有许多很好的,例如,芝加哥大学图书馆(1892 年建馆)、伊萨卡市[③]的科内尔大学[④]图书馆(1865 年)、厄巴纳市[⑤]的伊利诺伊大学[⑥]图书馆(1867

[①] Pennsylvania University.

[②] Princeton University.

[③] Ithaca.

[④] Cornell University.

[⑤] Urbana.

[⑥] University of Illinois.

年）、斯坦福大学①图书馆（1885 年）、安阿伯市②的密执安大学③图书馆（1838 年）等等。

公共图书馆

美国的公共图书馆在 1876 年美国图书馆协会成立之后有了巨大的发展。美国的有识之士多年来一直强调国民教育的重要性。1852 年，最早的义务教育的州法案通过了。教育的普及同公共图书馆的发展是齐头并进的。美国的公共图书馆事业之所以发展较快，还有一些主观上的原因，即公共图书馆已被人们看成是一种教育机构。杜威坚决主张，除了免费的学校之外，还应当有免费的图书馆；除了学校的老师之外，还应当有另一种老师——图书馆员；图书馆应当成为像邮局一样可亲近的机关。正规学校的毕业生应当享受在图书馆继续学习的机会，以便不断增补他们的知识。在美国，公共图书馆被称做"民众的大学"④。

美国的公共图书馆有许多特点。它们都想方设法为市民服务，尽可能地采取便当的方式，最大限度地向他们提供所需的图书资料。馆员的业务水平是比较高的。晚间和星期日，一般都开馆⑤。大部分是采取开架阅览的方式。重视参考咨询工作也是美国公共图书馆的特点之一。读者提出的各种各样的问题，图书馆员都乐于解答，例如从查询各银行的利息等日常生活中的简单的问题，到专门的学术性问题，都在图书馆参考咨询部的职责范围之内。读者甚至可以用电话进行咨询。公共图书馆一般都设有讲演厅、展览厅、电影放映室，并出借唱片、磁带等等。没有儿童图书馆

① Stanford University.
② Ann Arbor.
③ University of Michigan.
④ "People's University".
⑤ 1871 年，辛辛那提市（Cincinnati）公共图书馆首次实行星期日开馆。

的地方，一般都设有儿童阅览室。另外，美国图书馆较早地注意到对残疾人的服务工作。

还应当指出，美国的公共图书馆，尤其是较大的公共图书馆，不仅为一般读者服务，还为科研人员服务。这些公共图书馆兼有民众图书馆和学术专门图书馆的两种机能。总之，美国企业家的实干精神和美国的某些先进的科学技术渗入了公共图书馆。

美国最大的公共图书馆是纽约公共图书馆。它与波士顿公共图书馆不同，建立较晚，直到1895年才由三家私人图书馆合并而成。一家是富商阿斯特①的图书馆。他于1848年遗留了40万美元，建立了这所图书馆。第二家是爱书家伦诺克斯②赠献的伦诺克斯图书馆。该馆收藏着丰富的美国史和文学史的书籍，于1870年开馆。第三家是政治家、前纽约州州长蒂尔登③的图书馆。他于1886年去世，留下了大批遗产。遵照遗嘱，以其中200万美元和遗留的约2万册书籍为基础，建立了蒂尔登图书馆。这三所图书馆合并之后，经费开支除政府拨款外，主要还是继续依靠私人捐献。1901年，钢铁大王、亿万富翁卡内基④给该馆捐送了520万美元的巨款，用以建立65所分馆。1911年新建的总馆可容100多万册书，阅览室备有800个座位。纽约公共图书馆同波士顿公共图书馆一样，兼有学术图书馆的机能。它的参考咨询部现有260万册以上的藏书，外借部现有150万册书，而手抄本、地图、图片等共有约1,000万件。目前有84所分馆，分馆的藏书总册超过了300万册。该馆一年出借1,200万册书。每年进馆人数超过400万人次。纽约公共图书馆还出版一份很好的杂志——《纽约公共

---

① John Jacob Astor，1763—1848.
② James Lenox，1800—1880.
③ Samuel Jones Tilden，1814—1886.
④ Andrew Carnegie，1835—1919.

图书馆通报》①。

著名图书馆员达纳②对美国公共图书馆事业的贡献是必须提到的。他从事图书馆工作前后 40 年,一直努力使图书馆为各种类型的读者服务。1894 年,他在丹佛③公共图书馆内首次开辟了儿童阅览室。他是采用开架式的先锋。他将商业及其相关的书籍集中起来,放置商会大楼里,使之直接为商业界服务。

从 1898 年起,达纳担任斯普林菲尔德④市图书馆馆长。他把妨害馆员同读者直接接触的一切栅栏、门扇统统撤掉。他的图书馆在小丘上,读者进馆必须爬丘坡。于是他为读者架设了电梯。

1901 年,达纳任新泽西州纽瓦克⑤的自由公共图书馆⑥馆长。他开展了为医院病人服务的工作,还为移民准备了他们能够阅读的非英文图书。他建立了商人图书馆,开始进行目前人们所说的情报工作,即把商业的图书杂志及有关商业信息和数据及时供给商业界。他编印的定期通讯《商业文献》⑦,全国各地都相争订阅。他的图书馆成了为社会服务的榜样。

达纳是专业图书馆协会⑧的第一任主席。1895—1896 年,任美国图书馆协会主席。

美国中部和西部的公共图书馆起步较晚,大约在十九世纪末、二十世纪初才有了大规模的发展。南部的公共图书馆发展更迟,在十九世纪几乎没有像样的公共图书馆。

---

① *Bulletin of the New York Public Library.*
② John Cotton Dana,1856—1929.
③ Denver,科罗拉多(Colorado)州首府。
④ Springfield,在马萨诸塞州。
⑤ Newark.
⑥ The Free Public Library of Newark.
⑦ *Business Literature.*
⑧ Special Libraries Association.

应当指出,美国公共图书馆的"全民性"和"开放性"是打上了阶级社会的烙印的。被压制的黑人群众在南北战争之后也没有得到真正平等的经济、政治和文化的权利,尤其在南部,大部分黑人无法利用公共图书馆。工人阶级的下层和来自亚洲的移民在读者中也只占极小的比例。

起初,美国的图书馆为分散的农村居民服务是比较差的,但从十九世纪末和二十世纪初起,在美国东北部的一些州出现了农村图书馆和流动书车①。1890 年,马萨诸塞州最早设置了州图书馆委员会②,专管州内的图书馆事业。之后各州也相继设立了这样的机构。

1929 年以后的经济萧条给美国的图书馆事业带来了很大的灾难。图书经费的减少致使一些分馆关闭,流动书车不能经常开动。1933 年,联邦政府的公共事业促进局③出面,帮助地方图书馆。1936 年,在联邦政府的教育部设置了图书服务科④,专管图书馆的计划、统计和业务指导。该科 1938—1939 年的统计数字表明:藏书量和流动量增加了,但馆员人数、图书经费均为不足,全国总共有公共图书馆 6,880 所,藏书量共达 1.04 亿册,约有 2,400 万人次借走 4 亿册以上的书,新入藏的图书达 700 万册。

捐赠图书馆

美国资本主义的巨大发展导致了社会财富的高度集中,于是出现了极少数百万富翁。他们当中的一部分人搞些所谓的"慈善事业",其中包括捐献书籍、图书经费以及馆舍等等。这种私人捐

---

① Travelling library.
② State Library Commission.
③ The Works Progress Administration.
④ The Library Services Division.

赠的图书馆的大量出现,也是近代美国图书馆事业的特点之一。

我们在上面已经看到,美国最大的公共图书馆——纽约公共图书馆是如何由私人捐款捐书建立起来的,直到现在尽管名义上是公共图书馆,但还是主要依靠私人赠款经营。

在这些慈善家中,比较有名的是上述卡内基。他出生在苏格兰,移居美国后,在钢铁制造业上发了大财。据他回忆,在他15岁当电报投递员的时候,有一个叫安德森①的上校把自己的藏书约400册借给童工们看阅。每星期六下午,安德森就把自己的家当作小图书馆。少年卡内基盼望星期六快快到来!他回忆说,这种渴望的心情对那些没有同样经历的人来说恐怕是很难理解的。当卡内基把头埋在安德森的图书宝库时,他就想,将来一旦发财致富,定要为如此这般的贫穷青少年出资,开办免费图书馆。

后来,他获得了巨万财富。1881年,他首先向故乡邓费尔姆林②赠送了一所图书馆,1895年在他的钢铁工人劳动的地方匹兹堡市③盖了一所图书馆。至1899年,他赠献的图书馆共达44所以上。如前所述,1901年他给纽约公共图书馆捐送巨款。卡内基的捐献一般是赠献馆舍,不捐赠图书。1911年他在纽约建立了卡内基社团④,1913年在英国建立了卡内基联合王国托拉斯⑤,为美英等国的图书馆事业、科学文化和成人教育提供捐款。据1920年的统计,在1919年他逝世前,向美、英、加拿大各国总共赠献了至少2,500所图书馆,捐款超过4,100万美元。

对于卡内基等人的这种"慈善事业"历来褒贬不一。作为一个资本家,卡内基是考虑他的"慈善事业"的得失的。他曾经向公

---

① Anderson.

② Dunfermline,位于苏格兰东部。

③ Puttsburgh,在宾夕法尼亚州的西南部。

④ Carnegie Corporation of New York.

⑤ Carnegie United Kingdom Trust.

众明说,他并不是一个慈善家,他正在做毕生最好的交易。卡内基向某一城市捐献图书馆馆舍,作为交换条件,该市必须提供地皮和购书经费,并把图书馆永久经营下去。为此,该市不得不付出比他的捐款多得多的投资。难怪,批评他的人说,卡内基捐献图书馆是为自己树碑立传。

美国还有其他许多慈善事业家。近代美国最大的爱书家、铁路经营者亨廷顿①于1919年在加利福尼亚州的圣马里诺②建立了一所亨廷顿图书馆③和美术馆。这是一所世界上稀有图书的宝库,它的40万册图书和100万件以上的抄本吸引着世界各国的学者。利用这里的藏书写成的研究成果,发表在《亨廷顿图书馆季刊》④上。

芝加哥有两所私人捐赠的有名的学术图书馆,即纽伯里图书馆⑤和克里勒图书馆⑥。前者用芝加哥实业家的先驱纽伯里⑦的遗产于1887年建立,藏书特点是以文学、历史等书籍居多。后者由企业家克里勒⑧于1895年创立,是理工科的参考图书馆。在一个城市建立文理相称的两所图书馆是有一定道理的。目前,纽伯里图书馆藏有130万册以上的图书。克里勒图书馆则有藏书110万册以上。

在纽约,有美国大垄断资本家约翰·皮尔庞特·摩根⑨及其

---

① Henry Edwards Huntington, 1850—1921.
② San Marino.
③ Huntington Library.
④ *Huntington Library Quarterly*.
⑤ The Newberry Library.
⑥ John Crerar Library.
⑦ Walter Loomis Newberry, 1804—1868.
⑧ John Crerar, 1827—1889.
⑨ John Pierpont Morgan, 1837—1913.

子小约翰·皮尔庞特·摩根①建立的摩根图书馆②。这里收藏着中世纪的抄本、摇篮刊本和美国史料。

由石油大王福尔杰③在华盛顿建立的福尔杰莎士比亚图书馆④是一所有关莎士比亚资料的世界上最大的图书馆。福尔杰从学生时代就开始搜集莎士比亚的资料。1909 年前后，他的私人藏书已经被称做美国最丰富的莎士比亚资料，再过了几年，又被认为是世界上最丰富的莎士比亚文献中心。他所搜集的莎士比亚的每一种剧本都有 70 个以上的不同版本。福尔杰在去世前把这些珍藏安置在华盛顿的一所专用建筑物内，准备将来供专家学者使用。这所图书馆于 1933 年开放。馆藏除了 25 万册书籍外，还有小册子、抄本、文件、遗物、古董、绘画、印章、徽章、硬币、花毡、演出海报、剧场节目单、供提白员使用的台词副本以及家具、装束等等，均与莎士比亚本人及其时代有关。

"战争、革命与和平问题胡佛研究所"⑤的图书馆也是很有名的。该所由第三十一届总统胡佛⑥于 1919 年建立。图书馆所藏的 100 多万册书刊都是与世界各国的革命运动、和平运动、共产主义运动以及国际关系有关的。

著名的图书馆员

十九世纪下半叶，美国涌现出一批杰出的图书馆学家和图书馆馆长。他们从理论上和实践上解决了美国图书馆事业兴旺时期所面临的许多问题，把图书馆学向前推进了一大步。这些问题都

---

① John Pierpont Morgan, 1867—1943.

② The Pierpont Morgan Library.

③ Henry Clay Folger, 1857—1930.

④ The Folger Shakespeare Library.

⑤ The Hoover Institution of War, Revolution and Peace.

⑥ Herbert Clark Hoover, 1874—1964.

是具有国际共性的,因而他们的贡献和影响不仅限于美国一国。

我们已经提到朱厄特、普尔、温泽、达纳、卡特、杜威、普特南、毕晓普等人。他们都有一个共同的思想,即图书馆员必须千方百计地推广图书,必须采取一切措施接近群众。这种思想同中世纪的图书馆经营思想迥然不同。这是资本主义上升时期在图书馆事业中产生的先进思想。

朱厄特生活在美国图书馆事业发展的最早阶段。他积极支持1853年召开的全美图书馆员大会,为以后美国图书馆协会的成立尽了力。他建议编制全国联合目录,这一设想在50年以后由国会图书馆付之实现。

普尔是美国图书馆事业史上的一位重要的先驱者。他考虑到如何提高期刊的利用率,于1848年编制了最早的期刊论文索引,一般都称之为《普尔期刊文献索引》[1]。这部期刊索引开辟了书目索引工作的新道路,成为世界各国图书馆服务工作的一块基石。他担任过美国图书馆协会的副主席、主席等职。

著名的图书馆事业家温泽是一位为图书馆公众化而作出不懈努力的人。他首创了卡片式的排架目录,以代替入藏图书登记帐的方式。

下面着重介绍卡特和杜威的成就。

卡特的主要功绩是前面已经提到的《字典式目录规则》的编制。英文图书的著录规则早在1841年由帕尼齐制定了91条[2]。1852年又由朱厄特制定了一个著录条例。大约从1870年起,卡特编制了新的目录体系——字典式目录。过去的目录多半是著者目录和分类目录。卡特把著者字顺目录、书名字顺目录和主题字顺目录汇合成一套目录,像百科字典那样按字顺加以排列。这样

---

① *Poole's Index to Periodical Literature.*

② 见本书第174页。

编制的一套目录叫做字典式目录,读者可以像查一本字典或百科全书那样从中检索到所需的资料。

字典式目录很适应某些小专题的检索。读者没有必要了解图书馆的分类系统,只要按字母顺序查阅自己感兴趣的主题,就能查到所需要的书籍。但字典式目录的排列是没有逻辑性的,不具有科学体系。因此,欲想系统地相关地探讨较大的课题,还必须依靠分类目录。分类目录是有逻辑系统的、有系列的,因而适合学者和科研人员使用。这两种目录具有各自的特点和功能,是相辅相成的。

随着字典式目录的普及,上述卡特的编目规则越来越被人们所重视,于 1904 年刊印了第四版。卡特的编目规则变成为英美各国的编目准绳。以后经过多年的努力,美英两国的图书馆协会于 1908 年制定了两国通用的著录规则[①]。此规则共 174 条,88 页。这一规则的制定是编目史上的一个里程碑,它统一了英语国家的编目工作,对目录质量的提高起了很大作用。

卡特还编制了一份著者号码表,即《卡特著者号码表》[②]。馆内如有两本以上的同类书,自然它们的类号是相同的,此时需要进一步安排这几本书的前后顺序。在同类书内以著名姓名为序是可取的一种办法。卡特的著者号码表是以著者姓名的字顺为序的。他根据欧美姓氏的特点,取姓的第一个字母,再加上二位或三位数字,编制了如下模样的表:

| Ba | 111 | Ca |
| Bab | 112 | Cab |

---

① *Catalog rules, author and title entries; compiled by Committees of the American Library Association and the British Library Association.*

② *C. A. Cutter's Alphabetic – order* 1887 或 *Cutter – Sanborn Three – Figure Author Table* 1896.

Babe	113	Cabas
Babi	114	Cabe
Babr	115	Cabi
⋮	⋮	⋮

照此表，著者 Babeuf 的号码是 B 113，Cabell 的号码是 C 114。

卡特的著者号码表，结构整齐清晰，号码配备比较合理，易检易用，因此受到国际图书馆界的赞扬，成为各国编制著者号码表的楷模。例如，苏联著名的图书馆学者哈芙金娜编制的《俄文著者号码表》[1]就是仿效卡特的。

卡特还在 1876 年发表了《展开制分类法》。这一分类表也同杜威的十进分类表一样，准备供各种类型的图书馆使用的。卡特认为，十进制的分类法不便于展开，因此采用了 26 个拉丁字母和阿拉伯数字配搭的方式。卡特分类表的一些特点被《国会图书馆分类法》所吸取。由于《展开制分类法》没有及时修订，失去了使用价值，近来几乎没有人采用。

卡特还积极参加美国图书馆协会的筹建工作，1887—1889 年担任了该会主席。1881—1893 年间，他主编了该会刊物《图书馆杂志》。

杜威是近代图书馆事业的巨擘。他在图书馆的广泛领域都有自己的成就。杜威从 22 岁（1873 年）起就以非凡的毅力和不懈的努力从事一系列的开创性的图书馆工作。此时正值南北战争结束不久，全国进入热火朝天的建设时期。美国资本主义蒸蒸日上，其进步性处处可见。杜威在图书馆事业中的先进作用就是这种时代的反映。

杜威坚信，教育是达到博学多识的最可靠的手段，而在学校之

---

[1] *Авморские мабличы.*

外,图书馆是最好的教育场所。他孜孜不倦地追求图书馆作为"民众大学"的作用。他一直寻找把人和图书联系起来的最有效的方式。他总是把读者的需要放在高于一切的地位。他认为,任何类型的图书馆都应当向读者提供情报,回答读者提出的五花八门的问题,甚至为读者演唱歌曲、讲故事,也是图书馆员的任务。

图31 杜威

他的丰硕成果大致可以归结为如下几个方面:

1)作为组织者,他是美国图书馆协会的创始人之一。1876年,该协会成立,年仅25岁的杜威担任秘书长,之后15年一直没有离开这一岗位,到了九十年代任会长。

2)作为图书馆教育者,他在哥伦比亚大学内创立了世界第一所图书馆学校,在教学过程中强调图书馆理论和实践的结合。

3)他认为,图书馆工作是一种专门职业,要求对图书馆工作人员进行教育。

4)他提倡在图书馆工作中男女平等,在历史上首次使用女馆员,在图书馆学校首次录取女生。

5)他编制了划时代的《杜威十进分类法》。

6)他倡导图书馆用品、设备、工具等方面的标准化,开办了图书馆用品公司。

7）编辑《图书馆杂志》和《图书馆札记》①。

8）在他的倡导下，实现了目录卡片的标准化。

9）进行了缩写字规范化的工作。

10）曾任第一个现代化的大学图书馆——哥伦比亚大学图书馆馆长，并担任当时第一流的州立图书馆——纽约州立图书馆馆长。

11）他是"在版编目"②的创议者。

12）他对流动书车评价很高，1892年任纽约州立图书馆馆长时曾经使用它为偏僻地方的广大居民，尤其为农民服务。杜威的经验后来被广泛应用。

13）他把图书馆采购的范围扩大到图画、幻灯片及其他资料。

14）倡导建立"保存图书馆"③。

15）最早提倡在图书馆使用打字机和电话等新设备，等等。

下面仅就杜威的十进分类法和目录卡片的标准化略加评述。

杜威的十进分类法问世之前，也有些人编制了若干分类表④，但影响范围远不及杜威的十进分类那样深远。这份分类表至今已经出了19版，不仅在美国得到广泛的应用，而且在世界各国也相当流行。我国图书馆学者在解放前编制的几种图书分类表，在很大程度上也受到杜威十进分类法的影响。

杜威的十进分类法是十九世纪学术科学发展的产物，也是近代图书馆运动的产儿。几百年来，很多图书馆都采用固定排架法，即按图书的大小、颜色或入藏顺序把图书排列在书库的固定位置上。随着图书馆事业的迅速发展，图书馆的藏书量日益增大，读者

---

① *Library Notes.*

② Cataloging in publication，详见本书第415—416页。

③ Reservoir library 或 Depository library，详见本书第400—403页。

④ 参见白国应《图书分类学》第159页。

人数也日渐增多,读者用书的要求也日趋专门化。加之,美国的公共图书馆逐渐实行开架借书的办法,于是产生了一种新的要求,即把书架上的图书按分类目录的顺序加以排列,新到的图书随时可插入相关的类目中。这就是活动排架法。

据说,首先把图书按主题分类排列的是美国圣路易斯①公共图书馆馆长哈利斯②。他在1870年发表了一份分类表,并把书籍按主题分类排列。6年之后公布的杜威十进分类法在很大程度上受了哈利斯分类表的影响。杜威对固定排架早就抱怀疑态度,在这个问题上同意哈利斯的意见。杜威说,他调查了50所以上的图书馆,发现固定排架法造成了人力、时间和设备上的极大浪费。

杜威的十进分类法把人类知识分成十大类,每一大类再分为十个类,得一百个类,每一类再分为十小类,得一千个小类。如此层层递分,可以得出许多类目,以满足所有已知的主题。

杜威采用0—9的阿拉伯数字代表类目。这一数字是世界通用的,简单、明了、易懂。它又是十进制,类目井然有序,也富于等级性和助记性。

杜威的十进分类法充分反映了十九世纪的科学发展水平,它又在不更动基本结构的原则上经常增订,以适应科学的迅速发展。

以上种种使杜威十进分类法在近百年来得到了广泛的应用。据统计,美国的96%的公共图书馆、85%的大学图书馆、64%的专业图书馆都采用杜威法。

---

① St. Louis,在密苏里州。

② William Torrey Harris,1835—1909.

杜威十进分类表（摘要）

大 类	类	小 类
000　总论	300　社会科学	370　教育
100　哲学	310　统计学	371　教员、教法、训练
200　宗教	320　政治学	372　初等教育
300　社会科学	330　经济学	373　中等教育
400　语言	340　法律	374　家庭教育、成人教育
500　纯粹科学	350　公共行政学	375　课程
600　应用科学	360　社团与各种机关	376　妇女教育
700　艺术	370　教育	377　宗教及伦理教育
800　文学	380　商业	378　高等教育
900　史地	390　风俗习惯	379　公立学校

　　当然，杜威十进分类法也有很大的缺陷。首先，它的类目体系是资产阶级唯心主义的。他完全站在资产阶级的立场来设立大小类目，尤其在哲学、社会科学部类更为明显。例如，杜威把马克思主义同无政府主义并列起来。有些类目完全是按照殖民主义的逻辑设置的。此外，实用主义在杜威的分类法中表现得十分突出。他自己也承认，把所有的类目都归成十小类，从理论上说，是荒谬的。他还说："理论上的和谐性和精确性不止一次地为图书馆的实际需要和学院院系的方便而牺牲了。"①由于过分强调分类法的实用性，杜威十进分类法的理论体系就显得格外混乱，加上采用了固定的十进制，致使它的机械性更为突出。

　　尽管如此，杜威十进分类法的问世是图书馆学、目录学史上的一件创举。它目前仍然是世界上使用最广泛的图书分类法。以它为基础而发展起来的有：《国际十进分类法》②、森清编制的《日本

---

① 转引自 Sidney L. Jackson，*Libraries and Librarianship in the West*，1974，p. 388.

② *The Universal Decimal Classification*，详见本书第 445—446 页。

十进分类法》、苏联托罗帕夫斯基①编制的《十进分类法》②等。《国际十进分类法》已成为世界上广泛使用的分类法，尤其在情报资料的分类上使用很多。中国的解放以前几种分类法也是仿照杜威的，如沈祖荣、胡庆生的《仿杜威十类分类法》、杜定友的《世界图书分类法》、刘国钧的《中国图书分类法》、皮高品的《中国十进分类法》、王云五的《中外图书统一分类法》等。

杜威还促进了目录卡片的标准化。在编制目录过程中，普遍采用卡片也是十九世纪下半叶美国图书馆的一个新趋势。卡片目录出现之前，都是使用手写的或印刷的书本目录。编制这种目录，相当费工费钱，也不能及时反映新到的图书。

用卡片编目，早在十八世纪已有先例。1775年，法国学者罗齐尔③用卡片著录了巴黎皇家科学院④的藏书。进入十九世纪，使用卡片的图书馆多起来了。其中最有名的是，1820年罗纳德⑤在伦敦电信技术者协会图书馆使用卡片编制目录。爱尔兰都柏林⑥的特里尼蒂学院⑦从1827年，美国罗彻斯特大学⑧图书馆也在1845年前后开始使用了卡片。

在美国普遍使用卡片是1876年美国图书馆协会成立以后的事。当时各处使用的卡片大小各不相同。美国图书馆协会多年来研究理想的卡片规格。杜威的图书馆用品公司对标准卡片的制定出力不少。经过反复的实践和研讨，1901年在华盛顿召开的图书

① Лев Наумович Троповский, 1885—1944.

② Десятичная классификация.

③ Abbé Rozier.

④ Académie royal des sciences de Paris.

⑤ Francis Ronald, 1788—1873, 发明了一些电报和气象计的工具。

⑥ Dublin.

⑦ Trinity College.

⑧ University of Rochester.

馆大会决定:标准卡的规格为 7.5×12.5cm。标准卡片迅速地被各国所采用。1948 年,布鲁塞尔的国际目录学会①正式认为这一规格的卡片为国际标准卡。目前各国使用的卡片大小都是这一规格的。杜威在这一方面的功绩也是不可磨灭的。

在编目上使用卡片,有很多好处。新编的卡片可随时插进目录内,使目录能够及时反映馆藏的变化。卡片可以根据需要复制多张,用来编制著者目录、书名目录、分类目录、主题目录或字典式目录等等。到了二十世纪,在美国一般谈起目录,就是指使用卡片编成的字典式目录。当然,随着复制和印刷技术的发展,书本式目录的编制工作较为容易,于是对书本式目录又有了新的评价。

总之,杜威对近代图书馆事业的贡献是多方面的。他的所作所为自然具有资产阶级的局限性,但在他的成就中充分反映出了成熟了的美国资产阶级社会的要求。

6.4 英国的图书馆

英、美两国的图书馆事业历来就有许多相似之处。两国在政治、经济、文化各方面都有广泛的接触和密切的联系。公共图书馆及其前身的会员图书馆,几乎同时出现。两国的图书馆协会长期共同出版一份机关刊物——《图书馆杂志》,并在许多方面协力合作。开架制、分类排架、杜威十进分类法、参考咨询等等,也在两国几乎同时推广开来。然而,在英美之间也不能说没有相异之处。例如,公共图书馆的发展,尤其图书馆技术在公共图书馆的应用,美国占优先地位。州郡图书馆和学校图书馆的发展,英国也较迟缓。但英国可以通过议会采取图书馆立法等全国性措施,美国却

---

① Institut International de Bibliographie.

只能由各州自行决定图书馆事业的方针和规划。

不列颠博物馆

不列颠博物馆在二十世纪继续不断地增添了馆藏。该馆从1931年开始,对加内特等人编印的字顺馆藏总目①进行修订和补充。历经30年的岁月(第二次世界大战期间有几年的间断),终于在1961—1966年间出版了263卷的馆藏总目。

该馆在十九世纪初编制了一份馆藏的分类目录,但后来没有能够编制下去。仅仅依靠著者和书名的字顺目录,当然无法满足读者的以类求书的要求。加内特的接班人福蒂斯丘②在编制每月的新书补充目录时,把1880年以后入藏的图书按主题的字顺编排起来。这并不是该馆领导交付的工作,而是他自己利用许多的业余时间进行的。后来该馆把它列入正式工作,于1886年编印出版了1880—1885年入藏图书的《主题目录》③,于1902—1903年出版了1886—1900年入藏图书的《主题目录》。以后每隔5年出版一次这类目录,直至现在。

不列颠博物馆还编印了摇篮刊本和早期出版物的目录。古代语言学家、目录学家普罗克特④于1897年自费出版了《不列颠博物馆所藏公元1500年以前出版的早期印刷图书索引,注博德利图书馆所藏的同类书》⑤。普罗克特从25岁起在不列颠博物馆工作,前后整整10年。他白天很负责地完成份内的工作。晚上,其他馆员都走了,独自一人留在馆内钻研摇篮刊本。他普查了已出

---

① 见本书第183—184页。

② George Knottesford Fortescue,1847—1912.

③ *Subject Index.*

④ Robert George Collier Proctor,1868—1903.

⑤ *Index to Early Printed Books in the British Museum to 1500 with Notes of Those in Bodleian Library.*

的不列颠博物馆的字顺馆藏总目（除了总目主编加内特和米勒之外，恐怕只有普罗克特一人通览了这套庞大的目录）。他从不列颠博物馆的100多万册馆藏中挑出了全部摇篮刊本约八、九千本，并按国家、城市、印刷厂的顺序加以排列。这种排列法在摇篮刊本目录学上是一大创新。后来人们称之为"普罗克特排列法"。经过多年的实践和刻苦的学习，他获得了一项惊人的本领，即能够辨别各国、各地、各印刷厂所用的活字的异同。普罗克特由于多年来用眼过度，以致丧失了正常的视力。1903年，他在阿尔卑斯山脉①遇难，享年仅35岁。可以说，过早的去世使他躲掉了失明的不幸的后半生。

二十世纪初，不列颠博物馆的声誉还是相当高的，但以后对它的批评逐渐多起来。该馆的某些工作同其他各国的国家图书馆，尤其同美国的国会图书馆相比，稍逊一筹。例如，开馆时间短，取书费时，馆内分工不够专业化，对其他图书馆持孤傲态度等等。读者对这些方面的批评也不是没有道理的，但政府在经费和空间方面对该馆支持不力，也是不可否认的。不管怎样，不列颠博物馆作为国家图书馆，对解决全国图书馆的共同性问题没有发挥应有的作用。例如，全国性的馆际互借工作一直不是由该馆，而是由国家中央图书馆②来承担的。

国家中央图书馆

国家中央图书馆的前身是1916年得到卡内基资助而建立起来的学生中央图书馆③。它起初从事几个馆之间的馆际互借业务，主要是互借学生用的学术著作并提供书目情报。1930年改名

---

① Alsp，西起法国东南部，经瑞士，东至奥地利。
② National Central Library.
③ Central Library for Students.

为国家中央图书馆,开始进行全国范围的互借工作。全国分为9
个地区(后来增至 10 个)。每个地区有地区事务局,管理地区内
的馆际互借。超地区的互借则通过国家中央图书馆。该馆编制全
国总书目,各地区的事务局编制本地区的总目,以利互借。参加互
借的有:几乎全部的公共图书馆、主要的专业图书馆以及若干大学
图书馆。

如前所述,作为国家图书馆的不列颠博物馆理应担当起全国
的馆际互借工作。但它的藏书一直是不能携出馆外的,因此只好
另建这样一所图书馆。根据协定,国家中央图书馆可以自由地使
用不列颠博物馆的馆藏,如有必要,可以复制它的藏书,再借给读
者。全国性的馆际互借制度的建立,是图书馆事业的一大进步。

苏格兰和威尔士的国家图书馆

除了不列颠博物馆之外,英国还有苏格兰国家图书馆①和威
尔士国家图书馆②。苏格兰国家图书馆于 1925 年在爱丁堡建立,
其前身是 1682 年创立的律师图书馆③。这所图书馆早在 1710 年
就享有接受呈缴本的特权,因此逐渐变成了苏格兰最大的图书馆。
它对不从事律师工作的人也开放,故早已具有国家图书馆的性质。
值得一提的是,大哲学家休谟④曾于 1752—1757 年在这里当过馆
员。苏格兰国家图书馆目前藏有约 300 万册图书,还收藏自狮子
王威廉⑤以来的苏格兰王国的文献、中世纪基督教方面的抄本
等等。

在威尔士,早在十八世纪就有建立自己的国家图书馆的动向,

---

① National Library of Scotland.

② National Library of Wales.

③ Advocates'Library.

④ David Hume,1711—1776.

⑤ William the Lion,1143—1214,在位是 1165—1214 年。

但正式建立是在 1907 年,馆址在阿伯里斯威思①。该馆从 1911 年起享有接受呈缴本的权利,但限于凯尔特语②和有关威尔士的书籍。目前馆藏共 200 万册。

爱尔兰国家图书馆

为了叙述方便,在这里谈谈爱尔兰国家图书馆③。它是由 1731 年建立的皇家都柏林社团④的图书馆发展起来的。1877 年,政府买下了这所图书馆,1890 年建成了十分壮丽的馆舍。它是研究爱尔兰的历史和文学的中心。从 1927 年起享有接受爱尔兰出版物的呈缴本特权。该馆是欧洲最早采取杜威十进分类法的图书馆之一。目前藏书 50 万册。

大学图书馆

英国古老的大学图书馆经过几百年的经营,发展成为几百万册藏书的大图书馆。这里收藏着十分珍贵的文献资料。英国的大学图书馆除了总馆之外,各学系或所属学院都有自己的图书馆。牛津大学、剑桥大学所属的学院,历史悠久,大多从十五世纪起开始设立图书馆。它们的藏书不少来自赠送,其中包括许多珍贵的抄本和摇篮刊本。较晚建立的大学也有总馆和各学系的分馆。例如,1886 年建立的伦敦大学,各分馆的藏书总计超过 300 万册。

十九世纪下半叶新建的大学大半都建立了比较现代化的图书馆,如达勒姆大学(1832 年建立)、曼彻斯特的维多利亚大学⑤

---

① Aberystwyth.

② Celt,凯尔特人系公元前 1000 年前后居住在中欧、西欧的部落集团,其后裔今散布在威尔士、苏格兰、爱尔兰等地。

③ National Library of Ireland.

④ Royal Dublin Society.

⑤ Victoria University.

（1880 年）、利物浦大学（1882 年）等等。它们的多数都参加国家中央图书馆的馆际互借。

图 32　爱尔兰国家图书馆

曼彻斯特的赖兰兹大学图书馆①是值得一提的。它是由曼彻斯特大学图书馆（1851 年建立）和赖兰兹图书馆（1899 年建立）于 1972 年合并而成的。赖兰兹②是英国的纺织工业巨头、慈善事业家。他去世后，其遗孀建立了赖兰兹图书馆，以纪念她的丈夫。该馆馆藏富于珍贵史料，例如，赖兰兹夫人于 1892 年购入了斯宾塞③伯爵的藏书约 4 万册，其中有很出色的但丁著作的汇集以及有关法国革命、查理一世④与议会的战争（1642—1645 年）、1688 年"光荣革命"的史料等等。1901 年，赖兰兹图书馆购买了苏格兰名门克劳福德⑤的藏书，其中有 50 多种文字的东西方的抄本多

---

①　John Rylands University Library of Manchester.

②　John Rylands, 1801—1888.

③　George John Spencer, 1758—1834.

④　Charles Ⅰ, 1600—1649, 在位是 1625—1649 年。

⑤　Crawford.

件,其中最早的可追溯到公元前 3000 年。该馆还藏有法国文艺复兴的资料、意大利十六世纪的图书以及大文豪狄更斯、雨果①、政论家拉斯金②等人的手稿。自然科学方面的珍藏也同人文科学的不相上下。这所图书馆是英国的最重要的科学研究图书馆之一。

都柏林的特里尼蒂学院图书馆③是世界最大的大学图书馆之一。它的历史悠久,几乎与牛津大学的博德利图书馆同时建立(1601 年前后)。它的馆藏之珍贵也是世界闻名的。建馆初期,爱尔兰大主教厄谢尔④曾指导馆务,并留下遗嘱,将自己的约 1 万件图书和抄本赠予该馆。十八世纪,当牛津大学和剑桥大学的图书馆发展迟缓时,该馆的事业却蒸蒸日上。从 1801 年起,接受爱尔兰和英国出版物的呈缴本。目前有各种书刊资料共约 150 万件。

公共图书馆

英国的公共图书馆在十九世纪末、二十世纪初,得到英国图书馆协会的支持,有了很大的发展。1919 年,国会通过了新的图书馆法,撤消了以前关于地方图书馆经费的税率限制,使得公共图书馆的经费有了相当的增长。图书馆协会为促使该法通过尽了很大努力。卡内基的捐款资助对公共图书馆的发展也起了促进作用。卡内基在1900—1912 年间出资 200 万英镑,1913 年以后由卡内基联合王国托拉斯捐款。据统计,靠他全部或部分的捐款建成的图书馆馆舍,共达 366 栋。

1917 年,英国的图书馆为三分之二的居民服务。读者主要是城市居民,农村的图书馆建设较差。牛津大学亚当斯⑤教授受卡

---

① Victor Marie Hugo,1802—1885.
② John Ruskin,1819—1900.
③ Library of Trinity College.
④ James Ussher(或 Usher),1581—1656.
⑤ W. G. S. Adams.

内基托拉斯的委托,调查了公共图书馆的状况,于 1915 年提出了所谓的《亚当斯报告》①。该报告建议加强农村图书馆的建设,要求把农村的公共图书馆变成为农民的精神生活的中心。但这一建议并没有立即引起英国政府的重视,只是由卡内基托拉斯建立了试验性的农村公共图书馆。

根据 1925 年的图书馆法,各郡开始建立中心图书馆。至 1926 年,全国除了 5 个郡以外都有了全郡性的图书馆服务。同美国一样,英国的一些图书馆也是由个人捐献的。

第一次世界大战以后,公共图书馆事业虽然在经费和人员方面尚嫌缺乏,但还勉强能满足实际的需要。英国的公共图书馆在设置分馆、使用流动书车、邮寄借书服务、图书馆网的建立等等方面,都是先驱者。公共图书馆的服务对象甚至扩展到医院以至监狱。大城市的公共图书馆,如曼彻斯特、利物浦、伯明翰等市的图书馆,一般都有 100 至 200 万册藏书,其中有许多学术著作,参考咨询工作也相当杰出。同美国的公共图书馆一样,英国的公共图书馆也很重视儿童工作。学生们自小习惯于利用公共图书馆,成年之后他们对公共图书馆表示支持,是自不待言的。英国的公共图书馆均许可将一般书籍借出馆外,甚至可以说,外借工作是它们的基本任务。

英国的公共图书馆在管理上有三个特点:一是采用杜威十进分类法的居多数;二是字典式目录比较普及;三是一般都采用开架制。

在英国提倡开架的是著名图书馆员布朗②。十九世纪七十年代,参考工具书的开架阅览的办法曾在剑桥大学图书馆被采用过,

①　*A Report on Library Provision and Policy by Prof. W. G. S. Adams to the Carnegie United Kingdom Trustees.*

②　James Duff Brown,1862—1914.

尽管明知有被盗的危险。但是，以后直到 1892 年布朗倡议之前，从来没有人认真地考虑过在大型图书馆采用开架制。这一年，布朗发表匿名文章①，站在读者的立场，主张采用开架制。照他的设想，读者先通过一栅有人管理的小门进入书库，在库里自己选书，然后通过另一小门，办理借书手续。

1893 年，布朗访问美国。那时，在美国开架制已经相当普遍。他看到此情，更增强了信心。回国后，在他负责的克勒肯威尔②图书馆断然实行了开架制（从 1894 年 5 月 1 日开始），同时也用书卡来办理借书手续。

当时的英国与现在不同，开架制的反对者大有人在。美国的情况有所不同。1895 年，在美国的莱克普拉西德③召开的图书馆会议上，与会的 135 所图书馆，有 105 个馆的代表赞成开架制，尽管附加了一些条件。布雷特④、达纳等著名图书馆员大力提倡开架制。

1900 至 1910 年间，开架制传到斯堪的纳维亚诸国。1910 年，在德国的汉堡第一次出现开架制图书馆，这是从英国学来的。1920 年以后，在英国实行闭架的公共图书馆，已经被认为是不识时务。但在德国，于 1927 年只有 27 个馆实行开架，传统的出借办法仍然盛行。

尽管开架制存在一些问题，但近百年来的实践证明，它的优点是很多的。目前，各国的各类型图书馆都在不同的程度上，以不同的方式努力实行开架制⑤。

----

① *A Plea for Liberty to Readers to Help Themselves.*
② Clerkenwell，位于伦敦北部。
③ Lake Placid，位于纽约东北部。
④ William Howard Brett，1846—1918.
⑤ 见本书第 416—417 页。

布朗还在 1906 年发表了《主题分类法》①。就它产生的时代来说,这是一部较有进步意义的分类法②。他在 1898 年创办了《图书馆世界》③杂志。他写的《图书馆经营手册》④一书,多年来被视为标准课本。布朗还主张更多的妇女来担负图书馆的工作。

出版家格林伍德⑤对英国公共图书馆事业的进展也有贡献。他曾在图书馆工作过若干年,写过几本有关公共图书馆的书⑥。1904 年,格林伍德把很有史料价值的图书馆学藏书约 1 万册赠给曼彻斯特公共图书馆,取名"格林伍德图书馆员图书馆"⑦,并赠款5,000 英镑,作为今后的开支。该馆现有 17,000 册藏书。

专业图书馆

英国的专业图书馆在十九世纪下半叶、二十世纪初也有了很大的发展。在欧洲各大城市中,伦敦是图书馆集中的地方,总共有660 多所图书馆,而其中一半是专业馆。在这里,各种学科的图书馆几乎应有尽有,而且规模都很大,所藏的珍贵书籍十分丰富。

例如,伦敦郊区的科学博物馆图书馆⑧是有关自然科学的很好的专业馆。它于 1857 年建立,新到的杂志论文都用国际十进分类法编成卡片目录。公务档案局⑨是英国的官方档案室,保存着自十二世纪至今的公务档案和议会记录。皇家音乐学院⑩的图书

---

① *Subject Classification.*
② 详见刘国钧《现代西方主要图书分类法评述》第 106—132 页。
③ *The Library World*,1971 年易名 *New Library World*。
④ *Manual of Library Economy*,1903.
⑤ Thomas Greenwood,1851—1908.
⑥ *Public Libraries*,*Library Yearbook*,*Edward Edwards* 等。
⑦ The Thomas Greenwood Library for Librarians.
⑧ Science Museum Library.
⑨ Public Record Office.
⑩ Royal College of Music.

馆藏有许多英国和外国的作曲家的原稿。隶属于伦敦大学的伦敦经济学院①有一所"政治学和经济学不列颠图书馆"②。它是1896年依靠募捐建立起来的。所藏的有关英国和各国的政治、经济资料非常丰富。第一次世界大战以后,工商业方面的专业图书馆更多地发展起来。1924年还成立了"专业图书馆与情报部门协会"③,也出版一些刊物④。参加该协会的约有2,500所图书馆,其中约100所是各种企业的图书馆。

6.5　德国的图书馆

　　德国的图书馆事业并不像法国那样由中央政府统一规划和集中管理。1871年以前,图书馆事业都由各邦分别管理,甚至在其后,即在普鲁士的领导下建立了统一的德意志帝国之后,文化教育事业仍由各邦掌管。因此,各邦的地方图书馆都富有鲜明的地方特色。在德国,严格意义上的国家图书馆是不存在的。

　　然而,国家的统一毕竟促进了图书馆事业的协作和集中。例如,在统一编目、参考咨询、馆际互借等方面,出现了集中统一的倾向。在这一过程中,柏林的皇家图书馆(后来的普鲁士国家图书馆)起了主导作用。1900年成立的德国图书馆员协会对解决全国性的问题也承担了责任。

　　统一的德意志帝国的建立大大地促进了经济的发展。各种强有力的政治措施都是为德国的经济发展服务的。雄厚的经济又可

---

① London School of Economics.

② British Library of Political and Economic Science.

③ Association of Special Libraries and Information Bureaus,简称 Aslib。

④ *Aslib Proceeding*,*Aslib Book List*,*Journal of Documentation*,*Aslib Information* 等等。

以给文化事业提供相当可观的经费。科学文化的高涨要求图书馆有效地管理其馆藏，使之更好地为科学家服务。政府要员也开始认识到图书馆的重要性。

著名的图书馆员

十九世纪下半叶和二十世纪初，德国出现了好几位杰出的图书馆员。

古代语言学家里奇尔[①]于 1854—1865 年兼任波恩[②]大学图书馆馆长。他是十九世纪最有影响的学者之一。通过他的研究，人们才了解到古希腊亚历山大图书馆的历史地位。他从亚历山大图书馆的光辉范例中得到了启发和力量，把波恩大学图书馆这所管理不善、制度僵硬的机关改造成为"管理严密、又能随时给予读者最大方便的工具"。他选拔成绩最好的助手和学生去学习图书馆学，把他们培养成为优秀的图书馆员。这一批人在七十年代崭露头角，形成了德国图书馆学的一派。

其中一位是克列特[③]。他的匿名小册子《图书馆职务的独立性》[④]对打破传统的图书馆管理体制有很大贡献。

另一位学生是上面多次提到的齐亚茨科。他是普鲁士的第一位专职馆长，即由图书馆学者就任馆长，不是由其他学科的教授来兼任馆长。他在 1872—1886 年担任布雷斯劳[⑤]大学的图书馆馆长。齐亚茨科按照老师里奇尔的教导，加速了该馆的现代化，1872年建立了参考书阅览室，1874—1882 年编制了字顺卡片目录，1886 年发表了《布雷斯劳王家图书馆兼大学图书馆的字顺卡片目

[①]　Friedrich Wilhelm Ritschl, 1806—1876.

[②]　Bonn.

[③]　Anton Klette, 1834—1898?.

[④]　*Die Selbständigkeit des bibliothekarischen Berufs.*

[⑤]　Breslau, 现为弗罗茨瓦夫（Wroslaw）, 位于波兰西部。

录编目条例》①。这一条例后来成为 1899 年的《普鲁士编目条例》②的基础。1899 年的条例不仅在普鲁士，并在全德，以及斯堪的纳维亚各国广泛被采用。可见，齐亚茨科是德文书籍的编目条例的奠基人。如前所述，1886 年他在格廷根大学开设了历史上第一堂图书馆学课③。

里奇尔的另一位学生是维尔曼斯④。他于 1886—1905 年担任普鲁士皇家图书馆馆长，使该馆逐步成为实际上的国家图书馆。

哈特维希⑤对普鲁士的图书馆事业的改革起了指导性的作用。他是新教的牧师、历史学家和国民自由党⑥的时评作家，从 1876 年直到逝世前后 27 年一直担任哈雷⑦大学图书馆馆长。1878—1880 年，哈特维希建造了新的大学图书馆馆厦，引进了不列颠博物馆的铁制书库，同时把大约 10 万册馆藏重新整理，编制了一套字顺卡片目录和书本式分类目录。他于 1888 年出版了《哈雷王家图书馆兼大学图书馆的分类目录概要》⑧。这一概要对德国许多图书馆的分类目录编制工作起了示范作用。1884 年，他创办了《中央图书馆杂志》⑨。这是一份至今仍在出版的历史悠久的刊物。它的宗旨是把分散的图书馆活动加以协调和综合。它的创刊标志着德国图书馆事业进入了统一、合作的时代。《中央图书

---

① *Instruktion für die Ordnung der Titel im alphabetischen Zettelkatalog der Kgl. und Universitätsbibliothek Breslau.*

② *Instruktion für die alphabetischen Kataloge der preussischen Bibliotheken von 10 - Mai 1899.*

③ 见本书第 221—222 页。

④ August Wilmanns, 1833—1917.

⑤ Otto Hartwig, 1830—1903.

⑥ Nationalliberale Partei，代表大资产阶级利益的政党。

⑦ Halle，在德国东部。

⑧ *Schema der Realkatalog der Kgl. Universitätsbibliothek zu Halle a. S.*

⑨ *Zentralblatt für Bibliothekswesen.*

馆杂志》不仅在德国境内,还在国外也享有盛誉。该刊的不定期的附册已出版 79 册以上,其中登载着学术水平很高的专著。

阿尔特霍夫

十九世纪八十年代在普鲁士的文化部出现了一位局长——阿尔特霍夫[1]。他是继莱布尼茨、洪堡之后,对德国科学文化事业尽力最大的人物。在十九世纪末、二十世纪初,再没有第二个政府官员比他更了解图书馆在文化事业上的重要性了。在他任职的 1882—1906 年间,有关图书馆的法令一个接一个地由文化部发布下来。照图书馆史学者黑塞尔的说法,阿尔特霍夫及其同伴们是为了适应近代的要求,采用近代的方法,实现了莱布尼茨对近代图书馆的建设性计划,甚至可以说,出现了一个阿尔特霍夫时代[2]。

他首先致力于培养图书馆员和提高他们的社会地位。他接受了哈特维希的建议,把图书馆员作为独立的职业来看待。他支持齐亚茨科于 1886 年在格廷根大学首次开设图书馆学课程。阿尔特霍夫很早就认为,图书馆员应当通过国家考试来取得相应的资格,以保证馆员的素质。由于他的努力,普鲁士政府于 1893 年下令:只有考试合格者,才能取得高级馆员的称号。这是普鲁士最早的图书馆员考试制度。这些高级馆员大部分都在国家图书馆和大学图书馆工作。作为高级馆员的助手,必须培养中级馆员。1909年,政府又规定了中级馆员的考试制度。国家通过这些措施,提高图书馆员的社会地位和经济地位,并把很有才干的人吸引到图书馆行列中来。

阿尔特霍夫对增加图书馆经费,也十分关心。他竭力给他所管辖的图书馆以充足的财源。例如,他把学术图书馆的采购费提

---

① Friedrich Althoff,1839—1908.

② A. Hessel, *Geschichte der Bibliotheken*, S. 110.

高了一倍。

编目工作的近代化也是阿尔特霍夫所关注的问题之一。在他任期内,从 1885 年开始编制《德国大学出版物年度目录》①,之后不久又编制《高等院校学位论文目录月报》②,从 1892 年起开始编印了所谓的《柏林印刷目录》③,1899 年通过了《普鲁士编目条例》,1903 年开始编制《全国联合目录》④等等。

如前所述,早在十九世纪中叶默尔就提出了图书馆之间藏书建设的分工协调的原则⑤。把这一原则付之实施的就是阿尔特霍夫。在他的指导下,普鲁士的 10 所大学图书馆划定了各自的图书采购范围,在藏书建设上进行分工和合作。他们充分地考虑到各馆的传统、已有的馆藏特点、地理因素等等,然后决定各馆的藏书补充的范围和重点。例如,斯拉夫语文学的图书采购重点划归布雷斯劳大学,英国语文学的划归格廷根大学,罗马语族语文学的划归波恩大学等等。

藏书建设的分工必然要求开展馆际互借工作。在阿尔特霍夫的倡议下,1892 年试办了格廷根大学图书馆和马尔堡大学图书馆之间的馆际互借。从 1893 年起,在柏林皇家图书馆和普鲁士各大学图书馆之间建立了互借关系。到了 1924 年,全国有大约 900 所图书馆参加了馆际互借。

在阿尔特霍夫任期前后,出现了德国图书馆建设的高潮。据统计,在 1880—1914 年间新建的大学图书馆有 13 所,州图书馆有 7 所,市图书馆有 15 所。

---

① *Jahresverzeichnis der an dem deutschen Universität erschienenen Schriften.*

② *Bibliographischer Monatsbericht über neu erschienenen Schul - , Universitäts - und Hochschulschriften.*

③ *Berliner Titeldrucke*,详见本书第 270 页。

④ *Gesamtkatalog der preussischen Bibliotheken*,后改为 *Deutscher Gesamtkatalog.*

⑤ 见本书第 196 页。

也是在这个时期,普鲁士皇家图书馆发展成为实际上的全德的国家图书馆。看来,现在有必要来追述一下这所图书馆的历史了。

普鲁士皇家(国家)图书馆

普鲁士皇家图书馆的前身是勃兰登堡选帝侯弗里德里希－威廉①的私人图书馆。1659年,选帝侯在出征途中在丹麦的日德兰半岛②发布了建立这所图书馆的命令。正式建馆是1661年,馆址在柏林。图书藏于宫殿的一翼,为数不多,但每天对外开放。1688年选帝侯去世时,约有2万册书。

该馆从1699年起享受呈缴本,故普鲁士刊印的书籍有所增加。1701年易名为皇家图书馆。此后几十年当中,该馆的发展曾有起伏。有名的弗里德里希大帝(即弗里德里希二世,俗称"老弗里茨")统治普鲁士的初期,对该馆的建设不十分关心。直到七年战争③结束后,他才把注意力放在皇家图书馆的建设上,并开始拨款购买图书。1780年还建成了一栋新馆舍。在洛可可式的正厅大门上,以拉丁字铭刻着几个大字——"精神食粮"④。馆内有一座大厅和两个侧厅,还设有一间冬天可以取暖的阅览室,室内有8个座位。尽管后来几经改建,但皇家图书馆在130多年内一直设在这栋建筑物内,直至1914年。这所图书馆的藏书在大帝即位的1740年有7.2万册,到了大帝逝世的1786年增至15万册。在十八世纪,每天开放,有一度还一天开放7小时之多,但借书者只限于在职枢密顾问官和科学院的成员,1784—1786年间还禁止将书

---

① Friedrich－Wilhelm,1620—1688,在位是1640—1688年。
② Jutland.
③ 1756—1763年,英国、普鲁士等为一方,与法国、俄国、奥地利、瑞典等为另一方,在欧洲、北美、印度和海上进行的战争。在欧洲以普鲁士取胜奥地利而告结。
④ Nutrimentum spiritus.

借出馆外。这一时期,尽管藏书增加了,但没有很好整理,编目工作几乎停滞不前。

该馆于 1810 年改属普鲁士文化部,从此逐渐脱离国王的直接管理,并得到系统的发展。拿破仑对德国的统治唤起了德意志人民的民族意识。哲学家费希特①的著名的《告德意志民众书》②反映了这种爱国情绪的昂扬。在普鲁士有一批开明人士想采用资产阶级的改革措施来使德国摆脱拿破仑的统治。普鲁士的两位首相施泰因③男爵和哈登堡④侯爵是这种自由主义改革派的领导者。他们采取了各种政治、经济措施,以便在普鲁士开辟资本主义发展的道路。同时在文化教育事业上也采用一些进步措施。在改革时期,著名语言学家、政治家、学者洪堡任内务部文教局局长。尽管任期很短(1809—1810 年),但对图书馆的建设和大学的建立、对教育制度的改进都起了决定性的作用。这些人清楚地认识到,不仅要注意物质财富的创造,也要注意精神财富的建设,他们把图书馆和大学的建立看成是国民运动的一个重要组成部分。尽管当时财政拮据,但洪堡还是设法把柏林皇家图书馆的经费提高了将近一倍(从 2,000 塔勒提到 3,500 塔勒),同时制定了方便读者的管理法。哈登堡、洪堡、费希特等人还在 1810 年创建了柏林大学。1831 年该大学建立了自己的图书馆,在此以前,柏林大学是使用皇家图书馆的藏书的。

1817—1840 年,有名的历史学家维尔肯⑤担任皇家图书馆馆长。他曾在海德堡大学图书馆工作,并把它加以改造。他在皇家图书馆工作,前后 23 年,直至逝世。他任职期间,皇家图书馆有了

---

① Johann Gottlieb Fichte,1762—1814.

② *Reden an die deutsche Nation.*

③ Karl Stein,1757—1831.

④ Karl August Hardenberg,1750—1822.

⑤ Friedrich Wilken,1777—1840.

长足的进展。他将图书经费从 3,500 塔勒争取到 7,000 塔勒,并把全部馆藏编成一套字顺书本式目录。这份目录早在 1811 年着手编制,是仿照格廷根大学图书馆的目录格式进行的,1827 年编成,共 162 册对开本。以后继续编制,共达约 2,500 册。可惜的是,它在第二次世界大战时全部被毁。维尔肯还为分类目录的编制做了准备工作。1819 年,他开设了期刊阅览室,1824 年设置了音乐部。皇家图书馆的音乐资料是很有名的。它藏有 18,000 件音乐手稿,包括巴哈①、海顿②、莫扎特③、贝多芬④等人亲手写的乐谱。门德尔森⑤一家的特藏——门德尔森档案也是非常有名的。维尔肯还写有《柏林皇家图书馆史》⑥一书。

图书馆员施拉德尔⑦在 1842 年提议编制全部馆藏的《分类目录》⑧。在他的主持下,这份目录前后编制了 39 年,至 1881 年才完成,共 700 册,收录除了音乐和地图之外的全部馆藏。这是德国图书馆员完成的一项最杰出的科学业绩,当时无论不列颠博物馆,还是巴黎的国家图书馆都还没有能够配备全部馆藏的分类目录。这一套闻名的分类目录在 1944 年共达 2,200 册,在第二次世界大战中丢失了 200 册。

1871 年,在普鲁士的领导下建立统一的德意志帝国之后,普鲁士皇家图书馆也逐渐变成了国家中心图书馆。如前所述,阿尔特霍夫推动了普鲁士的图书馆事业的进展。普鲁士皇家图书馆的

---

①　Johann Sebastian Bach,1685—1750.

②　Franz Joseph Haydn,1732—1809.

③　Wolfgang Amadeus Mozart,1756—1791.

④　Ludwig van Beethoven,1770—1827.

⑤　Felix Mendelssohn,1809—1847.

⑥　*Geschichte der Königlichen Bibliothek zu Berlin*,1828.

⑦　Julius Schrader,1808—1898.

⑧　*Realkatalog.*

发展同他的领导和关心是分不开的。该馆在馆长维尔曼斯的领导下，进行了各项带有全国性的工作。例如，从 1892 年起编印上述的书本式《柏林印刷目录》。该目录从 1898 年起兼收普鲁士的 10 所大学图书馆的新书，逐渐成为欧洲第一部联合目录。1928 年，又有 4 所普鲁士的高等技术院校图书馆参加进来，奥地利国家图书馆的入藏新书也从 1931 年起开始编进。由 1932 年起，奥地利的 8 所高等院校图书馆的新书亦被编入。到 1936 年，几乎全部的德国专业图书馆的到馆新书都被收录进去。除了书本式目录外，1909 年开始用国际标准卡片铅印了卡片式目录。毋庸赘述，这一套印刷目录对德国图书馆的编目统一工作，对减轻各馆的编目工作，起了很大作用。

如前所述，1885 年该馆开始编印《德国大学出版物年度目录》；1903 年开始编制《全国联合目录》。参加《全国联合目录》的，起先有 11 个馆，后来又有 16 个馆加入进来。为了更好地发挥这一套《全国联合目录》的作用，1905 年在普鲁士皇家图书馆内设立了"德国图书馆参考咨询部"[1]。该部不仅可以满足国内读者寻书的需要，而且还为国外读者查找德文书。皇家图书馆没有收藏的书，该部可以向其他馆搜寻。所寻的图书，作成卡片，补充到《全国联合目录》中。如前所述，皇家图书馆在建立馆际互借工作中也起了领导作用。该馆还在阿尔特霍夫的倡议下，于 1904 年在馆内成立了摇篮刊本的联合目录编委会[2]。从以上这些工作可以看出，普鲁士皇家图书馆已经成了全德国的中心图书馆。

普鲁士皇家图书馆 1885 年的工作条例规定，该馆应当尽最大努力把德文书籍收藏齐全，同时适当地收集外国图书。1887 年制

---

[1] Auskunftsbüro der Deutschen Bibliotheken.

[2] Die Kommission für den Gesamtkatalog der Wiegendruck，参见本书第 120 页。

定了新的借书规则。该馆与不列颠博物馆、巴黎的国家图书馆不同，允许把图书借出馆外。故此，不少书籍经常不在馆内。据二十世纪初的统计，拒借率竟达27%。但该馆宁愿给予求学者在家看书的方便，也不想取消外借制度。

图33　普鲁士国家图书馆

皇家图书馆的图书经费从十九世纪中叶的1.5万马克（由塔勒折合）增加到十九世纪末的15万马克。1909年，馆藏已达125万册。

1914年，在柏林的主要大街——菩提树街①建立了皇家图书馆新馆。馆舍总面积为1.7万平方米以上，是当时世界上最大的图书馆。八角形的阅览室是仿照不列颠博物馆建造的，有大约400个座位，室内侧面设有服务台，备有3万册参考工具书。第二次世界大战时期（1944年），空袭把这间阅览室炸毁。这批珍贵的

---

① Unter dem Linden.

参考书全部被烧掉。

德意志第二帝国覆灭后,于1919年该馆改称"普鲁士国家图书馆"。第一次世界大战结束后,尽管遇到了许多困难,如通货膨胀、世界经济危机、纳粹上台等等,但普鲁士国家图书馆在馆长米尔考(1921—1925年任职)和克吕斯①(1925—1945年任职)的领导下仍有长足的发展。它仍然是全国的目录中心,并同其他主要图书馆保持密切的合作关系。它长期收藏的有关乐谱和音乐方面的史料之丰富,在世界上无出其右。所藏的关于第一次世界大战史的图书,也有10万种以上。三十年代,该馆成为国际互借中心之一。第二次世界大战爆发时,馆藏有图书300万册以上、摇篮刊本2,600册、西方写本1.4万册、东方写本2.1万册、乐谱手稿3.4万件。大战期间,藏书被疏散到德国的中部、西部和波兰。书本式字顺目录被烧毁,分类目录的一部分和德国图书馆联合目录的原稿已经找不回来了。馆舍的30%也已被毁坏。

德意志图书馆

如前所述,历史的发展使普鲁士国家图书馆变成了实际上的国家图书馆。但是在德国还有一所图书馆——德意志图书馆②,也同样起着国家图书馆的作用。

建立德意志图书馆的尝试在100多年前就开始了。1848年,大约有40家出版社响应汉诺威的出版家亨里希·威廉·汉③的倡议,把各自的出版物集中在法兰克福的议会厅,准备以此为中心建立国家图书馆,但没有能够继续下去。后来,著名的出版家布罗

---

① Hugo Andres Krüss, ? —1945.

② Deutsche Bücherei.

③ Heinrich Wilhelm Hahn, ? —1873.

克豪斯①再度试行这一计划。几位图书馆学专家也曾向教育部提出同样的建议。上述阿尔特霍夫也为建立国家中心图书馆尽了力。到了 1910 年，这些有志之士的意愿终于得偿，即这一年在出版商埃勒曼②的积极建议下，建成了德意志图书馆，馆址倒没有设在柏林，而在莱比锡。

图 34　德意志图书馆

德意志图书馆是经由德国书业联合会③、莱比锡市和萨克森④州三方签订协议而成立的。起初，该馆的产权属于德国书业联合

① Friedrich Brockhaus, 1800—1865.
  Heinrich Brockhaus, 1804—1874.
② Erich Ehlermann.
③ Der Börsenverein der Deutschen Buchhändler.
④ Sachsen，在民主德国南部。

会。德意志图书馆的任务是收集和保存德国的全部出版物,是一所图书文献保管所,其性质近似版本图书馆。它的馆藏一般不出借,只许在馆内查阅,可以出借的仅限于那些确实查明他馆没有收藏的书籍。

德意志图书馆依靠各出版社的自愿的呈缴本来增添自己的馆藏。它收藏自 1913 年在德国出版的全部图书和国外出版的德文书,1941 年开始收入在世界任何国家出版的德文书译本和有关德国的外文书,1943 年开始收集乐谱、版画等。收集的资料还包括小册子、期刊及其他定期出版物、学位论文、教授资格论文①、专利证书等。为了不遗漏一本书、一份资料,德意志图书馆总是全力以赴,不遗余力。

它在 1939 年以前每年平均以 9 万册左右的入藏数量增添自己的馆藏。它的成就是与馆长乌伦达尔②的卓越领导分不开的。到了四十年代,它已拥有 200 多万册藏书,在德国名列第三,仅次于普鲁士国家图书馆的 300 万册和巴伐利亚州立图书馆的 220 万册。

当然,德意志图书馆在前进过程中遇到了不少困难。第一次世界大战后的惊人的通货膨胀曾严重地威胁它的存在。此时四面八方向它伸出了援助之手,国家也开始在经费上给予支持。1935 年,有关呈缴本的法律通过了,从此该馆再不依靠自愿的交纳,而是依照法令接受呈缴本。1940 年,它被认定是国家的一个公共机关。

由于德意志图书馆具有如上的藏书特点,因而最适合承担各种书目的编制任务,终于成为德国的目录中心。1921 年,开始编

---

① Habilitation,取得大学教授资格的论文。

② Heinrich Uhlendahl,1886—1954.

制《目录周报》①,1927 年起编印《德国文献中央报导》②,从 1928 年编制《全德官方出版物目录月报》③等等。

德意志图书馆最宏伟的编目事业是从 1931 年开始编制的《德国国家书目》④。这一书目分为三类:A 类是出版社出版的图书的目录;B 类是非出版社的出版物目录;C 类是学位论文和教授资格论文的目录。从 1937 年起,《德国国家书目》还以印刷卡片形式开始发行,即所谓的《莱比锡印刷目录》⑤。有 150 所以上的图书馆利用这一套卡片。

从 1937 年起,该馆还开始编印《德国高等院校论文目录年报》⑥。此外,它还编制各种各样的专题书目。

莱布尼茨在 300 年前梦寐以求的德国学术图书馆,在许多有志之士的共同努力下终于建成了。它就是这所德意志图书馆。

德意志图书馆的馆舍建于 1916 年,是实用和美观相结合的建筑物,有 4 间阅览室,500 多座位,室内置有 5 万册参考书。

值得庆幸的是德意志图书馆在第二次世界大战中几乎没有遭受什么损毁。这在德国的图书馆中实属例外之例外。

大学图书馆

十九世纪后半叶,德国大学图书馆的藏书量大幅度增长,除了大学总馆外,各院系、各科系的图书馆也有所增加。德国大学图书馆的藏书质量十分优良,图书馆的馆长大多又是图书馆界的泰山北斗,许多图书馆学的新观点、新作法常常发轫于德国的大学图书

---

① *Wöchentliches Verzeichnis.*

② *Literarisches Zentralblatt für Deutschland.*

③ *Monatliches Verzeichnis der reichsdeutschen amtlichen Druckschriften.*

④ *Deutsche Nationalbibliographie.*

⑤ *Die Leipziger Titeldrucke.*

⑥ *Das Jahresverzeichnis der deutschen Hochschulschriften.*

馆。当时，德国大学图书馆是各国学术图书馆的楷模。

1870 年以后，多数大学图书馆都建造了新馆舍。至 1875 年，格廷根、海德堡、莱比锡、布雷斯劳、施特拉斯堡等大学的图书馆，已有藏书 30 万至 40 万之多。

德国的大多数大学图书馆也向校外的学者和研究人员开放，后来逐渐同大学所在地的州图书馆或市图书馆合并，即一馆兼作两用——既为大学的师生服务，又为州民、市民服务。第一次世界大战后的经济困难加速了这一趋势的发展。

二十世纪三十年代，大型的大学图书馆，如莱比锡、慕尼黑、格廷根、海德堡、法兰克福、柏林等，都有 100 万册以上的馆藏。纳粹统治时期，大学图书馆的发展一度受阻，1933—1940 年间未曾建立一幢新的大学图书馆馆舍，足见其发展处于低潮。

专业图书馆

德国的专业图书馆相当发达。随着各门学科的进一步发展，对专业资料的需求逐渐增多，甚至藏书很多的大型图书馆也渐渐不能满足学术专业化的需要了。这一趋势在十九世纪后半叶更加明显。

德国近代的专业图书馆也大致可以分为：国立的、人民团体的、公司的、个人的等等。德国的专门图书馆数不胜数，下面仅列举其中若干昭著者。

属于官厅的专业图书馆大半都是 1870 年以后建立的。例如，帝国议会图书馆（1872 年建立）、柏林的司法部图书馆（1877 年）、柏林的帝国专利局图书馆（1877 年）等等。这些图书馆均藏有 10 万至 20 万册图书，但都在第二次世界大战中或在战后消失了。

关于历史专业的图书馆，特别要提到纽伦堡的日耳曼国家博物馆图书馆①。它于 1852 年建立,是德国最大的有关艺术文化史的机构。附属的图书馆约有 40 万册书,都是德国艺术史、文化史、地方志、民间艺术、家谱学、纹章学等方面的图书。1915 年,由企业家弗兰克②在柏林建立的世界大战图书馆③,以后移到斯图加特④,现称现代史图书馆⑤。馆藏约 17 万册,均与世界大战和现代史有关。另有图画、招贴、传单等,不可计数。1907 年在柏林建立了拉丁美洲研究所图书馆⑥。有名的阿根廷学者克萨达⑦赠送的 12 万册书是建馆时的基本馆藏。它是德国研究南美洲的资料中心。

在教育方面,有莱比锡的夸美纽斯图书馆⑧。它是 1871 年由当时的教员联合会建立的,约有 40 万册藏书。

在德国也存在兼有图书馆和档案馆双重性质的专门学术机构。如,1890 年在魏玛建立的歌德、席勒档案馆⑨。这里还收藏着德国其他文学家的遗著,如剧作家黑贝尔⑩、作家、政论家伊默曼⑪、幽默作家弗里茨·罗伊特⑫等等。1945 年以后,这一档案馆

① Die Bibliothek des Germanischen Nationalmuseums.
② Richard Franck.
③ Die Weltkriegsbücherei.
④ Stuttgart.
⑤ Die Bibliothek für Zeitgeschichte.
⑥ Die Bibliothek des Ibero – Amerikanischen Instituts.
⑦ Ernesto Quesada,1858—1934.
⑧ Comenius – Bücherei,取名捷克有名的教育家夸美纽斯(捷克名为 J. A. Komensky,1592—1670,一译考门斯基)。
⑨ Das Goethe – und Schiller – Archiv.
⑩ Christian Friedrich Hebbel,1813—1863.
⑪ Karl Immermann,1796—1840.
⑫ Fritz Reuter,1810—1874.

合并到同在魏玛的尼采档案馆①。1914年，由民俗学学者迈耶尔②在弗赖堡③建立的德意志民歌文库④是很有名的。这里收藏着30万首民歌的资料。

在自然科学方面，应当提到慕尼黑的自然科学和技术史博物馆图书馆⑤。该博物馆于1903年由出类拔萃的电气工程学者米勒⑥建成。这里收藏着从古代到近代的科学技术的珍贵资料，其中包括各种企业公司的文献、设计图、肖像、铜版画等等。该馆侥幸免遭第二次世界大战的破坏，各种珍书宝物都安然无损。

1860年，在鲁尔区工业中心、采煤工业基地埃森⑦建立的矿业图书馆⑧也是值得一提的。它的前身是矿业关心者协会图书馆⑨。

这些专业图书馆在二十世纪二十年代开始从事文献工作，即各种专科文献资料的搜集选择、整理加工、存贮检索、照相复制、报道推广、翻译评介等项工作。这是由于经济活动的加强和专业文献的增多而引起的。专业图书馆作为专科的文献工作中心而发挥重大作用，这正是其他类型的图书馆望尘莫及的地方。第二次世界大战中，这些专业图书馆一般都鲜有损毁，因而在战后它们的作用更加显著了。

---

① Das Nietzsche – Archiv.

② John Meier, 1864—1953.

③ Freiburg, 在联邦德国西南角。

④ Deutsches Volksliedarchiv.

⑤ Die Bihbliothek des Deutschen Museums zur Geschichte der Naturwissenschaften und der Technik.

⑥ Oskar von Miller, 1855—1934.

⑦ Essen, 在联邦德国西北部。

⑧ Bergbau – Bücherei.

⑨ Die Bibliothek des Vereins für die Bergbaulichen Interessen.

公共图书馆

德国的公共图书馆(德国人叫"民众图书馆"[①])起步较晚,发展也不快。像德国这样出版事业和学术图书馆都十分发达的国家,却没有建成很好的公共图书馆组织,也没有一所像纽约公共图书馆或曼彻斯特公共图书馆那样优秀的公共图书馆。其原因有四:第一,公共图书馆是资本主义社会的产物,而德国的资本主义起步很晚,这必然要影响公共图书馆事业的进度和规模。第二,在1870年以前,德国长期分为许多小王国和侯国,每一小国都只想设置一个有一定规模的所谓"王家图书馆"或"国家图书馆",而无意去建立许多小型的公共图书馆。第三,德国对科学研究图书馆一向很重视,专门的参考图书馆是德国图书馆的标准,而供一般读者使用的民众图书馆则往往弃之不顾。即使有了这种民众图书馆,也只是搞一些借还书,不做什么参考咨询工作。第四,德国的私人图书馆比较多,它们一般都向学者、研究人员开放。这也是公共图书馆不甚发达的原因之一。

下面可以看到,德国的公共图书馆事业只有在1871年德国开始走上资本主义道路之后才逐渐发展起来,而它在很大程度上受到了外来的、主要是英美两国的影响和刺激。

德国公共图书馆的摇篮是萨克森的格罗森海因[②]市的图书馆。建立这所图书馆的是德国公共图书馆事业的理论家和实践家普罗伊斯卡[③],当时(1828年)他任该市会计局局长。这是一所收费的图书馆。普罗伊斯卡的图书馆经营思想是受了富兰克林等人的影响的。

---

① Volksbücherei.
② Grossenhain.
③ Karl Preusker,1786—1871.

历史学家、政治家、1848 年法兰克福全德国民议会议员劳麦①，于 1841 年赴美访问，看到那里的公共图书馆，深受启发。回国后，他在柏林组织了一个"学术讲座会"②，用该会的收入约4,000塔勒，于 1850 年在柏林建立了 4 所公共图书馆，后来陆续在各地也建立了类似的市公共图书馆。

德国公共图书馆事业的进一步发展，是在 1871 年德国统一之后。此时出现了两位公共图书馆事业的推动者。一位是杜塞尔多夫③市和州的图书馆馆长内伦堡④，另一位是维也纳大学教授莱耶⑤。内伦堡于 1895 年参加了在芝加哥召开的世界图书馆员大会⑥，目睹了美国公共图书馆的发展，回国后大力推进德国的公共图书馆事业。莱耶也访问过美国和英国。他主张按这两个国家的方式建立德、奥的公共图书馆。他于 1892 年在维也纳建立了中央图书馆，这是有 23 个分馆的一所公共图书馆。

当时有些教育、文化、道德等团体对促进公共图书馆事业也起了一定的作用。例如，道德文化协会⑦、夸美纽斯协会⑧、民众教育普及协会⑨等等。最后一个协会在农民和小城镇的活动尤为突出。

在各方面的努力下，十九世纪末、二十世纪初，德国的公共图书馆有了进一步的发展。1895—1910 年在不少城市陆续建成了

---

① Friedrich von Raumer, 1781—1873.
② Verein für wissenschaftliche Vorträge.
③ Düsseldorf, 位于联邦德国的西北部。
④ Constantin Nörrenberg, 1862—1937.
⑤ Edward Reyer, 1849—1914.
⑥ World's Congress of Librarians.
⑦ Gesellschaft für ethische Kultur.
⑧ Comenius - Gesellschaft, 1892 年成立。
⑨ Gesellschaft zur Verbreitung von Volksbildung.

280

公共图书馆。如,耶拿(1895 年)、柏林的夏洛滕堡①(1899 年)、汉堡(1899 年)、埃森(1899 年)、杜伊斯堡②(1901 年)、斯德丁③(1902 年)、埃尔伯费尔德④(1902 年)等等。1922 年还成立了德国公共图书馆员协会,也出现了几种有关公共图书馆的专门杂志。公共图书馆终于在德国成为一支力量。

如前所述,多数的德国公共图书馆是收藏通俗读物,以一般市民为对象,以教育为其主要任务,不像英美公共图书馆那样兼有学术参考性。

从事公共图书馆事业的德国图书馆员,如霍夫曼⑤、拉德维希⑥等人,提出了一些先进的见解。他们强调公共图书馆的社会作用和教育作用,阐述了全国统一的图书馆组织的思想。拉德维希在埃森的克虏伯图书室⑦展开了卓有成效的活动。霍夫曼是莱比锡市图书馆的组织者。他强调对读者的工作,并研究读者心理。霍夫曼重视图书馆的统计工作和图书馆员的教育。1915 年,他同妻子霍夫曼-博塞⑧一起在莱比锡建立了德国第一所培训公共图书馆馆员的学校——图书馆技术和管理专门学校⑨。1914 年,霍夫曼在莱比锡设立了民众图书馆事业全德中心⑩,给中小城市的图书馆以指导和帮助。

在德国也开始出现巡回图书馆,为郊区和农村的读者服务。

---

① Charlottenburg,1920 年以前是一个城市,之后为柏林的一个区。
② Duisburg,在联邦德国的西北部。
③ Stettin,现在称什切青(Szczecin),在波兰西北部。
④ Elberfeld,在鲁尔区。
⑤ Walter Hofmann,1879—1952.
⑥ Paul Ladewig,1858—1940.
⑦ Die Kruppsche Bücherhalle,克虏伯是德国工业巨头。
⑧ Elise Hofmann-Bosse,1880—1954.
⑨ Fachschule für Bibliothekstechnik und -verwaltung.
⑩ Deutsche Zentralstelle für volkstümliches Büchereiwesen.

著名图书馆活动家阿克尔克内西①在德国东北部的斯德丁积极推广流动书车。这一类活动在德国北部比较活跃,这是由于受了斯堪的纳维亚各国的图书馆事业的影响。

1933年,纳粹上台,所有公共图书馆都被置于法西斯政府宣传部的控制之下。进步书籍均不准出借,后来索性公开烧毁②,并停止向国外购书。公共图书馆被纳入纳粹主义的宣传轨道。工会图书馆被关闭,取而代之的是体育、旅行、文化等组织的混合物——"德国劳动阵线"③之类的组织,希特勒党徒妄图利用这样的组织来控制劳动者的工余时间。他们还建立了约2万所付费图书馆,以宣传沙文主义、复仇主义和种族主义思想。

6.6　奥地利的图书馆

奥地利在文化上同德国一直有着很密切的联系,图书馆事业的发展也受德国的很大影响。例如,两国在很长时期内一直是协力进行印刷卡片目录的编制工作的。又如,奥地利的公共图书馆的发展进程也同德国相近似。

维也纳的王室图书馆因藏有许多珍贵资料而闻名于世。东方学学者卡拉巴切克④于1899—1917年任该馆馆长。他把全部馆藏重新整理,并使管理程序纳入近代化。此时,弗兰茨－约瑟夫一世皇帝⑤把赖纳⑥大公的纸草纸文稿约6万件交给了该馆。

---

① Erwin Ackerknecht,1880—1960.
② 详见本书第417—420页。
③ Deutsche Arbeitsfront.
④ Joseph Karabacek,1845—1918.
⑤ Franz－Joseph Ⅰ,1830—1916,在位是1848—1916年。
⑥ Erzherzog Rainer.

第一次世界大战后奥匈帝国瓦解,1918 年成立了奥地利共和国。王室图书馆于 1920 年改称为国家图书馆。

目前它藏有约 10 万件纸草纸文献,是世界上收藏纸草纸文献最多的图书馆。古地球仪的收藏数为约 130 个,也是世界第一。摇篮刊本约有 8,000 册,居世界第三位。地图约有 20 万幅,居中欧第一位。海顿、莫扎特、贝多芬、施特劳斯[1]等人的乐谱手稿有3.4 万件,印刷乐谱约有 8.5 万件,照像底片 60 万张。该馆还收集戏剧方面的资料,有 5.2 万册剧本和 5.3 万件剧本手稿等等。印刷图书约 230 万册。总之,该馆是世界著名的图书文献宝库之一。

6.7　瑞士的图书馆

同其他欧洲各国一样,瑞士的图书馆事业也是从中世纪的修道院图书馆开始的。在圣加仑、爱因西德尔恩[2]、恩格尔堡[3]等地,本尼狄克特派的修道院在几百年前就开始收集和抄写图书了。其中最古老、最有名的是圣加仑修道院图书馆。这里的一些资料从公元 612 年建馆到现在一直被保存下来。在洛可可式的阅览室和书库里,目前还搁放着书籍 10 万册、八至十二世纪的古老写本2,000 卷、摇篮刊本 1,700 册,还有文艺复兴时代的彩色写本等等。

十六世纪,宗教改革的风暴席卷了瑞士全土。在领导这次运动的几个中心城市,留下了神学院及其附属的图书馆。之后它们发展成为大学和大学图书馆。其中不少图书馆向民众开放,故具

---

[1]　Johann Strauss,1825—1899.

[2]　Einsiedeln,在苏黎世南部。

[3]　Engelberg,阿尔卑斯山脉中的山谷,在瑞士中部。

有大学图书馆和公共图书馆的两种机能。

在瑞士,宗教改革的反对派的势力也很大。他们也建立了自己的图书馆。后来这些馆变成为各州的公共图书馆。

瑞士同其他各国不同,长期采用地方自治的分权制度,因此没有可能产生像不列颠博物馆或巴黎的国家图书馆那样的中央国家图书馆。

1874 年,瑞士通过了新宪法,变成资产阶级联邦共和国,并宣布人人在法律面前平等、言论和出版自由、国家监视教会的活动等等。全国由 22 个州组成,各州有自己的宪法、议会和政府。4 种语言——德语、法语、意大利语和拉丁罗马语[1],均为正式官方语言。瑞士自十六世纪起执行中立政策。1815 年,维也纳会议承认瑞士为永久中立国。因此,她长期没有遭受战争的祸害。自十九世纪至今,她的图书馆一直免受破坏。

瑞士的图书馆事业都是由各州掌管的,并没有全国统一的管理机构,也没有强制的呈缴本制度。

资本主义在瑞士的发展促进了各种类型的图书馆的创立和活动。十九世纪末至二十世纪初,瑞士的图书馆事业空前繁荣。十九世纪末,全国人口仅仅 200 万,但已有 2,000 所图书馆。此时正是列宁流亡瑞士的时期。他对这里的图书馆工作给予了很高的评价[2]。

瑞士图书馆事业的最大优点是对读者关怀备至,服务工作十分出色,想尽各种办法把书送到读者手里。国内各馆之间的互借很方便,国际间的互借业务也开展得很好。读者不管住在城市或乡下,只要办理简单的手续就可以通过邮寄借到图书,而他只需付

---

① Romansh,瑞士东部所用的拉丁语系方言。

② 详见克鲁普斯卡娅:《列宁论图书馆工作》,时代出版社 1957 年版,第 20—21 页。

出借书通知的明信片邮票费。瑞士的国土不大，交通邮政事业也很发达，而最重要的是图书馆员的服务工作尽如人意。克鲁普斯卡娅回忆说："1915年夏天，我们住在罗特霍伦山麓下一个很偏僻的小乡村中，在那儿收到图书馆免费邮寄来的许多书。书是装在纸套子里寄来的，套子上贴有写好的卡片：一面写着收书人的地址，另一面写着图书馆的地址。还书时，只要把这张卡片翻过来贴好投邮就行了。"①

瑞士同其他国家的馆际互借也办得不错。例如，瑞士德语区的学术图书馆同德国各大图书馆都有联系，甚至战火连天的第一次世界大战期间，列宁还通过瑞士的图书馆从德国借到他需要的各种书籍②。他还通过瑞士的一所图书馆借到了美国国会图书馆的书③。

瑞士的多数图书馆都采取开架式借书方法，便于读者接近图书。

瑞士图书馆的编目工作做得相当好。他们编印和出售印刷卡片，编制联合目录。

德语区最大的图书馆是苏黎世市图书馆。它在二十世纪初同州图书馆、苏黎世大学以及若干团体的图书馆合并，易名为苏黎世中央图书馆④。它一馆同时为州、市和大学三方服务。

该馆于上世纪末、本世纪初由维斯⑤领导编制了主题目录，从1907年开始使用。它在当时欧洲有限的主题目录中是出类拔萃的。这份目录的编制方法后来传到德、奥等国。

列宁在1916—1917年流亡苏黎世期间，经常到该馆读书，并

---

① 详见克鲁普斯卡娅：《列宁论图书馆工作》，时代出版社1957年版，第21页。
② 同上书，第21页。
③ О. И. Талалакина, *История библиомечного дела за рубежом.* стр. 139,
④ Zentralbibliothek Zürich.
⑤ Wilhelm von Wyss, 1864—1930.

完成了《帝国主义是资本主义的最高阶段》这部不朽的著作。该馆至今还保存着列宁的入馆登记。列宁用他那工整的德文字在登记簿上写下如下一段字句(见图35):

1916 年 2 月 19 日　　姓名:弗拉基米尔·乌里扬诺夫
　　　　　　　　　　　住址:明镜街 41 号

而在职业一栏,列宁填的是:新闻记者。

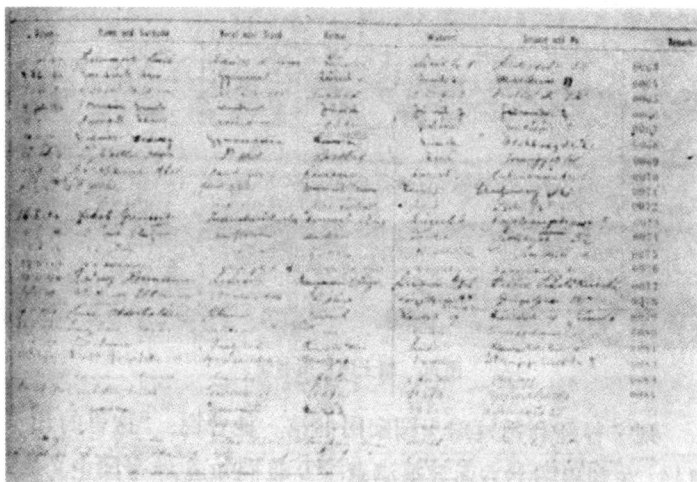

图35　列宁在苏黎世中央图书馆填写的入馆登记(划横线者,即第16行)

　　伯尔尼①的瑞士国家图书馆②是 1895 年才建立起来的。它的任务是收集 1848 年以后的瑞士的出版物和国外出版的有关瑞士的著作。这里是瑞士问题研究者必到之处。该馆与上述德意志图书馆不同,并不是一所不外借的版本图书馆,它的藏书是允许借走的。如前所述,瑞士没有法定的呈缴本制度,各出版社是自愿向伯

────────────

①　Bern.

②　Schweizerische Landesbibliothek.

尔尼的国家图书馆送交自己的出版物的。

二十年代以后,该馆在馆长戈代①的领导下开始编制国内350所以上的专门学术图书馆的联合目录。从1901年起,入藏新书印成《书目通讯》②,后改名为《瑞士图书》③。对书目工作的格外重视是该馆的工作特点之一。1931年建成的馆舍,在当时说来是相当先进的。

图36 瑞士国家图书馆

列宁曾经利用过瑞士国家图书馆。他曾说:"这里的图书馆很好,在利用图书方面我很满意。"④我们知道,《帝国主义是资本主义的最高阶段》一书是在伯尔尼开始写作的。当时他使用的不少参考书是从瑞士国家图书馆借用的。该馆把列宁的借书单总共

---

① Marcel Godet.

② *Bibliographische Bulletin.*

③ *Das Schweizerbuch.*

④ 克鲁普斯卡娅:《论列宁》,人民出版社1960年版,第383页。

60 多张当做珍贵文物妥为保存。

　　国家图书馆怎能特意把列宁的借书单保存下来呢？据该馆负责人说，按他们的规定，所有的借书单必须保存 5 年，然后才允许烧毁。1916 年列宁来借书的时候，人们当然没有特意留心，但是第二年，十月革命成功了，列宁成了世界知名的人物。这时有位图书馆员花去不少时间，从一大堆借书单里找出了列宁的借书单。如果列宁借书后 5 年内没有发生十月革命，那么他的借书单是保存不下来的。正是由于瑞士图书馆员的平凡而伟大的工作才能够使我们后人看到 60 多年前革命导师的真迹，从中得到极大的鼓舞。

图 37　列宁在瑞士国家图书馆填写的借书单

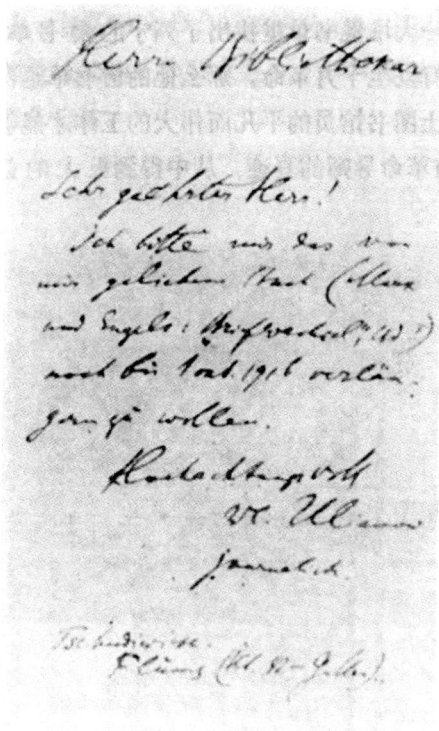

图38　列宁寄给社会档案馆的明信片，
信中请求延缓还书期限

苏黎世有一所专门收藏工人运动资料的机构——瑞士社会档案馆①。它名为"档案馆"，实属图书文献馆。建馆年代可追溯到 1889 年，比专门收藏社会史文献的荷兰阿姆斯特丹②的国际社会史研究所③早半个世纪。在近一百年中，该馆收集了有关社会主义的书籍和小册子约 80 万册以上，报刊 4,200 种，剪报资料 50 万份，各种文献 30 万件。希特勒上台后，在德国和其他被占领的国家，马克思主义等进步书报被焚烧，而瑞士幸免于难，故该馆的这些藏书更显得珍贵。

在该馆馆长室的一面墙前，摆着四、五层高的大书架，很整齐地搁放着社会主义史的珍贵书籍，其中包括德国社会民主党领袖倍倍尔④的图书遗产 200

---

①　Schweizerisches Sozialarchiv.
②　Amsterdam.
③　Internationale Instituut voor Sociale Geschiedenis.
④　August Bebel,1840—1913.

多册。倍倍尔在苏黎世度过晚年，病亡于此。他的私人藏书后来赠送到这里。

像瑞士其他图书馆一样，社会档案馆也很强调开放性，任何人都可以来利用各种资料。

列宁在苏黎世逗留期间也经常到这里来学习。该馆也作为珍贵资料一直保存着列宁的借书单。列宁是一位非常严格地遵守图书馆规则的读者。他在社会档案馆借书，也是如此。1916 年，他向该馆借用了《马克思恩格斯书信集》第一卷。还书日期即将到来时，列宁向该馆寄去了一张明信片，请求缓期归还①。信上写着：

图书馆员先生：
尊敬的先生
我借用的《马克思恩格斯书信集》第一卷，请允许我延期至 1916 年 10 月 1 日奉还。

此致

敬礼！

弗拉基米尔·乌里扬诺夫
新闻记者

日内瓦公共和大学图书馆②以它的丰富的珍藏而闻名。它的建馆年代可以追溯到 1559 年，最初是宗教改革者加尔文③所创立的日内瓦学院的图书馆。之后，在"新教的罗马"——日内瓦，逐渐产生了一批知识阶层。十八世纪初，这所图书馆开始向知识分子和公众开放，每天两小时。1872 年，馆舍设在日内瓦大学的一

---

① 见图 38，并见 *Bibliotheken in der Schweiz*，Vereinigung Schweizerischer Bibliothekare，Bern，1976，S. 157.

② Bibliothèque publique et universitaire de Genève.

③ Jean Calvin，1509—1564.

翼,也为大学服务,故名"公共和大学图书馆"。

该馆最珍贵的收藏是十四一十五世纪的图文并茂的抄本。还有希腊的纸草纸文献、宗教改革家的书信、有关法国大革命、巴黎公社的资料以及埃及学、阿拉伯的考古学和碑铭学的文献资料。该馆还收藏卢梭①的书信、著作、绘画、雕刻以及这位"日内瓦市民"的蜡模遗容②。

瑞士是中立国,又位于欧洲的中央,故多年来各国的不少流亡者侨居在这里。他们在瑞士开办了一些图书馆③。

国际城市日内瓦有许多国际性的机构。国际联盟在日内瓦设立总部之后,于1920年建立了国际联盟图书馆④,1946年改为联合国图书馆⑤。馆藏约80万册,包括欧洲所有国家的统计资料和全世界各国的法律资料,也有国际法、各国宪法和行政法以及政治、经济、社会等方面的图书。目前馆员有49名,他们来自21个不同的国家,操28种不同的语言。

日内瓦还有属于联合国的国际劳工组织的中央图书馆和文献部⑥。属于联合国的世界卫生组织也在1946年开设了一所图书馆⑦。

目前,瑞士有6,000所各种类型的图书馆,全国总人口仅有600万人。图书馆在人口中的比例是很高的。

---

① Jean Jacques Rousseau,1712—1778.
② Deathmask,用蜡、石膏等从死人面部模制。
③ 见本书第330、346、349—350各页。
④ League of Nations Library.
⑤ United Nations Library.
⑥ International Labour Office Central Library and Documentation Branch.
⑦ Library of the World Health Organization,见图39。

6.8　法国的图书馆

　　法国的图书馆事业有两个特点：一是藏书相对地集中在首都巴黎；二是国家对图书馆事业施行严格的统一管理。这种划一的管理有好的一面，例如，公共图书馆所藏的写本目录的编制工作比任何国家都先进。

　　呈缴本的制度只对首都的图书馆有效，地方的图书馆没有能够享受这一权利。法国图书馆的馆际互借不甚发达。

国家图书馆

　　巴黎国家图书馆尽管馆藏丰富，但在管理方面比起不列颠博物馆和普鲁士国家图书馆稍逊一筹。但在十九世纪后半期它也开始转向现代化。它的建筑已经完全不适应时代的要求了。馆舍的重建工作前后持续了30年，即从1854年到1884年。著

图39　世界卫生组织的正门入口处，用联合国承认的五种正式语言（中、法、俄、英、西班牙等文）写着机构名称

图40　法国国家图书馆的书库

名的建筑师拉布鲁斯特[1]是主要的设计师。1868 年建成的阅览室是仿照不列颠博物馆的圆顶建筑,有天窗和两个回廊,共设 344 个座位。1884 年完工的书库也是参照不列颠博物馆的格式。靠近阅览室的中央书库有 5 层,层高 2.3 米,每排书架之间的行距相当宽,竟有 3 米。与不列颠博物馆一样,书库只能从天窗采光,还没有设置侧窗。

巴黎国家图书馆的现代化主要归功于馆长德利尔[2]。他是一位中古史学者,于 1871 年任该馆写本部主任,从 1874 年起就任馆长。当时该馆使用着各种各样的目录和辅助索引,竟达 54 种之多! 其不便利、不顺手是可想而知的。德利尔的最大功绩就是下决心淘汰它们,重新编制一套全部馆藏的统一的字顺卡片目

---

① Pierre François Henri Labrouste,1801—1875.

② Léopold Victor Delisle,1826—1910.

录。此项工作从 1874 年起足足进行了 20 年,终于在 1893 年完成。

这项工作完成之后,德利尔立即着手编制印刷本式的馆藏著者目录。这部目录叫做《国家图书馆馆藏印刷图书总目》①,于 1897 年开始出版第一卷。由德利尔写的第一卷序言是图书馆目录史的杰出论文。这一套总目前后编制了 80 多年,最近在编印最后几卷,到 1982 年编到 231 卷。它和不列颠博物馆的《字顺馆藏总目》可称为世界目录中的双璧,前者以法文书为主,后者以英文书为主,均为目录学上的权威性典籍。

德利尔还编制了写本目录《国家图书馆所藏写本集》②。这是一本有关中世纪法国图书馆史、文化史的最重要的资料目录之一。比起德国的施梅累尔,他的写本目录的编制技术向前迈进了一步。他被称为现代写本目录的创始人,是当之无愧的。

德利尔是最早制定写本和摇篮刊本的著录条例的人。他在 1886 年发表了《写本和摇篮刊本的著录条例》③,在 1889 年制定了很有用处的对普通书籍的著录条例④。

国家图书馆从 1874 年起发行新到图书的印刷卡片。从 1811 年开始编制的全国书目《法国书目》⑤,从 1931 年起定为每周出版一次。

---

① *Catalogue générale des livres imprimés de la Bibliothèque nationale.*

② *Cabinet des manuscrits de la Bibliothèque nationale.*

③ *Instructions pour la rédaction d'un catalogue de manuscrits et pour la rédaction d'un inventaire des incunables.*

④ *Instructions élémentaires et techniques pour la mise et le maintien en ordre des livres d'un bibliothèque.*

⑤ *Bibliographie de la France.*

圣真尼图书馆

巴黎还有一所大图书馆——圣真尼图书馆①。圣真尼②大教堂的起源可以追溯到公元六世纪,但大规模的图书收集是从1619—1624 年间开始的。印刷图书的增加和捐赠图书的增多,使它成为仅次于皇家图书馆的大馆。只有极少数中世纪的修道院或大教堂的图书馆,在法国资产阶级大革命时没有被没收,而后来改为学术参考图书馆,圣真尼图书馆就是其中的一所。早在 1759年,它就变成一所半公共性的图书馆,对"所有要求进入的诚实读者"开放,甚至外国人只要有科学院成员或语文教师陪同也可以入馆。1789 年法国大革命时期,政府还允许它从文献保管所调进图书,因而馆藏一直在增加。

同现代的许多图书馆的情形一样,当时的圣真尼图书馆也为人员不足而苦恼。据说,有一批捐赠书籍收藏在书库未曾编目,竟达 17 年之久。

在十八世纪,它的大厅式的馆内设置,壮丽夺目、辉煌惊人。1843—1850 年,由上述拉布鲁斯特设计的新馆舍,是一栋着眼于实用的图书馆大楼。藏书和读者的增多迫使人们放弃传统的大厅图书馆。拉布鲁斯特把书库、阅览室和办公室分隔开,下层是书库,上层是阅览室。这是向现代化书库过渡的一种建筑形式。他在建筑材料中使用铸铁和玻璃,这在当时是很先进的。这一馆舍经 1933、1954 和 1961 各年的改建和扩建,一直使用到现在。

1860 年,该馆藏书有 16 万册以上,写本 5,000 卷。到了二十世纪,它发展成为在法国利用率最高的图书馆。白天从上午 9 时

---

① Bibliothèque Sainte - Geneviève.

② Sainte - Geneviève, 约 423—512, 巴黎的守护圣女。据传, 匈奴帝国国王阿提拉 (Attila 约 406—453) 侵犯巴黎时, 她解救了市民的苦难。

到下午 3 时,晚上从 6 时到 10 时,每天不少于 1,000 个读者,占满了阅览室的座位。目前,馆藏超过 150 万册。

公共图书馆

法国的公共图书馆事业一直很落后。1906 年成立的法国图书馆员协会[1]一贯致力于公共图书馆的建设,但成效不大。著名图书馆员莫雷尔[2]是在法国最早强调公共图书馆作用的先驱者。他主张公共图书馆应当把书借出馆外,并号召向英国的公共图书馆学习。

巴黎在 1908 年有 80 所通俗图书馆,但大半设在市办公机关的一翼,开馆时间也是一周数小时。在农村,一般只能利用学校图书馆。法国政府在 1945 年以前几乎没有采取什么有力措施,来建设公共图书馆。

公共图书馆事业的落后致使教会图书馆的活动异常活跃。1934 年在巴黎成立了天主教图书馆的协作中心。1939 年还出现了一本专书——《如何组织教区图书馆》。教会还出版为数不少的宗教书籍[3]。

6.9 意大利的图书馆

在世界的图书馆史上,意大利的图书馆事业曾经有过一段很长的繁荣兴盛的时期,但在法国大革命以后,昔日的光辉一去不复返了。拿破仑时代的政治动乱给图书馆事业带来了很大危害。入

---

[1] Association des Bibliothécaires Français.
[2] Eugène Morel, 1869—1934.
[3] 另见本书第 422—425 页。

侵的法国人把大批图书夺走。1796—1802 年间，约有 1,500 件珍贵写本被抢到法国。除了佛罗伦萨的洛伦佐图书馆之外，其他所有的大型图书馆都遭到破坏。

意大利的国土先后被西班牙、法国、奥地利所占领，长期处于四分五裂的状态。反抗外来侵略、争取意大利统一的长期的斗争，使意大利人无暇顾及图书馆的建设。梵蒂冈图书馆在十八世纪末、十九世纪初也处于停顿状态。法国大革命以后，它只好把过去得到的不少写本还给原主国。十九世纪上半叶，它没有添加大量的图书，图书的出借也越来越困难。极少数被允许入馆的读者也只能在单扇窗户的小屋里阅读写本，屋内没有一本参考书可以查用。

1861 年，意大利的再统一实现了。维克多－艾曼努尔二世[1]宣布为意大利国王，1865 年定都佛罗伦萨，他于 1870 年拿下罗马。统一以前的意大利，在各小国都有自己的"中央图书馆"，共计 21 所，还有一些大学图书馆。统一以后，所有这些图书馆都归为国有。一大批修道院图书馆也被国有化。极少数教会图书馆，如梵蒂冈图书馆、安布罗西安图书馆[2]仍旧维持自己的独立性，一直发挥着固有的独特作用。

意大利同法国相似，统一之后图书馆事业处于国家的严格的统一管理之下。因此，在 1891 年以后得以编出相当先进的全国性的写本目录——《意大利图书馆写本目录》[3]，也能够在 1922 年制定了统一的著录条例。

如前所述，意大利统一的历史进程是先定都于佛罗伦萨，后占

---

① Vittorio Emanuele Ⅱ, 1820—1878, 撒丁国王（1849—1861），意大利国王（1861—1878）。

② 见本书第 147 页。

③ *Inventari dei manoscritti delle biblioteche d'Italia.*

领罗马。于是产生了两个国家图书馆——佛罗伦萨的中央国家图书馆和罗马的中央国家图书馆。但还有 5 个图书馆也冠有"国家图书馆"的名称,即那不勒斯、米兰、威尼斯、都灵①和巴勒莫。这也是因为它们在历史上曾经是小国的国家图书馆的缘故。但佛罗伦萨和罗马的国家图书馆还加有"中央"的字样,以示区别。

1932 年公布的呈缴本制度规定,每种书必须交送这两所图书馆各一本,第三本则在 100 所地方图书馆之间进行分配。

佛罗伦萨的中央国家图书馆②的起源可追溯到十八世纪初。当时有一位自学成才的奇人学者,名叫马利亚贝基③。他是十七世纪典型的博学之士,也是一位真正的搜书迷。

马利亚贝基年轻时当过油漆工,后来受雇于宝石商店,直至中年。他从小好学,所得金钱全部用来购书。他同佛罗伦萨的一流学者交往甚密,还在塔斯卡尼公爵④的私人图书馆工作数年。马利亚贝基学识深广,有问必答,所答必定引经据典,博得问者欣喜。他一生中觅集的图书竟达 3 万余册,统统放置家中各处——家门入口、窗台、通道、楼梯、住室、客厅等等,他本人和客人一进家里都没有立足之地。据说,卧室内堆积的书最多,因为他经常耽于读书以至深夜。

这位狂人般的书迷对佛罗伦萨市民裨益甚大,因为他生前表示把这 3 万多册书遗赠给佛罗伦萨市,以供"该市贫民"阅读。1714 年,马利亚贝基以 81 岁的高龄与世长辞。逝世时,他同以往一样,满身污垢,衣衫褴褛。但人们以万分敬仰的心情送别了这位心底净洁的人。

---

① Turin,在意大利的西北部。

② Biblioteca Nazionale Centrale,Firenz.

③ Antonio Magliabechi(或 Magliabecchi),1633—1714.

④ Grand Duke of Tuscany.

马利亚贝基的藏书在 1747 年向民众公开,取名"马利亚贝基图书馆"①。十八世纪后半期,许多修道院被压制,他们的藏书都归入马利亚贝基图书馆。该馆还接受了许多遗赠。到了 1859 年,藏书近 10 万册。1861 年意大利统一后,它与塔斯卡尼公爵图书馆合并,成为国家图书馆。

此后,该馆发展甚速,1930 年已有 200 万册书、2.2 万卷写本、3,300 余册摇篮刊本和数以千计的信札、乐谱、地图等等。该馆收藏但丁、薄伽丘、被火刑处死的教会改革家萨伏那洛拉②、《君主论》③的作者马基雅维利④等人的著作、文献等等。该馆所藏的十五世纪末、十六世纪初的印刷业家马努蒂乌斯⑤印制的希腊、拉丁的古典书籍,是在意大利国内现存的数量最大的一批。

该馆在第二次世界大战期间,损失甚微。然而,1966 年的阿尔诺河⑥大泛滥却给该馆酿成大灾。100 万册以上的图书溺于游泥和洪水中。由于抢救及时,实际损失没有超出 20 万册。

目前馆藏大约 450 万册、写本约 2.5 万卷、摇篮刊本 3,769 本。它是意大利最大的图书馆,其收藏范围是全部意大利文的书籍和有关意大利文的外文著作。它编制的馆藏字顺总目《1886—1957 年意大利出版物通报》⑦,同时也是全国性的书目。该通报从1958 年起改名为《意大利全国书目》⑧。

如前所述,罗马的中央国家图书馆是维克多－艾曼努尔二世

---

① Biblioteca Magliabechiana.

② Girolamo Savonarola,1452—1498.

③ *Il Principe.*

④ Niccolò Machiavelli,1469—1527.

⑤ Aldus Manutius,1450—1515.

⑥ Arno.

⑦ *Bollettino delle publicazioni italiane,1886—1957.*

⑧ *Bibliografia nazionale italiana.*

占领罗马之后,于 1876 作为第二个中央图书馆而创立的,正式名称是"维克多-艾曼努尔二世中央国家图书馆"①。它与佛罗伦萨的中央国家图书馆不同,收藏重点是外国的图书资料。它的藏书有 250 万册。该馆从 1886 年起编制外国文献目录,后来国内的许多图书馆也协助和参与此项工作,因而这份目录的意义和作用更为突出了。该馆于 1931 年设置了参考咨询部。

意大利资产阶级革命的不彻底性给文化事业,其中包括图书馆事业,带来了阴影。公共图书馆的不发达是其突出的一个方面。甚至在大都市,公共图书馆的藏书也十分贫乏,经费严重不足,一周只开放两三次。读者大部分是教师和学生。十九世纪末意大利的文盲占人口半数。

二十世纪初,公共图书馆事业略有改进,但同法国一样,天主教教会的图书馆却在几乎每个教区都存在。

1922 年墨索里尼②上台。他起先企图利用公共图书馆为法西斯党服务。后来发现,北部地区的公共图书馆传播社会主义的书刊,于是转而镇压公共图书馆运动。

6.10 梵蒂冈图书馆的近代化

在上世纪末,即在教皇利奥十三世③时,梵蒂冈图书馆开始走上近代化的轨道,馆内的大量藏书和写本向世界各国的学者开放。1888 年,该馆设置了一间便于阅读写本的阅览室。德国的历史学

①　Biblioteca Nazionale Centrale Vittorio Emanuele Ⅱ.

②　Benito Mussolini,1883—1945.

③　Leo ⅩⅢ,1810—1903,在位是 1878—1903 年。

家、耶稣会会士埃尔勒①在 1895—1914 年间任该馆馆长。他对改革梵蒂冈图书馆出力极大。埃尔勒建立了备有 8 万册的绝好的参考工具书室,1896 年还设立了一个工作间,专管写本的修补、书虫的防除等事宜。从 1900 年起,他发行《研究和版本》②丛书,对梵蒂冈图书馆的写本进行学术性的评价。

由于埃尔勒的努力,意大利贵族博尔格泽③家族的图书馆于 1891 年并入梵蒂冈图书馆。值得一提的是,这所图书馆的部分写本是十四世纪罗马教廷设在法国阿维尼翁城时的教廷图书馆的珍藏④。十六、十七世纪罗马的名门巴尔贝里尼家族的图书馆⑤也于 1902 年并入梵蒂冈图书馆。这所图书馆是 1638 年由红衣主教巴尔贝里尼⑥建立的,藏有非常珍贵的 4 万册书和 11,750 件写本。

1900 年,梵蒂冈图书馆进行了重要写本的复制工作,从此珍贵的写本都有了复制件,给写本的使用带来了极大的方便。在埃尔勒的努力下,梵蒂冈图书馆变成为世界上最重要的写本研究图书馆之一。

庇护十一世⑦在位时期(1922—1939 年),梵蒂冈图书馆进一步现代化。庇护十一世本人曾主持过米兰的安布罗西安图书馆和梵蒂冈图书馆的工作。故此,当上教皇之后,对梵蒂冈图书馆的工作尤为关心。1926 年,美国密执安大学图书馆馆长毕晓普等人考察梵蒂冈图书馆,提出改革和现代化的建议。庇护十一世对这项建议很感兴趣,于是从 1928 年起借助卡内基国际和平基金和美国

---

① Franz Ehrle,1845—1934.

② *Studi e testi.*

③ Borghese.

④ 见本书第 72 和 105 页。

⑤ Barberiniana.

⑥ Francesco Barberini,1597—1679.

⑦ Pius XI,1857—1939,在位是 1922—1939 年。

国会图书馆馆员的合作,改进了梵蒂冈图书馆的目录系统,把原有的 18 套目录汇合成为一套馆藏印刷图书的字顺目录。为此,1931年制定了一个很出色的著录条例。同时还在书库装置了当时欧洲最先进的设备。为了培训教会图书馆馆员,1934 年还建立了一所图书馆学校。

目前,梵蒂冈图书馆是世界最大的图书馆之一,约有 70 万册图书,61,697 件写本,10 万件手稿和 10 万幅地图等等。世界各地的学者都到这里来查阅它的珍藏。

6.11　西班牙和葡萄牙的图书馆

在西班牙,尽管因循守旧的倾向比较严重,但它的图书馆事业也从二十世纪起逐渐地开始现代化。这里同法国一样,国家依照法令统一地管理图书馆。

1859 年,政府发布了关于建立省图书馆的法令,所需经费除了由国库开支外,还要求地方政府拨款。1867 年,政府又颁布了分别管理档案馆、图书馆和博物馆的法令,之后图书馆的情况略有好转。1869 年,又发布了开设 20 所公共图书馆的法令,期于克服几乎不可置信的文盲状态,但执法不力的情况时而发生。

马德里的国家图书馆①的前身是 1712 年由菲力浦五世②建立的皇家图书馆。它的馆藏之丰富是西班牙其他图书馆望尘莫及的。各种文字、各种版本的《圣经》、西班牙和葡萄牙的文史资料、版画、地图、乐谱及阿拉伯文的著作等等,总计超过 300 万册(件)。

---

① Biblioteca Nacional.

② Felipe V,1683—1746,在位是 1699—1724(1 月)、1724(8 月)—1746 年。

西班牙在十九世纪有 12 所大学图书馆,其中一些馆的创建时代可以追溯到中世纪。1835—1837 年没收修道院财产时,它们的图书都归入大学图书馆。1936—1939 年的西班牙内战毁坏了许多大学图书馆的馆藏。1944 年,政府颁布了一项法令,规定各校所属的图书馆在管理上应当一元化。

西班牙的公共图书馆起步较晚。本世纪三十年代,约有五分之四的居民享受不到公共图书馆的服务。1931 年,王朝被推翻,成立了共和国。同年即颁布公共图书馆法,还拟订了由中央政府管理的全国性的图书馆系统的计划,其重点是发展农村图书馆。在马德里和巴塞罗那出现了儿童图书馆。1934 年,3 年制的图书馆学校在巴塞罗那开学。

1936—1939 年,佛朗哥①在德、意法西斯的支持下发动反共和政府的叛乱。图书馆事业受阻,图书馆在内战中被破坏。

葡萄牙的三大图书馆是里斯本的国家图书馆②(1796 年建立)、科英布拉的大学图书馆③(十六世纪建立)和波尔图市图书馆④(1833 年建立)。

6.12　荷兰的图书馆

尼德兰⑤北部七省在反对西班牙统治的战争之后,于 1579 年建立了世界上第一个资产阶级国家——荷兰共和国。战后,代表新的生产力的资产阶级大力推进了科学文化事业的发展,因而图

---

① Francisco Franco y Bahamonde,1892—1975.

② Biblioteca Nacional de Lisboa.

③ Biblioteca Geral da Universidade,Coimbra,科英布拉地处葡萄牙中部。

④ Biblioteca publica municipal,Porto,波尔图在葡萄牙北部。

⑤ Nederland,意为低地。

书馆事业也大踏步前进。

十七世纪,荷兰的图书印刷业在欧洲占有领先地位。著名的出版家厄尔泽维尔①早在 1580 年就在莱顿开设了一家书店,于 1583 年开始出版图书。他的子孙也都从事出版事业,承担了莱顿大学的图书出版工作。厄尔泽维尔家族主要印刷古典作品。他们所用的拉丁字活字体叫做"厄尔泽维尔活字",一直沿用到现在。

十七世纪,荷兰的学术文化繁荣兴盛。只需列举当时荷兰名家数名,则足以说明此情,如天赋人权论的创始人格劳修斯、古语文学家利普西乌斯、杰出的唯物主义哲学家斯宾诺莎②、伟大的艺术家伦勃朗③等等。荷兰很有名的图书馆大都是在这个时候建成的。

有名的莱顿大学是 1575 年建立的。1574 年 5 月,西班牙军再次调遣大军围攻莱顿城。城里的人民忍受饥饿,同敌人斗争到底。他们回答残暴的敌人说:"为了保卫我们的妇女、自由和宗教免受外国暴君的摧残,我们每个人会吃掉自己的左手,来保全自己的右手!"领导独立战争的威廉亲王④掘开堤坝,引海水冲淹敌军。莱顿解救了。据说,为了奖励莱顿人民的英勇奋战,威廉亲王询问莱顿人民:是要长期免除捐税,还是要一所大学?莱顿人民深思熟虑,最后决定要一所大学,于是莱顿大学成立。后来这所大学变成了欧洲最有名的大学之一。由于师资优良,许多外国学生都慕名而至。

该大学图书馆⑤于 1587 年开馆。从一副 1610 年刻画的有名的铜版画上,可以显见这所图书馆的概貌(见图 41)。图书是按当

---

① Lodewijk Elzeviv(或 Elzeviev,亦或 Elseviev),1540—1617.

② Baruch Spinoza,1632—1677.

③ Rembrandt,1606—1669.

④ Willem I,1533—1584.

⑤ Bibliotheek der Rijksuniversiteit to Leiden.

时通行的办法用铁锁链牵在书橱里。书橱共有 22 橱。每一书橱约有 40 本书。其中神学书 6 橱,法学书 5 橱,史学书 4 橱,哲学、文学和医学的书籍各 2 橱,数理科学书 1 橱。馆内还备有地球仪等仪器。读者都是来到书橱前,站着看书,并没有座位。可见,当时的大学师生要利用图书馆,除了使用脑力,还要花相当的体力。

图 41　莱顿大学图书馆内景(1610 年的版画)

莱顿大学图书馆现有图书约 200 万册,各种写本 321,190 件,是欧洲写本的收藏中心之一。

古老的乌得勒支大学图书馆①原先是 1585 年建立的乌得勒支市图书馆,1636 年大学建校时转为学校图书馆。它目前藏有

---

① 　Bibliotheek der Rijksuniversiteit to Utrecht.

150 万册书,还有 2,500 件写本,其中约 825 件是带有绘画的《乌得勒支诗篇》①。

阿姆斯特丹大学图书馆②原先也是 1578 年建立的市图书馆。1632 年,该市成立高等学校后,市图书馆变成为学校图书馆。从此,该馆一直担负双重任务,既为大学教学服务,又向市民开放。它的藏书超过 200 万册,还有约 7,000 件写本、15 万件信札、9 万张地图和 4.5 万册期刊。它是荷兰最大的、利用率最高的图书馆。该馆的珍藏之一就是有关希伯来和犹太教的世界最丰富的文库。

荷兰的主要大学图书馆同下述皇家图书馆以及其他专业图书馆都建立了比较密切的合作关系。在采购范围、馆际互借等方面,协调较好。这一小国的各馆可以不必重复购买昂贵而很少利用的图书资料。任何图书馆的书籍,读者都可以通过馆际互借的途径加以利用。荷兰的大学图书馆,除了收藏欧洲各主要国家的一般书籍外,关于低地各国③的文史资料也非常丰富。荷兰原来的殖民地——印度尼西亚的书籍也非常充实。

荷兰国家图书馆就是设在海牙④的皇家图书馆⑤,它成立于 1798 年。该馆因为曾经得到许多捐赠和出资采购,故藏书一直增加,目前有 130 万册以上图书和 6,000 件写本。在它的藏书中有斯宾诺莎文库、国际象棋文库等珍藏。

皇家图书馆是全国图书馆工作的组织者。1922 年起,同 80 所以上的图书馆合作,编制联合目录;从 1942 年起,同 216 所图书馆合作,编制期刊总目。该馆没有享受呈缴本的权利,但一直设法

---

① 《诗篇》(the Psalms),亦译《圣咏集》,是《旧约圣经》中的一卷,共 150 篇,各篇均为宗教诗。

② Universiteitsbibliotheek van Amsterdam.

③ Low Countries,荷兰、比利时、卢森堡的总称。

④ Den Haag,英文是 The Hague.

⑤ Koninklijke Bibliotheek.

收齐全国的出版物。

荷兰还有几所图书馆是必须提到的。一是设在代尔夫特①的技术高等学校图书馆②。它建立于 1842 年。该馆由于在图书馆工作中进行技术改革较为突出而闻名国外。

1913 年在海牙建成的和平宫图书馆③在专门图书馆中是很有名的。它的 45 万册以上的藏书,都是有关国际法、国家法、国际关系、和平运动的。该馆同海牙国际法庭、联合国总部、联合国教科文组织④及其他国际组织都有密切的联系。

阿姆斯特丹的国际社会史研究所是世界闻名的社会主义思想史的资料中心之一。1933 年,德国法西斯大规模焚烧马克思主义著作及其他进步书刊。阿姆斯特丹大学经济史教授波斯图姆斯⑤得到荷兰"中央工人保险公司"⑥经理、著名的犹太复国主义者李姆⑦的经济援助,迅速把珍贵的进步书刊从德国境内偷运到荷兰,并在 1935 年成立了国际社会史研究所。

该所成立后搜集了不少宝贵资料。1938 年,它以 7.2 万荷兰盾的高价,从德国社会民主党中央购买了该党档案,其中包括马克思和恩格斯的手稿、笔记、书信等无价之宝数千件。该所收集到的资料还有:病死在荷兰的卡尔·考茨基⑧的档案,无政府主义者巴

---

① Delft,在荷兰西南部。

② Bibliotheek der Technische Hogeschool.

③ Bibliotheek van het Vredespaleis.

④ The United Nations Educational, Scientific and Cultural Organization,简称 UNESCO. 详见本书第 455—456 页。

⑤ Nicolaas Wilhelmus Posthumus,1880—1960.

⑥ Centrale Arbeiders – Verzekering – en Deposito – Bank.

⑦ Nehemia de Lieme,1882—1940.

⑧ Karl Kautsky,1854—1938.

枯宁①的档案,托洛茨基②的部分材料(主要是 1917—1922 年的),有关巴黎公社的资料,有名的奥地利历史学家、无政府主义者涅特劳③所藏的全部图书和档案,恩格斯传的作家迈尔④的私人藏书,俄国流亡者的私人图书馆和档案馆的馆藏,第二国际的档案,荷兰社会民主党的档案等等。这些档案资料总共有 2,500 米长。有关社会主义的期刊有 6 万册。有关马克思主义、社会主义、各种社会思潮的图书总共 50 万册。该所图书馆收藏的关于社会主义史的俄文书之多,恐怕在西欧属于第一位。在欧洲,除了苏联的马克思列宁主义研究院⑤外,再没有一个机构收藏有如此丰富、如此珍贵的这一类图书资料。该所的简况介绍小册子说,这些大量珍贵资料的存在,迫使每一个严肃的马克思主义研究人员启程到阿姆斯特丹⑥。看来,这种说法并不过甚其词。

该所图书馆的第一任馆长谢尔特马夫人⑦,不顾法西斯的威胁,只身跑遍了欧洲许多国家,收集和抢救工人运动史的资料。1935 年,她前往维也纳,同涅特劳谈判购买了大批无政府主义的资料。1938 年 3 月正当法西斯军队开进维也纳的时刻,她利用外交护照的掩护,巧妙地摆脱了纳粹的追踪,从维也纳取得了涅特劳珍藏的巴枯宁手稿。她到过苏黎世、布拉格、布达佩斯、贝尔格莱德⑧、索菲亚⑨等地,抢救工人运动的史料,同各地社会革命政党的流亡组织反复商谈,买下了一大批俄文文献资料。1936 年年底,

---

① Михаил Александрович Бакунин,1814—1876.

② Лев Давидович Троцкий,1879—1940.

③ Max Nettlau,1865—1944.

④ Gustav Mayer,1871—1948.

⑤ Институт марксизма - ленинизма при ЦК КПСС.

⑥ *International Institute of Social History Amsterdam*: *History and Activities*,1968,p. 7.

⑦ Annie Adama van Scheltema - Kleefstra,1884—1977.

⑧ Belgrade.

⑨ София.

她在巴黎会见了布哈林①和苏共中央马克思恩格斯列宁研究院②院长阿多拉斯基③，并邀请他们访问了国际社会史研究所。

1938年，该所的大部分重要资料运到英国牛津，以免希特勒匪徒的破坏。纳粹占领阿姆斯特丹后，曾对谢尔特马夫人进行了多次审讯，全部图书资料以至家具设备，被洗劫一空。战后，年近七旬的谢尔特马为寻找被抢走的资料跑遍了德国、奥地利、捷克斯洛伐克，找回了其中大部分④。

第二次世界大战后，该所接受荷兰政府、美国洛克菲勒基金会⑤、福特基金会⑥等组织的资助，进行了全部藏书的分类编目工作和其他科研工作。该馆于1970—1979年编制出版了17卷的馆藏总目——《国际社会史研究所藏书字顺目录》⑦，这是社会主义思想史的一所专业图书馆首次向全世界公布自己的馆藏。这种目录是研究社会主义史的必备工具书。遗憾的是，苏联的马克思列宁主义研究院至今还没有把它所收藏的图书编成公开的书本式目录。

国际社会史研究所目前由荷兰皇家科学院管理，成为荷兰的官方学术机构。

荷兰的公共图书馆事业大约从十九世纪九十年代开始发展起

---

① Николай Иванович Бухарин，1888—1938.

② Институт Маркса - Энгельса - Ленина，即马克思列宁主义研究院的前身。

③ Владимир Викторович Адоратский，1878—1945。

④ 详见她的回忆录：*Erinnerungen der Bibliothekarin des IISG Amsterdam*，载于*Mitteilungsblatt des Instituts zur Geschichte der Arbeiterbewegung*，Ruhr - Universität Bochum Institut zur Geschichte der Arbeiterbewegung，Heft 4，1979，S. 7—44.

⑤ The Rockefeller Foundation.

⑥ The Ford Foundation.

⑦ *Alphabetical Catalog of the Books and Pamphlets of the International Institute of Social History.*

来,是按照英国的模式工作的。1908 年,公共图书馆中央协会①成立后,公共图书馆运动有了大规模的开展。

6.13　比利时的图书馆

比利时由两个民族组成:日耳曼系的佛兰德族②(讲佛兰德语)和拉丁系的瓦隆族③(讲法语)。在资产阶级统治的国家中,民族矛盾是无法解决的。这种矛盾对文化事业的发展起着阻碍作用。自不待言,图书馆事业也受到不良影响。加之,在十九世纪初拿破仑统治比利时的年代,不少珍藏被抢夺。第一次和第二次世界大战时期,德国侵略者又毁坏了许多图书馆。总之,比利时图书馆事业的发展道路是艰难曲折的。

比利时在 1830 年独立后,于 1837 年建立了皇家图书馆,即国家图书馆。它的藏书由下列三部分组成:欧洲名门布尔戈尼④公爵家族的图书馆、学者胡尔坦⑤的私人图书馆和布鲁塞尔市图书馆。布尔戈尼家族的图书馆早在十五世纪由布尔戈尔的善公菲力浦⑥建立。在他统治时期(十五世纪上半叶),布尔戈尼公爵领地根特一带是欧洲最富饶、最文明的地方。胡尔坦是有名的爱书家、根特大学图书馆馆长,又是比利时学会的会员。他从事书籍的收集前后近 50 年,尽其薪金和私产,用以购买、修补和装订图书。他的私人图书馆主要收藏低地国家的文史资料。1837 年,比利时政

---

①　Centrale Vereniging voor openbare biblitheeken.
②　Flemings.
③　Walloons.
④　Burgundy,法语拼法是 Bourgogne.
⑤　Charles van Hulthem,1764—1832.
⑥　Philippe Ie Bon,1396—1467,在位是 1419—1467 年。

府购买了他的全部收藏（64,000 册书和 1,000 件写本），放入皇家图书馆。

在十九世纪，由于皇家图书馆的历任馆长领导有方，故该馆发展迅速。在两次世界大战中幸而免遭劫难，藏书无甚损失。该馆馆址在布鲁塞尔，是全国的中心图书馆，编制《比利时书目》①。目前藏书约 300 万册。为纪念前代国王，其正式馆名为"阿尔伯一世皇家图书馆"②。

卢万③的天主教大学图书馆④在比利时是最古老的图书馆之一。该大学建校于 1425 年，图书馆正式开放于 1636 年。该校在比利时历史上是很重要的大学。文艺复兴时期的名人伊拉斯谟等曾在这所大学学习。

近二百年来，该校图书馆屡次遭厄。1795 年和 1797 年，法国统治时期，有 5,718 册书被劫走。第一次世界大战中，该馆彻底毁于兵燹（1914 年 8 月）。战后得到世界各地人士的关注和支援，始获重建。很遗憾，这次重建是徒劳的，该馆在第二次世界大战中再度被毁（1940 年 5 月）。它现在得到比利时政府的经费补助，藏书已增至 150 多万册。

根特大学图书馆⑤建立于 1817 年，也是比利时的最老、最大的图书馆之一。建馆时，市图书馆把全部藏书移交给该馆。目前有 200 万以上藏书。利日⑥大学于 1817 年建校。该校图书馆也是在市图书馆的基础上建立起来的。目前有 150 万册书。

比利时在 1921 年通过了图书馆法。工人运动的高涨促进了

---

① *Bibliographie de Belgique*.

② Bibliothèque royale Albert Ier 或 Koninklijke Bibliotheek Albert I.

③ Louvain，在布鲁塞尔东部。

④ Bibliothèque centrale de l'Université catholique de Louvain.

⑤ Bibliotheek van de Rijksuniversiteit to Gent.

⑥ Liège，在比利时东部。

此项法律的制定。当时的教育部长、左翼政治家德斯特雷①对此项法律的通过和贯彻起了很大作用。该法授权政府资助每个自治村设立和维持图书馆。巡视员跑遍全国,检查图书馆法的执行情况,特别是藏书补充的状况。从 1922 年到 1932 年,图书馆的数量从 1,370 所增加到 2,388 所。尤其农村的民众图书馆有了相当的发展。尽管如此,政府还是没有能够提供充足的经费。1922 年组织的图书馆馆员培训班,还是收学费的。

比利时是工业发达的国家,人口稠密,城市人口又多。相形之下,公共图书馆的布盖面还不广。据 1968 年年底统计,在人口 540 万的佛兰德族地区只有 135 名专职馆员在公共图书馆工作。

比利时的公共图书馆事业也受了美国的影响,尤其第二次世界大战以后设立了较多的美国式的公共图书馆阅览室和儿童部。

6.14 斯堪的纳维亚诸国的图书馆

在这里专设一节,来叙述斯堪的纳维亚诸国的图书馆事业,看来是很有必要的。这倒不仅仅是因为丹麦、瑞典、挪威、芬兰等国地处同一地区,而且是因为这几个小国的图书馆,尤其公共图书馆的事业,跟其他发达的资本主义国家相比,毫无逊色,甚至在某些方面还超过了它们。

北欧四国在经济、政治、文化等方面有如下一些共同点,即在封建主义下,农民还享有一定的人身自由;依靠外国市场发展了资本主义;政权从贵族手中转到资产阶级手中的时候,没有发生强大的人民革命;居民的组成结构相对固定;在很长时期内,尤其十九世纪中叶以后,采取中立政策等等。北欧四国在十九世纪末都成

---

① Jules Destrée,1863—1936.

为工业强国,此时又兴起了社会民主运动。以上这些都使他们的文化生活水平日益提高,图书馆事业日趋兴旺。

斯堪的纳维亚各国的专业图书馆受到德国的影响,而它们的公共图书馆则从美英两国接受了许多先进的经验。丹麦、挪威等国的不少图书馆员在二十世纪初前往英国和美国,把两国的比较成熟的经验很快地移植到自己的国家,例如开架阅览、字典式目录的编制、出借手续的简化等等。

丹麦的教育家施廷堡①是推动公共图书馆事业的指导者和组织者。他于1902年前赴英美两国,考察了公共图书馆的新方法、新组织和新目标。他把公共图书馆事业的思想和经验带回来,通过大量的报告和写作,宣传公共图书馆的重要性。他认为,公共图书馆应当成为全国图书馆的一个重要组成部分,公共图书馆应当建立全国性网络,城市的小型图书馆和教区图书馆应当得到流动书车等等。他就任设在教育部内的国家指导图书馆局局长。施廷堡建立了丹麦公共图书馆协会②,编写了丹麦第一本公共图书馆手册。1920年,丹麦通过了第一部图书馆法,他对此尽力极大。

挪威的公共图书馆事业的先驱者尼胡斯③也曾在美国接受图书馆教育。

这些国家于十九世纪进行了教育改革,其结果是读书的欲望普遍增强,甚至相对贫穷的阶层也要求买书。教育的普及对图书馆事业的发展起了很大的推动作用。

挪威政府对教育事业不遗余力。1814—1905年,挪威受制于瑞典。在此期间,挪威人民为独立而进行斗争。他们在学校坚持使用挪威语,在学校图书馆阅读挪威作家的书,以培植爱国主义精

---

① Andreas Schack Steenberg, 1854—1929.

② Danmarks folkebogsamlinger.

③ Haakon Nyhuus, 1866—1913.

神。挪威的财政弱于丹麦和瑞典，但从 1892 年起，政府开始向学校和学校图书馆拨发部分经费。1896 年还成立了儿童青年图书馆指导特别委员会。

瑞典在十九世纪九十年代修改了全民义务教育法，其结果是大大提高了人民的文化水平，甚至偏远的村民也对读书有了兴趣，很多人开始阅读文艺作品。

在斯堪的纳维亚各国，学校图书馆不仅为学生服务，而且为一切愿意读书的人服务。它们甚至向工人也开放。学校图书馆在北欧四国所起的作用是不可忽视的

这几个国家都是小国，人烟稠密，图书馆的服务工具相对有限。在这种情况下，只有馆际的合作才是充分发挥图书资源的有效办法。

斯堪的纳维亚诸国的公共图书馆事业蓬勃发展的原因，除了上述种种以外，还有一个决定性的因素。这就是政府对公共图书馆在法律上和财政上大力支持。斯堪的纳维亚的统治者比欧洲其他经济发达国家的资产阶级更早地认识到公共图书馆的意义。他们在本世纪二、三十年代，前后发布了旨在促进公共图书馆事业的法令。瑞典在 1905、1912、1930 各年，丹麦在 1920 年，芬兰在 1928 年，挪威在 1935 年等都制定了图书馆法。

以丹麦 1920 年发布的第一部图书馆法为例，该法的核心是公共图书馆的统一领导和分工协作。它决定了图书馆网的结构，安排了经费的分配，提出了新馆建设的条件，明确了培养图书馆员的措施。四国的图书馆法都有一个共同点，即国家在财政上担负公共图书馆的经费。显而易见，经济上的保证是图书馆事业发展的最重要的条件之一。政府还在图书的选择、目录的编制、新技术的采用、经费的使用等方面，通过主管部门进行指导。这些国家在本世纪初在教育部设置了图书馆管理的专门机构，如挪威在 1901 年，瑞典在 1903 年，丹麦在 1920 年等。

芬兰在1921年设立了全国图书馆委员会。它的执行机构——全国图书馆局把全国分为5个图书馆区。在每一区有咨询员,协助图书馆的发展。各馆的图书由国家书籍局供应。图书供应的对象大部分是农村图书馆。芬兰政府总结了几年来的经验,并参照北欧其他国家的实践,于1928年发布了第一部图书馆法。此法规定,中央政府负担图书馆经费的一半,另一半则由地方政府支付。

从以上可以看出,政府在财政上和组织上的支持是公共图书馆事业发展的重要条件之一。有些西方国家,公共图书馆事业的发展受阻,不能不说是缺乏这一条件。

北欧四国都建立了强有力的、有系统的公共图书馆网。除了全国的中心图书馆外,各大城市和各州郡都有"中央图书馆",由它再指导市区、县城、教区等图书馆。这些国家的中小学校也被组织在公共图书馆系统内,这也是同其他国家不同的地方。

斯堪的纳维亚各国的图书馆服务工作,一直伸展到医院、军队、家庭、盲人以及犯人等等。普通工人和农民也是图书馆的经常读者。儿童图书馆也很发达,各国都有好多所独立的儿童图书馆。在大的公共图书馆都有儿童部;在农村,学校图书馆兼作儿童图书馆。

丹麦原是发达的农业国。农村图书馆在这里相当活跃。挪威和瑞典有图书船,主要在冬季为渔民服务,一只船可容4,500册书。芬兰还有图书小艇,专为岩礁岛地区的人民送书。其服务之周到,足见一斑。

各公共图书馆之间的协作做得很出色。公共图书馆和其他类型的图书馆(包括大学图书馆、国家图书馆、专业图书馆)的馆际互借工作也开展得很好。国内任何人都可以通过邮递或馆际互借的方式,从任何图书馆借到自己所需的书籍。

图书馆之间的协作关系超越了国界。斯堪的纳维亚四国早在

图 42　瑞典的图书船驶往西海岸各岛屿送书上门

1926 年就召开了斯堪的纳维亚图书馆会议，以后每 4 年开一次会，讨论各国共同的问题和分工协作的问题。到了 1957 年，丹麦、芬兰、挪威、瑞典四个国家的国际合作组织——"斯堪的纳维亚计划"①成立，进一步加强了国际协作。

下面简要叙述这四国的若干大型图书馆。

丹麦的皇家图书馆②大约成立于十七世纪五十年代。它主要收集社会科学的图书。目前有 200 多万册书，是斯堪的纳维亚最大的图书馆。

1482 年建立的哥本哈根大学图书馆③分为两部。第一部主要

---

① Scandia – Plan，详见本书第 394—395 页。

② Det Kongelige Bibliotek.

③ Universitetsbiblioteket；Copenhagen.

收集社会科学的著作和教科书,第二部则专门收藏自然科学和医学书籍。在奥尔胡斯[1]有"国家和大学图书馆"[2]。它不仅是奥尔胡斯大学的附属图书馆,而且是全国公共图书馆的外借中心。

1811 年建立的奥斯陆大学图书馆[3]同时又是挪威国家图书馆。它从 1947 年起,又兼作全国的医学中心图书馆。该馆是全国的目录中心,藏书约 200 万册。

瑞典皇家图书馆早于十六世纪成立。它目前起着国家图书馆的作用,同时也是参考咨询、目录编制和图书交换的中心。1953年在馆内设立了目录研究所。它还为首都大学的社会科学各院系服务。目前约有 150 万册书。

1640 年成立的赫尔辛基大学图书馆[4]同时起着芬兰国家图书馆的作用。它在 1820—1917 年曾经接受俄国出版物的呈缴本,因此在这期间的俄文书相当齐全。目前有 160 万以上藏书。

6.15   匈牙利的图书馆

近代图书馆事业在匈牙利的发展是同匈牙利反对奥国的统治、争取独立的政治运动紧密相连的。政治斗争必须有文化斗争作为自身的先河和后盾。1802 年,国家图书馆[5]在布达佩斯的成立就是这种独立运动和启蒙运动的显形之一。该馆收藏的 2 万件以上的写本是匈牙利的历史、文化、科学的重要文献。

---

[1]   Århus,在日德兰半岛东部。

[2]   Statsbiblioteket;Århus(State and University Library).

[3]   Universitetsbiblioteket i Oslo.

[4]   Helsingin yliopiston Kirjasto.

[5]   Országos Széchényi Könyvtár,即国立谢杰尼图书馆。

该馆是在著名社会活动家、启蒙运动者谢杰尼[1]伯爵的私人藏书 1.2 万件的基础上建立起来的。这一批藏书包括匈牙利的几乎全部名人的著作。在十九世纪,匈牙利民族解放运动领袖科苏特[2]和诗人马达支[3]把自己的藏书赠给该馆。国家图书馆早在 1804 年就接受呈缴本。目前该馆有 200 多万册书和写本、摇篮刊本、期刊、地图等等许多件。

匈牙利科学院图书馆[4]建立于 1826 年,是以历史学家、政治家特莱基[5]的私人藏书 3 万册作为基础的。目前有图书 90 万册,其他珍贵资料 32.5 万件。

布达佩斯的以萨博[6]命名的市图书馆[7]于 1904 年建立。萨博是该馆的首任馆长。他是近代匈牙利的杰出图书馆员和文化工作者,曾参加过社会民主党。他首次在匈牙利编辑了附有详细注释的马克思恩格斯著作选两卷集(1905—1909 年出版)。萨博极力主张按照英国和德国的方式推进匈牙利的图书馆事业。该馆目前在全市约有 60 所分馆(包括 1964 年建立的音乐图书馆),并约有 200 处借书点(包括在医院、各机关的借书点),藏书约 70 万册。

6.16　捷克斯洛伐克的图书馆

在捷克斯洛伐克,早在公元十世纪就有了教会图书馆。布拉

① Széchényi Ferenc,1754—1820.
② Kossuth Lajos,1802—1894.
③ Madách Imre,1823—1894.
④ Magyar Tudományos Akadémie Könyvtára.
⑤ Teleki József,1790—1855.
⑥ Szabó Ervin,1877 – 1918.
⑦ Fövárosi Szabó Ervin könyvtár.

格的查理学院于 1348 年建校,是一所中欧非常古老的大学。关于这所大学的图书馆,有一份最早的历史记载,即该大学的创立者神圣罗马皇帝查理四世曾于 1366 年赠给该馆 48 卷书。查理四世年轻时在巴黎受过教育,是一位有相当文化修养的统治者。他致力于自己的出生地波希米亚①的经济和文化建设。1777 年,该馆向民众开放,故改称公共—大学图书馆。从 1782 年起接受呈缴本。

以后在日耳曼族的长期奴役下,捷克民族的文化事业,包括图书馆事业,发展很不顺利。

十九世纪末、二十世纪初,捷克地区的近代工业发展起来,农业也开始机械化。这就要求实行全民义务教育,在许多城市也有了民众图书馆。

第一次世界大战结束,奥匈帝国崩溃,于 1918 年成立了资产阶级的独立的捷克斯洛伐克共和国。之后,捷克斯洛伐克的图书馆事业,特别是公共图书馆事业,迅速发展起来。捷克斯洛伐克的例子再次显示,资本主义制度如何地需要公共图书馆。这个工业相当发达的资产阶级国家把公共图书馆的建设定为文化事业的头等重要的任务之一。新政府成立的第二年,即 1919 年,资产阶级统治者就抓紧图书馆建设,发布了公共图书馆法。这个法令是相当先进的。它规定:所有的市镇和人口 300 人以上的居民点都必须建立公共图书馆,并由地方政府保证其经费。在各民族杂居的地方,要求公共图书馆配备各民族的图书。至 1937 年,捷克斯洛伐克的几乎所有的居民点都有了图书馆。人口少于 300 人的地方由国家派出流动书车。

在斯洛伐克地区,尽管教育部在 1925 年采取了特别措施,但是图书馆事业的发展进度比较缓慢。其主要原因不是别的,就是

---

① Čechy,德语 Böhmen,英语 Bohemia,捷克斯洛伐克西部地区旧称。

斯洛伐克的资产阶级比起捷克的资产阶级虚弱的原故。主管部门为推进斯洛伐克的图书馆事业做了非凡的努力。他们编制图书馆必备书的目录,编印图书馆工作指南,设立专门的出版社,向图书馆供应廉价书籍以及用硬皮装订的耐久的图书等等等等。尽管如此,斯洛伐克地区的图书馆事业还是赶不上捷克地区。

捷克斯洛伐克的图书馆员协会进行了许多工作,如出版专业杂志、编制书目资料、在布拉格开设图书馆学校、在地方开办图书馆员训练班等等。

捷克斯洛伐克的公共图书馆的资产阶级性也是很明显的。例如,1919 年公布的公共图书馆法附加一些注释,其中对藏书内容作了一定的限制,如公共图书馆不应当收藏马克思主义的书籍、有关阶级斗争的书籍等等。

1938 年,希特勒德国占领捷克斯洛伐克。法西斯统治和侵略战争给捷克斯洛伐克的图书馆事业带来了巨大的损失。

捷克斯洛伐克有两个国家图书馆。一所在布拉格,主要收藏捷克文的图书;另一所在马丁[①],主要收藏斯洛伐克文的图书。布拉格的国家图书馆现称"捷克社会主义共和国国家图书馆"[②]。它是由上述查理学院图书馆、独立于该大学总馆的法律和医学图书馆、耶稣会图书馆等等合并而成的。所藏中欧各国的历史、文化书籍等共 450 万册。马丁的国家图书馆[③]建立于 1863 年,现有 200 多万册(件)书刊。

捷克斯洛伐克共和国的第一任总统马萨里克[④]的私人图书馆,拥有近 10 万册书,主要为中欧历史和文学著作。1932 年,他

---

① Martin,在斯洛伐克的西北部。
② Státní knihovna české socialistické republiky.
③ Matica Slovenká.
④ Tomáš Garrigue Masaryk,1850—1937.

把这一批书献给了国家。

布拉格还有一所古老的修道院图书馆——斯特拉霍夫图书馆①。该馆之所以闻名,倒不仅仅是因为它保持了古旧修道院图书馆的原样,更重要的是因为它以丰富的馆藏向人们显示捷克人民的历史。1953 年,该馆改称为名副其实、称呼相当的"国民文献资料馆(博物馆)"②。

斯特拉霍夫修道院是 1140 年建造的。原藏的珍贵写本在1258 年的大火中全部被烧掉。再次收集起来的文献资料又在1420 年的胡斯战争③中几乎全部被毁。第三次收集起来的资料也在三十年战争(1618—1648 年)中作为战利品被瑞典将领抢到国外。

战争结束后,斯特拉霍夫图书馆很快重新建立,藏书迅速增加。1671 年建造了巴罗克式的"神学大厅"④,以保存急遽增多的图书。大厅的墙壁同屋顶并没有分隔线,而是连结成为半圆形。大厅四周是放满皮革纸古书的书橱,主要是神学书籍。藻井除了绘画外,还写有一些格言,如"学问贵于金银"等等。在门户的上面搁放着带锁的小箱。据说,被修道院禁止阅读的图书——禁书⑤保存在这箱里。

由于十八世纪许多修道院被废除,它们都把自己的藏书送到这里,所以斯特拉霍夫的馆藏增长极速,于 1783—1793 年又盖了一个"哲学大厅"⑥。这是修道院内最大的一个房间,长达 23 米、

---

① Strahovská knihovna.

② Památník národního písemniství(Museum of National Literature).

③ 1419—1434 年间捷克人民反对德国封建主义和天主教的民族解放战争,因捷克爱国者胡斯(Jan Hus,约 1369—1415)而得名。

④ Theological Hall.

⑤ Libri prohibiti.

⑥ Philosophical Hall.

图 43 斯特拉霍夫图书馆的神学大厅

宽 10 米、高 14 米,大厅的高度几乎等于二层楼。这里收藏的大部分是古典作品,主要是哲学书籍。书架是用核桃树的木材做成的,上面有雕刻,并镀上了金。书架紧贴着四周墙壁,一直架到屋顶。画在屋顶上的绘画可以说是巴罗克式的幻想主义文艺手法之顶峰。从旧约新约的故事到希腊罗马的历史,从摩西[①]到亚历山大大帝,还有反对天主教的百科全书派伏尔泰被驱出天堂的场面等等,简言之,是站在宗教的历史观描绘欧洲历史。

十八世纪末,斯特拉霍夫图书馆的藏书在图书馆员德拉巴

---

① Moses,据圣经传说,他是先知和立法者,带领古犹太人摆脱了埃及的奴役,并给他们立下了约法。

322

齐①的努力下增加不少。此时正是人文主义启蒙运动和捷克民族再生时期。该馆的馆藏正是反映了捷克人民的政治、文化的历史。这里收藏着九、十世纪的写本、羊皮纸的书、许多神学的珍贵版本、1,200 本摇篮刊本等等。此外,还有中世纪的纸牌、星座表、解剖图、五线谱出现以前的乐谱等等。该馆还展出拿破仑的第二个妻子玛丽－路易莎②在 1812 年参观该馆时赠送的两部书。一部是 1802—1812 年在巴黎出版的 6 卷本的植物志《百合花》③,另一部是 1803—1809 年在巴黎出版的 4 卷本的《法国博物馆》④。后一部书原来是拿破仑的私人图书馆的藏书。他之所以从自己的藏书中抽掉这一部书,是因为该书提到拿破仑从意大利等国抢来了哪些艺术珍品。

近几百年来,访问过斯特拉霍夫图书馆的名人是很多的。在参观者的签名簿上可以看到俄国将军苏沃洛夫⑤司令部的军官们,英国海军统帅纳尔逊⑥及其情人哈密尔顿夫人⑦等人的名字。

捷克斯洛伐克社会主义共和国成立以后,在保持该馆原来面貌的前提下,进行了改革和扩充。布拉格的捷克国家博物馆⑧的文献档案移至斯特拉霍夫图书馆。它在参观者面前以图书和文献再现捷克人民的历史。斯特拉霍夫图书馆起着传播知识、教育人民的作用。

---

① Jan Dlabač,1758—1820.

② Marie Louise,1791—1847.

③ *Les Liliacées*,著者是 P. J. Redouté。

④ *Le Musée Français.*

⑤ Александр Васильевич Суворов,1729—1805。

⑥ Horatio Nelson,1758—1805.

⑦ Emma Hamilton,约 1761—1815。

⑧ Knihovna národního muzea.

6.17 保加利亚的图书馆

保加利亚早在公元十世纪就有了修道院图书馆。1396年,她被土耳其奥斯曼帝国侵占,之后500多年处于被奴役的境地。十九世纪中叶,开始有了一些民众读书会和学校图书馆。它们对唤醒民族意识、反抗外族统治起了相当大的作用。1877—1878年的俄土战争后,保加利亚摆脱了土耳其的统治,于1878年建立了自己的国家。

在地主阶级和资产阶级统治下的保加利亚,图书馆事业有了一些发展,但缺少国家的资助,谈不到有组织的藏书建设,也几乎没有图书馆专业人员。

保加利亚国家图书馆[①]在独立的当年,即1878年12月10日建立。最初的藏书大部分来自保加利亚的爱国者和在保加利亚的俄国朋友的捐赠。1897年开始接受呈缴本。第二次世界大战时,该馆彻底被毁,仅剩2万册书。1946年保加利亚人民共和国成立后,该馆发展迅速,目前已有100万册以上图书和150多万件其他资料。它是保加利亚最大的科学研究图书馆、版本图书馆、保加利亚文献的档案中心、编目中心和图书馆研究工作指导中心。

1887年建立的索非亚大学图书馆[②]目前有90万左右的藏书。

1869年成立的保加利亚科学院图书馆总馆[③]连同其他分馆和各研究所的藏书共有90万册。

---

① Narodna Biblioteka"Kiril i Metodij".

② Sofiiski Universitet"Kliment Ohridsky"Biblioteka.

③ Central Library,Bulgarian Academy of Sciences.

6.18 南斯拉夫的图书馆

十一、十二世纪,随着基督教传入南斯拉夫,这里也开始有了教会图书馆。文艺复兴时期,南斯拉夫西边沿海地区的经济和文化繁荣起来。这一地带受了对岸意大利的影响,因而有过相当多的私人图书馆。这个国家的东北地区从十五世纪起就处在土耳其的统治之下,民族文化自然受到了极大的压制。

到了十八世纪,南斯拉夫也推行教会世俗化,修道院图书馆变成了学校图书馆或学术图书馆。逐渐强大起来的南斯拉夫各族的资产阶级,于十九世纪初在各州的首府建立了各族的图书馆和读书室,收集各民族的文献资料,例如 1832 年在塞尔维亚[1],1842 年在克罗地亚[2]等等。十九世纪末、二十世纪初,主要在塞尔维亚,开始有了政党、工会和其他工人团体的图书馆。1918 年,奥匈帝国覆没,"塞尔维亚—克罗地亚—斯洛文尼亚王国"成立(1929 年改称"南斯拉夫王国")。从此,图书馆事业有了一定的发展,但由于缺少政府的支持,其成绩仍然有限,各不同民族的图书馆事业,发展也很不平衡。第二次世界大战破坏了许多图书馆。只有在 1945 年成立了南斯拉夫联邦人民共和国之后,图书馆事业才走上了社会主义文化发展的轨道。

南斯拉夫由 6 个共和国组成,各共和国都有自己的国家图书馆。塞尔维亚社会主义共和国的国家图书馆[3]成立于 1832 年,原先是贝尔格莱德市图书馆。十九世纪五十年代开始取名"国家图

---

[1] Srbija,英文拼法是 Serbia.

[2] Hrvatska,英文拼法是 Croatia.

[3] Narodna biblioteka Socijalističke Republike Srbije.

书馆"。第一次世界大战期间被敌军抢掠。它于1928年开始接受呈缴本。第二次世界大战期间,德、意法西斯进攻南斯拉夫。1941年4月6日,纳粹的第一次空袭就炸毁了该馆馆舍,烧掉建馆100多年来辛苦收集的全部藏书50万册,其中包括十五世纪至十八世纪的西里尔字①的写本1,424件。南斯拉夫联邦人民共和国成立的当年(1945年),教育部下令:所有公共图书馆必须将其珍本交给该馆。1946年年底,馆藏增至133,574册。1947年4月30日,在一栋临时改建的旅馆开馆。1973年,建造了新馆舍。目前有150万册书。

南斯拉夫最有趣的一所专业图书馆是波斯尼亚② - 黑塞哥维那③社会主义共和国首府萨拉热窝④的加西·胡斯列夫伯格⑤图书馆。该馆于1573年建立。加西·胡斯列夫伯格是当时统治波斯尼亚的土耳其总督。近三、四百年来,该馆收集了土耳其文、阿拉伯文、波斯文及其他文字的有关巴尔干和近东的历史文化资料。馆藏有图书15,000册,土耳其的写本、期刊和官方文件数以千计。

在第二次世界大战时,反纳粹游击队员在激烈的战斗中仍携带少量书籍,并小心加以保存。这些书籍对提高游击队员的战斗精神起了很好的作用。南共领导人,尤其铁托⑥,对此有深刻体会。于是,全国解放后,他们致力于发展公共图书馆事业。南斯拉夫的许多公共图书馆原是十九世纪以前的教会图书馆,有的是十九世纪末的爱国人士组织的读书会的图书馆。1945年以后,每一

---

① Cyrillic,九世纪时传教师圣西里尔(Saint Cyril,827—869)发明的字母,系现代俄语、保加利亚语、塞尔维亚语的本源。

② Bosna 或 Bosnia.

③ Hercegovina 或 Herzegovina.

④ Sarajevo.

⑤ Gasi Husrevbeg.

⑥ Tito,原名 Josip Broz,1892—1980.

个共和国和自治省都有较好的公共图书馆系统。

6.19 罗马尼亚的图书馆

罗马尼亚在 1526—1877 年长期臣属于奥斯曼帝国，直到 1878 年才获得独立。

1839 年，在故都雅西①建立了米哈伊尔学院②。这是罗马尼亚最早的科学院。该院的图书馆从建立的当年就接受呈缴本。1860 年，在雅西建立大学后，该馆成为大学图书馆，现称"爱明奈斯库大学中央图书馆"③。爱明奈斯库④是罗马尼亚很有名的诗人，他的诗作大多描写人民的生活疾苦。他曾在 1874—1875 年担任这所图书馆的馆长。该馆目前有 150 多万册书(包括 19 所分馆的藏书)。

1867 年，在布加勒斯特⑤成立了罗马尼亚科学社(1879 年改称罗马尼亚科学院)。科学院图书馆⑥和下述国家中央图书馆是罗马尼亚的两大图书馆。杰出的图书馆员比阿努⑦在科学院图书馆工作长达 56 年(1879—1935 年)，对该馆的建设起了很大作用。他尽管在布加勒斯特大学兼课，讲授文学史，但比阿努终生引为自豪的并不是被人称呼"教授"，而是被人叫做"科学院的图书馆员"。他在 1884 年制定了图书馆规则，1885、1904 和 1923 年多次

---

① Iasi，在罗马尼亚东北部摩尔多瓦。
② Academia Mihăileană.
③ Biblioteca Centrală Universitară "Mihail Eminescu".
④ Mihail Eminescu，1850—1889.
⑤ Bucuresti.
⑥ Biblioteca Academiei Republicii Socialiste Romănia.
⑦ Ioan Bianu.

要求依法严格地执行呈缴本制度。1948 年,科学院图书馆进行了改革,它成为国内各研究所的总馆,担负了向各研究所供应外文书刊的任务,也建立了各研究所的图书馆网。目前馆藏有 700 多万册。

罗马尼亚的大部分学校图书馆同时起着公共图书馆的作用,因此甚至首都布加勒斯特在 1934 年以前都还没有公共图书馆。以农业为主的罗马尼亚,图书馆事业相当落后。尽管在 1919、1922、1932 各年通过了公共图书馆法,但都没有付之实现。尤其在农村,在第二次世界大战以前,平均 24 个农民才有 1 本书,农村的读者只占农业人口的 0.6%[①]。

罗马尼亚的国家图书馆建成很晚,直到 1955 年才在首都成立了"罗马尼亚社会主义共和国中央图书馆"[②]。它接受了几批古老的藏书,并享有接受呈缴本的权力(每一种书 9 册:3 册留在本馆,另 3 册交给科学院图书馆,最后 3 册交给三所大学各 1 册,即布加勒斯特、克卢日[③]和雅西的大学)。该馆目前有 600 万册书。

6.20 波兰的图书馆

波兰的图书馆事业有相当悠久的历史。最早的修道院图书馆在十一世纪业已出现。中世纪最古老的大学之一克拉科夫[④]大学于 1364 年建校,同时也建立了大学图书馆。在以后的几个世纪内,出现了许多城市图书馆和贵族的图书馆。

---

① O. И. Талалакина, *Исмория библиомечного дела за рубехом*. 1982, стр. 169.

② Biblioteca Centrală de Stat a Republicii Socialiste România.

③ Cluj, 在罗马尼亚西北部。

④ Kraków, 在波兰南部。

其中最有名的是扎卢斯基①伯爵和他的哥哥一起建立的扎卢斯基图书馆。兄弟二人收集了大约40万册书和2万件写本。这一藏书量在当时是十分可观的。1747年，扎卢斯基把这一宝藏献给国家，在华沙成立了一所公共图书馆。这是一所当时欧洲最大的图书馆之一。正当这所图书馆走上国家图书馆的途径时，1795年波兰第三次被分割了。俄国女皇叶卡特林娜二世②指令苏沃洛夫将军把扎卢斯基图书馆掠至圣彼得堡，变成了俄国帝国公共图书馆③的基本藏书。直到1921年里加条约④签订后，其中一部分图书才归还波兰，成为华沙国家图书馆⑤的基本藏书。在这里，我们再次看到，一国的图书宝藏的遭遇同国家的命运休戚相关的史例。

波兰被普鲁士、奥地利和沙俄三国前后三次瓜分（1772、1793和1795年），失去独立达一百余年。被普鲁士和俄国侵占的地区，波兰的民族文化和民族语言完全被压制，甚至在1817年建校的华沙大学都很少能够考虑收集波兰文的图书。在奥地利统治区，还勉强能享受一定程度的文化自治。在亡国的岁月里，波兰人民受尽了压迫和侮辱，但反抗的火焰是扑不灭的。在这三个地区仍有波兰的各种组织在活动，而它们都建立了自己的图书馆，以保存和培植波兰的民族文化。

波兰的贵族仿效扎卢斯基，建立了图书馆，并向民众开放，以唤醒民族意识。如爱国者、学者奥索林斯基⑥收集了60万册书和

---

① Józef Andrzef Załuski, 1702—1774.
② Екатерина Ⅱ, 1729—1796, 在位是1762—1796年。
③ Императорская Публичная библиотека, 详见本书第336—340页。
④ 苏联和波兰在里加（Riga 苏联拉脱维亚首都）签定的和约。
⑤ Biblioteka Narodowa., 见本书第330—331页。
⑥ Józef Maksymilian Ossoliński, 1748—1826.

6千件写本,于1817年在利沃夫①建立了一所奥索林斯基民族研究所②。该所成为研究波兰文化的据点。它的图书馆起到了把富有波兰精神的珍贵文献传给后代的极其重要的作用。这一珍藏后来(1946—1947年)移到弗罗茨瓦夫的波兰科学院图书馆③。

华沙的贵族克拉辛斯基④家族在1844年也建立了约25万册藏书的私人图书馆,于1861年向民众公开。很可惜,在1944年的华沙起义中被烧毁了约24万册。拉钦斯基⑤伯爵于1829年建立了一所私人图书馆,后来赠给波兹南市⑥。吉阿林斯基⑦伯爵于1817年在华沙郊外库尔尼克⑧建立的私人图书馆,收藏着许多波兰珍籍。

第一次世界大战结束后,波兰获得了独立。1928年,在华沙正式成立了国家图书馆。它的基本藏书是上述从彼得堡要回的扎卢斯基藏书以及十九世纪波兰流亡者在国外收集的图书。波兰独立以前,在沙俄占领地区,凡是能使人回忆起波兰的过去的一切图书文献都被列入禁书单,波兰人只好在国外保存了这些资料。例如,1830年11月的反抗沙俄的起义参加者和1863年一月起义参加者在瑞士拉珀斯维尔城堡⑨建立了波兰博物馆⑩,馆藏8万册。还有在巴黎的波兰学校⑪也收藏一批书。波兰独立后,这些流亡

---

① Lwów,现在是乌克兰加盟共和国的城市,在该国西部。
② Ossolineum(Zakład Narodowy im. Ossolińskich).
③ Biblioteka Polska Akademia Nauk.
④ Krasiński.
⑤ Eduard Raczyński.
⑥ Poznan.
⑦ Titus Działyński,? —1861.
⑧ Kórnik.
⑨ Rapperswyl Castle.
⑩ The Polish Museum.
⑪ The Polish School.

者的图书都归入了国家图书馆。至 1939 年,国家图书馆的馆藏增加到 77 万册。遗憾的是,在 1944 年这些藏书,包括几乎全部的写本,都被纳粹破坏掉了。

波兰的若干大学图书馆是有悠久历史的。上述克拉科夫大学图书馆就是其中的一所。该大学在波兰历史上曾担任过重要角色。波兰国王瓦迪斯瓦夫·亚盖沃①统治的年代,即 1386—1434 年,是波兰最强盛的时代。亚盖沃于 1400 年对克拉科夫大学进行了改造,由此该大学易名"亚盖沃大学"②。杰出的天文学家哥白尼③曾在这里学过医。该校图书馆接受了教授、毕业生、爱书家、出版家等各方面的赠书,变成了欧洲的一大图书馆,尤其在十九世纪发展很快。

馆长埃斯特赖赫④对该馆的贡献极大。他是法学家兼文学家,在华沙遭受沙皇政府的压迫,无法度日,于 1868 年来到克拉科夫大学图书馆,一直工作到 1905 年,即逝世前 3 年。他利用该馆的丰富馆藏,编制了一部很有权威的回溯性目录⑤——《波兰书目》⑥。他力求收齐从波兰最早的出版物到十九世纪末出版的全部图书。这一尝试在波兰还是第一次。埃斯特赖赫的父亲、儿子和孙子都参与了这一部目录的编制工作,可以说是全家四代,老幼齐力,直至 1908 年他逝世,前后用去 40 年的时间,编到第 22 卷。1934 年由后人续编至第 30 卷,目前全套 34 卷业已出齐。权威的《波兰书目》的出版,其学术价值之巨大,自不待言,对处在异族统

---

① Władysław II Jagiełło,1348—1434,在位是 1386—1434 年。

② Jagiellońska.

③ Nicolaus Copernicus,波兰名 Nikołaj Kopernik,1473—1543。

④ Karol Estreicher,1827—1908.

⑤ Retrospective bibliography,是"最新目录"(current bibliography)的对意词,收录某一专题范围内早年出版的图书,借以查找旧文献。

⑥ *Bibljografia Polska.*

治下的波兰来说,其政治意义更是不可估量的。

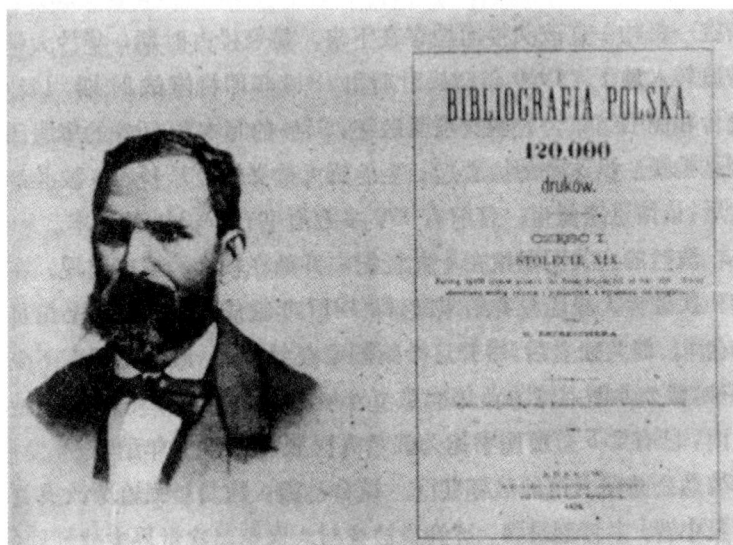

图44 埃斯特赖赫和他的《波兰书目》封面

1939 年,克拉科夫大学被德国法西斯关闭,后来重新开放。该馆的英勇馆员曾秘密收藏波兰的地下出版物。1944 年德军撤退时,将该馆的大批图书抢走,其中大部分后来幸而取回。这些珍藏和后来收集的图书共约 180 万册,目前都保存在新盖的馆舍里。

华沙大学图书馆[①]于 1817 年建立,并从 1819 年开始接受呈缴本。1830 年 11 月的反俄起义后,该大学被封闭,直至 1862 年。图书馆的大部分藏书被运至圣彼得堡。1939—1944 年,华沙大学又被德国法西斯封闭。该大学尽管有过这两次遭遇,但大学图书馆这一机构一直改头换面地存在下来。德寇侵占时期,华沙大学

---

① Biblioteka Uniwersytecka w Warszawie.

被迫转入地下。1939年初战时期和1944年即将停战时期,该校校舍和图书馆馆舍曾两次遭受破坏,95%的写本和60%的雕版印刷品被毁。但这些劫掠激起师生的更大的义愤。1945年,波兰解放后,该馆迅速复生。目前有170多万册书刊,2,346件写本。

波兰的公共图书馆在十九世纪末开始在较大的城市出现。在第一次世界大战还没有结束时,即1917年就成立了波兰图书馆员协会①。波兰独立后,尽管这个新国家在经济上、政治上都有不少困难,但公共图书馆事业仍能稳步发展。至1939年,包括借书站在内,已有2.5万所图书馆为波兰人民服务。1939年纳粹入侵,对波兰公共图书馆的破坏甚巨。馆舍被毁,馆员被强迫劳改或关入集中营,书籍则被毁、被偷或被查封。在第二次世界大战期间,欧洲没有一个国家在经济和文化方面的损失像波兰这样惨重。

6.21　俄国的图书馆

有历史文献记载的第一所俄罗斯图书馆是1037年在基辅②建成的索非亚大教堂③图书馆。到了十二、十三世纪在莫斯科、诺夫哥罗德④一带出现了许多教会图书馆。十五—十七世纪,宗主教⑤、诸侯贵族、俄皇臣属等也收藏不少图书。十六世纪,印刷技术传入俄罗斯,此时出现了出版家的图书馆。

---

① Stowarzyszenie bibliotekary polskich.
② Киев.
③ Софийский собор.
④ Новгород,位于列宁格勒南。
⑤ Patriarch,亦译总主教、牧首等。

科学院图书馆

彼得大帝①是推动俄国历史前进的一位伟大人物,以他那非凡的魄力改造了俄国的落后面貌。彼得一世代表地主阶级和正在成长的商人阶级的利益,在工业、商业、国家制度、军队等各方面进行了空前的改革。他懂得,文化教育也必须赶上先进的西欧各国。彼得改革了斯拉夫字体,建立了很多学校,出版了第一份俄文报纸《公报》②(1703 年)。1700 年,他还改革了历法。

他也认识到图书馆对他改革事业的重要性,于是 1714 年亲自下令在彼得堡建立了俄国第一所收藏世俗书籍和科学书籍的图书馆(以前的图书馆主要收集宗教书籍)。时代的先进人物没有一位不重视图书馆事业,彼得一世也不例外。这所图书馆起初的馆藏来源是皇家的藏书和原先司药衙门的藏书。彼得一世在 1724 年建立了科学院,1725 年这所图书馆归属于该院。当时藏书有 11,000 册。这是第一所在经济、文化落后的俄国建立起来的向社会开放的图书馆。

该馆于 1724 年首次编制了印刷目录。俄国的大学者罗蒙诺索夫③亲自参加了科学院图书馆的组织建设。对它的馆藏建设曾有贡献的学者还有:数学家科杰里尼科夫④、历史学家米勒⑤、历史学者和地理学家塔季且夫⑥等等。到了十八世纪,科学院图书馆成为世界最大的图书馆之一。1914 年,藏书约有 200 万册。

该馆的积极读者,除了上述几位外还有:发现化学元素周期律

---

① Алексеевич Пётр Ⅰ,1672—1725,在位是 1682—1725 年。

② *Ведомости.*

③ Михаил Василъевич Ломоносов,1711 – 1765.

④ Семён Кириллович Котелвников,1723—1806.

⑤ Герард Фридрих Миллер,1705 – 1783.

⑥ Василий Никитич Татишев,1686 – 1750.

的门得列耶夫①、生物学家巴甫洛夫②、革命民主主义者车尔尼雪夫斯基③、文学评论家皮萨列夫④、数学家契伯雪夫⑤等等。列宁曾在 1891 年和 1894 年利用过这所图书馆。该馆藏有珍贵的非法出版的革命书刊。列宁在流亡国外时还经常考虑如何把更多的革命书刊赠送给该馆的问题。十月革命前夕(1917 年 4 月),列宁又一次来到这里,详尽地了解了馆藏中的非法革命书刊。科学院图书馆在苏维埃政权下有了突飞猛进的发展。这将在下一章里详细叙述。

莫斯科大学图书馆等

俄国第一所大学——莫斯科大学是由罗蒙诺索夫倡议和规划建成的。建校的第二年,即 1756 年,按西欧的模式建立了大学图书馆⑥。1812 年,拿破仑侵入莫斯科。同年 9 月 2 日晚上,莫斯科起了火,大火烧了六天六夜,把莫斯科大学图书馆也彻底烧毁了。

十九世纪初,在俄国一些城市建立了几所大学图书馆,不少学者参加过大学图书馆的工作。例如,大数学家洛巴乔夫斯基⑦于 1825—1835 年担任喀山⑧大学图书馆馆长。

---

① Дмитрий Иванович Менделеев, 1834 – 1907.

② Иван Петрович Павлов, 1849 – 1936.

③ Николай Гаврилович Чернышевский, 1828 – 1889.

④ Лмитрий Иванович Писарев, 1840 – 1868.

⑤ Пафнутий Лъвович Чебышев, 1821 – 1894.

⑥ 现名为"国立罗蒙诺索夫莫斯科大学高尔基科学图书馆"(Научная бибяиотека имени А. М. Горъкого Московского государственного университета имени М. В. Ломоносова).

⑦ Николай Иванович Лобачявский, 1792 – 1856.

⑧ Казань, 鞑靼苏维埃社会主义自治共和国的首都。

帝国公共图书馆

旧俄最大的图书馆是圣彼得堡的"帝国公共图书馆"。它由女皇叶卡特林娜二世下令,于1795年建立。叶卡特林娜完成了彼得大帝的遗业,名副其实地把俄国变成为欧洲强国之一。这所大图书馆的建立也标志着当时俄国国力的强大。原为德国公爵之女的叶卡特林娜,宣扬在俄国实行所谓的"开明专制制度",也进行了某些改革,还同西欧的启蒙派哲学家建立关系。当然,她的最终目的还是想巩固封建农奴制度。她很早就打算在彼得堡建立一所大图书馆。女皇于1778年花费了不少钱来购买法国启蒙运动的著名代表伏尔泰的7,000册私人藏书,也收集了伊凡雷帝[1]以来的俄罗斯的全部写本和书刊。如前所述,1795年波兰第三次被瓜分时,叶卡特林娜把华沙著名的扎卢斯基藏书约25万册抢到彼得堡。她下令,以扎卢斯基藏书同上述几种书刊为基础建立帝国公共图书馆。建馆时藏书总数约30万册之多,这是当时少见的藏书量。它的建馆晚于不列颠博物馆仅42年。它一开始就称作"公共"图书馆,在国立的图书馆中带有"公共"二字的,该馆恐怕是属于最早的一所。

叶卡特林娜在建馆第二年逝世,以后又发生了拿破仑军队的入侵,因而拖延了正式开馆的时间,直至1812年反拿破仑的卫国战争结束之后,于1814年才对外开放。

该馆馆舍的主体建筑是1828—1832年由著名建筑师罗西[2]设计的。他是十九世纪前半叶的古典主义的重要代表之一,母亲是意大利人。罗西设计了彼得堡的许多华丽而庄严的建筑物——米哈依洛夫宫(现在的俄罗斯博物馆)、参谋总部大厦、亚历山大

---

① Иван Ⅳ Васильевич Грозный,1530—1584,在位是1547—1584年。

② Карл Иванович Росси,1775—1849.

剧院、元老院大厦、罗西街建筑群等等,人们称呼他为彼得堡宏伟市容的创造者之一。罗西给帝国公共图书馆披上了仿古罗马建筑的外衣。它坐落在涅瓦大街①和花园街②的交叉点。它同罗西街两旁的官厅建筑一起穿上了俄罗斯帝国的制服,给沙俄首府增添了不少威严。

图 45　国立萨尔蒂柯夫－谢德林公共图书馆(原帝国公共图书馆)

该馆从 1810 年开始接受呈缴本,馆藏增加相当迅速。十九世纪四十、五十年代,尤其在 1861 年农奴制废除后,俄国资本主义很快发展起来了。与此相适应,对科学和教育的需求增多了。帝国公共图书馆在这一时期的发展正是反映了这种情况。1849—1861

---

① Невский проспект.

② Садовая улица.

年,法学家、历史学家科尔夫①任该馆馆长。科尔夫曾完成了《法律集成》②,在政治上也是个显要人物,担任过皇帝的副秘书官、枢密院议员等等。在他担任馆长期间,添加了 11,000 件写本以及大量的版画、照片、乐谱、地图等等。从这时起还开始有计划地购买外文书籍。印刷图书增加了大约 35 万册。科尔夫仿照不列颠博物馆的办法,把全部藏书重新整理,更重要的是把馆藏公开于民众,以引起多数人的关注。

在十九世纪,该馆收到了许多学者和进步人士的赠书。他们是:在该馆任职 30 年的著名寓言作家克雷洛夫③、曾经参加抵抗拿破仑战争的著名诗人巴丘希科夫④、荷马的《伊里亚特》的俄译者格涅基奇⑤、"俄国目录学之父"索皮科夫⑥、语言学家沃斯托科夫⑦、在该馆工作 50 年的艺术批评家斯塔索夫⑧、图书馆学理论家索保耳锡科夫⑨等等。

帝国公共图书馆的俄文馆藏之丰富,独占鳌头、无出其右。从古斯拉夫语的写本、基辅大公国⑩时代的文书、年表、日历、布告,直到十九世纪的俄文书刊,相当齐全。有关斯拉夫各国的资料也很丰富。在俄国境外出版的有关俄国的出版物以及从俄文译成外

---

① Модест Андреевич Корф, 1800 – 1876.
② *Полное собрание законов.*
③ Нван Андреевич Крылов, 1769 – 1844.
④ Константин Николаевич Батюшков, 1787 – 1855.
⑤ Николай Иванович Гнедич, 1784 – 1833.
⑥ Василий Степанович Сопиков, 1765 – 1818.
⑦ Александр Христофорович Востоков, 1781 – 1864.
⑧ Владимир Васильевич Стасов, 1824 – 1906
⑨ Василий Иванович Собольщиков, 1813 – 1872.
⑩ Киевское великое княжество.

文的书籍，都集中在一处，叫做"罗斯卡"①。外国资料有《浮士德》②研究资料，莫扎特、贝多芬的乐谱等等。巴黎公社的丰富史料是由拉甫罗夫③在法国收集的。他是巴黎公社的参加者，著名的社会学家，政论学、民粹派的思想家，第一国际④的会员。拉甫罗夫与马克思和恩格斯相识，曾与他们多次通过信。

十九世纪六十、七十年代，俄国资本主义进一步发展，革命的社会运动日益高涨，看书的人也相应增多。非贵族出身的一些"下层人"也加入了读者的队伍。到馆阅读的人数成倍地增加。

在这动荡的年代，帝国公共图书馆变成了革命民主主义者及其他知识分子集聚的地方。不少人在这里汲取了他们所需要的知识。例如，著名的革命民主主义者、政论家别林斯基⑤、车尔尼雪夫斯基、诗人涅克拉索夫⑥、杰出的文学批评家杜勃罗留波夫⑦、大文豪托尔斯泰⑧、著名科学家皮罗哥夫⑨、门得列耶夫、巴甫洛夫以及高尔基⑩、普列汉诺夫⑪、克鲁普斯卡娅等等。车尔尼雪夫斯基在 1854 年给其父亲的一封信中说，"公共图书馆是我感到满意的

---

① Rossica.

② *Faust*.

③ Петр Лаврович Лавров，1823 – 1900.

④ The First International，即"国际工人协会"（The International Working Men's Association），它是世界无产阶级的第一个群众性的国际组织，1864 年成立，1876 年解散。马克思是它的创立者和领袖。

⑤ Вассарион Григольевич Белинский，1811 – 1848.

⑥ Николай Алексеевич Некрасов，1821 – 1878

⑦ Николай Александрович Добролюбов，1836 – 1861.

⑧ Лев Николаевич Толстой，1828 – 1910.

⑨ Николай Иванович Пирогов，1810 – 1881.

⑩ Максим Горький，1868 – 1936.

⑪ Георгий Валентинович Плеханов，1856 – 1919.

地方之一,在这里我随时可以向大学教授或馆员请教"①。普列汉诺夫早在士官学校当学生时就是该馆的读者。后来他从国外秘密回国,1876—1879 年潜伏在彼得堡。因为当时领取借书证并不需要任何证件,所以他还经常偷偷地去该馆看书。

该馆引以为荣的是列宁在 1893—1895 年常常到这里来学习。1893 年秋天,他一到彼得堡就成为该馆、科学院图书馆和自由经济学社②图书馆的读者。1894 年,列宁同克鲁普斯卡娅相识。据她回忆,"列宁整天呆在公共图书馆,他向自由经济学社和其他许多图书馆借阅古典书籍。"③彼得堡"工人阶级解放斗争协会"④的成员涅甫佐罗娃—舍斯帖尔宁娜⑤在回忆录中说:"我每次去公共图书馆,几乎都见到弗拉基米尔·伊里奇。他被堆积如山的书籍所包围,大量地、勤勉地读书,更多的是在写作。从一大堆书中时而露出他的头部和漂亮的前额。"⑥

该馆于 1956 年在主楼的正面设置了一块纪念牌,上面写着"列宁于 1893—1895 年时常在这里读书"。列宁当时经常看书的阅览室现在叫做"列宁阅览厅"⑦。该馆还置有普列汉诺夫以及长期在本馆工作的克雷洛夫和斯塔索夫的纪念牌。

该馆在 1917 年十月革命前有 300 万册书。1932 年改称"国

---

① 转引自 Н. Я. Морачевский, *Пумеводимелв по Государсмвенной Публичной библиомеке имени М. Е. Сальмыкова – Шедрина*, 1962, стр. 8.

② Вольное экономическое Общество, 俄国第一个经济学社, 1765 年成立。它主要是维护那些改用资本主义经营方式的贵族——地主的利益。从十九世纪起, 自由知识分子聚集到这里, 因而屡次遭到沙皇政府的迫害。1917 年解散。

③ 克鲁普斯卡娅:《论列宁》, 1960 年版, 第 376 页。

④ Союз борьбы за освобождение рабочего класса.

⑤ София Павловна Невзорова – Шестернина, 1868 – 1934.

⑥ *Воспоминаия о Владимире Ильиче Ленине в з – х Т*. Т. I, Москва 1956, стр. 143.

⑦ Ленинский читальный зал.

立萨尔蒂柯夫－谢德林公共图书馆"①。

鲁勉采夫博物馆

著名的苏联国立列宁图书馆②的前身是鲁勉采夫博物馆③。鲁勉采夫④伯爵系俄国名将鲁勉采夫－扎多瑙伊斯基⑤元帅之子，是十八世纪末、十九世纪初的俄国政治家，曾任商务大臣、外务大臣、国务会议主席等职。他同时也很关心学术活动，收集了许多图书、写本、人种学和古钱学的资料。他还直接参与了1803—1806年俄国第一次环球航行⑥的组织工作。在他的周围聚集了许多有名的历史学家、考古学家，被人们称为"鲁勉采夫集团"。他是国内外许多学会的名誉会员和俄国科学院的名誉院士。

1826年鲁勉采夫逝世后，这批珍藏交给了国家，于1831年在彼得堡成立了鲁勉采夫博物馆。1861年，该馆移至莫斯科，1862年开放。博物馆的图书有：鲁勉采夫自己收集的28,500册书、教育部部长诺罗夫⑦的私人藏书——非常珍贵的古老的俄文出版物和十八、十九世纪的参考书共约16,000册，还有彼得堡的帝国公共图书馆送来的复本书约4万册等等，总共10万余册。

鲁勉采夫博物馆的建立对当时俄国的文化事业来说是一件大事。开馆当年，即1862年就开始享受全俄出版物呈缴本的特权。许多名人学者都赠寄了图书和手稿。其中有：普希金⑧的儿子于

---

① Государственная Публичная библиотека им. М. Е. Салтыкова Щедрина.

② Государственная библиотека СССР имени В. И. Ленина.

③ Румянпевский музей.

④ Николай Петрович Румянцев, 1754 – 1826.

⑤ Пётр Александрович Румянцев – Задунайский, 1725 – 1796.

⑥ 这次航行的领航人是克鲁逊什特恩（Иван Федорович Крузенштерн, 1770 –1846）和李斯杨斯基（Юрий Федорович Лисянский, 1773 – 1837）。

⑦ Авраам Сергеевич Норов, 1795 – 1869.

⑧ Александр Сергеевич Пушкин, 1799 – 1837.

1880 年捐赠的父亲的大量手稿及其他遗物；托尔斯泰、果戈理①、陀思妥耶夫斯基②、奥斯特罗夫斯基③、涅克拉索夫等名作家的手稿也陆陆续续送到这里来；作家和音乐家奥多耶夫斯基④、著名的外交官潘宁⑤伯爵、普希金的朋友哲学家恰达耶夫⑥、目录学家波尔托拉茨基⑦、历史学家包哥廷⑧、皇后亚历山德拉·斐多罗芙娜⑨等等，都把自己的藏书赠给该馆。

  鲁勉采夫博物馆的图书馆从它成立到十月革命的半个世纪是在重重困难中蹒跚前进的。俄国政府一直不给该馆拨发经费，致使无法有计划地添置图书。1862 年工作人员的编制只有 4 人，1900 年才增加到 10 人，1912 年 16 人。1912—1917 年，连同技术工人和无报酬的"自愿工作人员"在内，总共才有 50 人。因此图书的分类编目难于进行，甚至免费收到的呈缴本也无法及时整理。书库狭窄，直到 1914—1915 年才建造了可容 50 万册的书库，而当时的总藏书量已接近 100 万册。阅览室的座位也只有 300 席。

  尽管如此，旧俄的许多学者和知识分子都来利用鲁勉采夫博物馆。托尔斯泰早在十九世纪六十年代就在这里研究"共济会"⑩的资料。来馆学习的还有陀思妥耶夫斯基、契诃夫⑪、植物生理学

---

  ① Николай Васильевич Гоголь, 1809 – 1852.

  ② Федор Михайлович Достоевский, 1821 – 1881.

  ③ Александр Николаевич Островский, 1823 – 1886.

  ④ Владимир Федорович Одоевский, 1804 – 1869.

  ⑤ Никита Иванович Панин, 1718 – 1783.

  ⑥ Пётр Яковлевич Чаадаев, 1794 – 1856.

  ⑦ Сергей Дмитриевич Полторацкий, 1803 – 1884.

  ⑧ Михаил Петрович ПогоДин, 1880 – 1875.

  ⑨ Александра Фёдоровна, 1872 – 1918, 尼古拉二世的皇后。

  ⑩ Mason, 十八世纪在欧洲各国兴起的宗教神秘运动。它号召人们自动修养品德，在兄弟般友爱的基础上团结起来。参加共济会的大半是贵族和资产阶级上层人物。

  ⑪ Антон Павлович Чехов, 1860 – 1904.

家季米里亚捷夫①等人。后来成为苏联共产党活动家的谢马什柯②、米茨凯维奇③、列宁的弟弟乌里杨诺夫④等人也曾经是该馆的读者。

1893年8月,列宁在莫斯科短暂逗留。此时他第一次来到鲁勉采夫博物馆的阅览室读书。第二次是1897年2月。他在赴西伯利亚流放地的途中,在莫斯科停留了4天。他利用这一机会,把大部分时间用在访问该馆。

十月革命后,该馆改称为"苏联国立列宁图书馆",变成为苏联最大的图书馆。

公共图书馆

旧俄的公共图书馆事业很不发达。这是俄国的经济落后在文化事业上的一种反映。从政治上来说,沙皇为了维护专制制度,害怕民众觉醒,因而想方设法不让人民接触图书。野蛮的警察制度和书报检查制使城镇的公共图书馆事业无法发展。在十九世纪四十年代的反动时期,关闭了许多刚刚建立起来的一些州和县的图书馆。没有被取缔的公共图书馆也处于宪兵的严厉监督之下。图书馆的藏书内容严格地被限制,从而剥夺了广大人民群众享用人类积累起来的宝贵精神财富的可能性。在第一次世界大战以前,76%的俄国居民是文盲,上述俄国科学院图书馆、帝国公共图书馆、鲁勉采夫博物馆以及大学图书馆等等,都是被贵族、学者、文人及其他知识分子所利用,广大民众是无法接近的。

在1905—1907年的俄国第一次革命的影响下,沙皇政府只好

---

① Климент Аркадьевич Тимирязев,1843 – 1920

② Николай Александрович Семашко,1874 – 1949.

③ Сергей Иванович Мицкевич,1869 – 1949.

④ Дмитрий Ильич Ульянов,1874 – 1943.

暂时采取温和的文化政策。1908 年,在进步的图书馆活动家的推动下,终于在彼得堡成立了图书馆协会①,并在 1910—1915 年间出版了《图书馆员》②杂志,1911 年还在彼得堡召开了第一届全俄图书馆事业大会③。

6.22 工人图书馆

工人图书馆,顾名思义,是以工人为其主要服务对象的图书馆。这种图书馆的出现和发展,自然是同工人运动的兴起分不开的。

工人图书馆当然主要是由工人阶级及其组织——工会或工人政党举办的。但也有一部分是由资产阶级激进分子、资产阶级民主分子或改良主义派的教育家经办的。例如,起源于英国的技工学校④图书馆就是属于这一类型。这种图书馆的一些具体事务可能由工人担任,但图书馆的领导权完全被掌握在资产阶级及其知识分子手中。技工学校图书馆可以说是会员图书馆的变种。技工要利用它,必须付费。技工一旦得病或失业就很难担负会费。技工学校图书馆的藏书多半是理工科技书籍,那些在政治观点和宗教派别上可能引起争论的图书都不收藏。技工学校运动的领导人伯贝克⑤极力要为技工准备所谓"安静的"学习环境,力图排除社

---

① Общество библиотековедения.

② Библиотекарь.

③ 代表共 346 名,报告 39 件。沙皇政府不但没有支持这次大会,还在闭幕后立即采取了一连串旨在反对民办图书馆的措施。

④ Mechanics' institute.

⑤ George Birkbeck,1776—1841,医生、自然科学家,从事成人教育事业,参与了英国大部分技工学校的筹建工作。

会上各种政治运动的"干扰"。显而易见,技工学校是为资产阶级培养一些有一定知识的工人而设立的。在学校的学生中没有不熟练工人,后来越来越多的非工人成员,如学校附近的职员、店员也参加进来。正如恩格斯所指出的,"在'技工学校'里面消除了无产阶级的影响,并把它们变成在工人中间传播对资产阶级有利的科学知识的机构。"①

技工学校运动在十九世纪中叶达到高峰。英国全国有六、七百所学校。图书馆的藏书一般在 1,000 册左右。

十九世纪后半叶,教育法和公共图书馆法的通过使得技工学校丧失了存在的意义。有的技工学校图书馆转为公共图书馆,有的变成了大学图书馆的分馆。

在美国、澳大利亚也先后出现过技工学校和它的图书馆。

与资产阶级的技工学校图书馆完全不同的是工人阶级自己创办的图书馆。它们不仅为工人的职业教育服务,更主要是为提高他们的阶级意识服务。它们向工人阶级提供精神武器——先进的、革命的图书和刊物。

工人图书馆一般都设在大城市的工人俱乐部、工会、工人协会、工人政党所在地的一隅。它们多半也没有正式的馆名,而且随着激烈的阶级斗争的起伏而兴衰。因此它们没有能够留下有关的详尽的史料。工人图书馆的管理方式也简单方便。馆员多数是兼职的。取书采用开架式。来馆看书是免费的,也不需要什么证件或介绍信。

工人图书馆的藏书一般说来数量不大。政治书籍和报刊所占的比例很大,其中绝大部分是革命书刊,有的甚至是非法印刷品,这些都是在资产阶级经营的图书馆里很不容易看到的。馆藏中也有一些参考工具书、与工人的职业有关的知识性的图书以及文艺

---

① 《马克思恩格斯全集》,第 2 卷,第 527 页。

作品。工人图书馆的作用不在于它的藏书量有多大。这些小小的图书馆对启发和提高工人们的觉悟起不可估量的作用。许多工人在这里接触到了社会主义理论,成为阶级斗争的优秀战士。

十九世纪上半叶,由宪章主义者和社会主义者创办的工人图书馆在英国出现了。恩格斯是这样描写这些图书馆的:"这些时合时分的不同的工人派别——工会会员、宪章主义者和社会主义者——自己出经费创办了许多学校和阅览室来提高工人的知识水平。这些设施在每个社会主义的组织里和几乎每个宪章主义的组织里都有,而且在许多单个的工会里也有。在这里,孩子们受到纯粹无产阶级的教育,摆脱了资产阶级的一切影响,阅览室里也只有或几乎只有无产阶级的书刊。"[1]资产阶级认为这种工人图书馆是很危险的,于是办起上述技工学校和它的图书馆。

流亡在瑞士的德国工人和手工业者在 1833 年建立了教育协会。由瑞士的工人和手工业者组成的改良主义组织——格留特利联盟[2]于 1838 年成立。它也拥有工人图书馆。

1956 年,瑞士的历史学家在日内瓦搜集第一国际史料时,在一个煤矿井下发现了几箱书。经考证,是日内瓦工人总联合会图书馆的藏书。该团体成立于十九世纪四十年代,魏特林[3]、威廉李卜克内西[4]等人曾参加过它的活动。这些书看来是二十世纪初该团体解散时,由会员们埋藏起来的,总数约 1,000 册。这一批图书是工人图书馆史的珍贵材料[5]。

---

① 《马克思恩格斯全集》,第 2 卷,第 527 页。

② Grütli – Verein.

③ Wilhelm Weitling,1808—1871.

④ Wilhelm Liebknecht,1826—1900.

⑤ 见 *Katalog der Bibliothek des Allgemeinen Arbeiter – Vereins in Genf herausgegeben im Herbst 1896*,neu bearbeitet und herausgegeben vom Schweizerischen Sozialarchiv im Jahre 1975.

流亡在法国的德国工人和手工业者于1836年组成了一个秘密同盟——正义者同盟,[①]后来由马克思和恩格斯领导,发展成为第一个无产阶级的国际组织——共产主义者同盟[②]。该同盟在德国、瑞士、英国、比利时和美国建立了公开的工人教育协会,"到处都建立了协会的图书馆,而且,凡是有可能的地方,都开班给工人讲授基本知识"(马克思语)[③]。该盟在

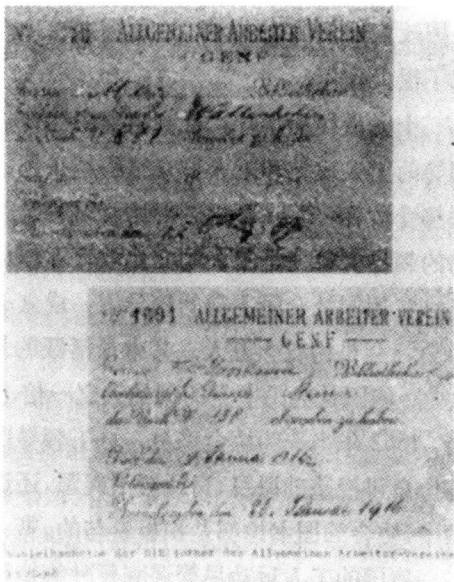

图46　日内瓦工人总联合会图书馆的借书单

1848—1849年革命中提出《共产党在德国的要求》共17条,最后一条就是要求"实行普遍的免费的国民教育"[④]。在此前后,工人阶级时而提出建立免费的民众图书馆的要求。

德国工人在伦敦设立的德意志工人教育协会[⑤]是对工人进行政治教育,宣传共产主义思想的组织。马克思和恩格斯曾参加过这个协会的活动。协会有一所图书馆,从协会成立的1840年到被英国政府封闭的1918年,这所图书馆一直作为一个教育宣传机构

---

① Bund der Gerechten.
② Bund der Kommunisten.
③ 《马克思恩格斯全集》,第14卷,第464页。
④ 《马克思恩格斯选集》,第4卷,第198页。
⑤ Der Deutsche Blidungsverein für Arbeiterin London.

起了很大作用。

十九世纪后半叶,社会主义思想传播越来越广,第二国际[①]领导的工人政党和工人群众组织越来越强大。觉醒的工人阶级要求接受教育,要求利用图书馆学习科学和文化。社会民主主义运动的领导者致力于工人的文化教育工作。这一趋势在德国尤为明显。在德国社会民主党的领导下,成立了 200 所以上的工人教育协会,会员约有 5 万人。其中最活跃的是莱比锡的职工教育协会[②]。德国社会民主党的创始人之一倍倍尔于 1861 年参加了该会,1862 年当选为协会委员,分工领导图书馆和俱乐部。职工教育协会讲授基础课目,讨论政治问题,还进行文化娱乐。在这些活动中,协会的图书馆都是积极参与的[③]。

德国的工人运动尽管遇到暂时的挫折(1878—1890 年政府颁布了反社会党人非常法[④]),但工人教育组织和工人图书馆一直在发展。1906 年德国社会民主党的曼海姆[⑤]代表大会和 1911 年工会的德累斯顿代表大会都建议进一步开展文化教育工作。各大城市的党和工会的图书馆联合成为"工人中央图书馆"[⑥]。在党的领导下,还建立了许多青少年图书馆。1909—1921 年,在莱比锡出版了《图书馆员——工人图书馆月刊》[⑦]。原定在 1914 年 8 月召开的工人图书馆员全国大会,由于世界大战的爆发,没有能够举行。

第一次世界大战后,德国共产党致力于教育事业和图书馆事

---

①　The Second International.

②　Der Leipziger Gewerbliche Bildungsverein.

③　倍倍尔:《我的一生》,第 1 卷,第 45 页。

④　Das Sozialistengesetz.

⑤　Mannheim,在美因河畔法兰克福南部。

⑥　Arbeiterzentralbibliothek.

⑦　*Der Bibliothekar*:*Monatsschrift für Arbeiterbibliotheken.*

业。1930 年在柏林成立了一所马克思主义学校,它的附属图书馆有 4,000 册书。1933 年,法西斯上台,统统没收了全国工人图书馆的大约 150 万册书。

随着革命形势的发展,俄国工人阶级也开始组织工人协会,后来建立了俄国社会民主党。地下图书馆就是应革命运动的需要而出现的。尤其在俄国这样经济落后、政治反动的国家,工人阶级很少能够利用"官方的"、免费的公共图书馆。

1875 年在敖德萨①成立的俄国工人的第一个革命组织"南俄工人协会"②,就设置了地下的工人图书馆。1878 年在彼得堡成立的"俄国北方工人协会"③的地下图书馆是由工人革命家哈尔土林④管理的。他是这一协会的组织者,后来被沙皇政府处死,年仅 26 岁。1895 年,列宁在彼得堡建立的"工人阶级解放斗争协会",有一所收藏马克思主义书籍和非法书刊的工人图书馆。有的地下图书馆还编制推荐书目,以指导工人阅读。在俄国各地的地下图书馆随着革命运动的发展,其数目和规模都直线上升。它们对提高无产阶级的觉悟做出了不可估量的贡献⑤。

俄国社会民主党在国外的组织也有自己的图书馆。例如,俄国社会民主党人、党的书刊的出版家库克林⑥于 1902 年在日内瓦创办了有名的库克林图书馆。1907 年他逝世后,依照遗嘱将图书馆赠给了党。之后由党的著名作家和宣传家卡尔宾斯基⑦等人继

---

① Одесса,在乌克兰,临黑海的大港口。

② Южнороссийский союз рабочих.

③ Северный союз русских рабочих.

④ Степан Николаевич Халтурин, 1856 – 1882.

⑤ 参见 *Нз исмории Нелегальных библиомек революючионных организачий в чарской России*, 1956.

⑥ Георгий Аркадьевич Куклин, ? – 1907.

⑦ Вячеслав Алексеевич Карпинский, 1880 – 1965.

续管理这所图书馆。

列宁对该馆的建设十分关心。1908 年他从日内瓦写信给高尔基夫人,请高尔基写一份呼吁书给俄国各家报馆,请它们把书报寄给库克林图书馆。列宁在信中说,呼吁书要讲明:作家帮助图书馆的建设,对他们本身的工作有何等重要意义等等①。

当时的图书馆员卡尔宾斯基写过一段富有教益的回忆。他说,库克林图书馆制定了"严格的"借书制度,但列宁没有"读坏"过一本书,并且总是按规定交纳阅读费。党的图书馆是要靠收取读者的阅读费来维持的。但作为例外,对党中央机关报的编辑免收阅读费。可是,列宁认为这是个人的"特权"。卡尔宾斯基回忆说:"我不是说服借书人(即列宁)要交纳阅读费,而是说服他不要交费。这在我的图书馆员工作中是仅有的一次特殊情况,但是说服他是不可能的,他有钱——也就是说,他应当支付,我再没有什么可说的了!……。"②

十月革命以后,这所图书馆的藏书并入莫斯科的马克思列宁主义研究院图书馆。

1904 年 5 月,俄国社会民主党中央在日内瓦开设了党的图书馆和档案馆。

十九世纪八十年代,在工业化进程较快的捷克的城市,出现了工人小组的图书室和社会民主党在工厂的阅览室。1895 年,在贝尔格莱德也开始有了工人图书馆。随着工人运动的发展,至 1903 年,该城已经有了 25 所工人图书馆。在罗马尼亚,工人图书馆的大部分是在地下非法组织起来的。它们时而被政府取缔,时而复苏。保加利亚共产党人在被捕后还在监狱里巧妙地躲避狱吏的搜查,秘密传递和阅读相当数量的苏联文学作品。

---

① 克鲁普斯卡娅:《列宁论图书馆工作》,1957 年版,第 23 页。

② 同上书,第 43 页。

正当希特勒匪徒疯狂地焚烧马克思主义著作的时候，在伦敦成立了马克思纪念图书馆①。1933 年正值马克思逝世五十周年之际，正式开馆了。参加开馆典礼的有英国共产党、工会组织、劳动党、合作社组织等的代表。该馆的任务是传播马克思主义、社会主义史、工人运动史的图书。馆址是 1902 年列宁流亡伦敦时曾经印制《火星报》②的地方。

---

① Marx Memorial Library.

② Искра.

第七章　苏联的图书馆

7.1　苏联图书馆事业的动力

1917 年 11 月 7 日（俄历 10 月 25 日）俄国无产阶级建立了世界上第一个社会主义国家，开创了人类历史的新纪元。在无产阶级专政的国土上，图书馆事业迎来了空前繁荣的时期。沙皇统治的年代，俄国的图书馆无论在数量上还是在质量上都大大落后于西欧先进的资本主义国家。然而，俄国的工人阶级仅仅用了 20 多年的时间，就把苏联的图书馆事业推向世界的先进水平。连那些反苏的资产阶级图书馆史学者也不得不在事实面前承认苏联图书馆事业的伟大成就[①]。

在叙述苏联图书馆事业的具体成果之前，确有必要探讨苏联图书馆事业一日千里的根本原因。

1. 社会主义是比资本主义更高一级的社会发展阶段。不言而喻，具备资本主义所无法比拟的高度文明和高度民主，这乃是巩固和发展社会主义制度的必不可少的条件。造就具有高度文化修养的广大劳动群众——这就是社会主义制度本身的要求。因此，无论在任何国家里一旦无产阶级掌握了政权，开始实行社会主义，那

---

① 见詹森：《西洋图书馆史》，尹定国译，台湾学生书局 1983 年版，第 134—135、173—175、192—193 各页。

么这个政权除了全面展开工农业建设外,必然要全力以赴地从事文化建设,其中包括国民教育、出版事业以及图书馆的建设。这是社会主义发展的一条客观规律。几十年的历史实践充分地证明了这一点。

2.旧俄的经济落后也充分地反映在文化的落后上。十月革命之后,俄国无产阶级面临的极大矛盾之一就是上述高度文化的客观要求同现存的民众的愚昧、文盲之间的矛盾。这个矛盾越大、越尖锐,就越要求苏维埃政权投入最大的力量在最短时间内解决这个问题。由此看来,人们就不难理解,为什么工农政权对文化建设抱有那么大的热情,花去那么多的物力和人力。

从大众这一主体来说,被压迫的工农群众一旦获得解放,就必然渴望掌握知识。这种精神力量也是客观存在的。它对推动图书馆事业的发展,起着决定性的作用。

3.在无产阶级专政的国家里,可以利用强有力的国家机器推动全国的图书馆事业。资产阶级国家固然也可以采用立法行政手段来保证图书馆事业的某些方面的发展,但无论在组织作用或经济措施方面,都无法与无产阶级的国家相比。因为资产阶级国家是代表少数剥削者的利益的。苏维埃国家的组织作用正是苏联图书馆建设事业发展的一大特征。

4.无产阶级专政的国家性质规定了文化事业的全民性,即广大居民能够亲自参加文化建设,其中包括民众参加办馆。在资本主义国家充其量是部分居民参与图书馆的工作。

5.苏联社会主义工农业建设的进展为图书馆事业奠定了物质基础,例如,大批图书的出版(苏联的出版物数量占世界第一)、充足的经费、设备良好的馆舍等等。

6.在苏联,经营图书馆的目的十分明确,就是要服从于政治任务和经济任务,服从于共产主义教育的最终目标以及人民对文化的需求。在这些任务中,党和政府把提高人民的政治思想觉悟作为图书馆的首要任务。图书馆在党的领导下担负着灌输马列主义理论的部分工作。这种明确的目的性使得苏联图书馆发展异常迅速。

7. 无产阶级善于摄取以往人类文化的全部遗产，包括接受外国的先进的图书馆工作经验。在二十世纪初，列宁就特别强调要向瑞士和美国的图书馆学习。

8. 最后的、但并非最不重要的一条，就是列宁本人作为党和国家领导人对图书馆工作十分重视，并亲自参加指导。如果没有这一条件，苏联的图书馆事业恐怕不能取得这么大的成就。

克鲁普斯卡娅说："列宁对图书馆工作是非常关心的。他自己经常在图书馆里从事研究工作，所以他知道、他看到我们国家在这条战线上落后得如何可怕。远在1913年，他就想望着那些拥有几十万和几百万书籍的大图书馆能够为群众和街道居民所利用。"①

7.2 列宁和图书馆事业

在100多年的国际共产主义运动中，列宁是最热衷于图书馆事业的一位革命领袖。在剥削阶级的政治家中，也找不出一个像列宁这样关心图书馆事业的人。据苏联最新版的《列宁和图书馆事业》②一书登载，列宁关于图书馆事业的著作、提纲、书信以及由他起草和签署的文件、决议、法令、电报等等，总计达约三百件。把它们汇编成册，就是厚厚的四百多页的一大部书。

---

① 克鲁普斯卡娅：《列宁论图书馆工作》，1957年，第9页。

② *В. И. Ленин и библиомечное дело*，изд. 2 - ое，Москва，1977. 参见文化部图书馆事业管理局编《列宁论图书馆事业》，1984年。

无产阶级的革命领袖毫无例外地都对社会主义的文化事业十分关心。如前所述,这是由于革命的需要而产生的必然。但仅仅提出这一共性是很不够的。列宁之所以如此重视图书馆事业,还有他个人经历的因素。他通晓数种外文,在革命斗争中利用过俄、德、英、法、瑞士、丹麦、瑞典、波兰等国的许许多多图书馆,甚至在监狱和流放地都充分利用过图书馆[①]。列宁对图书馆的巨大作用有亲身的感受。因此,他才能得出如此英明的论断:图书馆事业的状况是整个文化程度的标志[②]。

　　早在十月革命之前,列宁就写了一篇著名的文章——《对于国民教育能够做些什么》(1913 年)[③]。这是一篇关于图书馆事业的专文,但从标题看不出这一点。当时列宁流亡在靠近俄国的波兰城市克拉科夫。他看到一份纽约公共图书馆 1911 年的工作报告,感受颇深,于是写了这篇文章。克鲁普斯卡娅后来介绍列宁的这一篇论文时说,这一时期,他在一些有关国民教育的论文里"指出了政治制度与文化的密切关系。他在许多文章里把美国的文化同沙皇俄国的文化加以对比,指出美国的文化在进行了反对奴隶制度的国内战争以后,取得了巨大的成就。他在图书馆事业方面也做了同样的对比……。"[④]

　　列宁在这篇文章中指出,图书馆应当像纽约公共图书馆那样,不仅向学者、教授,而且要向人民大众打开大门。他谴责旧俄的护民官府不让无知平民染指公共图书馆。他对美国公共图书馆的如下宗旨表示完全的赞许,即"他们认为值得公共图书馆骄傲和引以为荣的,并不在于它拥有多少珍本书,有多少十六世纪的版本或

　　[①]　克鲁普斯卡娅:《论列宁》,人民出版社 1960 年版,第 383 页;克鲁普斯卡娅:《列宁论图书馆工作》,1957 年,第 14、18 页。

　　[②]　克鲁普斯卡娅:《列宁论图书馆工作》,1957 年,第 20 页。

　　[③]　《列宁全集》,第 19 卷,第 271—273 页。

　　[④]　克鲁普斯卡娅:《列宁论图书馆工作》,1957 年,第 24 页。

十世纪的手稿,而在于如何使图书在人民中间广泛地流传,吸引了多少新读者,如何迅速地满足读者对图书的一切要求,有多少图书被读者带回家去,有多少儿童来阅读和利用图书馆……"①

有人也许会惊讶,列宁怎么会对资产阶级经营的公共图书馆给予如此高度的评价呢?! 列宁怎么会对纽约公共图书馆的各项活动赞不绝口呢?! 应当知道,列宁对以往至今的人类的文化遗产和文化活动并不是采取一概否定的态度,而是从中吸取对无产阶级有用的成分,以便为我所用。列宁说:"无产阶级文化应当是人类在资本主义社会、地主社会和官僚压迫下创造出来的全部知识合于规律的发展。"②美、英、瑞士等国的公共图书馆的开放性是中世纪的图书馆所没有的,是历史的进步,而它对无产阶级是十分有利的,是能够为无产阶级所利用的。列宁决没有因为这些公共图书馆是资产阶级国家经营的,就对此采取一概否定的态度。列宁在指出美国图书馆的这一"进步性"的同时,痛斥了沙皇的愚民专制,揭露沙皇的书报检查制度和对图书馆的封锁政策,进而指出文化和政治制度的密切关系。从图书馆事业上也能够看出皇俄国的反动、野蛮和落后。

显而易见,公共图书馆的这种开放性只有在无产阶级掌握政权之后才能真正地显示出其全部优越性,也只有此时,公共图书馆才名符其实地变成"公共的"、"人民的"。这正是列宁这篇文章的真谛。

除了对美国的图书馆事业之外,列宁还对瑞士的图书馆事业给予高度的评价。克鲁普斯卡娅说:"弗拉基米尔·伊里事奇非常称赞瑞士的文化,并设想革命以后如何安排俄国的图书

---

① 《列宁全集》,第 19 卷,第 271 页。
② 《列宁选集》,第 4 卷,第 348 页。

馆业。"①

十月革命胜利之后,列宁立即采取坚决的措施,把敌对的机关和个人的藏书收归国有。征收和没收的对象是:贵族、资产阶级、地主的图书以及资产阶级政府机关的图书,与人民为敌的资产阶级的社团、组织和修道院的图书。

列宁对这项工作十分关心。1918 年 7 月 17 日,人民委员会通过了由列宁签署的《关于保护图书馆和书库的法令》②(21 日公布)。该法令规定,所有国有化的图书馆全部由教育人民委员部进行登记并受到保护。这些转归国有的图书如何使用和分配等事宜,应由教育人民委员部所属的图书馆处负责办理等等。

为了执行这条法令,教育人民委员部向全国派遣了权限很大的全权代表。他们登记和保护了被查封的机关团体的图书馆以及那些被收归国有的私人藏书,并把其中最有价值的运到莫斯科和彼得格勒。

为了更好更合理地分配图书,于 1918 年成立了国家书库③。这个书库的图书分别保存在莫斯科、彼得格勒及其他大城市。到 1919 年 10 月,国家书库保存在莫斯科的图书约 600 万册。

这些被征收和没收的千百万册图书交给彼得格勒的前帝国公共图书馆、科学院图书馆、莫斯科的鲁勉采夫博物馆、各大学以及新创办的图书馆。这些图书馆分得了十分宝贵的书刊,大大充实了自己的馆藏。例如,彼得格勒的公共图书馆就接受了 1767 年建立的自由经济学社图书馆等处的珍贵书报。莫斯科的鲁勉采夫博物馆在 1918—1921 年接受了被国有化的图书 150 万册以上。其

---

① 克鲁普斯卡娅:《列宁论图书馆工作》,1957 年,第 21 页。
② 全文见克鲁普斯卡娅《列宁论图书馆工作》,1957 年,第 28 页。
③ Государственный фонд.

中有：俄国医师会的藏书（5 万册）、莫斯科旧书商西巴诺夫①的存书（10 万册）、谢列美季也夫伯爵家族②的藏书（4 万册）以及彼得堡神学院图书馆③、基利尔－别洛泽尔斯基修道院④、诺夫哥罗德的索菲亚大教堂⑤所藏的手稿和古代善本等等。

为了保证科学家和文化工作者能够顺利进行工作，凡属学者、文学家、艺术家的私人藏书可免予征收和没收，并由教育人民委员部给他们颁发"保护证"。列宁对于颁发"保护证"一事十分重视。有时还亲自参与讨论该证件的发放对象问题，以保证学者的工作照常进行，同时也十分注意滥发"保护证"的情况。1919 年 9 月 4 日，列宁签署并发布了《人民委员会关于科学图书馆的决定》⑥，其中严格规定私人藏书的使用、保管、移交等问题的权限。

为了使图书国有化的工作更顺利地进行，列宁在 1918 年 11 月 26 日又签署了一项《关于征收图书馆、书库和一般书籍的手续的法令》⑦。根据这个法令，只有得到教育人民委员部的同意，才能征收图书。

图书国有化的工作是在激烈的阶级斗争中进行的。敌对阶级的反抗和破坏是十分猖狂的。1918 年 11 月，全俄肃反和反怠工非常委员会颁布一项命令，惩办盗窃地主庄园的图书馆的匪徒，制止把这一类图书偷运出国的犯罪行为。

图书征收工作在彼得格勒、莫斯科以及俄罗斯中部几省，大约

①　Павел Петрович Шибанов, 1864 – 1935.

②　Шереметевы.

③　Библиотека Петербургской духовной академии.

④　Кирилло – Белозерский монастырь.

⑤　Новгородский Софийский собор.

⑥　决定原文全文见 *В. И. Ленин и библиомечное дело*, 2 – изд 1972, стр. 262 – 263. 中文摘译见克鲁普斯卡娅《列宁论图书馆工作》，1957 年，第 51 – 52 页。

⑦　克鲁普斯卡娅：《列宁论图书馆工作》，1957 年，第 51 页。

在 1918 年完成。其他地区因内战开始，只好停止下来。

十月革命胜利后不久，政府的一些委员部利用职权要鲁勉采夫博物馆把一些书籍送到各部，以供参考。这样的作法不但有碍图书馆的正常工作，而且也不利于图书的保存。此事于 1918 年 5 月 10 日被提到人民委员会进行讨论。列宁严厉地批评了这种无视人民财产的行为，并批准了如下决议：今后任何人都毫无例外地不得向鲁勉采夫博物馆索要该馆的任何图书和任何出版物。不仅如此，人民委员会还请博物馆向本委员会报告：在人民委员中间，谁曾向该馆索要过图书[1]。

相反，列宁十分爱护作为国家财产的图书，十分严格地遵守图书馆的规则。1920 年 9 月 1 日，列宁需要一些参考书，他以十分谦逊的态度写了如下一张字条给鲁勉采夫博物馆：

"如果按照规章，参考书不准带回家，那么在晚上在夜间闭馆的时候，可否借用一下？明早送还。"[2]

列宁在最后一句话——"明早送还"下划了几道线，以示信守不渝（见图 47）。

十月武装起义成功后不到一个月，在那紧张异常的日子里，列宁就抽空写了《论彼得格勒公共图书馆的任务》[3]一文。文章的开头就是那句名言："要理智地、自觉地、有效地投身于革命，就必须学习。"列宁指出，由于沙皇制度的摧残，彼得格勒的图书馆事业办得很糟。他要求迅速地、无条件地对图书馆进行改革，而"这些改革要以西方自由国家，尤其是瑞士和美国早已实行的各种原则为依据"。列宁提出，彼得格勒公共图书馆应当迅速同国内外图

---

① *Исмория Государсмвенной библиомеки СССР имени В. И. Ленина за 100 лет 1862 – 1962*，Москва，1962，стр. 65.

② 《列宁全集》，第 35 卷，第 452 页。

③ 《列宁全集》，第 26 卷，第 310 页。

书馆进行图书交换;馆际互借应当免费;阅览室开放时间每天应上午 8 时至晚上 11 时,节日和星期日也不例外;增加图书馆的工作人员。

列宁不止一次地强调瑞士和美国的图书馆制度。例如,1918年 6 月 7 日通过的人民委员会《关于图书馆工作的安排》①的决议就明确指出两点:第一就是对图书馆事业实行集中管理,第二就是采用瑞士和美国的制度。列宁在这里所说的瑞士和美国的制度指的是在这两个国家所采取的改善图书馆管理的各种措施,如开架制、馆际互借、联合目录的编制、为读者的借阅提供一切可能的方便,等等。

上述列宁对彼得格勒公共图书馆的意见很快就转告给该馆了。但该馆的领导拒绝执行。与旧中国的知识分子不同,俄国的资产阶级知识分子对苏维埃政权采取敌对态度,以怠工等手段与之对抗。该馆馆长科别科②是一个极端的反苏维埃分子。在他的煽动下,该馆馆务会于 1917 年 11 月 13 日决定,暂时关闭阅览室和图书馆的一些部门,结果引起广大读者和社会的公愤。《真理报》为此发表了文章,谴责该馆的怠工行为。经过党报的谴责,该馆不得不在 11 月 26 日重新开放。日理万机的列宁亲自处理此事。1918 年 1 月 29 日,他签署了免去科别科、任命普列斯③为馆长的决定④。从这件事也可以看出,十月革命胜利初期的阶级斗争是何等尖锐。

列宁为苏联的图书馆事业制定了一条基本原则,即一切图书馆都要向所有公民开放。1920 年 11 月 3 日,由列宁签署的《人民

---

① 克鲁普斯卡娅:《列宁论图书馆工作》,1957 年,第 27—28 页。

② Д. Ф. Кобеко.

③ Аркадий Пресс.

④ 该决定载于上述 *В. И. Ленин и библиомечное дело*,2 – изд 1972,стр. 250. 另参见该书第 80 页注 1 和第 284 页注 2。

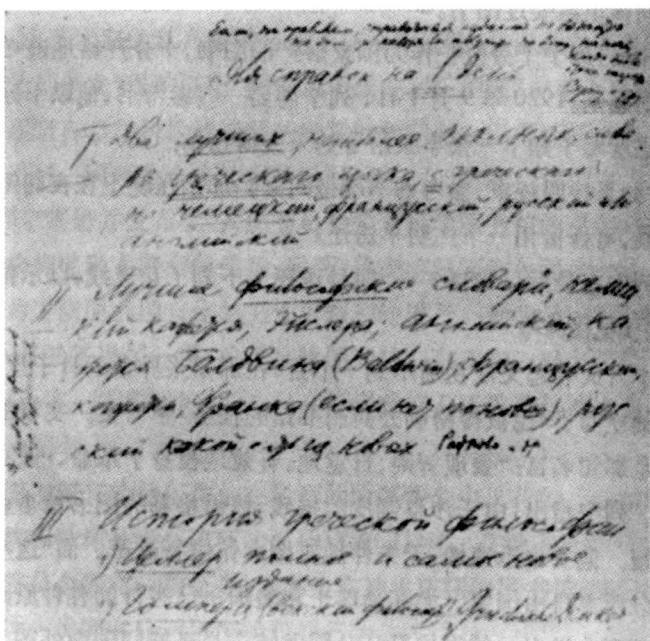

图 47　1920 年 9 月 1 日列宁给鲁勉采夫博物馆图书馆的信

委员会关于集中管理图书馆事业的命令》①第一条就说，"教育人民委员部管辖的一切图书馆，以及属于所有其他部门、机关和社会团体的图书馆，一律宣布为人人都能利用的图书馆……。"在社会主义国家，所有图书财富都变成了全民的财产，任何图书馆的馆藏都为财产的主人———一切公民所利用，这是从财产所有关系而产生的必然结果。这里并没有资本主义国家中那些限制———财产和纳税的多寡、居住年限的长短、社会身份的不同等等限制。苏联的读者完全从这些阶级和等级的限制中摆脱出来了。这点充分地说

---

①　克鲁普斯卡娅：《列宁论图书馆工作》，1957 年，第 33 页。

明了苏联图书馆事业的全民性。

与此有关的是苏联图书馆一律免费的原则。1921 年 11 月 16
日,《俄国共产党(布)中央委员会通知》[①]说,共产党不能采取收
费的办法来维持图书馆、俱乐部、学校等等教育机关。资本主义国
家的免费的公共图书馆大部分都是由税收来维持的。免费的私人
图书馆则是由富人"恩赐的"或"赠献的"。在财产私有制的国家
里,无法实现所有图书馆一律免费的制度。只有社会主义才能在
图书馆史上破天荒地实现了图书馆为人人免费开放的原则。

列宁非常重视图书在人民中流传的广度问题。1919 年 1 月
30 日由他签署的《人民委员会的决议》[②],要求教育人民委员部图
书馆处,每月公布图书馆和图书室数目增加情况以及图书在居民
中间推广的实际数据、材料等等。列宁在 1919 年 2 月《给教育人
民委员部》[③]的文件中要求各图书馆填写各种表格,其中不少是直
接有关图书流通问题的。各馆需要回答的项目是由列宁亲自拟定
的,他对图书馆事业何等关心,可见一斑。其中有关图书流动的项
目如下:

"(一)你能够用准确的材料证明你们图书馆书籍流通率的增长吗?

(二)你们阅览室的读者人数有多少?

(三)同其他图书馆和阅览室交换书报吗?

⋮

(七)吸引新的读者阶层吗? 如妇女、儿童、非俄罗斯人等等?

⋮

(十)图书是否外借?

---

① 克鲁普斯卡娅:《列宁论图书馆工作》,1957 年,第 40 – 41 页。

② 同上书,第 29 页。

③ 《列宁全集》,第 28 卷,第 429—430 页。

（十一）外借书籍的保证手续简化了吗？

（十二）邮寄书籍的保证手续简化了吗？以及诸如此类的问题。

报告写得好的，工作有成绩的，应当受到奖励……"

列宁写于 1919 年 2 月①

列宁对如何迅速地把图书和报纸供应给图书馆的问题，也非常重视。显而易见，馆藏的建设和补充是图书馆活动的先决条件之一。只有及时地、充足地供应图书和拨给经费，才能使图书馆的工作开展起来。真正关心图书馆事业的领导人都是抓住这件"人人易懂却不甚注意的小事"的。在新生的政权正处于物质极端匮乏、交通极端不便的时刻，列宁便抓紧了这个问题。1921 年 5 月 17 日，他给当时的教育人民委员部副部长李特肯斯②写了这样一封信。

"……必须使您(和我们)绝对明确地知道，谁该受监禁(或者是中央出版物发行总署方面的人，或是图书馆网方面的人，两个机构必居其一)，如果每一种苏维埃图书出版后经过一个月(两星期？六星期？)而每一所图书馆都还没有这种图书的话。关于这一点请给我简要的答复。

列宁"③

应当指出，列宁的这一要求是在 1921 年提出的。大家都知道，那是什么样的年代。当时正值三年的反对武装干涉的战争刚刚结束，国家被战争弄得竭蹶不堪，工农业处于被破坏状态，物品极端欠缺，全国还没有从饥饿和疲惫中恢复元气。就是在这种年月，列宁严格要求把图书发行周期定为一个月前后！这的确使人惊叹不已！

列宁要求苏维埃国家能够给所有图书馆分配两份报纸、必要

---

① 《列宁全集》，第 28 卷，第 430 页。

② Евграф Александрович Литкенс, 1888 – 1922.

③ 克鲁普斯卡娅：《列宁论图书馆工作》，1957 年，第 39 页。

363

的教科书、世界文学经典作品以及现代科学和现代技术的书籍①。他还注意从国外购入外文图书。1921 年 6 月 14 日，发布了由他签署的《人民委员会关于外国书籍及其分配手续的法令》②。根据这一法令，设立了"中央国外书籍订购分配联合委员会"③。该法令首先要求从国外购入 1914 年下半年以后出版的有价值的各门类图书，并集中分配给适当的科研机关和图书馆。特别有价值的政治、科学、技术等外国出版物还要由该委员会编制分类索引，注明所藏单位。

列宁要求把苏联的各种类型图书馆组织成为图书馆网。他认为，建立许多平行的图书馆组织是无济于事的，他要求有一个有计划的统一的图书馆组织，来帮助人民利用现有的每一本书，也就是说，最合理、最经济地使用国家的藏书和力量。社会主义国家的组织性、计划性应该在图书馆事业中也表现出其优越性，决不能踏袭资本主义国家的自发的无政府的倾向，也不能造成自立门户的割据局面。1920 年 11 月 3 日，由列宁签署的《关于集中管理图书馆事业的法令》④颁布了。它总结了 1918 年以来的建立图书馆网的工作，并为将来的图书馆网的发展指出了方向，这是一份对苏联图书馆事业的发展具有深远影响的文件。该法令规定：教育人民委员部管辖的一切图书馆，以及属于所有其他部门、机关和社会团体的图书馆，总之一切类型的图书馆统统列入国家的统一的图书馆网内，并设立中央联合图书馆委员会，来负责统一和协调工作。该委员会成立后，在执行上述法令方面做了许多工作，如制定和公布了《关于图书馆借书手续的强制性决定》、《为建立统一图书馆网

① 见列宁《论教育人民委员部的工作》，《列宁全集》第 32 卷，第 112—122 页。

② 克鲁普斯卡娅：《列宁论图书馆工作》，1957 年，第 60 – 61 页。

③ Центральная междуведомственная комиссия при Наркомпросе по закупке и распределению заграничной литературы (Коминолит).

④ 克鲁普斯卡娅：《列宁论图书馆工作》，1957 年，第 33—34 页。

给各省县政治教育委员会的训令》、《关于建立学校图书馆的训令》，以及有关专业图书馆和科学图书馆的条例等等。

列宁在主张图书馆的集中统一的同时，也认为专业图书馆、学术图书馆、全国性的公共图书馆等等，在共同使用它们的馆藏时，应有一定的限制。

在苏联图书馆事业的发展过程中，图书馆网的规模大小时有伸缩，但体现在《关于集中管理图书馆事业的法令》中的列宁的思想，始终如一地坚持下来。

列宁认为，既然社会主义是千百万人的事业，不是少数人的事业，那么全体居民都要有文化，都要亲自来参加文化建设，包括图书馆的建设。因此决不能认为图书馆的建设是"官方的"事。

居民参加图书馆事业包括很多方面。例如，工会创办和发展工会图书馆，集体农庄建立农村图书馆，共青团组织引导青年成为图书馆读者等等。对大众图书馆的建设来说，具有重大意义的是，如何组织居民中的积极分子和具有专门技能的人来参加宣传图书和指导阅读。组织读者和居民参观图书馆，对改善图书馆的工作起到一定的作用。另外图书馆应当定期向居民做报告并接受居民的监督。克鲁普斯卡娅曾经说过："伊里奇认为在图书馆事业中，也像在扫除文盲工作中一样，重要的是使群众本身都能来做这件事。领导上只需把图书馆建设的当前任务经常地指示给群众就可以了。"[1]

列宁对图书馆工作的关心是无微不至的。他对图书馆战线组织社会主义劳动竞赛、书目工作[2]、图书装订[3]、图书馆报告表格的格式[4]等等问题都过问到了。

---

[1] 克鲁普斯卡娅：《列宁论图书馆工作》，1957年，第49页。

[2] 同上书，第53页。

[3] 同上书，第31页。

[4] 同上书，第30页。

图 48 克鲁普斯卡娅

无产阶级的各民族完全平等的政策在苏联图书馆事业中也马上反映出来了。十月革命胜利后不到一个月，即 1917 年 11 月，人民委员会应乌克兰人民的要求，把彼得格勒国家文物保管所收藏的乌克兰民族旗帜、权标①、图书等归还乌克兰人民代表。这些纪念物都是叶卡特林娜二世从乌克兰抢来的。办理这件事的是当时的民族事务人民委员部部长斯大林。1917 年 12 月，应回族人民的要求，把过去被劫夺的、珍藏在彼得格勒公共图书馆的《鄂斯曼古兰经》运回中亚细亚，由回族人民自己保管。这项决定是 1917 年 12 月 9 日由列宁签署的②。

除了列宁之外，苏共的不少领导人对苏联图书馆事业的奠基也起了很大作用。

克鲁普斯卡娅是一位杰出的马克思主义者。十月革命以后，她把大部分精力花在教育事业上。克鲁普斯卡娅是苏联图书馆事业的领导人之一，积极参加制定有关图书馆事业的决议和法令，发表了 200 篇以上的有关图书馆工作的专文。这些著作是苏联图书馆学和图书馆事业的宝贵遗产。她编辑的《列宁论图书馆工作》

---

① 原名来自拉丁文 fasces，亦译束棒，一束棍棒中捆有一柄突出的斧头系古罗马高级官吏出巡时所执的权力标志。后为"法西斯"一词的来源。

② *В. И. Ленин и библиомечное дело*，2 - ое изд.，Москва，1977，стр. 249.

和她撰写的《列宁怎样利用图书馆》等等都是传播很广的名著。

卢那察尔斯基①是第一任教育人民委员部部长。他学识渊博，精通文艺，是杰出的社会活动家之一。在 1929 年离开该部以前，他在列宁的指导下亲自管理新生的苏联图书馆事业。

著名的历史学家波克罗夫斯基②自 1918 年到 1932 年逝世前一直担任教育人民委员部副部长，也为苏联图书馆事业的发展做了不少有益的工作。

7.3　初期的红军图书馆

第一支无产阶级的军队在战争中如何从事图书馆事业，这是很值得探讨的一段历史。

在 1918—1920 年这段可歌可泣的战争年代里，红军中的图书馆起了很大的作用。苏联图书馆学家华西里青科③以略为夸张的言辞说，红军将图书视同武器，图书的输送跟武器弹药的输送一样紧急④。的确，无产阶级的军队固然重视武器，但更加重视自身的政治觉悟。

伏罗希洛夫⑤元帅在红军建军十周年纪念日说得非常明确："军队的战斗力同它的战斗员及指挥员的政治觉悟和道德稳定性是成正比例的。"⑥

图书是红军进行政治教育、提高战斗力和文化水平的最重要

----

① Анатолий Васильевич Луначарский，1875－1933.

② Михаил Николаевич Покровский，1868－1932.

③ Владимир Евстафьевич Васильченко，1900－1961.

④ 《苏联的图书馆事业》，舒翼翬编译，中华书局 1952 年版，第 18 页。

⑤ Климент Ефремович Ворошилов，1881－1969.

⑥ К. Е. Ворошилов，*Смамьи и речи*，Москва，1936，стр. 233.

的工具之一。因此向红军输送书报，是当时党和政府非常重视的一件大事。在战争最紧要的关头，即 1919—1920 年间，每天寄给各地红军的各种报纸，竟达 200 万份之多。1919 年是寄书最多的年份，这一年光是红军的政治机关共和国政治局就向红军寄送了共约 2,300 万册书籍和小册子。

红军战士贪婪地阅读图书。马克思、恩格斯、列宁的著作特别吸引红军中的读者。解释当前政治形势的小册子、关于红军的服役和任务、关于工人阶级同资本主义的斗争、同饥饿的斗争、关于农业和土地政策的小册子等等，也是红军战士很关心的。俄国和外国的古典作品和通俗的自然科学书籍也颇受欢迎。

为了管理好红军中的图书馆，1919 年在红军中建立了图书馆的领导机构——图书馆处或图书馆组。红军中的图书馆网由固定图书馆和流动图书馆组成。前者设立在各团队、各独立营、各军事学校、军事机关、主力舰、巡洋舰、驱逐舰等等。后者则设在连队和其他分支部队。据不完全统计，固定图书馆在 1918 年有 3,035 所，1919 年增至 7,500 所，而 1920 年竟达 10,029 所。

图书馆工作是红军中整个政治和文化教育工作的一个重要组成部分。在 1919 年 12 月的红军政治工作人员第一次代表大会上以及在其他几次重要的会议上都讨论过图书馆建设问题。在红军的有关政治、文化工作的命令和训令中也提到图书馆。例如，1920 年 5 月 26 日革命军事委员会给红军最英勇的第一骑军发布了命令，其第一条就写道，每个独立的部队应当有图书馆，其数量不得少于团队等等。

红军的图书馆工作者在战争的末期还召开了全俄陆海军图书馆工作者第一次代表大会（1920 年 10 月在莫斯科）。到会的共有104 人，代表了几乎所有的前线、军区和部队。大会强调指出了红军图书馆在军队中促成共产主义世界观的形成方面所起的巨大作用，总结了两年半来的工作经验。

7.4 1921—1941 年的图书馆

1921—1925 年是内战结束后转入和平建设和恢复国民经济的时期。在这几年召开了一系列的图书馆工作会议,即第一次图书馆代表大会(1924 年 7 月)、第一次和第二次科学图书馆工作者代表会议(1924 年和 1926 年)、全苏职工会图书馆会议(1925 年)等等。在这些会议上讨论了无产阶级专政下各类型图书馆的发展前途等问题。从 1923 年开始出版《红色图书馆员》①杂志(1946 年改为《图书馆员》②),从 1933 年起还出版了《苏联目录学》③杂志。

在社会主义工业化和农业集体化时期,苏联图书馆事业进入另一新阶段。1929 年联共(布)中央通过了《关于改进图书馆工作》的特别决定。党中央向一切组织、各教育人民委员部和工会建议:把图书馆变为文化中心,以帮助最广大的人民阶层获得为完成五年计划所必需的知识。各图书馆特别注意向读者提供科技书籍。在工厂、企业、科学部门都纷纷开办了技术图书馆。二十年代末也出现了国营农场图书馆。

1934 年 3 月,苏联政府通过了《关于苏联的图书馆事业》的决定。根据这项决定,各加盟共和国的教育人民委员部除了领导本系统的图书馆之外,有权监督其他部门的图书馆的业务。这项决定推动了图书的补充、读者的服务工作、图书馆网的发展以及图书馆干部的培养等各项工作。

---

① *Красный библиомекарь.*

② *Библиомекарь.*

③ *Совемская библиография.*

在这项决定的推动下,1934 年 10 月 1 日进行了一次全国图书馆调查。同人口普查一样,调查是这一天在全国范围内同时进行的。调查的统计数字表明:全国各种类型的图书馆共 115,542 所,总藏书量为 298,895,400 册。

从这次调查可以明显地看出,农村的图书馆事业发展较差。全国的大众图书馆的藏书有 71% 在城市,农村的只占 29%。如果把一切类型的图书馆计算在内,城乡的差别更大,即城市图书馆的藏书占全国总藏书量的 88%,农村的只有 12%。于是 1935 年由政府、共青团、工会及许多地方的苏维埃机关等共同发起了办好农村图书馆事业的社会主义竞赛。当竞赛达到高潮时,政府通过了《关于农村图书馆》的决定,并拨发了大量经费。仅俄罗斯联邦一个加盟共和国就由 1935 年的 2,900 万卢布增加到 1936 年的 5,140 万卢布。

苏联的全部图书馆都积极地参加全国人民的政治生活。1936 年,当全民讨论新宪法的时候,所有图书馆都提供有关书籍,帮助全国人民了解社会主义宪法的意义。1938 年,《苏联共产党(布)历史简明教程》一书出版。各图书馆都为读者编制了各种参考书目,举行了该书各章的图书展览,举办了报告会。

至 1941 年伟大的卫国战争爆发,全国图书馆超过 25 万所,藏书 5 亿册以上。

7.5 卫国战争时期的图书馆

在战前,为了备战不得不压缩图书馆事业的经费。

在卫国战争时期,苏联的图书馆工作全部服从战争的需要。图书馆用图书向苏联人民宣传卫国战争的目的和任务,鼓舞人民起来为祖国而战,全力以赴地支援前线,忘我地从事后方工作。图书馆为读者阅读斯大林的《论苏联伟大卫国战争》一书给予了很大帮助。

英雄城市列宁格勒的国立萨尔梯柯夫－谢德林公共图书馆，在被围的极端困苦的情况下，一天也没有停止工作。在没有暖气、没有电灯、没有完整的玻璃窗的图书馆里，图书馆员借助微弱的油灯，为读者寻找图书。

莫斯科和列宁格勒两所国立图书馆以及其他大图书馆所藏的最珍贵的书籍，都被撤退到乌拉尔等后方城市，但西部的大部分图书馆没有来得及撤退。希特勒匪徒抢劫和毁灭了 1 亿册以上的图书，破坏了 8.2 万所中、小学校，而每所学校各有 2,000 到 25,000 册图书。334 所高等学校图书馆的图书大多数被毁或被运至德国。大众图书馆全部或部分被毁的总数达 10.3 万所。

随着被侵占领土的解放，到处都立即开始了恢复图书馆的工作。早在 1943 年，苏联政府就建立了国家存书处。全国所有的图书馆一齐向该处捐赠了图书。各馆还为这一目的，在读者中间广泛征集图书。1946 年 1 月 1 日，该处已经收到 1,000 多万册书。在这一年内，这些图书全部分配给被毁坏的图书馆。同时国际友人也从国外寄来了不少书籍以及图书馆用品，如图书登记簿、目录卡片等等。战争的创伤很快被医治了。1950 年初，苏联已有各种类型图书馆 30 万所以上，图书总数达 6 亿册以上，超出了战前的水平。

7.6　战后的图书馆

1946 年，《图书馆员》杂志开始出版。1948 年，在莫斯科举行了全俄图书馆工作者会议，讨论了图书馆工作如何配合战后五年计划的完成。

战后,苏联的大众图书馆有了长足的发展。在1953—1963年的10年中新建了3.2万所农村图书馆。1967年,集体农庄图书馆约有5,000所。工会对图书馆的帮助也很大,属于工会系统的图书馆在1967年达3万所。1960—1967年,建立了各种类型的大众图书馆约7.5万所。苏联大众图书馆的普及程度是世界第一。在大规模的工程基地、在军营中、在舰艇上以及任何有工人和农民聚集的地方,都有图书馆或图书室,甚至在横贯西伯利亚的火车上都设有图书馆。战后还成立了退役军人协会图书馆。至于医院图书馆、盲人图书馆、学校图书馆、儿童图书馆以及各种专业图书馆都在战后像雨后春笋似地发展起来。至1970年,苏联有12.8万多所大众图书馆,藏书13.1亿册;学校和儿童图书馆18.2万所,藏书约4亿册。

图书馆的服务工作是多种多样的。根据读者的不同的兴趣、不同的年龄和不同的职业,图书馆员就组织不同形式的读者座谈会,为读者制定个人的阅读计划,帮助读者挑选图书,及时把读者感兴趣的新书通知他们,广泛采用开架制,举办图书展览、文艺晚会和讨论会,组织读者同作者的会见,召开口头的图书评介会,送书上门,等等。总之,苏联的图书馆员千方百计地把数以亿计的书籍输送到广大人民手中。正如1959年9月22日苏共中央通过的《关于改善图书馆事业的状况和措施》这个决议所指出的,图书馆的任务在于"力求使图书馆真正地变成政治的、全民教育的、科技的、农业的和其他职业的各方面知识的群众性宣传的实际中心,力求使图书馆变成向劳动者进行共产主义教育的党组织的一个据点。"①

这个决议还要求增加生产图书馆各种用具和设备。决议通过以后8年间(1959—1967年),新建的馆舍有1.5万所。

---

① *Пармийная жизнь*. 1959,No. 20. стр. 26.

决议还提出了调整图书馆网的问题。苏联的图书馆网主要分为两大系统：大众图书馆网和科学、专业图书馆网。苏联的一切图书馆都是由国家领导的，大众图书馆也不例外，这是与资本主义国家不同之处。这里当然不存在私人图书馆，也没有文化事业的无政府状态。国有化的图书馆事业完全是列入国家建设计划之内的，是为党和政府的政治目的服务的。党的指导思想和决定、政府的法律和指示是图书馆活动的准则。因此，图书馆网的建立和发展，从无产阶级建立自己的政权那一天起，就获得十分重要的意义。图书馆可以通过国家的、而不是私人的出版社和发行系统，有计划地得到大量的、廉价的图书。图书馆的经费有可靠的保证，法定的呈缴本制度可以严格执行。马克思列宁主义的书籍以及党的文献的印数特别多。这一类书籍的馆藏复本量很大，便于各馆进行政治宣传工作。反马克思主义的、反共的、危害人民思想的图书，不允许随意流通。以批判的态度，处理资本主义国家的出版物。在外文资料中，由于科学技术生产的需要，自然科学和科技的书刊较多。为宣传党的政策，政治性的目录带有很强的推荐性。学术性的目录编制工作也能够通过国家的统一的安排，得到人力、物力、财力各方面的支持，并接受及时的指导。总之，社会主义的共有性和政治性在图书馆事业上也表现得十分明显。

大众图书馆的领导机关是苏联文化部、各加盟共和国和自治共和国的文化部。其他系统的图书馆除了直接接受本系统的领导外，还受文化部的监督。

随着情报工作的发展，苏联政府于 1966 年通过了《关于全国科学技术情报组织》的决议。科学研究图书馆的情报工作与情报中心的情报工作有些不同，前者只收集印刷图书上的情报。在科学出版物激增的情况下，科学研究图书馆的情报工作的重要性越来越明显地表现出来。随着图书馆承担情报工作，也产生了一系列新问题，例如，如何协调图书馆的工作同情报中心的工作的问题,如何处理各式各样的技术资料的问题,如何在情报工作中采用现代技术问题,等等。

苏联没有图书馆协会。苏联文化部的图书馆工作问题委员会代表苏联的图书馆界,从 1959 年起参加国际图联。

至 1980 年年初,苏联的各种类型图书馆共有 35 万所,藏书总量达 42 亿册。经常来馆的读者,一年有 2 亿人次以上,每年出借 40 亿册书。世界上再没有一个国家有这么多的图书馆和馆藏。毫不夸大地说,苏联人民是世界上最有心于图书馆的人民了。简便的馆际互借制度使得广大的居民和科学家都能够利用丰富的馆藏。苏联图书馆事业的组织十分完善,而且很有效率。图书馆成为苏联人民建设社会主义事业的一支不可缺少的文化大军。

7.7　苏联的各种类型的图书馆

下面简略地介绍一下目前苏联几种不同类型的图书馆。

苏联最大的国家图书馆是苏联国立列宁图书馆。它在十月革命以前是莫斯科的鲁勉采夫博物馆。十月革命以后,首都从彼得格勒迁到莫斯科(1918 年 3 月)。于是该馆逐渐取代了彼得格勒的公共图书馆的地位,变成了全苏的国家图书馆。1924 年该馆易名为俄罗斯列宁图书馆,其中的博物馆部分移交给其他博物馆。1925 年正式命名为苏联国立列宁图书馆。从此该馆有权接受苏联一切出版物的呈缴本两份。

如前所述,它在十月革命后不久接受了许多被征收和被没收的图书。藏书量从 1913 年的 105 万册一跃增为 1924 年的 320 万册。该馆的改造工作多年来直接由克鲁普斯卡娅、卢那察尔斯基领导。苏联政府给该馆拨了巨额图书经费。从 1922 年起,开始向国外采购外文图书。

从 1930 年起,着手建造规模宏大、富丽堂皇的新馆舍,1960
年终于竣工。主楼是目录厅、采访部、分类编目部和 19 个阅览室,
后楼是 19 层的书库。

图 49　苏联国立列宁图书馆

　　1941 年伟大卫国战争爆发那年,该馆的藏书,包括杂志报纸
合订本,已达 1,060 万册。

　　战争爆发后,1941 年 7 月,撤走了一批珍藏,先保存在高尔基
城①,后又转移到乌拉尔。当年年底又撤退了一批书,即自从 1564
年印刷术传入俄国以来的出版物,每种至少撤走 1 本。但大部分
图书(总计约有 300 万册)仍留在莫斯科。为了保证这一大批书
的安全,从空袭时不保险的旧书库全部搬到尚未竣工的新书库。
当时没有任何运输工具,而且男子都上了前线。这几百万册书的
搬运工作几乎全部都依靠妇女的劳力。在很短的 3 个月时间内,
这项工作胜利地完成了。图书馆的总目录也搬迁到最安全的
地方。

　　在战争年代,苏联国立列宁图书馆一天也没有停止工作,一天
也没有闭馆。不但如此,还开辟了一个儿童阅览室和两个科学阅

---

　① Горький,伏尔加河的大港口。

览室。1945 年,在苏联国立列宁图书馆命名二十周年的纪念会上,政府给该馆颁发了列宁勋章,还把呈缴本从两册增加到 3 册。

苏联国立列宁图书馆目前的总藏书量已超过 2,940 万册(件),其中印刷图书超过 1,200 万册,期刊 1,000 万份以上,手稿 34 万件以上。图书的语种共有 247 种,其中包括国内的 91 种各民族文字的书籍。藏书中约三分之一是外文书。该馆同世界上 100 多个国家的约 4,000 个单位有图书交换关系。

馆藏中有马克思、恩格斯、列宁的各种不同版本的著作约 4 万本。其中有马克思、恩格斯著作的最早的俄译本、列宁著作的秘密刊印的版本、列宁主编的全套《火星报》以及俄国革命组织在国内外秘密印刷的出版物等等。该馆还保藏着一切知识领域的俄国学者的著作、近 200 年来的俄国科学院出版的著作、1703 年以来的多数俄文报纸的合订本、十六世纪中叶在莫斯科印刷的图书以及摇篮刊本等等。中文藏书中有 5,200 卷的百科全书《图书集成》。

该馆有 23 个阅览室,共 2,554 个座位。阅览人数每天平均约 7,000 至 8,000 人,每年总数为 250 万人以上。一年出借图书约 120 万册以上。开馆时间是从上午 9 时至深夜 10 时。夜间开馆时间如此之长,在西欧是少见的。该馆的工作人员约有 2,000 人。

列宁格勒的公共图书馆在 1932 年改名为国立萨尔梯柯夫－谢德林公共图书馆。原先它所承担的国家中央图书馆的地位和作用,在十月革命之后由莫斯科的列宁图书馆担负了。但它所藏的十月革命前的俄文旧书远比列宁图书馆丰富。目前的总藏书量超过 2,300 万册(件)。有 28 个阅览室。每年读者约有 200 万人次。

该馆的目录编制工作是有悠久的传统的。已经出版的学术价值很高的目录有:《1901—1916 年俄国定期出版物目录》①(4 卷本,1951—1961 年编印)、《1917—1960 年苏联报纸》②(4 卷本,1970—1980 年编印)、7 卷本的《俄罗斯和苏联的作家和散文作家》③等等。

该馆同国外的联系,也有多年的历史。目前 107 个国家的 2,816 所图书馆和科学机关与它有图书交换关系。

该馆在 1939 年庆祝建馆 125 周年之际,荣获了劳动红旗勋章。这是获得勋章的第一所图书馆。在伟大卫国战争的年份,在列宁格勒被包围的前所未有的困苦情况下,萨尔梯可夫-谢德林图书馆的工作人员一天也没有停止过工作。

苏联的其他 14 个加盟共和国都有国立公共图书馆。它们是该共和国的中心馆,接受付费的全苏出版物的呈缴本,该共和国的出版物则接受免费呈缴本。它们都是拥有几百万册以上藏书的大馆。

苏联的大众图书馆在图书馆服务工作中占有极其重要的地位。据 1980 年 1 月的统计,它们的总数约 131,300 所,总藏书量超过 17 亿册,占全国总藏书量的 40%。读者人数约 1.2 亿人,即全国将近一半人口是它们的服务对象。大众图书馆馆员人数约 22 万人。在农村和城市,一个馆员平均分别为 500 个和 750 个读者服务。大众图书馆利用自己的藏书对读者进行政治思想文化教育工作。

大众图书馆网包括:市立图书馆、区立图书馆、村立图书馆、儿

---

① *Библиография периодических изданий России*,*1901 - 1916*,这是俄国著名目录学家、出版家里索夫斯基(Николай Михайлович Лисовский,1854 - 1920)于 1895 - 1915 年编制的 4 卷本《1703 - 1900 年俄国定期出版物目录》(*Русская периодическаяпиечать*,1703 - 1900)的续篇。

② *Газеты СССР*,*1017 - 1960*.

③ *Русские и советские писамели - прозаики*.

童图书馆、工会图书馆、集体农庄图书馆等。政府要求在农业地区住民 750—1,000 人应有 1 所图书馆。在城市，13,000—20,000 人应有 1 所图书馆。大众图书馆的开放时间，每周不少于 35 小时。1974 年，苏共中央通过了一项决议——《在劳动人民的共产主义教育中和在科学技术的进展中加强图书馆的作用》。这一决议要求在 1974—1980 年内进一步加强大众图书馆网。

苏联的学校图书馆大约有 15.6 万所，藏书超过 6 亿册。

莫斯科大学图书馆在十月革命之后进行了改革。1920 年开始接受呈缴本，从此藏书急剧增多。目前藏有 700 万册以上的图书。每年的读者达 5.5 万人次以上，每年出借 500 万册书。除了总馆外，还有 14 个分馆。它是全国大学图书馆的工作方法指导中心。同国外 82 个国家的 900 以上的单位有图书交换关系。

苏联的学术专门图书馆总共有 6.5 万多所，总藏书量达 20 亿册以上。其中属于科技方面的专业馆有 2.3 万多所。

1958 年在莫斯科新建的苏联国立公共科学技术图书馆[①]是全国科技专门图书馆网的中心馆（医学除外）。截至 1979 年 1 月藏有 1,000 万件以上藏书，其中独一无二的是国内外的工业目录约 200 万件、国外科技文件的俄译资料约 20 万件等等。有 1.6 万所以上的企业和组织通过馆际互借利用它的馆藏。该馆可给读者供应复制印件。每年读者人数达 10.6 万人次。馆内各项工作都采用电子计算机。它同国内 2 万所技术图书馆合作，共同编制 37 种各类目录。同国外 2,285 个单位有资料交换关系。它享用技术出版物每种 4 册的呈缴本的特权（出版册数不多的若干出版物呈缴 1 至 2 册）。该馆采用国际十进分类法。

另一所比较重要的科技图书馆是设在莫斯科的全苏专利科技

---

① Государственная публичная научно - техническая библиотека.

图书馆①。该馆早在 1896 年就创建,1946 年改用现名。至 1979 年 1 月,它拥有 6,000 万份以上的 28 种文字的专利文献,其中 1,200 万件是原件。该馆以这些丰富的馆藏为专利的审查和鉴定服务,同时也向专家报导国内的发明创造的情报。1 年之内有 3 万名以上专家来查阅 60 万件以上的专利文献。它还同国外交换专利文献,并在专利方面进行国际合作。

另一所科技专业馆——中央工艺图书馆②也是历史悠久的大型图书馆,于 1864 年由当时的莫斯科大学的自然科学、人类学和人种志学爱好者协会筹建。十月革命后几经变迁,1947 年以后归属全苏《知识》协会③。该馆至 1979 年 1 月,馆藏总数达 300 万册,除了极其丰富的俄文图书和大量外文图书外,还收藏很多国内外的定期刊物,例如 1826 年创刊的《矿业杂志》④全套,1857 年创刊的《工程师》杂志⑤全套等等。此外,还收藏相当数量的珍贵书刊。每年读者人数约 30 万人次。通过馆际互借,向国内 2,500 所图书馆借出书刊。该馆还编印各种自然科学和科学技术的推荐目录。它还同其他图书馆合编供自学用的科学普及读物概述丛书《科学和技术中的新事物》⑥、目录指南《技术史》⑦等等。

十月革命以后,列宁格勒的科学院图书馆进行了根本的改造。1921—1924 年,该馆迁移到一所新的专门建造的馆舍。苏联科学院图书馆的藏书包括社会科学在内的一切知识门类的图书,而关于物理、数学和各种自然科学的出版物尤为完备。自 1728 年起,

---

① Всесоюзная патенто – техническая библиотека.

② Центральная цолитехническая библиотека.

③ Всесоюзное общество "Знание"

④ *Горный журнал.*

⑤ *Engineer.*

⑥ *Новое в науке и механике.*

⑦ *История техники.*

本国出版物差不多详尽无遗地有系统地收集到了。科学院创始以来所刊印发行的全部出版物，是极其宝贵的收藏。在写本部里，有1万多件古代俄罗斯的抄本，其中价值最大的是有关俄国编年史的收藏。在地图材料中，最珍贵的有十八世纪俄国人手绘和印刷的地图。参考书和书目共达5万册，这也是苏联最出色的收藏之一。外文书刊约占全部馆藏的41％。至1979年1月，苏联科学院图书馆总馆的馆藏是1,030万册，连同设在列宁格勒的科学院其他机构的36所图书馆的藏书在内，总计达1,530万册。每年入藏的外国期刊在1万种以上。每年读者约4.7万人次以上。同国内的4,650所图书馆有馆际互借关系，同国外的101个国家的3,129个单位有图书交换关系。

苏联科学院图书馆是科学院系统的图书馆网的中心。从1930年起，列宁格勒的苏联科学院图书馆变成了这些图书馆的行政上、组织上和工作方法上的中心，并采取图书的集中采购和外文书籍的集中编目等措施。随着科研的发展，科学院图书馆网形成了3个分支。这3个分支的首要馆是：列宁格勒的苏联科学院图书馆、莫斯科的自然科学图书馆①和新西伯利亚的苏联科学院西伯利亚分院的国家公共科学技术图书馆②。属于科学院图书馆网的图书馆共有286所，是世界上最大的图书馆网，其藏书总量有8亿册（件）。

莫斯科有一所苏联最大的外文图书馆③。它拥有132种外文的424.9万册以上的图书。1921年创立时，取名"新语文图书馆"④。当时只收藏人文科学的书籍。1948年，该馆成为全国性的

---

① Библиотека по естественным наукам.

② Государственная публичная научно - техническая библиотека при Сибирском отделении АН СССР в Новосибирске.

③ Всесоюзная государственная библиотека иностранной литературы.

④ Неофилологическая библиотека.

外文书籍的中心馆,并对全国的外文图书工作给予指导,自然科学方面的外文书也从 1946 年开始收集。馆内有许多名贵的收藏,如,1938 年西班牙的反法西斯战士赠给苏联人民的有关西班牙历史和文化的资料、欧洲各种文字的反法西斯抵抗运动的书籍、法国著名作家共产党人享利·巴比塞[①]所馈赠的集子等等。还有但丁、莎士比亚、塞万提斯、歌德、巴尔扎克[②]及其他古典作家的原本、译本和有关他们的书籍。第二次世界大战以前,该馆藏书分散保存在几处。1967 年,建成了相当现代化的新馆舍。馆内有供外语学习的视听设备、外国语教师和翻译工作者的研究室、10 间专门阅览室、1 个演讲厅、5 个展览厅。每年的读者人数达 6 万人次。该馆同国内外 2,860 所馆建立馆际互借关系。

[①] Henri Barbusse, 1873 – 1935.
[②] Honoré de Balzac, 1799 – 1850.

第八章　东欧社会主义国家的图书馆

东欧社会主义各国成立之后,那里的图书馆事业发生了根本性的变化。

这些国家的共产党和政府清楚地看到图书馆在社会主义革命和建设中的巨大作用。没有高度政治觉悟和高度文化水平的人民,就无从谈起巩固人民民主制度,而图书馆在政治意识的提高和文化科学的进展方面可以成为党和政府的强有力的工具。

因此,新政府成立后不久,图书馆的国家机关的性质很快就被加以确认。各国都对图书馆给予组织上、工作方法上和物质上的帮助,并在政治上给予指导。

战争对图书馆的破坏是惨重的。但东欧各国人民以惊人的热情投入了图书馆的复兴事业。早在 1945 年 11 月 24 日,在苏联的帮助下,莱比锡的著名的德意志图书馆重新开放。它是幸免于战祸的极少数图书馆之一。有多年历史的《德国国家书目》,从 1946 年 8 月 17 日起由它继续编印出版。德意志图书馆仍旧起着国家中央图书馆的作用。柏林的普鲁士国家图书馆在第二次世界大战中遭受很大的破坏①,但重建工作进度很快,早在 1946 年 10 月 1 日就重新开放。它起先取名"公共科学图书馆"②,1954 年定名为

---

① 见本书第 272 页。

② Öffentliche wissenschaftliche Bibliothek.

"德国国家图书馆"①。

波兰的图书馆,尤其首都华沙的图书馆,损毁极大。它们的再建几乎等于新建。波兰早在1946年就发布了图书馆条例,积极地恢复图书馆工作。国家中央图书馆——华沙国家图书馆以动人的热忱重新收集图书。馆藏的增加速度惊人,目前已有300万册。

多民族国家的图书馆事业是按照马列主义的民族平等的原则进行的。在捷克斯洛伐克,建立了捷克民族和斯洛伐克民族的两个图书馆系统。在南斯拉夫的六个共和国都有自己的国家图书馆。

解放初期的东欧各社会主义国家的图书馆事业是在激烈的阶级斗争中进行的。参加联合政府或人民战线的资产阶级反对派,在各国都同共产党进行了较量。在文化事业中有一部分非共产党人士参加。在图书馆事业中,无产阶级同资产阶级在意识形态方面的斗争是不可避免的。例如,在1948年召开的捷克斯洛伐克第一届图书馆员全国代表大会上严厉地批判了图书馆界的资产阶级非政治倾向。各国在解放不久就进行了法西斯主义、军国主义等书籍的剔除工作。

随着经济、文化、科学的发展,图书馆事业更要紧密地配合社会主义建设的需要。为此,各国都在五十年代至六十年代初,制定了图书馆法。1951年,罗马尼亚政府通过了有关改进图书馆工作措施的法令。1952年和1956年匈牙利通过了发展和调整图书馆事业的法令。1955年和1957年,保加利亚也通过了促进图书馆事业的法令。捷克斯洛伐克则在1959年采用了关于建立统一的图书馆组织的法令。民主德国在1968年发布了图书馆法。它总结了新政权成立后近20年的经验,全面地规定了在社会主义发展

---

① Deutsche Staatsbibliothek.

体制中的图书馆的任务①。

从东欧各社会主义国家的图书馆事业中可以看出,它们同苏联的图书馆事业有十分明显的共同点:一,图书馆是党和国家的事业的一个组成部分,图书馆活动的基本方向都由党和国家规定;二,国家对图书馆事业在经费、干部配备、立法等方面给予保证;三,在办馆方针中贯彻民主集中制的原则;四,全民都可以充分利用各种类型的图书馆;五,大众图书馆的比重比较大;六,图书馆事业的发展是有计划的,不是盲目的;七,对图书馆网的建立给予充分的重视等等。

同时也应当指出,东欧各国也有它们各自的特点。例如,波兰的图书馆在社会主义这一大前提下,尽量维持和发挥民族特点,对波兰民族的文化遗产的收集和整理格外关心。在民主德国,莱比锡的德意志图书馆继承和发展了几十年来的优良传统,对书目的编制工作,不遗余力。南斯拉夫则特别注意各民族的自治,各共和国都各自制定图书馆法,没有联邦共和国统一的图书馆法令。

多数东欧国家在解放以前相对来说,经济文化不太发达。但在共产党的领导下,图书馆事业是迅速成长、飞跃发展的。早在50年代末,多数国家都业已组成了各种比较现代化的图书馆网。

苏联和东欧各国的图书馆在国际合作方面也有所进展。1957年,首次在华沙召开了社会主义国家的国际目录学会议,讨论了国家书目问题,尤其是回溯性的目录问题。图书馆高等教育问题的会议也开过多次,即1958年在布拉格、1962年在柏林、1968年在列宁格勒等。从1961年起,从事科学工作方法的图书馆员定期集会。从1965年起,各国的国家图书馆馆长也定期开会。

到了六十年代和七十年代,进一步把加强图书馆网建设、展开情报资料工作和图书馆工作自动化等问题提上了日程。

---

① 关于东欧社会主义国家的图书馆法,另见本书第406－407页。

1970 年，保加利亚政府通过了决议，要求建立统一的图书馆网。在七十年代，捷克斯洛伐克采取了重要措施，以便建立全国的图书馆网，而对农村图书馆网的建立特别给予重视，因为这是比较薄弱的环节。在德国，图书馆网分为两大分支，即地区图书馆网和专业图书馆网。属于前者的是综合性的图书馆，后者则包括一切不同专业的图书馆。这两支网构成全国统一的图书馆体系，统由文化部来担负协调工作。

科技情报工作越来越引起各国的重视。1973 年，保加利亚政府通过了一项关于建立全国科技情报组织的决议，接着开始进行图书、书目、情报、工艺等过程的标准化工作。这项工作当然要同各种国际标准相适应。索非亚的国家图书馆对全国科技情报系统的建立，出力最大。它同该市的科技情报中心研讨图书馆工作的自动化问题。

民主德国的情报工作特别强调情报工作人员、图书馆员和其他部门的专家之间的协作和统一。在各个学科的专业图书馆中都有一个情报文献工作中心。例如，1952 年建立的柏林的农业科学研究所①就是有关这一学科的情报中心。全国性的科技情报工作的协调机构是柏林的德意志民主共和国情报文献工作中央研究所②（1963 年建立）。在民主德国，对社会科学的情报工作也十分重视。有关马克思列宁主义的情报中心是统一社会党中央直属马克思列宁主义研究院图书馆③。它正在研究如何使用计算机处理这一学科的情报问题，其中包括叙词语言④的问题。

在南斯拉夫，尽管没有全国性的图书馆法，但也很注意各种不

---

① Die Akademie der Landwirtschaftswissenschaften.

② Zentralinstitut für Information und Dokument der DDR.

③ Bibliothek des Instituts für Marxismus – Leninismus beim ZK der SED.

④ Descriptor language，标引文献的标准化词汇。

同类型的图书馆的协作和统一。他们努力组成全国性的图书情报系统。南斯拉夫图书馆员协会联合会①在组织图书情报网的工作上尽力很大。他们在建立网络时,注意同图书馆的国际组织采取协调工作,如,结合南斯拉夫的实际情况采用国际标准书目著录规则②,又如,所有的共和国都参加"世界书目管理"规划③。

---

① League of the Librarians Association of Yugoslavia.
② International Standard Bibliographical Description,详见本书第 453 – 454 页。
③ Universal Bibliographic Control,详见本书第 452 页。

第九章　1945年以后的图书馆

第二次世界大战以后,图书馆事业发生了巨大的变化。由于出版物数量的激增、文献复制技术的提高以及电子计算机技术在图书馆的广泛应用,因而产生了一系列新问题。目前,图书馆事业正处于一场大变革的前夕。下面仅就若干带有普遍性的重要问题加以叙述。

9.1　出版物数量的激增和出版物形式的多样化

随着人们的生产活动范围的不断扩大与深化,随着科学技术、文化教育的突飞猛进,不但出版物的数量激增,而且出版物的形式也开始多样化。

早在十七世纪,大学者、图书馆学家莱布尼茨就说过:"如果世界照这样前进,如果书籍照今天这样大量出版,那么我担心所有的城市将变成图书馆。"[①]进入近代,更有人担忧这个问题。在美国就有人说,如果哈佛大学的剑桥图书馆向波士顿方向发展,而波士顿的图书馆向剑桥方向发展,那么这两个城市之间的所有空间

---

① 转引自 A. Hessel, *Geschichte der Bibliotheken*, S. 113.

将被图书的海洋所淹没,等等①。事实当然没有如此严重,但请看下列表格和数字。

据 1980 年《联合国教科文组织统计年鉴》②,近数十年来世界的图书出版种数如下:

年	1955	1960	1965	1975	1978
种　数	26.9 万	33.2 万	42.6 万	56.8 万	64.2 万

即 1975 年和 1978 年的每年图书出版种数超过了 1955 年的一倍以上。

以美国为例,美国教育局的统计数字表明,1960 年美国出版了 1.5 万多种书,1970 年一跃上升为 3.6 万多种书。美国全国图书馆的藏书量从 1900 年的 4,500 万册增加到七十年代初的 10亿册③。

以苏联为例,1955 年出版了 5.5 万种书,1978 年增加到 8.6万种④。全国藏书量从 1914 年的 4,600 万册增加到 1980 年年初的 42 亿册⑤。

期刊的种数也急剧增加。最近几年,全世界每年出版的期刊种数在 1 万种以上。

据估计,从十五世纪中叶谷登堡开始印制图书起,至本世纪七十年代初,全世界总共印制了大约 2,300 万—2,500 万种书⑥。

出版物的激增必然引起图书馆馆藏的激增。美国著名图书馆

---

① 见 A. Hessel, *A History of Libraries*, p. 116.

② *Unesco Statistical Yearbook*, 1980, p. 905.

③ 华东师范大学图书馆系编译《美国及世界其他地区图书馆事业》,第 153—154页。

④ *Книговедение:Энчиклопедический словарь*, 1982, стр. 202.

⑤ *ALA World Encyclopedia of Library and Information Services*, 1980, p. 568.

⑥ *Lexikon des Bibliothekswesens*, Leipzig, 1974, B. 1, S. 354.

学专家、缩微卡片的发明者赖德①曾经调查过大型的学术图书馆的馆藏增长情况。据他计算,自 1876 年起,每隔 10—20 年,馆藏就翻一番②。

除了传统的图书和期刊以外,近来还出现了大量的其他形式的形形色色的所谓"特种文献",如,说明书、研究报告、学位论文、学术会议记录、专利说明、技术标准、产品样本、广告等等。

在物质形式上,除了印刷资料外,还出现了一些新的出版物,如,幻灯片、录音带、录像带、计算机机读资料、影片、唱片、缩微胶卷、缩微胶片、磁盘等等。这些新的出版物日益增多,已成为图书馆馆藏中的重要组成部分。

在这样大量的图书情报资料面前,图书馆的传统的工作方法受到了很大的冲击。人们要求图书馆把这些庞大的图书资料收集齐全,然而任何一个大图书馆都难于做到这一点。于是馆际间的分工协作大大地加强了。

读者越来越强烈地要求:入藏的图书资料能够迅速加以处理、报导和提供。这也促进了电子计算机在图书馆管理各领域的广泛的应用。目前,一些图书馆在采购、编目、检索、出借等工作环节中逐渐放弃传统的工作方法,转而采用机械化、自动化的手段。

现在,社会对图书馆提出的另一项要求就是,增添各种视听资料,如唱片、录音录像带、电影片、幻灯片等等。声像技术不仅是电化教育的重要手段,也是广泛应用于情报传递,它具有能闻其声,能现其形的特殊效果。

馆藏的激增也促进了图书资料缩微化的趋势。缩微复制品不仅可以节约空间,而且价格低廉。静电复印具有速度快、可复制任

---

① Arthur Fremont Rider,1885—1962.

② A. F. Rider, *The Scholar and the Future of the Research Library*,1944 一书和 *ALA World Encyclopedia of Library and Information Services*,1980,p. 483.

意份数,不需要借助阅读机等优点。目前几乎所有的图书馆都备有这一设置,广为读者服务。

电子计算机和现代通讯技术的发展,为图书馆网的扩大和巩固提供了物质条件。各种图书馆的协作系统和联机情报检索系统,已经超越地区和国界,形成了国际的图书馆网络。图书馆的国际组织、国际合作以空前的规模发展着。图书馆技术在一国和国际范围的标准化工作迅速地开展起来。国际标准书号和期刊号、著录法、分类法、叙词表、文字缩写法、字译法等等的标准化工作,标志着图书馆事业业已进入现代化和国际化。随之,图书馆工作人员的知识现代化,也十分紧迫地摆在千百万图书馆员的面前。

开架制的广泛采用、馆藏内容的变化、参考咨询服务方式的加强等等,也引起了图书馆建筑形式的变革。总之,第二次世界大战以后,图书馆事业正在经历着一场未曾有的大变革。

9.2 采购工作的分工和协作

在大量的出版物面前,怎样收集图书资料,是近代图书馆面临的一大问题。图书采购的方式在近半个世纪有了很大的变化。过去,各馆的采购是各自为政,很少考虑左邻右舍。馆际互借也是一种偶然现象。

科学技术和出版事业比较发达的德国,早在上世纪下半叶就提出了图书采购的分工和协作问题。如前所述,蒂宾根大学图书馆馆长、法学家默尔在 1869 年就阐述了采购协调的思想[①]。十九世纪末二十世纪初,阿尔特霍夫把它付之实施[②]。1920 年成立的

---

① 见本书第 196 页。

② 见本书第 266 页。

德国学术援助协会①在采购协调工作上尽力不少。它把协作范围从普鲁士的10所大学图书馆扩大到其他大学图书馆。第二次世界大战以前，在馆藏建设的分工协调方面，德国图书馆是走在世界的前列的。

战后联邦德国于1949年恢复了德国学术援助协会的活动，1951年易名为德国学术促进会②。联邦德国的文化事业不是由国家，而是由各州独立管理的，所以确有必要设立这样一个全国的学术中心机构。德国学术促进会的成员是所有的大学高等院校、科学院和科学团体。其经费由国家、州和大企业支出。学术促进会设有图书馆委员会。它在1949年制定了全国的采购协调计划，把外国图书资料的收集按28个大类、105个小类分配给各图书馆。这是德国传统的采购协调工作的进一步发展，其目的仍然是：通过采购协调，保证至少有一份主要的外国图书资料收藏在国内，同时也企于借此手段克服联邦德国文化事业的分散倾向。德国学术促进会对采购协调工作非常积极。1952—1953年，它参照了各馆馆藏建设的传统和现状，重新划分了人文科学某些学科的采购分工。例如：

德国语文学、比较语言学、戏剧、民俗学——划归法兰克福大学图书馆

英美语文学、图书馆学、出版事业——划归格廷根大学图书馆

北欧语文学——划归基尔③大学图书馆

荷兰语文学、佛兰德语文学——划归明斯特④大学图书馆

罗马语族语文学——划归波恩大学图书馆、科伦大学图书馆

---

① Notgemeinschaft der Deutschen Wissenschaft.

② Deutsche Forschungsgemeinschaft.

③ Kiel，在联邦德国东北部。

④ Münster，在联邦德国西北部。

和汉堡大学图书馆

瑞士文化圈——划归弗赖堡大学图书馆

古代、中世纪的语文和历史——划归巴伐利亚州图书馆

文化史——划归海德堡大学图书馆

神学——划归蒂宾根大学图书馆

哲学、心理学和教育学——划归埃尔兰根[①]大学图书馆等等。

德国学术促进会还编制《外国期刊选目》[②]等目录。

民主德国的采购协调叫做"采购重点"[③]计划。它也是为收集外国资料而进行的协作。参加的馆共有 71 所,都是科学研究图书馆。收集的专题有 14 大类,再细分 140 小类,包括自然科学、科技、经济、政治和文化等各领域。收集的对象主要是:图书、杂志和各种类型的特殊资料,如科研报告、学术会议报告、企业文件等等。从外国书店购入的新书编入地区的总目录和全国的《民主德国总书目》[④]。

1902 年,美国开始编制《全国联合目录》。1927 年,《美国和加拿大图书馆期刊联合目录》初版发行[⑤]。这是一次方向性的变化,从此图书馆开始把本馆的藏书当作全国资源的一部分看待。三十年代的大萧条促进了图书馆事业的大协作。

在第二次世界大战时期及战后,美国在全球范围的霸权地位逐步确立。她越发感到,图书资源的贫乏完全不适应自身的大国地位了。特别是关于美国的对手——苏联的图书资料少得可怜,过去只重视 1918 年以前的俄文出版物。这种状况完全不适应战时和战后的对苏战略的需要。又如,国会图书馆东方部,过去只集

---

① Erlangen,在巴伐利亚州。

② *Verzeichnis ausgewählter wissenschaftlicher Zeitschriften der Auslandes.*

③ Sammelschwerpunkte.

④ *Zentralkatalog der DDR.*

⑤ 见本书第 233 页。

中精力收藏中文图书,而没有重视日本的出版物。于是,就在炮火连天的年代,在国会图书馆的倡议下,拟订了"战时出版物协作采购计划"①。国会图书馆先后在葡萄牙、西班牙、意大利、法国和阿尔及利亚设立了采购办事处。战后3年,上述计划完成时,已有近100万册书刊,从世界各地源源不断地流入美国,供给100多所图书馆。这次协作采购活动证明是很有效的。

在这些经验的基础上,著名的法明顿计划②开展起来了,这一计划是由美国科学研究图书馆协会③发起的,其计划草案起草于康涅狄格州的法明顿,因而得名。大约有60所科学研究图书馆参加这个计划,它的活动开始于1945—1948年间。法明顿计划是外国出版物的联合采购计划,由一批图书馆按学科分别承担采购任务,后改为按地区承担。1948年初,采购对象只限于法国、瑞典和瑞士三国,5年之后其范围扩及全世界约150个国家。法明顿计划保证外国的有用的图书至少有一本能够进入美国的某一所科学研究图书馆,并及时登入国会图书馆的联合目录中,以供馆际互借与照相复制。法明顿计划一直延续了20多年,于1972—1978年前后停止。

除了法明顿计划外,国会图书馆还根据第480号公共法④,从1961年起,用美国拥有的剩余外汇从亚洲、非洲和东欧一些国家采集了数以百万计的图书、小册子、期刊、政府出版物等,分配给有关的大学。

还有一项活动叫做"拉丁美洲合作采购计划"⑤,是从1959年开始实施的,大约有40个图书馆参加。该合作计划为参加馆提供

---

① Cooperative Acquisitions Project for Wartime Publication.

② Farmington Plan.

③ Association of Research Libraries.

④ Public Law 480 Program.

⑤ Latin America Co - operative Acquisitions Program.

拉丁美洲各国出版的最新资料。还有一个"中文研究资料中心"①,也为科学研究图书馆采购中文书刊。

在以上各种采购协作计划的经验的基础上发展起来的是以国会图书馆为中心的宏伟的"全国采购编目计划"②。1965 年的高等教育法③也促使这个计划的实现。这个计划的目的是以最快的速度收集外国出版物,及时进行编目,迅速传播书目资料,以便通过全国统一的计划来满足国会图书馆和其他图书馆的需要。为了执行这个计划,国会图书馆在国外建立了采购编目中心,如,奥地利、巴西、法国、德国、英国、日本、肯尼亚、波兰、西班牙、南斯拉夫等等。在这些国家的国家图书馆的协助下,采购有学术价值的外国出版物,并就地按英美编目条例进行编目④。这样,世界各国的出版物及其编目资料就可以迅速地经济地到达美国,供国会图书馆及其他各馆使用。据统计,这一计划执行的第四年度,即1969—1970 年度,著录了 109,019 种书,采购了 162,631 册书。

以上所举的都是一国范围的采购合作。下述"斯堪的纳维亚计划"则超出了国界,是更高一级的国际性的采购合作计划。1957 年,北欧四国,即丹麦、挪威、瑞典和芬兰,在"北欧科学研究图书馆员联合会"⑤的倡导下,订立了这个跨国的图书采集计划,有这四国的 13 所国立图书馆、大学图书馆和专业中心图书馆参加。它的宗旨是:四国的图书馆在采购工作中分工合作,广泛搜集全世界的社会科学的图书资料,并通过馆际互借加强图书流通。

---

① Center for Chinese Research Materials.

② National Program for Acquisitions and Cataloging,简称 NPAL。

③ Higher Education Act,其中第二部分是专为学校图书馆作了规定,第二部 C 款同 NPAL 有关。

④ 这种国际协作的编目方法叫做"分担编目"(Shared cataloging)。

⑤ Nordiska Vetenskapliga Bibliotekarieförbundet,简称 NVBF,英文名称是 Scandinavian Federation of Research Librarians. 1947 年成立于哥本哈根。

上述各馆分别承担大约 80 个大小专题的采购任务,也有按照稀有文种图书和特别地域承担任务的。参加馆有责任在自己所负担的范围内全力以赴地搜集一切图书,同时该馆也自然地成为这一专题的目录中心。这个计划不仅节约了各馆的采购经费,如,不常用的昂贵的资料可以避免购入复本,而且还保证了各学科的重要图书资料至少有 1 份收藏在北欧四国,并通过互借或照相复制加以利用。斯堪的纳维亚计划的特点之一是它的灵活性,参加馆除了执行上述任务外,各馆仍可有自己的采购计划。

斯堪的纳维亚计划的进一步发展是 1977 年成立的斯堪的纳维亚技术情报服务委员会[①]。冰岛也加入了这个协调合作机构。

在第二次世界大战后独立的原法属各国,在法国政府的协助下一直在采购方面互相合作。英联邦各国也利用其历史形成的关系,继续扩大采购合作。

9.3 馆际互借

馆际互借是图书馆协调合作的极其重要的一环。图书馆之间相互借书的史实可以追溯到古代[②]。不过,那是非常个别的、偶然发生的。中世纪在修道院之间也不是没有馆际互借的。当时借书的目的是为了抄写,或是为了阅读。

到了近代,随着科研工作的进展和图书出版量的激增,馆际互借越来越具有巨大意义。馆际互借从不固定的形式逐步发展成为有组织的、有明文规定的制度,从国内的互借发展成为国际的互借,而互借手段也逐渐现代化,从出借原书发展到出借原书的复制

---

① Scandinavian Committee for Technical Information Services.

② 见本书第 20 页。

件,甚至利用电子计算机进行外借工作。

德国的科学研究图书馆在馆际互借方面有悠久的历史。根据民主德国的《图书馆辞典》记载,早在 1853 年,普鲁士皇家图书馆就为不同类型的图书馆之间的合作采取过措施①。如前所述,到了 1893 年,正式制定了该馆同普鲁士各大学图书馆的馆际互借规则②。1905 年,该馆成立了德国图书馆参考咨询部,随之国内外的互借有了很大的发展③。但在第一次世界大战期间一度停滞,直到战后的 1924 年才制定出全德范围的馆际互借规则,并在 1931年加以修订。

第二次世界大战以前,德国的科学研究图书馆的馆际互借开展得很好。互借的中心馆有下列三所。它们在 1929—1930 年度的馆际互借册数如下:

柏林的普鲁士国家图书馆　　　　　　　　　　74,000 册
慕尼黑的巴伐利亚州立图书馆　　　　　　　　25,000 册
格廷根大学图书馆　　　　　　　　　　　　　19,000 册

第二次世界大战把德国的馆际互借的制度和措施几乎全部毁坏了。为了适应战后重新增长起来的外借的需求,两个德国都分别制定了馆际互借规则。民主德国在 1949 年制定了临时的馆际互借规则,1955 年发布了正式的规则,1965 年又加以修订,把互借范围扩大到全国所有图书馆。馆际互借的全国中心是柏林的德国国家图书馆,另有 6 所地域性的中心馆。在各中心馆都编有地域性的联合目录,便于进行馆际互借。

联邦德国也在 1951 年制定了德国图书馆馆际互借规则。1952 年馆际互借书籍超过 20 万册以上。至 1954 年,参加互借的

---

① *Lexikon des Bibliothekswesen*, Leipzig, 1974, B. 1, S. 874.
② 见本书第 266—267 页。
③ 见本书第 270 页。

约有 400 个馆。1966 年修订了互借规则,把全国划分为 7 个馆际互借区。各区也有地域性的联合目录。互借尽量在地域内进行,本地域没有收藏的图书可以跨域互借。

英国的馆际互借的中心是国家中央图书馆。它仿照德国,逐渐扩大互借范围[1]。

第二次世界大战以后,英国图书馆的互借工作又有了发展。1973 年,国家中央图书馆同 1961 年成立的"国家科技文献外借图书馆"[2]合并,成为"不列颠图书馆外借部"[3],馆址设在伦敦北 200 多英里的波士顿斯帕[4]。藏书量为图书 225 万册、缩微复制品 100 万件和期刊近 5 万种。该外借部编有《英国定期刊物联合目录》[5],目录中收录了约 500 所图书馆的馆藏。外借部收藏着在全世界出版的各学科的英文书刊以及外文的主要学术著作。

该外借部是全国的馆际互借中心。如前所述,英国全国分为 10 个互借管理区[6]。在本区各馆找不着的书,可以通过该外借部解决。一般说来,约 80% 的互借都能在本区解决。提到该外借部的互借,一般可以解决 90% 以上。互借总数的 10% 以上是国际的互借。外借部的馆际互借工作在期刊的出借方面尤为突出。该部可供应期刊的复印件。

美国的馆际互借继德国、英国之后也发展起来。最早的馆际互借规则是 1917 年由美国图书馆协会制定的。规则的基本精神是来自欧洲中世纪在学术界盛行的思想,即每一学者都有责任把

---

① 见本书第 254—255 页。

② National Lending Library for Science and Technology.

③ British Library Lending Division.

④ Boston Spa.

⑤ 全名是:*British Union – catalogue of Periodicals*, *Incorporating World List of Scientific Periodicals. New Periodical Titles.*

⑥ 见本书第 254 – 255 页。

自己的或他人的著作提供给任何一位严肃认真地从事学术研究的人。馆际互借规则在 1968 年加以修改,其中明确规定,"一馆可利用他馆的资料,供给个人使用……包括提供复制品,以代替出借原件。"①

美国的互借工作开展得比较广泛。仅在高等学院之间,估计每年就办理百万次以上的借书手续。州内和地域内的图书馆网的建立,使各个不同类型的图书馆之间的互借工作得以进一步开展。例如,"明尼苏达馆际电信交换"②规划是由立法机关资助的一项馆际互借制度。互借的中心馆是明尼苏达大学③图书馆。它向明尼苏达州、北达科他州④和南达科他州⑤的各种类型的图书馆出借杂志论文和其他资料。又如,参加"伊利诺伊地区图书馆委员会"⑥的各馆可以互借芝加哥区域各类图书馆的藏书。美国正在筹备近似不列颠图书馆外借部的机构——"国家期刊中心"⑦。

在北欧各国和荷兰、瑞士等国,馆际互借工作素有成效。居民均可通过馆际互借从各种类型图书馆借用图书。人们称赞馆际互借是图书的运动,而不是读者的运动,因为读者寻书不必跑了这一馆又跑那一馆了。

在苏联,所有图书馆都毫无例外地必须参加全国性的馆际互借组织,以达到读者可从任何图书馆借到任何一本书的目的。各共和国和各地区都有中心馆。全国的互借中心是国立列宁图书馆。

---

① *The Encyclopedia Americana*, *International Edition*, 1983, Vol. 17, p371.

② Minnesota Interlibrary Telecommunication Exchange,简称 MINITEX。

③ The University of Minnesota. 明尼苏达州在美国北部。

④ North Dakota,在明尼苏达州西。

⑤ South Dakota.

⑥ The Illinois Regional Library Council.

⑦ The National Periodical Center.

从国内的互借发展到国际的互借,这是图书馆员多年来为之奋斗的目标。在世界范围内,广泛分享图书资源的体系,在近几十年来逐步形成。

北欧四国的国际互借是同它们的采购合作计划密切相联的。通过国际互借,特别是通过影印之便,斯堪的纳维亚各国图书馆所藏的书籍,随时都可以向四国的读者提供。他们之间的国际合作是走在世界的前列的。

美国和加拿大也实行了国际互借。

有些专业图书馆也开展国际互借工作。例如,罗马的国际农业研究所图书馆①,不仅为意大利的农业学家服务,而且也向世界各地的专业人员提供目录和馆际互借服务。

国际图书馆协会联合会对国际互借十分关心,早在 1936 年就制定了国际互借规则。这一规则要求,国际互借的图书免收关税,并付低率邮资。它还制定了各国都能接受的统一的借书格式,免去了烦琐的手续。这一规则对推动国际互借起了促进作用,不久各国都接受了这一规定,如翌年德国的普鲁士国家图书馆就照此规定办理国际互借。1954 年,国际图联又重新制定了《国际互借规则》②,以适应第二次世界大战后出现的新情况。世界上许多国家都以法律形式保证按照国际图联所制定的规则办理国际互借。

国际图联还在不列颠图书馆外借部内设有"国际互借局"③。它的任务是:一,解决国际互借中的疑难问题;二,促进国际互借方法的标准化;三,进行国际互借的统计工作。

在馆际互借中当然也存在一些问题。例如,外借所需的费用

---

① Library of the International Institute of Agriculture,于 1905 年建立,藏书超过 30 万,期刊约 3,000 卷。该馆现在是联合国食物和农业组织图书馆系统的一部分。

② *Rules of International Library Loans.*

③ Office for International Lending.

一般都由出借馆负担,在经费不十分充足的情况下这就成为一个问题。又如,有些馆际互借,对借者的资格和借书种类不加限制,这种过于方便的互借制度反而妨碍必要的馆际互借。再如,有些图书馆过度地依赖馆际互借,以至于疏忽了自身的馆藏建设等等。

尽管如此,基于资源共享思想的馆际互借,是近代图书馆事业的一种必然趋势,它必将克服发展中的困难,继续发展下去。新技术在图书馆内部的广泛应用,正在改变互借工作的方式,甚至要从根本上革除其传统的出借办法。现在很多图书馆提供外借的,一般都不是原本,而是照相复制本。在美国和加拿大,所有的大型图书馆几乎都已经采用电传打字交换台的服务方式。传真发送也已在几个州开始试行。在国际上,随着国际标准书号①的广泛使用和机读形式目录资料的应用②,馆际互借更加方便了。通过计算机编制出来的联合目录、联机目录③、数据通讯、传真发送、计算机信息转接等等,馆际互借服务必将迅速扩大。将来甚至可以在办公室或家庭与图书馆之间建立直接的电视通讯,随时可以获得任何图书馆的资料。

9.4 保存图书馆

藏书的大量增加使得图书馆的空间问题成了近代图书馆事业的一大难题。其解决办法之一是建立保存图书馆。保存图书馆又称为保存书库、储备图书馆或储存图书馆。

在馆藏里,少数图书的使用频率很高,有一部分图书的使用率

---

① International Standard Book Number,简称 ISBN,详见本书第 460—461 页。
② 详见本书,第 435 页以下各页。
③ 详见本书第 441 页以下各页。

一般,而相当一部分图书是不经常使用的。这是早已被人们所认识的现象。为了解决空间问题,有时把这一部分罕用图书(所谓的"死书")定时剔除卖掉。但更为慎重的办法是另设保存图书馆,把剔除的图书保存在这里。保存图书馆一般设在郊区,采用固定排架方式,书架间的行距很小,近来也有用密集书架的。保存图书馆的造价比较低廉,一般只有简陋的办公室和小型的阅览室。保存图书馆可增加藏书量35%左右,对减轻基本书库的空间压力能起一些作用。

保存图书馆最早出现在美国。1902年,哈佛大学校长埃利奥特①提出此法。杜威和大学图书馆专家富斯勒②等人也大力提倡。以后很多国家都建立了保存图书馆。

在英国,不列颠博物馆于1905—1906年在伦敦西北郊建立了报纸的保存图书馆。到了1921年,书库已装满。1932年扩建,成为"报刊图书馆"。

在巴黎,国家图书馆于1932—1934年间也建立了八层楼的保存图书馆,专藏期刊,地点在凡尔赛③。

纽约公共图书馆于1933年购入了相离中央书库约1英里的一栋楼,作为保存图书馆使用。全部报纸合订本、罕用图书以及笨重的资料都挪到这里。

保存图书馆的进一步的发展应当说是1942年在美国东北部六州(新英格兰区)建立的新英格兰保存图书馆④。这不是属于一个馆的,而是由七个馆联合管理的保存图书馆。它们是:马萨诸塞州立图书馆、马萨诸塞州理工学院、马萨诸塞州历史学会、波士顿

---

① Charles William Eliot,1834—1926.

② Herman Howe Fussler,1914—。

③ Versailles.

④ New England Deposit Library.

公共图书馆、波士顿文史图书馆、波士顿大学和哈佛大学。其中哈佛大学储藏的图书最多，它在 1947 年已把 20 万册图书存入进去。这所保存图书馆造价较低，只设一间小阅览室，其余空间全部装上可容 100 万册图书的书架。书架较高，书架间的过道很狭。

这种联合管理的保存图书馆在其他地区也发展起来。保存起来的图书，有的仍旧归属原来的图书馆，有的索性归属保存图书馆所有，各处作法不一。

保存图书馆从联合管理又向前发展了一步，即不仅是保存罕用书刊，而且自己还主动采购并向其他图书馆供应这一类利用率低的书刊。芝加哥的"科学研究图书馆中心"①就是这一性质的机构。它成立于 1949 年，起先叫做"中西部地区图书馆馆际交流中心"②，于 1965 年改为现名。它是美国中西部 12 个州的图书馆协作组织，主要成员是大学图书馆，经费由参加馆支出。它不仅仅联合保存成员馆的罕用书报，而且还通过采购、捐赠、呈缴本等途径增加稀有资料，其中包括外国的学位论文、报刊、政府公报等等。这所保存图书馆还收藏包括《化学文摘》《生物学文摘》在内的几千种珍贵期刊和世界上大约 150 种权威性报纸的缩微复制品以及苏联科学院的文献等等。罕用书报既然由它统一采购和收藏，并供参加馆共同使用，那么参加馆就可以不必再添购各种各样的边缘资料以及昂贵的、非急需的、占据宝贵空间的、但一旦需要又是极其重要的资料。这所保存图书馆甚至把业务活动扩大到加拿大、墨西哥等国，实际上已成为一个国际组织。目前它的参加馆共达 70 多所。

有的国家是依据全国统一规划设立保存图书馆的。例如，苏联制定了《全国图书馆储存保管组织章程》，并从 1975 年起，把全

①　Center for Research Libraries.

②　Midwest Inter – Library Center.

国各种类型图书馆藏书中罕用的和多余复本移送给有储存任务的图书馆。

芬兰、法国、英国、瑞典等国也都普遍设立保存图书馆。

及时的剔旧和保存图书馆的设立，尽管可以部分地、暂时地解决图书馆的空间问题，但近几十年来各馆馆藏的激增速度远远超过了书库面积的增大的速度。密集书架固然可以提高书库面积的使用率，但在这种书架上搁放常用书，也有不便之处。图书馆空间问题的解决，恐怕还要依靠图书资料的形状的改变，即印刷品的缩微化。这个问题我们将在下面专门谈到。

9.5 图书馆事业的集中统一领导

第二次世界大战以后，各国的图书馆事业不仅开展了各馆之间的协调合作，而且也加强了集中统一的领导。

最典型的是英国的图书馆事业。1964年通过的图书馆法，鼓励公共图书馆在业已形成的图书馆网络的地区加强合作。1967年成立了以丹顿[①]博士为首的"国立图书馆调查委员会"[②]。该委员会提出的所谓"丹顿报告"指出，必须对不列颠博物馆及其他有关图书馆进行改组。1971年，议会审议了这份报告，翌年通过了《关于建立不列颠图书馆》的法令，从此5所大图书馆统归于一个委员会领导，在不改变各馆的基本任务的情况下，联合成为"不列颠图书馆"[③]。这5所图书馆是：不列颠博物馆图书馆、国家科学

---

① F. S. Dainton.

② National Libraries Committee.

③ British Library.

发明参考图书馆①、国家中央图书馆、国家科技文献外借图书馆以及英国国家书目局②。从此著名的不列颠博物馆结束了二百一十余年的光荣历史。

英国人之所以采取这项集中统一的果断措施，部分的原因是图书经费不足和书库面积不够等等，但主要的是他们认识到，传统的各馆分散经营的方式已经不适应图书馆事业的新趋势了。科学研究的突飞猛进对图书情报的要求日益增多，为了适应这种要求，图书馆事业唯有加强集中化领导，别无他法。他们要把国内外的图书采购尽量集中在一处，要建立馆际互借的最大的中心，同时也要用先进的电脑编制全国书目。新建的不列颠图书馆就是要承担这样一些集约化的任务的。

不列颠图书馆于 1973 年正式开馆，下设三部一室。

一、参考部，设在伦敦。它由原先的不列颠博物馆图书馆和国家科学发明参考图书馆组成。后者原先是 1855 年成立的专利局图书馆③。参考部下设印刷图书处、写本处、东方图书写本处和科技参考图书馆等。全部图书为 950 万册、西方写本 7.5 万件、东方写本 3 万件、纸草纸 3,000 件、专利资料 1,500 万件等等。

二、外借部，设在伦敦郊外。这一部的情况已在第九章第三节《馆际互借》详述过④。该部由 1916 年成立的国家中央图书馆和 1961 年成立的国家科技文献外借图书馆组成。它是全国和国际的馆际互借的最大中心。

三、书目服务部，设在伦敦，由英国国家书目局和著作权管理局⑤组成。这两个局从前一直同不列颠博物馆或多或少有过工作

① National Reference Library for Science and Invention.

② British National Bibliography.

③ Patent Office Library.

④ 见本书第 397 页。

⑤ Copyright Receipt Office.

上的联系。这一部是书目工作的全国服务中心。

四、研究开发室,设在伦敦。它的核心是 1965 年设立的科学技术情报局①。该室的任务是促进图书馆学、情报科学的发展。

这几所大图书馆的联合组织的建立,是英国图书馆事业的一大进展,应当给予很高的评价。苏格兰和威尔士的国家图书馆以及国内的其他大型图书馆都同不列颠图书馆保持合作关系。

拿破仑以后的法国一直都是中央集权的国家。这种政治制度在图书馆事业上也很明显地反映出来。

第二次世界大战一结束,即在 1945 年法国就设置了中央一级的最高管理机构——图书馆出版物局②,隶属于国民教育部。它的权限很大,私人图书馆以外的全部各种类型图书馆都在它的管辖之下。巴黎的国家图书馆、所有的大学图书馆、议会图书馆、官厅图书馆、都市图书馆③、中央出借图书馆④都统统归该局直接领导。

图书馆出版物局局长由巴黎的国家图书馆馆长兼任。该局的职责范围还包括:全国图书馆的人事安排、预算和图书馆技术的指导。

1962 年,在该局领导下成立了"书目报导服务处"⑤。该处首先编制数学、物理、化学、地质、生物等学科的目录,以后发展到法律、经济及其他社会科学。目录以书本形式和卡片形式出版,都印

---

① Office of Scientific and Technical Information,简称 OSTI。

② Direction des Bibliothèques et de la Lecture Publique.

③ 都市图书馆有两种,即国立的"指定都市图书馆"(Bibliothèque Municipales classées)和由地方出资的"非指定都市图书馆"(Bibliothèque Municipales non classées)。

④ 鉴于小城镇得不到图书供应,法国政府于 1945 年决定,在各县县城设立中央出借图书馆(Bibliothèques Centrales de prêt),以便向人口 2 万以下的小城镇供给图书,图书供应常常使用流动书车。

⑤ Service d'information bibliographique.

有分类号和主题词。

对大学图书馆的统一管理也相当严格。所有的馆都必须无例外地采用国际十进分类法,从 1952 年起一概用统一的主题标目。

该局还负责图书馆员教育、图书馆的建筑和图书馆工作的电子计算机化。1971 年成立了图书馆工作计算机化的领导机构。《法国书目》的编制从 1975 年起开始机械化。

中央政府还派遣视察员检查和指导各类型图书馆的工作。

从 1975 年起,图书馆出版物局被撤销,成立了两个领导系统,即巴黎的国家图书馆和大学图书馆由高教部领导,其余的图书馆由文化部领导。尽管如此,这两个部在图书馆的政策方针、图书经费、图书馆建筑、图书馆工作的自动化等方面还是同心协力、紧密合作的。

9.6　图书馆法的修订

与集中领导有关的是图书馆法的修订。第二次世界大战以后,大部分国家都根据图书馆事业发展的新形势,重新修改了原有的图书馆法。修改后的图书馆法的特点是:加强图书馆的统一领导、建立图书馆网、加强情报工作、进一步发展公共图书馆、由国家或地方政府资助图书馆的经费等等。

关于东欧社会主义国家的图书馆法在第八章已经提到[①]。这些国家十分重视图书馆事业的立法。对图书馆事业的集中统一的领导是这些国家的特点之一。共产党中央和中央政府制定图书馆的总体结构和重大政策。这些国家的图书馆法都有一些共同点,即在法律中明确规定图书馆事业在社会主义社会中的政治和文化

---

① 　见本书第 383 页。

意义,强调图书馆网络的重要性,促进各类型图书馆之间的协作等等。

如前所述,英国在 1964 年颁布了新的图书馆法——《公共图书馆法和博物馆法》①,进一步从法律上保证图书馆事业的发展。英国的图书馆法规定的最低标准是,在 4 万人口以下的地区,每人平均应有图书馆藏书 1.5 册,每 2,500 人中应配备 1 名图书馆工作人员,其中专业馆员应占 33%,同时规定要从地方税中抽取大约 2% 作为地方图书馆的经费。战后英国的公共图书馆事业又向前迈进了一步。据统计,1978 年,借出了 6.5 亿册书,全国人口为 5,500 万人,一年每人平均借书 11.8 册以上。②

丹麦在 1964 年修改了图书馆法,该法规定,每个乡镇都必须建立公共图书馆。瑞典在 1969 年修订的公共图书馆的标准中规定,每人平均要有图书馆藏书 3 册。

美国的图书馆法原先是由各州制定的。到了 1956 年,美国国会制定了第一个国家级的《图书馆服务工作法案》③。它批准联邦政府拨款,资助人口在 1 万人以下的乡村地区的图书馆。这一法案在 1964 年发展成为《图书馆服务与建设法案》④。它批准拨付一笔远比 1956 年法案多得多的资金,以发展图书馆事业。此法以后多次修订,增加了馆际合作的内容。1965 年通过的《初等和中等教育法》⑤和《高等教育法》,其中不少款项是涉及到图书馆的改善和发展的。美国图书馆协会 1966 年制定的公共图书馆标准规定,每个居民平均应有图书馆藏书 2—4 册。

1975 年公布的荷兰的公共图书馆法规定,中央政府负担公共

① Public Libraries and Museums Act,见本书第 403 页。

② *ALA World Encyclopedia of Library and Information Services*,1980,p573.

③ Library Service Act.

④ Library Services and Construction Act.

⑤ Elemantary and Secondary Education Act.

图书馆职员的全部薪金和其余开支的 20%，剩下的 80% 由地方政府支付。

战后修订图书馆法的国家还有许多。如，挪威于 1948 年，芬兰于 1962 年，加拿大于 1966 年等等。

9.7 科学研究图书馆的发展

第二次世界大战以后，新的技术革命日益改变着社会的面貌。这一变革仍在继续深化。人文科学也力求从理论上解释层出不穷的社会新现象。科学的飞速发展要求图书馆能够非常迅速地提供各种学术情报。图书馆作为科学专门机构的作用加强了。近几十年来，科学研究图书馆的发展是空前的。大学图书馆在教学和科研相结合的方针下，也越来越起着科学专门图书馆的作用。不少国家图书馆实际上已成为一国的科学情报中心。一些公共图书馆也加强了为科学服务的工作。

联邦德国的科学研究图书馆大约有 1,500 所。它们一般属于某一专门机关、团体或企业，读者群都有一定的范围。联邦德国还有大约 400 所大学院校的图书馆，其中不少也具有科学研究图书馆的特点。

波恩的联邦议院图书馆[①]在立法领域上占有特殊地位。它收藏 50 万册以上图书，并进行有关的科学文献工作。

联邦政府的各部，如外交部、内务部、司法部、经济部以及联邦防卫军、联邦邮政局、联邦银行、联邦法院等等都有专门的图书馆。

各大企业、各大公司、各工业部门都有很好的专门图书馆，有

_____

① Die Bibliothek des Deutschen Bundestages.

的历史相当悠久。例如,莱沃库森①的拜尔股份公司②的凯库勒图书馆③是 1885 年建立的,目前藏书超过 40 万册。美因河畔法兰克福的赫希斯特股份公司的科学图书馆④拥有 13 万册书。多特蒙德⑤的赫施冶炼股份公司的专业图书馆⑥有 74,000 多册书等等。各企业的这些图书馆都很注意情报文献工作。

1962 年,联邦政府开始发展全国性的文献情报工作,在法兰克福建立了情报文献研究所⑦。它得到联邦政府和州政府的资助。

近 20 年来,在德国学术促进会的协助下,各专业图书馆都在努力建立中央专业馆。有了中央馆才有可能更好地建立该专业的图书馆网络。最先进的中央专业馆是 1959 年建立的"科技情报图书馆"⑧。它是全国的科技及物理、化学、数学等基础学科的中央专业图书馆,经费由各州支付。此外,在波恩有农业中央图书馆⑨(16 万册藏书),在科隆有医学中央图书馆⑩(20 万册藏书和 20 万件学位论文)。以上两馆都是该地的大学图书馆的专业分馆。古老的海德堡大学法律系图书馆是国内法学书籍最集中的地方。早于 1914 年在基尔建立的经济学中央图书馆⑪,是一所很有名的专

---

① Leverkusen,在科隆北。

② Bayer AG.

③ Kekulé – Bibliothek,凯库勒(Friedrich August Kekulé,1829—1896)系德国著名有机化学家。

④ Die Wissenschaftliche Bibliothek der Hoechst AG.

⑤ Dortmund,在科隆的东北方向。

⑥ Die Fachbücherei der Hoesch Hüttenwerke AG.

⑦ Gesellschaft für Information und Dokumentation.

⑧ Technische Information bibliothek,设在汉诺威。

⑨ Zentralbibliothek der Landbauwissenschaft.

⑩ Zentralbibliothek der Medizin.

⑪ Zentralbibliothek der Wirtschaftwissenschaft.

业馆。它大力开发和利用文献资料,编制经济学文献目录等等。

英国的专业图书馆有数千所之多,其中若干所的建馆年代可以追溯到二、三百年之前,但多数是第一次世界大战以后建立,在第二次世界大战以后进一步发展起来的。

属于政府机构的专业图书馆都是规模较大,也是比较重要的。例如,贸易和工业部的图书馆、教育和科学部的图书馆、外交联邦部的图书馆等等。属于外交联邦部的印度局图书馆①是 1801 年成立的。这里收藏着大约 30 万册书和 2 万件东方写本。伦敦市政厅图书馆②的建馆可追溯到 1425 年。这里收藏着有关伦敦市的珍贵史料,十七世纪—十九世纪的很少有人保存下来的小册子尤其丰富。该馆还保存着十六世纪以来的伦敦古地图。目前馆藏超过 20 万册。公共机构资助的专业馆有英国广播公司③的图书馆、联合国原子能委员会④的图书馆等等。在工商业方面颇有名气的是帝国化学工业公司⑤的图书馆、全国煤炭公会⑥的图书馆等等。在国际上享有盛名的学术图书馆有:1805 年创立的不列颠医协会⑦的图书馆(藏书 40 万册)、1916 年建立的东方和非洲研究学院图书馆⑧(藏书 50 万册)等等。

在美国的科学研究图书馆中,最有名的是国立医学图书馆⑨。它首创于 1836 年,当时为"美国陆军军医局图书馆",1922 年改名为"陆军医学图书馆",到了 1952 年又取名"武装部队医学图书

---

① India Office Library.
② Guildhall Library.
③ British Broadcasting Corporation,简称 BBC。
④ Atomic Energy Authority.
⑤ Imperial Chemical Industries,简称 ICI。
⑥ The National Coal Board.
⑦ British Medical Association.
⑧ School of Oriental and African Studies Library.
⑨ National Library of Medicine.

馆",最后在 1956 年成为国立的图书馆,改用现名,直属卫生、教育及福利部。

该馆设在马里兰州的贝塞斯达①,是世界上医学领域最大的研究图书馆,收集了 40 种以上文字的 160 万件资料,有 1.3 万种期刊。

该馆启用计算机,建立了"医学文献联机检索系统"②。设在国内外一些医学中心的终端可以同该馆的数据资料库进行联机检索,各国的读者可以在很短的时间内直接从该馆得到文献资料③。

美国的另一个全国性的科学研究图书馆是国立农业图书馆④。它成立于 1862 年,隶属农业部,1962 年才正式启用现名。藏书约 200 万册,设在马里兰州的贝茨维尔⑤。它同样为全国和全世界的科学家服务。

除了以上两所国家图书馆,美国还有第三所国家图书馆,这就是国会图书馆。在近几十年的发展过程中,它已变成全国的科学研究的中枢。该馆从本世纪五十年代末就开始研究编目工作的计算机化,1966 年试制成功了机读目录⑥,并向国外图书馆发售。这是编目现代化的一大里程碑。从此,国会图书馆进一步变成了全国以及全世界的编目中心之一。

据 1984 年统计,国会图书馆馆藏共计 8,000 万件,其中图书和小册子 2,000 万册,手稿 3,500 多万份、地图约 400 万张等。

它的藏书量增加很快,仅呈缴本一项每年就超过 30 万册。除了美国政府支付的相当多的图书采购费之外,不断有巨额的私人

---

① Bethesda.

② MEDLINE,详见本书第 441 – 442 页。

③ 见本书第 441 页。

④ National Agricultural Library.

⑤ Beltsville.

⑥ Machine Readable Catalogue Project,简称 MARC,详见本书第 436—438 页。

赠款。

它的藏书,任何人都可以免费借阅。馆内有两间一般阅览室和 17 间特别阅览室。知名学者可以自由地进入书库。

美国政府没能对图书馆事业进行统一的领导,故国会图书馆和国立医学图书馆平行进行资料检索的机械化。这对资料的统一使用、标准化、国际化,不能不说是一大缺陷。美国一些专业图书馆的内部组织是相当现代化的,但相互之间的网络化,相对说来,比较差。在这一点上,英国图书馆的现代化是比较有计划有领导的①。

美国的专业图书馆有数千所。新成立的专业馆有:1946 年在纽约建立的联合国的资料中心哈马舍尔德图书馆②;1957 年成立的杜鲁门图书馆③;1962 年成立的胡佛总统图书馆和博物馆④、艾森豪威尔图书馆⑤等等。

美国的大学和学院图书馆超过 2,000 所,其中不少馆的馆藏在 100 万册以上。大学图书馆除了总馆外,各院系、各研究所都有分馆。最大的哈佛大学图书馆下设约 90 所分馆,总藏书量超过 1,000 万册。耶鲁大学图书馆的总藏书量是 635 万册,其中 380 万册在总馆。加利福尼亚大学的图书馆网由 10 馆组成,其图书总册数大约为 1,470 万册。由于学生人数很多,他们又有在图书馆内看书的习惯,所以馆舍一般都很宽敞,阅览室的座位很多。

由于出版物的爆发性的增长,大学图书馆已经不能对一切门类的书刊都兼收并蓄了,只能重点地收集与自己关系最密切的学科的书刊。由于大学各系、各研究所的专业图书馆增多,这些馆同

---

① 见本书第 403—405、442 页。
② Dag‑Hammerskjöld‑Library.
③ Harry S. Truman Library.
④ Herbert Hoover President Library and Museum.
⑤ Dwight David Eisenhower Library.

总馆的合作更显得重要了。各大学图书馆之间的协作以及大学同其他研究机构的合作，也引起了人们的关注。

在斯堪的纳维亚各国，有些大学的院系图书馆发展成为全国的中心专业馆。如，1947年奥斯陆大学的医学院图书馆变成挪威中央医学图书馆。它从1951年起编制全国的医学期刊联合目录。赫尔辛基大学图书馆是芬兰的国家图书馆。值得一提的是在第二次世界大战之后，该馆把全部芬兰的报纸都拍成缩微照片保存起来。

9.8 读者工作、参考咨询

从人类最初建立图书馆起，就有了广义的读者工作。不管读者是仅限于帝王一人，还是包括一些特权阶层，也不管这些读者仅限于学者，还是扩展到人民大众。总之，读者服务工作同采购、分编工作一样具有悠久的历史。

但是，不可否认的事实是：藏书楼的概念从古代到中世纪，甚至到近代初期，一直禁锢着图书馆员的头脑。他们历来所重视的还是采购、分编、保管，对读者工作则少有主动性。到了十九世纪，逐渐产生了新的办馆哲学，即想方设法让广大读者充分利用馆藏。这应当说是图书馆事业的一大进步。

十九世纪上半叶，在美国常常使用"帮助读者"、"协助读者"[①]等词，其含意仅限于指导读者利用图书馆，不包含主动向读者提供资料这一概念。况且当时"帮助读者"的工作在图书馆业务中还没占有重要位置。

---

① "aid to readers"，"assistance to readers".

在美国，"参考咨询工作"①一词于 1890 年前后已经代替了
"帮助读者"等陈旧含糊的提法了。十九世纪末、二十世纪初，美
国几乎全部大型公共图书馆都发展了单独的参考咨询工作，并建
立了独立的参考咨询部。大学图书馆稍晚些，大约在 1915 年前后
才开展了这项工作。

参考咨询工作大约有如下三个方面：一是教会读者如何利用
图书馆，如何发现和使用图书资料；二是在读者寻找资料的过程中
给予指导，帮助读者查寻他所需要的特定的资料，但还不是直接提
供资料；三是把读者寻找的图书情报资料，直接提供给读者。

在美国、瑞士等国，参考咨询工作做得相当出色。列宁对此十
分欣赏。如前所述，十月革命后，他多次强调苏联的图书馆要很好
地学习"美国和瑞士早已实行的各种原则"，其中就包括参考咨询
工作②。苏联的图书馆员把参考咨询工作向前推进了一步，他们
的读者阅读辅导工作做得很出色，读者工作的目的性十分明确，即
帮助读者提高政治觉悟和掌握文化科学技术，以利于社会主义事
业的发展。苏联的图书馆员对待个别读者的工作也做得非常精心
细致，编制许多推荐书目，并做读者阅读记录。他们还举行各种报
告会、展览会等等。

按人口平均的图书流动量，苏联居世界第二位，每人平均借出
册数为 15.24 册。最高是丹麦，16.53 册。瑞典也不少，是 8.68
册。美国较少，只有 4.18 册③。

据美国全国图书馆咨询委员会的估计，美国公共图书馆只为
大约全国三分之一的居民服务，其余三分之二是美国图书馆员正

---

① Reference work.

② 见本书第 360 页。

③ 联合国教科文组织 1976 年《统计年鉴》和 *ALA World Encyclopedia of Library and
Information Services*, 1980, p. 567, 568。

在设法做工作的受教育较少的和贫穷的阶层。

专业图书馆,例如企业或政府机构的图书馆,强调情报传递的职能。它们把文献检索、文摘编制、情报的评价以及情报的口头传递都列入参考服务的范围之内。大型图书馆的参考咨询工作日益专业化,馆内设立不同学科的参考部门,并配备学识渊博的图书馆员、学者、专家来指导读者。

参考咨询的工作人员不仅使用参考工具书,还依靠馆内的其他藏书进行工作,有时甚至需要通过馆际互借、照相复制、电子计算机来完成自己的工作。

对一般性的咨询,读者常常利用电话。例如,美国密尔沃基①公共图书馆每天平均回答 360 次电话咨询。

9.9　在版编目

编目标准化的工作在第二次世界大战以后引起人们的关注。它的进一步发展是"在版编目"②。在版编目就是图书出版以前,各出版社先把图书的校样送给集中编目部门,该部门著录该书的目录,出版社付印这本书时把著录款式印在版权页上。简言之,就是提前编目,随书附样。

在版编目的思想早在 1870 年前后由杜威提出③,但在大约 100 年之后才付之实践。1958—1960 年间,美国国会图书馆同一些出版商合作,进行实验,即在书籍出版前把校样送给国会图书馆

---

① 　Milwaukee,在威斯康星州(Wisconsin)。

② 　Cataloging in publication,亦译"出版中编目"、"出版前编目"、"预编目录"等等,简称 CIP。

③ 　见 *ALA World Encyclopedia of Library and Information Services*,1980,p. 178.

编目,以便把目录著录印在书上,以达到统一分类、统一著录的目的。此法当时叫做"书源编目"[①]。这一尝试遇到一些不好解决的问题,同时也没有能够使各图书馆完全信服,因此一度中断。1971年以后再度实验,并获得成功,是为"在版编目"。它的编目规则是采用"国际标准书目著录规则"[②]。目前,美、英、加拿大、澳大利亚、巴西、苏联等国都已采用此法。

9.10 开架制

从近几十年的趋势看来,世界各国图书馆都逐渐采用开架制。开架是深受读者欢迎的,因为他们不必查阅卡片目录,可以直接接触图书,详尽了解图书的内容。开架制显然大大地提高了图书的利用率。

开架制也有几种不同的方式。一种是全部开架(少量的珍本书除外)。多数中、小型的公共图书馆采取这一办法。一些专业图书馆和大学图书馆也有采用此法的。另一种是部分开架,即把常用的或近几年的新书开架。这些书可达几万或十几万,基本上可以满足读者的大部分需要。再一种是设置分科开架阅览室,便于读者进行某一专题的研究。

开架制也带来一些问题。如读者把图书排列顺序弄乱。采用开架制的图书馆都不允许读者自己归架,而由图书馆员花出一定时间从事整架工作。这样看来,图书馆员要多付出一些劳动,但这一"代价"是值得付出的,因为开架制给读者带来的好处太大了。另一个问题是丢书,但实际情况并没有人们想像得那么严重。有

---

① Cataloging in source,简称 CIS。
② 见本书第 453－454 页。

些图书馆采取种种防窃技术措施。尽管为此需付出一定的费用，但效果是很好的。

开架制牵扯到图书馆的建筑。下面简略谈谈近几十年来图书馆建筑的变化。

9.11　图书馆建筑

第二次世界大战以前的图书馆建筑，在式样上像纪念馆。不是近似中世纪的大教堂，就是类似文艺复兴时期的宫殿。大多数图书馆都模仿不列颠博物馆，通常有一个高屋顶的阅览室和多层钢制书架的书库。阅览室和书库有明显的界限，两者之间相隔一定的距离。藏书的主要部分对读者大众是关闭的。当时人们对图书的保藏十分重视。多层书架是符合那时的图书馆员的思想的。

随着图书馆办馆哲学的转变，即开架制思想的推广，书库和阅览室之间的界限逐渐消失了。缺乏灵活性的多层钢制书架让位给活动书架。阅览场所与一组一组的书架自由地结合在一起。在建筑方式上，再把书库和阅览室区分开来就不恰当了。

由于荧光灯和空气调节器的出现，再也不需要高大屋顶的阅览室了。现在的天花板高度都在 2.5 米左右。阅览室内一般都有带小书架的阅览桌。有隔板的桌子可让读者单独使用，相互不干扰。阅览室的色彩明朗，设备舒适，照明良好，装饰鲜艳。地板上铺展着地毯。馆内的布局可以灵活安排，根据工作需要，到处都可以作书库、阅览室和办公室。

这样，图书馆从古老的建筑风格中解脱出来了，更多地强调实用性和灵活性。但物极必反，过分地着重实用，必然忽视美观，结果是图书馆差不多变成呆板的方形盒子了。近来人们逐渐认识到建筑美学的重要性，正在寻找灵活性和优美感相结合的建筑方式。

图 50　新型图书馆建筑——加利福尼亚大学图书馆总馆

　　在提高书库面积的利用率方面,密集书架的出现有助于减少过道的空间。

　　现代化的图书馆还为某些读者提供隔音打字室、供小组或个人使用的研究室、可以上锁的带书架的阅览桌等等。随着视听设备的发展,有的图书馆还备有多种传播媒介的个人阅览桌,配备麦克风、录音录像设备、电视显像管、自动电话机等等。

9.12　焚书和禁书

　　谈论二十世纪的焚书似乎近似荒唐,其实并不尽然。人类焚书的恶习至今未改。书报审查的历史同有文字记载的历史一样长久。秦始皇的焚书坑儒是公元前213年发生的。岁时流逝了两千多年，但破坏文化遗产的这一类倒行逆施仍不见完全停止。1933年，希特勒公然大规模地焚烧了"非德意志的"书。在所谓的"文化大革命"时期，不少图书也毁于"破四旧"的"革命行动"中。

图书审查一般说来是阶级斗争的一种反映，只要阶级存在，就无法消灭这一现象。看来只有到了无阶级的社会，这种图书审查的现象才能消失。

图书审查同图书馆工作关系极大。哪些书可以购买，哪些书可以出借，或者在什么范围流通——诸如此类的问题都使图书馆员伤透脑筋。看来简单回顾一下西欧的禁书和焚书的历史，借古鉴今，引以为戒，也是很有必要的。

在古罗马，早在公元前五世纪就设置了"监察官"。它的职责之一就是检查社会风纪，甚至监查每个人的读书动态，以控制每个市民的行为。

宗教狂热常常给图书带来厄运。所谓"异教徒"的图书不仅招致查禁，而且遭受大规模的焚烧。例如，公元390年，基督教徒把设在萨拉匹斯的亚历山大图书馆的分馆彻底毁坏，烧尽了700多年来辛勤收藏起来的几乎全部的希腊文献。这次损失比起公元前47年恺撒军队在战火中毁坏亚历山大图书馆本馆的损失要大得多。重建的亚历山大图书馆在公元640年又被阿拉伯的将领烧掉。当时该馆是伊斯兰教的敌人——基督教的传教场所。

在中世纪，基督教成为西欧各国的国教。起先是教会，而后是教会和国家同心协力地取缔进步思想。罗马教皇设立了一些机构，来检查图书出版，凡是宗教书籍必须通过审查才能出版。异教徒的和反封建的图书一律禁止流通。天主教势力和利用它的封建阶级，以宗教裁判为手段镇压异端思想、信仰自由和科学研究。在火刑时，不仅把"异端者"活活烧死，还把他们的著作和藏书一起烧掉。

十五世纪印刷术在西欧的推广使得书籍的出版发行范围空前扩大。从此在欧洲各国只要有印刷所的地方都设有审查图书的机关。1537年,在法国制定了历史上最早的呈缴本制度,其主要目的就是要审查图书内容。

十六世纪,罗马教廷编制了《教廷禁书目录》[①],第一版于1557年由教皇保罗四世[②]正式发布。1571年,教廷设立禁书目录部,由教皇亲自主持,并委任枢机主教一人负责日常事务。1917年该部被撤消,改由教廷圣职部兼管图书审查事宜。《教廷禁书目录》近数百年来多次进行修订。它的1929年版共列举禁书5,000多种,其中有马丁·路德、左拉[③]等110人的全部著作。不少世界名著,如帕斯卡[④]的《思想录》、雨果的《悲惨世界》、《巴黎圣母院》、吉本[⑤]的《罗马帝国衰亡史》和笛卡尔、卢梭、伏尔泰、大仲马[⑥]、法朗士[⑦]、莫泊桑[⑧]等人的代表作,也全部被列入禁书。教徒阅读禁书,定为犯罪。这一套著名的禁书目录支配了天主教徒的阅读,前后长达400多年,至1960年才被迫宣布停止执行。

资产阶级取得政权之后,尽管明文规定言论自由、出版自由等资产阶级民主的权利,但图书审查制度并没有取消。马克思在1842年写的第一篇政论性文章《评普鲁士最近的书报检查令》和《第六届莱茵省议会的辩论(第一篇论文)关于出版自由和公布等

---

① *Index librorum prohibitorum.*

② Paulus Ⅳ,1476—1559,在位是1555—1559年。

③ Émile Zola,1840—1902.

④ Blaise Pascal,1623—1662,一译巴斯噶,法国科学家、哲学家、散文家。

⑤ Edward Gibbon,1737—1794,英国历史学家,抨击基督教会,认为基督教的传播是古罗马帝国灭亡的原因。

⑥ Dumas père,1802—1870.

⑦ Anatole France,1844—1924,法国小说家。

⑧ Guy de Maupassant,1850—1893.

级会议记录的辩论》①是众所周知的。列宁为了对付沙皇政府的书报检查，不得不用"可恶的伊索寓言式的语言"、"奴隶的语言"②。

在法西斯国家，如希特勒上台后的德国，图书馆受到政府的严厉控制，犹太人和共产党人作家的著作被取缔。如前所述，1933年5月10日，纳粹党徒竟然在柏林和其他大学城大肆焚烧了马列主义和其他进步书刊。仅出版业中心莱比锡一地就烧毁了大约50万册书。在首都，焚书暴行是在邻接国家剧场和大学的广场上干出来的。世界进步人士对这桩中世纪般的野蛮暴行大为震惊，纷纷提出了抗议。不久在巴黎，进步团体创建了藏书10万册的"德意志自由图书馆"③。但1940年法西斯占领法国后，这所图书馆又被他们完全毁掉。民主德国建立后，5月10日被定为"自由图书日"④，以宣传和推广人道主义和社会主义的图书。

在美国等资产阶级民主比较健全的国家，图书馆仍受到了来自各方的有形无形的压力。个人、社会团体、宗教团体、政治团体或特设机构、政府官员、行政部门等等，迫使图书馆不要采购某些图书，或限制其流通范围。这种压力和干涉严重到如此地步，致使美国图书馆协会在1939年通过了一项《图书馆权利宣言》⑤。该宣言于1948年修改后在协会的理事会上正式通过，在1951、1961和1967年又多次修订，1979—1980年成为美国图书馆协会的正式文件。这一文件的主要精神是：图书馆必须提供有关问题的所有不同观点的图书和资料，每一个市民都有权自由地得到他所要求的资料。美国图书馆协会的这一主张和作法获得了美国许多团

---

① 《马克思恩格斯全集》，第1卷，第3—31页、第35—96页。
② 《列宁选集》，第2卷，第730—731页。
③ Deutsche Freiheitsbibliothek.
④ Tag des freien Buches.
⑤ Library's Bill of Rights.

体的支持。

该协会之所以有必要采取以上措施,是因为阅读自由在"民主"的美国受到了限制。例如,1950年,美国国粹主义组织"美国独立战争的孩子"要挟新泽西州①图书馆说,必须给馆藏中有关共产主义的图书贴上标志,并办理适当的手续才允许出借。又如,1952年,波士顿市长和市议会会长要求波士顿公共图书馆在共产党的书刊上贴标签,并反对今后购买这一类书籍。诸如此类的事件不断发生。可见,美国图书馆协会的上述行动是有其历史背景的。

在苏联,泄露国家机密和危害劳动人民利益的书籍均被禁止出版。

如前所述,在国际和国内存在阶级斗争的情况下,图书审查在任何国家都以各种不同的形式存在着。提出绝对的阅读自由的要求,是不现实的,在某些情况下是有害的。但为了增长知识,为了发展学术,图书馆员有责任满足所有求知的人们的要求。图书馆员也有不可推卸的责任,同广大人民一道努力防止二十世纪的焚书再次出现。

9.13 教会图书馆

基督教文化目前对西欧社会仍然具有极大的影响。在大小城镇,数不清的教堂星罗棋布,到处可见。教堂的悠扬的钟声同那些现代化带来的聒耳的机器声混合在一起,奏出一支不协音的合唱曲。教会对当代西欧的影响是不可忽视的。在这里设一节来叙述当代教会图书馆的概况,似乎并不算赘疣。

---

① New Jersey,在美国东部。

目前的教会图书馆大致可以分为两类。一类是以神学专著为主的专业研究图书馆。另一类是以通俗宗教书籍为主的公共性的教会图书馆。

前者的藏书从文化史的角度来看是比较珍贵的。人类文化遗产的相当一部分保存在这里。这些图书馆的读者不仅有神学家、神职人员，还有许多人文科学的学者。在这一类图书馆中，首屈一指的是梵蒂冈图书馆。该馆的现代化过程已在第六章第十节详述过。

在西欧各国，仍有不少有名的大教堂和修道院的图书馆。它们都藏有数十万册的神学专著。例如，在联邦德国，科隆和帕德博恩①的大教堂图书馆各收藏着将近 20 万册图书。神学院所属的图书馆也有相当出名的，例如，艾希施塔特②和特利尔的神学院图书馆都有 16 万册以上的藏书。英国的达勒姆大教堂图书馆，藏书超过 4 万册，其中珍本和写本甚多。奥国的修道院图书馆被保存到现在的，也为数不少。1089 年建立的梅尔克③的本尼狄克特修道院图书馆尤其著名，藏书 8.5 万册，写本 2,000 件，其中最老的是公元 840 年的。

第二类教会图书馆一般规模不大，藏书多半在数千册，但图书馆的数目却非常可观，甚至散布到穷乡僻壤。这些图书馆大半是所谓的"教区图书馆"。它们向信徒和非信徒提供一般宗教书籍和一些通俗读物，其中有些是好书，有些是不值一读的东西。不少图书馆的主要对象是儿童，这是很值得注意的。

资本主义初期，各国都有些先驱者，为布教而开设图书馆，其

---

① Paderborn，在北莱茵－威斯特法伦州。

② Eichstätt，在慕尼黑西北。

③ Melk，奥国北部城镇。

中著名的是英国的布雷①。他是英国圣公会的牧师,曾在当时的英国殖民地——北美布道,1695—1704 年在马里兰等各州设立了 70 多所教区图书馆。其中 5 所设在大城市为全城服务,40 所是为教区居民服务,其余是为俗人服务的。这些图书馆是由布雷本人出资或用他在英国募集的钱款经营的。各馆藏书从数十册到数百册不等。小馆的藏书大多是宗教书籍,大馆还收藏历史、地理、哲学等书,以便提高牧师的知识水平。布雷死后,这些图书馆大部分都消失了。

到了二十世纪,不管是天主教还是新教,都积极发展教区图书馆。据 1971 年统计,在联邦德国,天主教的图书馆共有 6,413 所之多,总藏书为 1,120 万册以上,一年接待读者 95.3 万人,出借册数约 1,390 万册。新教的图书馆在同年有 2,088 所,总藏书为 220 万册以上,一年的出借册数约 225 万册。两者合计,全国有 8,501 所教会图书馆。尽管其中大部分是藏书 1,000 多册的小馆,但一国竟有这么多教会图书馆,实在惊人!

更令人骇异的是美国的教会图书馆。这里也是以小型馆为主,但全国的总数竟达 4 万所之多!

奥地利这一小国,宗教势力也很大,不少教会图书馆实际上起着公共图书馆的作用。据 1968 年的统计,教会图书馆有 1,303 所,总共藏有 77 万册书,一年出借 100 万册以上图书。

在法国,仅仅"妇女天主教总会"②这一系统就有 1,200 所图书馆,1969 年一年共出借 840 万册书。

这些教会图书馆一般都是具有公共权利的法人,但完全由教会独立经营,国家很难加以干涉。

不少国家的教会图书馆还组成独自的图书馆协会。美国的天

---

① Thomas Bray,1658—1730.

② L'Action catholique générale feminine.

主教图书馆协会①成立于 1921 年,会员约 4,000 人。它的宗旨是倡导和促进天主教的文献活动和推广天主教的著作。荷兰有神学院和修道院图书馆协会,它同天主教图书馆的馆员保持联系,并为图书馆训练工作人员。近年来,该协会还鼓励编制各会员馆的联合目录,并试行印制目录卡片,以达到统一编目的目的。在联邦德国,原有的两个天主教图书馆组织和一个新教组织于 1957 年合并,组成了教会图书馆协会联合会②。它的宗旨是,建立具有宗教特点的、与国家经营的图书馆不相同的图书馆体系。

为了培养教会图书馆的馆员,教会还开办自己的图书馆学校。梵蒂冈的图书馆学校是 1934 年建立的。在德国,从 1909 年就举办一年一度的天主教的图书馆员训练班。从 1921 年就有了教会图书馆学校。德国的新教从 1947 年起在格廷根建立了自己的图书馆学校。教会组织还出版有关宗教书籍的专门杂志。

9.14 图书馆员的教育

随着藏书的增多、出版物形式的多样化以及服务手段的现代化,传统的图书馆员培养方法已经不太能够适应工作的需要了。

由于学科越分越细,一般性的参考咨询工作常常解决不了读者提出的问题。在图书馆学校,仅仅讲授图书馆学的基本课程,已经不适应时代的要求了。于是专业知识的课目增加了。目前,许多国家都设有图书馆学研究生院,吸收大学其他专科的毕业生,进一步讲授图书馆学的知识。也可以先接受图书馆学的基本训练,然后再去钻研某一门专科。在职馆员也定期去接受新知识或专科

---

① Catholic Library Association.

② Arbeitsgemeinschaft der kirchlichen Büchereiverbände.

知识。总之,优秀的图书馆员应当是图书馆学的专家兼某一学科的专家。

情报科学出现之后,它同图书馆学的界线至今划分不清。各国的图书馆学院纷纷开设情报学的课程。图书馆学这一名称也逐渐被"图书馆情报学"①一词所接替。不少图书馆学院改名为图书馆情报学学院。

随着图书馆事业在国际范围的合作日渐增多,跨国的图书馆教育问题也被提到日程上来。早在 1904 年,比阿基②就在美国的《图书馆杂志》上著文,建议成立国际性的图书馆学校。但由于学校校址、课堂语言、课程设置等问题难于解决,这一建议在半个世纪一直没有能够付之实践。

近几年来,在图书馆教育的国际合作上较有成效的是英国的暑期国际研究班③。它设在威尔士的阿伯里斯威思的图书馆学院④。这个暑期研究班每年都开班,学员多数来自英语国家⑤。1963 年在塞内加尔⑥的达喀尔⑦大学成立了"图书馆员档案员情报员学校"⑧。它的学员来自说法语的非洲国家。设在哥伦比亚麦德林⑨市的"美洲洲际图书馆学校"⑩是为说西班牙语的图书馆

① Library and Information Science.

② Guido Biagi.

③ International Graduate Summer School.

④ College of Librarianship Wales.

⑤ 详见 *ALA World Encyclopedia of Library and Information Service*,1980,p. 320.

⑥ Senegal,非洲西部国家。

⑦ Dakar.

⑧ School for Librarians,Archivists and Documentalists.

⑨ Medellín,在哥伦比亚的西北部。

⑩ Inter – American Library School.

员开设的。在乌干达①首都坎帕拉②的马克勒尔大学③,于 1963 年开办了"东非图书馆学校"④。它得到了联合国教科文组织、各种基金会以及斯堪的纳维亚各国的帮助。1971 年牙买加首都金斯顿⑤成立了西印度群岛图书馆学校⑥。

---

① Uganda.
② Kampala.
③ Makerere University.
④ East African School of Librarianship.
⑤ Kingston.
⑥ The West Indies School.

第十章　图书馆的现代化

第二次世界大战以后,新技术在图书馆工作中的应用使图书馆的面貌发生了巨大的变化。将来,图书馆会发展成为什么样子,在很大程度上,是要看日新月异的科学技术对图书馆能产生多大的影响。就近几十年来看,这些新技术包括缩微复制、静电复印、声像技术、电子计算机等等。

10.1　缩微复制技术

缩微照相技术已有 100 多年的历史,第一张缩微复制品是 1839 年英国人丹塞①制成的。他把一张 8 英寸大的文献缩摄成 1/8英寸的胶片。从此,缩微复制技术不断发展。最初,图书馆利用这一技术来复制一些无法得到的孤本书、珍本书、手稿、易于破损的报纸等等。

近几十年来,随着缩微复制技术的发展,图书馆逐渐开始复制大量的图书资料。早在三十年代,英美各图书馆就经常把重要的报刊制成缩微胶卷。现在,缩微复制品已成为图书馆馆藏的一个重要的组成部分。这是 100 多年前人们无法意料的情形。

---

①　B. Dancer.

缩微复制的好处很多。首先可以大大节约图书资料的贮存空间。上述的建立保存图书馆来节约空间的方法,与缩微复制是无法相比的。据报导,《不列颠百科全书》出版公司的索引卡,原来需要 3 米高、700 米长的书架才能存放,经缩微后只需两个普通卡片盒抽屉即可容纳。55 卷中文第一版《列宁全集》,可缩微在 55 张超缩微胶片上。

其次,利用缩微复制技术,可以很容易复制大量的珍贵稀有文献,复制费用仅为一般图书的 $\frac{1}{10}$ — $\frac{1}{15}$ 左右。缩微复制给图书采购带来了戏剧性的变化。它使图书资料不再湮没,不会绝版。目前,国外的商业性缩微品是复制有关某一主题、某一时期、某一著名图书馆的藏书,或某一地区的大量的图书资料,而不是仅仅复制某一本书的某一篇章。如美国的《不列颠百科全书》出版公司,用缩微胶片出版了一套《美国文化缩微丛书》,包括美国初期到现在的重要著作约 1.5 万种,其中有的史料连国会图书馆都没有入藏,而价格低廉,仅为印刷本的 $\frac{1}{10}$ — $\frac{1}{20}$。体积很大的报纸、手稿、期刊、摇篮刊本、政府出版物以及绝版书等等都可以缩微复制。新成立的图书馆通过缩微复制可以得到基本的全套期刊、历史文献以及所需的参考著作,这在过去是绝不可能办到的。缩微复制也可以使老馆容易补充一些自己没有收藏的某些专题的资料。在馆际互借业务上也可以利用缩微复制品。可见,缩微复制已成为图书馆的馆藏建设的最有力的手段之一。此外,缩微品的保存期在恒温恒湿的条件下,比印刷品长。我们很难预测,缩微复制技术的进一步发展将给图书馆工作带来多么大的益处。

缩微复制品的种类繁多。主要有如下三种类型。一是历史最悠久的缩微胶卷①。它是长条的,标准长度为 30 公尺,同电影胶卷近似,其宽度以 16 毫米和 35 毫米的为多见。二是缩微卡片②。它是 1944 年上述美国的著名图书馆学专家兼编辑和出版商赖德创造的。他对无法控制的馆藏的增长十分关注,设法把图书的内容复制在与图书馆目录卡一样大小的卡片上。缩微卡片是不透明的,每张可印 60—80 面书页,需要时还可以附加卡片。卡片上端用肉眼可见的字体印有简要的目录款项。五十、六十年代,缩微卡片相当盛行,但现在不再大量生产了。三是缩微胶片③(即缩微平片)。它的大小同缩微卡片相似,但是透明的。缩微胶片创始于欧洲,后于六十年代传到美国,是现在国际上盛行的缩微复制品。胶片的国际标准规格是 105×148 毫米,一般能容纳 60 面或 98 面书页。缩微复制品还有其他不同的种类和规格。从使用上来看,复印小薄本出版物,使用缩微胶片比较方便。出版多年的成套报纸,使用缩微胶卷是很经济实惠的。

缩微复制品必须经过放大才能阅读,通常是利用阅读机。近来阅读机的功能有了很大的改进,出现了阅读复印两用机④。当读者用阅读复印机读到需要复印的篇页时,只要按一下电钮,即可送出一页放大的复制品,省去抄写的麻烦。

但是缩微复制品有以下的弱点,因而遭到读者的抵制。首先,读者抱怨,阅读机的光使眼睛感到疲劳。不管是生理上的还是心理上的原因,读者都惧怕阅读机,除非馆内只有缩微复制品的时候,他才不得已使用它。其次,用阅读机查寻某一页的资料,很不方便,不像印刷资料,一翻即得。桌上放一台阅读机,工作起来也

---

① Microfilm.
② Microcard 或 Micro – opaque.
③ Microfiche.
④ Reader – printer.

十分不便。加之，目前缩微资料一般只能在馆内阅读，这也有碍于它的使用。缩微复制品的保管比一般图书的保管还需要更多地考虑温度、湿度、防霉、防尘、防化合物污染、防磨擦损伤等等。从上述几点看来，将来缩微复制品全部取代印刷出版物的可能性，恐怕是极小的。

10.2　静电复印技术

　　静电复印设备在图书馆的广泛应用，同缩微技术的应用一样，具有划时代的意义。现在，想要得到出版物的复本或复份，可不必再次印刷或抄写，而采用静电复印的办法，用低廉的价格，可以很迅速地达到目的。读者可以把复印件拿回家中或办公室里，而原件仍保留在图书馆，作为他用。现在，几乎每一所图书馆都有静电复印机，随时为读者服务。略微夸张的说法是"图书馆正由出借机构变为复印机构"。

　　静电复印已有 40 多年的历史。第一台复印机于 1938 年由美国人卡尔森①发明。起先，静电复印技术发展缓慢。六十年代初，美国静电复印品公司制成 Xerox 914 型自动化的间接式静电复印机，从而引起人们的重视，后来 Xerox 一词竟成为国际性的名称，泛指静电复印品或静电复印技术。日本正在大规模地发展静电复印技术。目前，静电复印在各国相当普及，已成为科研、经济各部门以及图书馆的一种有力的通用手段。

　　静电复印机的品种很多，从复印方式上分为两种：一种是使用普通纸的间接式复印机，另一种是使用感光纸的直接式复印机。在用途方面，也有可以放大和缩小复印的，也有使用单张纸或卷筒

---

① 　Chester F. Carlson，1906—1968.

纸的,甚至还有彩色复印的,另外还有可将缩微胶卷或胶片放大的以及与缩微文献阅读机联成一体的阅读复印机等等。有的复印机是投币式的,投入一定的硬币就可以使用。

静电复印的用处实在太大了。作为一种照像,它既不需要拍摄底片,也不需要化学处理。作为一种印刷,它又不需要做专门的印板。静电复印也便于馆际互借和邮寄借书。它代替抄写,又省事又准确,保证印件与原件完全一样,不必做校对工作。它也作为快速传递情报的手段而起作用。图书馆得到情报资料,即可复印,发送给有关读者。静电复印技术还可用于印制目录卡片、目录通报、公文、档案、表格等等,可节省人力,提高效率。

静电复印也带来一些问题。例如,复印会加速原件的损坏,特别珍贵的资料是不适宜采用静电复印的。

复印还侵犯版权。目前有的国家向每台复印机征收一定的金额,支付给出版社或版权所有者;也有复印机使用单位向复印机生产机构交付使用费的,至今没有找出彻底解决的办法。书刊资料,尤其学术著作和论文的大量复印,有利于科学研究工作,但复印量的增大必定影响出版物的销售量,致使出版社的经营陷于困境。学术书刊的涨价或停刊,反过来会缩小图书馆所赖于生存的书刊来源。在这一方面,我国将出现什么样的局面,也是值得注意的。

10.3 视听资料

人类借助文字来记录和传递知识,已有数千年的历史。文字对于促进人类文明起着很大的作用,它迄今仍是主要的文化工具。但这种书写符号也有一定的局限性。近百年来出现了用直接记录图像和声音——视听资料——来传递知识的方法。视听资料有其独特的功能,既闻其声,又见其形,直感性很强。例如,心脏跳动声音的差异是很难用文字描述的,听听录音就比较容易分辨其特征。又如,火箭发射的瞬间的情况或植物的生长情况可以用慢镜头或快镜头影片看得非常清楚。电影、录像等视听资料是边看边听的,效果特别好。视听资料的制作过程,如录音、录像等比图书出版过程要短得多,而且还可以复制,长期保存。如,学术会议记录马上就可以录音,很快发行传播,如果以图书形式出版则需要很长的时间。总之,视听资料可以弥补文字资料的局限性,发挥其独特的作用。

因此,视听资料逐渐深入到人们活动的各领域,成为社会的普遍需要。它们在图书馆馆藏的比例也越来越大,几乎与印刷品相对衡。

视听资料包括视觉资料、听觉资料和视听觉资料等,一般仅指需要利用某种设备才能再现其功能的资料,所以不包括照片、图画、模型等等。

视听资料的种类有:唱片、录音带、幻灯片、电影片、录像带、电视唱片[1](或称录像磁碟、录像盘、录像片)等。视听设备有:电唱机、录音机、幻灯放映机、电影放映机、录像设备、电视机等等。

视听阅览室是利用视听资料的场所。视听资料在国外一般都可以免费外借。人们可以把有教育意义或娱乐性的录音带、录像带借回家欣赏。在国外也开始出现了专门收藏视听资料的声像图书馆。

视听资料应用最广泛的是美国,早在本世纪三十年代,一些学术图书馆和公共图书馆就开始添设视听资料,首先是唱片和电影片。第二次世界大战以后,视听资料传到欧洲,先在英国、北欧各国,后在其他国家传播开来。纽约公共图书馆的视听资料设备是样板之一。这里有收听室、幻灯放映室、电影放映队等等。1977

---

① Videodisc.

年成立的巴黎的蓬皮杜国家艺术文化中心①的情报公共图书馆②设有很好的幻灯片收藏室,人人都可以自由地使用幻灯。这里收藏的电影片都转换成录像带,随时可以观看。在听力室可以使用录音带学习40种外语。蓬皮杜中心的这些视听资料服务都是免费的。这是一所新型的图书馆。任何人,不管其年龄和社会地位如何,都可以不办理任何手续进入馆内。这里同巴黎很多图书馆不一样,晚间和星期日也开放。藏书是适合广大群众阅读的,全部是开架。每天进馆人数比原先估计的多1倍,即1天1万人以上。

图51 蓬皮杜国家艺术文化中心

为了视听资料的统一编目,国际图联还制定了《国际标准书目著录(视听资料)》——ISBD(A/V)③。

由于视听资料的增多,在美国出现了一批视听资料专家,他们

---

① Centre national d'art et de culture Georges – Pompidou.

② Bibliothèque Publique d'Information.

③ 见本书第453－454页。

的工作几乎与图书馆完全脱离。但是视听资料专家和图书馆员这两者的职能实质上是相同的。近来有把这两部分人员结合起来的趋向。

10.4 电子计算机

电子计算机的一般理论产生于本世纪三十年代初。第一台电子计算机于四十年代在美国诞生。从此,计算机在科学研究、工农业生产、文化教育、国防建设等领域都得到了日益广泛的应用。

五十年代初,在著名的美国图书馆员、发明家拉尔夫·罗伯特·肖[1]的指导下,制成了第一台检索文献的机器——当时叫做"快速选择器"[2]。后来,美国政府机构、情报中心、图书馆等都试验用计算机储存和检索文档。美国著名图书馆员克拉普[3]领导的"图书馆资源委员会"[4]主持了图书馆机械化系统的开发事业。到了六十年代末,计算机技术在美国图书馆的管理工作中取得了重要进展。

计算机技术的发展在各国是很不平衡的,西德是六十年代初开始的。日本和澳大利亚是从六十年代末到七十年代初才开始的。还有些国家正处在研制或准备阶段。

计算机在图书馆的应用引起了图书馆业务的巨大变革。可以说,图书馆工作的几个主要环节都可以使用计算机。不仅在组织

---

[1] Ralph Robert Shaw,1907—1972.

[2] Rapid Selector.

[3] Verner Warren Clapp,1901—1972.

[4] Council on Library Resources,成立于1956年,任务是从经济上支援图书馆新技术、新方法的研究和发展。它是一个有权威的非营利机构,经费来源是福特基金会。简称 CLR。

管理、采购、编目、期刊管理、流通外借,并且在文献检索上也可以发挥计算机的威力,甚至跨国也可以查索资料,所需时间仅几分钟。

下面先从计算机在编目工作上的应用谈起。

图书编目的计算机化

图书编目的计算机化是图书馆工作计算机化的中心环节。因为图书馆工作的每道工序几乎都要接触著者、书名、出版事项、稽核事项、登录号、索书号等这些所谓"书目数据"①。如果能够把这些书目数据输入计算机贮存起来,建立一个"书目数据库"②,那么馆内的各个部门的各项工作就可以共同反复加以利用,避免大量的重复劳动。因此可以说,编目工作的计算机化是实现图书馆工作自动化的基础。

在传统的图书馆的目录中,书本式目录和卡片目录并存,并互为补充。编目的计算机化产生了一种新的目录——"机读目录"③,英文简称是 MARC(马尔克),MARC 就是"计算机能读的目录"。这是把所有的著录项目(书目数据)编成计算机可以接受的二进制代码,记录在磁带(或磁鼓、磁盘)上,以便通过计算机进行检索。这种机读目录系统研制成功后,就可以逐步地由电子计算机管理的书目数据代替手工检索的卡片目录和书本目录,实现编目工作的计算机化。

试制 MARC 的是美国国会图书馆。它设法不要通过大量的卡片目录和书本式目录,而要通过计算机控制台来利用自己的庞大的馆藏。早在五十年代,国会图书馆就开始研讨编目计算机化

---

① Bibliographic data.

② Bibliographic data base.

③ Machine Readable Catalog.

的问题。1963年,当电子计算机能够处理商业数据的时候,该馆就请计算机专家进行了图书馆工作自动化的调查研究。1964年成立了专门组织,1965年的"高等教育法"第二条C款授权国会图书馆进行集中编目。1966年9月,国会图书馆生产出"MARC I"磁带,11月起向16个参加馆发行,每周一次,每条磁带约有1,200个记录。到1968年6月,试验磁带共记录了5万种英文图书。MARC试验的成功,是图书馆工作自动化的一个伟大的里程碑。

但是,MARC I的格式较多地照顾了编制程序上的方便,与传统的编目方法差别太大,因此没有能够被图书馆所接受。于是国会图书馆又重新设计MARC II。它是一种适宜于交换书目数据的磁带记录格式,1967年6月试制成功,1968年6月最后完成,从1969年3月开始正式向全国发行。

机读目录的用途和性能是很多的。它的最大特点是"一次输入多次利用"。只要按照机读目录格式把有关书目数据详尽输入,就可以按照不同的用途多次利用。例如,可以从MARC磁带生产目录卡片、书本式目录(分类目录、书名目录、著者目录等)、各种专题书目以及出版者目录、出版国目录、按出版年查的目录、国际标准书号目录等等。总之,MARC的可检索性表现在:可以从任意角度检索,或从多角度组配检索。因此,它可以答复关于书目问题的咨询,也可以按需要输出一本书的工作单、通知单、订购单、催书单等等。MARC有排序功能,可按号码编制索引,如报告号、馆藏号、专利号、合同号等索引。它也有统计功能,能够对图书出版情况、藏书成分等做分析研究。MARC有报导性能,用户可把它作为选订图书、交换图书、馆际互借的依据。MARC通过发行磁带或联机网络的方式,可达到交换书目信息和资源共享的目的。

美国国会图书馆不仅编制图书的MARC II磁带,还连续设计了期刊、地图、影片、写本、乐谱、录音资料等等机读目录格式。

MARC问世之后,许多国家纷纷进行研究,建立自己的MARC

系统。英国、联邦德国、法国、澳大利亚等使用拉丁文字的国家能够比较顺利地按照 MARC 格式,设计自己的 MARC 系统。不使用拉丁文字的国家,如日本也开始接受 MARC II 机读目录系统,基本上解决了假名和汉字信息输入问题,并开始编制 JAPAN/MARC（日本机读目录）。现在世界不少国家已经或正在建立自己的机读目录系统。

欲使机读目录具备一国乃至世界范围的兼容性,则必须实行标准化,即记录格式、字符编码和目录著录等方面的标准化。MARC II 格式的基本结构已被国际标准化组织[①]采纳为 ISO2709—1973（E）。各个国家和图书馆国际组织基本上都是根据这种格式设计机读目录的。国际图联于 1977 年正式提出了"国际马尔克"[②],以便建立国际机读目录数据库。国际标准化组织认可的标准的字符编码是"美国信息交换用标准代码"[③]。著录标准化问题在下面第十一章第二节详述[④]。

随着电子计算机技术发展的需要,缩微复制技术被吸收到电子计算机领域中来,出现了"计算机输出缩微胶卷（片）"[⑤],简称 COM 和"计算机输入缩微胶卷（片）"[⑥],简称 CIM。由于计算机中央处理机的速度越来越快,行式打字机的速度已经赶不上输出的数字和文字形式的速度了。因此需要一种高速输出的设备,把计算机输出的信息转换为普通文字,然后拍摄在缩微胶卷上。用 COM 技术产生出来的不是目录卡片或书本式目录,而是缩微胶卷

---

① 见本书第 458 以下各页。

② UNIMARC.

③ American Standard Code for Information Interchange,简称 ASCII,由 7 位数据位加 1 位奇偶检验位组成的代码。

④ 见本书第 453－454 页。

⑤ Computer output microfilm.

⑥ Computer input microfilm.

（片）。

COM 的优点是：处理速度快，比宽行打字机快 15—20 倍；输出数据微型化，一张 COM 胶片包括 3,000 多条记录，能代替 3,000 多张卡片，胶片还可以拷贝，也可以静电复印；便于保存，比印刷品体积轻便，携带方便；无需装订；复制省费等等。一些国家的图书馆已经开始利用 COM 方式生产缩微目录，如美国、英国、澳大利亚等。COM 的缺点是不使用阅读机无法利用。

CIM 是 COM 的反系统，即把缩微胶卷（片）上的文字和图像转换成数字信息，再输入电子计算机，它目前还处在研制阶段。

随着科学技术的迅速发展，图书馆目录将如何进展，很难预料。目前，极个别图书馆开始停止使用卡片目录，已经用计算机来编制公共目录——卡片形式的、书本式的或联机检索。有的馆是联机检查书目记录与用 COM 方式的缩微目录并用。但这还属于尝试阶段。从发展趋势来看，可能出现三种目录并存、互为补充的局面，即：一，新入藏的资料采用联机检索目录；二，利用率较高的资料采用 COM 的缩微目录；三，旧资料和罕用书继续采用卡片目录。

情报检索的计算机化

情报检索计算机化与编目计算机化，两者在方法上并无太大差别，都是文字资料的计算机化，只是前者以一篇文章、一项专利等作为一个单位贮存，后者则是以一种图书资料作为一个单位的。前者从情报专业着眼称它为文献库或文献数据库，后者从图书馆专业角度出发称它为机读目录。

近几十年来，由于情报资料爆炸性的增多，传统的手工检索手段（文摘、索引等）已经不太适应新形势了。人工检索需要一、两年时间的，计算机可以在一、两周之内完成。一个检索课题用传统的检索办法可能要一、两天，用计算机检索多则十几分钟，少则几分钟就可以完成。

计算机在情报检索工作中的应用,目前主要有如下几个方面:

1.用计算机编制文摘索引等等。平时不断输入到计算机的文献,可随时命令机器自动排序输出,大大缩短索引或文摘的编制出版时间。由于计算机有"一次输入、多次多种输出"的优点,所以可以编排出各种各样的索引,如作者索引、主题索引、季度索引、年度索引等等。计算机还可以把文摘、索引输出在磁带和缩微胶片上。这些虽属副产品,作用却很大。

2.文献检索。目前文献检索主要有两种方式:定题情报提供①和回溯检索②。

定题情报提供是情报部门根据用户的研究课题,定期(一周、半月、一月)从新的文献数据库找出所需的情报,及时提供给用户。新的文献情报是刚收到的市面出售的文献磁带,或是情报部门编制的最新磁带。计算机必须定期从头到尾过筛一遍,每读一篇文献资料都要和预先登录好的用户要求表对照一下,看看是否有用户需要,并在各个用户名下打印出书目,然后发给用户。

这种服务方式在国外很普遍,很受欢迎。这是因为设备要求不高,只需小型计算机系统即可。由于占用机器的时间不多,租用他人的机器也不困难。定题情报提供可使用户经常地、及时地掌握他所关心的情报。

另一个检索方式是回溯检索。它是根据用户的要求,查找若干年内的文献。回溯检索后来发展成为联机检索,即用户使用计算机终端设备(电传打字机和显示器),通过通信线路同中央计算机连接,直接与计算机对话进行检索。回溯检索能够使用户了解一个研究课题发展的全过程,掌握前人的研究成果。联机检索可

---

① Selective Dissemination of Information,简称 SDI。
② Retrospective Search,简称 RS。

以人机对话,用户可以随时修改提问,机械可以即时回答,终端可设在用户身边。这是相当先进的检索系统。回溯检索必须有相当规模的文献数据库,否则难于满足用户的需求。

计算机网络

计算机网就是图书馆网和情报网的计算机化。现在世界各国已经建立了大量的、不同形式的图书馆网络和情报检索网络,并向着"世界书目管理"①的方向发展,力求实现"资源共享"。

目前美国最大的图书馆网是"俄亥俄学院图书馆中心"②。该中心成立于1967年,起先是俄亥俄州的各科学研究图书馆的联合组织。以后发展迅速,目前有1,800所以上的各类型的图书馆和20个地区的图书馆协作网参加,其成员遍及美国49个州,所设终端有2,800台以上。各终端通过电话线路与该州哥仑布市③的计算机中心衔接。中心书目数据库已积累书目记录500万条以上,并以每周2万条的数量增加。这个系统可向成员馆发行目录卡片和磁带目录,各成员馆可通过终端向中心数据库存入本馆的书目记录,馆际互借也可通过该系统。它还可以帮助各成员馆的采购工作,并具有选订、订购、验收、登记、查询、记账等功能。

美国的另一个最大的文献检索网络是美国国立医学图书馆的"医学文献联机检索系统"(MEDLINE)。该馆是世界上医学领域的最大的科学研究图书馆。1964年,该馆启用计算机,建立"医学文献分析与检索系统"④(MEDLARS),以代替人工编辑的《医学索引》⑤。1971年起,把 MEDLARS 数据库通过计算机同国内外的医

---

① Universal Bibliographic Control,简称 UBC,详见本书第452页。

② Ohio College Library Center,简称 OCLC。

③ Columbus.

④ Medical Literature Analysis and Retrieval System,简称 MEDLARS。

⑤ *Index Medicus.*

学单位联结,建立了 MEDLINE①。1973 年只有 120 个终端,到了 1979 年,国内的终端增至 1,003 个,国外终端有 189 个,遍布英、法、德、日、加拿大等 11 个以上的国家,已形成国际性的网络。

"英国图书馆自动情报服务系统"②(BLAISE)是 1977 年建立的。它是英国的第一个联机情报检索和编目系统,任何个人和团体都可以交费使用。它的资料库是由 MEDLINS、美国国会图书馆的 MARC 等组成的。BLAISE 的特点是:第一,它把联机情报检索与联机图书编目(全国图书馆统一编目)的功能结合在一起,身兼二职。第二,BLAISE 的建设,从一开始就纳入了全国和国际的联网化的计划。它是全英联机网络的一部分,又从属于欧洲经济共同体的"欧洲科技情报网"③。美国的一些大型联机检索系统,很多是由商业公司经营的,彼此竞争,抵消人力物力。英国则在统一计划之下,相互合作,组成网络,更好地实行资源和设备的共享。这是很值得借鉴的。第三,BLAISE 既向用户提供书目情报,又提供文献原件或复制品,是一个服务项目齐全,生产、服务、发行兼备的联合企业④。

法国的"国立科技研究中心"⑤是成立最早的(1939 年),也是资本主义国家中最大的国家情报中心之一。它出版一种百科全书性质的《文摘通报》⑥,共有 49 个分册,每年报导 50 万篇文章。

"日本科学技术情报中心"⑦成立于 1957 年,是全国的综合性

---

① MEDLINE 是 MEDLARS on－line 的简称。

② The British Library Automated Information Service,简称 BLAISE。

③ European Information Network,简称 EURONET。

④ 详见陈光祚《英国的联机检索与编目系统——BLAISE》一文,载于《图书馆学通讯》,1979 年第 1 期,第 85—90 页。

⑤ Centre Nationale de la Recherche Scientifique Technique.

⑥ Bulletin signalétique.

⑦ Japan Information Center of Science and Technology,简称 JICST。

的科技情报中心。从 1967 年开始用计算机加工情报,并出版《科学技术文献速报》。

苏联的"全苏科学技术情报研究所"[①]成立于 1952 年。从 1953 年起出版《文摘杂志》[②]。1966 年,在科技情报与宣传局的领导下建立了全国的情报网。

世界其他各国也都走上了集中领导和协调合作的道路,已经或正在进行情报网络的建设。

最近几年,文献检索技术发展到一个新阶段:以前计算机文献检索系统只能进行二次文献的检索(目录、索引、文摘等),即提供文献线索。近来出现了全文检索,只要向机器提出要求,原文的全文就会迅速显示在终端的显示器上,必要时还可以获得复制品。

联机检索的进一步发展是:依靠卫星通信和电缆电视技术实现远距离的跨国计算机检索。数据通讯和计算机处理的结合、缩微复制品储存和视像传输的结合,将使读者在办公室或在家里随时都能利用天涯海角的全世界各图书馆的资料。

当然,上述这些方法由于技术上难度大和费用昂贵,可以说目前尚属试验阶段。

图书馆其他管理工作的计算机化

计算机在管理工作上所起的作用也很大。首先是图书流通管理工作的计算机化。不少国家的图书馆早已进行这项工作。读者姓名的编号、所借图书的代号以及借阅日期和期限都可以全部存储在磁带或磁盘上。这种办法虽然成本比较高,但节约了读者的时间,取消了排列书卡等大部分工作。计算机可以告知:谁借走了哪些书,哪本书被谁借去,何时应当归还等等。计算机还可以注销

---

① Всесоюзный институт научной и технической информации,简称 ВИНИТИ.
② *Реферативный журнал*

借书记录，计算罚款数额，也可以预约登记，催书，统计外借数据等等。

在采购工作中，除图书的选择必须由人来作出决定外，其余工作都可以计算机化。采购工作计算机化也是以图书编目计算机化为前提的，因为机读目录是采购管理系统必须利用的工具。图书馆可以利用机读目录磁带进行"采购检索"（查重等）。计算机还可以打印订购单、结算账单、编印新书通报、进行采购统计等等。

期刊工作也可以计算机化，从订购、到馆登记、编目、装订、外借、期刊财产登记，直到编印新刊通报都可以在管理上自成一个体系。

机器翻译对图书情报的影响极大。因为世界语种繁多是情报交流的极大障碍。总的看来，目前机器翻译还处于探索试验阶段。但它的发展对图书情报的交流必定起巨大作用。

图书馆的财务管理、人事管理、档案管理、设备管理等等都可以实现计算机化。

总之，计算机在图书馆的应用无疑是有深远意义的，其前途是无法预测的。但就目前来说，由于成本和其他一些难以克服的技术问题而严重地阻碍了它的广泛应用。全盘计算机化的图书馆目前还没有出现。

第十一章 图书馆的国际组织和国际合作

11.1 国际文献工作联合会

近几十年来,图书馆界在国际范围的活动越来越活跃,图书馆的国际组织越来越发展。

历史最悠久的图书馆学、目录学的国际组织是"国际文献工作联合会"[①]。它的任务是:促进和发展国际间的文献资料编目工作;建立一个国际文献工作网络;协助其会员组织之间的情报交流;召开有关文献工作的专业会议;出版发行有关文献工作的书刊资料等等。

该联合会的前身是 1895 年在布鲁塞尔成立的国际目录学会,创始人是两位比利时人——拉方丹[②]和奥特勒[③]。拉方丹是法学家、上院议员、国际联盟的比利时代表,1913 年获得了诺贝尔和平奖。奥特勒也是法学家、图书馆学家,写有大量的图书馆学、目录学、文献学的文章。他坚信:为和平而奋斗的国际组织能够给人类带来幸福。奥特勒给文献(document)一词赋予了比较广泛的意

[①] Fédération Internationale de Documentation,英文名称是 International Federation for Documentation,简称 FID。

[②] Henri La Fontaine,1854—1943.

[③] Paul Otlet,1868—1944.

义,并创造了文献工作或文献学(documentation)这一词。值得一提的是,早在二十世纪初,奥特勒第一个极力主张在图书馆工作中使用缩微胶卷。

由这二位创立的国际目录学会是世界上第一个、也是最重要的国际性的目录工作组织。它计划编制一部庞大的《世界书目》①,把全世界所有文字的所有学科的图书和期刊论文统统编在这部目录里。至1934年已经收录了1,700万张卡片。但这种乌托邦式的大规划终于没能实现。原因是:一,没有足够的经费;二,各国的协调和合作不够理想;三,全世界的图书出版量的猛增使得包罗万象的书目编制只能停留

图52 奥特勒

在空想上;四,这种书目的用处究竟如何也是个问题,因为它力图求全,所以除了重要著作以外也要把所有的用处不大的著作统统收录在内。

尽管《世界书目》没有问世,但国际目录学会在编制这部书目的过程中把杜威的十进分类法发展成为"国际十进分类法"。该学会在编制《世界书目》时把1,000多万本书制成两套卡片目录——字顺卡片和分类卡片。学会决定采用杜威的十进分类法,作为分类的基础。但由于杜威法缺乏理论上的一致性,细分程度不够,而且类号设立偏重于美国,因而有加以修订补充的必要。于是该学会在杜威法的基础上编制了国际十进分类法。后者的体系结构基本上与前者相同,标记也采用阿拉伯数字,但杜威法采取的

---

① *Répertoire bibliographique universal.*

是列举式,即根据事物或知识的整体概念,经过逐层分析,得出特定概念,然后根据这些特定概念立类、列类。国际十进分类法则在列举式上加了组配式,即把不同的特定概念进行组配,得出新概念,构成新类目。组配是用一些辅助符号进行的。例如,":"是关联符号,用来表明两个或两个以上的主题之间的关系。31∶63这一类号表示,统计学(31)和农业(63)的关系,即统计学在农业上的应用。又,语文复分号是"="。英文代号是2,德文代号是3,故用英文写的物理学(53)为53 = 2,用德文写的物理学为53 = 3。

著名印度图书馆学学者阮冈纳赞[1]参加国际目录学会的工作,担任该学会的综合分类法委员会[2]的主席。

国际十进分类法后来成为国际上比较流行的文献资料分类法。它的分类详细,共有15万条类目,是世界上类目最多的分类法之一。它采用了十几种辅助符号,可组配许多新的主题概念,灵活性很强。它又使用杜威法的号码(即阿拉伯数字),通用性好。它有一个常设机构,经常进行修订,保证了分类法的国际性,并且能够适应科学的发展。

当然,它也是沿袭杜威法的资产阶级的唯心主义的分类体系。由于组配过于灵活,容易造成分类混乱。国际十进分类法于1905年用法文出版。最完整的版本是1943—1953年间出版的德文版。

拉方丹和奥特勒所计划的宏伟的《世界书目》没有能够问世,但他们创造的国际十进分类法却给图书和文献的分类工作带来了很大的影响。

国际目录学会几次改组和易名,1908年改为"国际目录学和

① Shigali Ramamrita Ranganathan,1892—1972,著名的冒号制分类法(Colon classification)的创造者,《图书馆学五项原则》(*Five Laws of Library Science*)等名著的作者。

② Committee on General Classification.

文献工作学会"①,1931年改为"国际文献工作学会"②,1937年起用现名,即"国际文献工作联合会"。

该学会在文献工作的其他领域中也做了一些有意义的工作,诸如,文摘工作的研究、文献资料人员的培训、文献的复制等等。该会的常设秘书处在海牙,它负责协调各国分支的活动,并每隔若干年召开一次国际会议。

国际文献工作联合会同国际图联等国际组织有着密切的合作关系。该会的出版物有:《国际文献工作联合会新闻公报》③、《情报和文献工作国际论坛》④、《文献工作与图书馆学的研究与发展》⑤等。

11.2 国际图书馆协会联合会

简史

国际图书馆协会联合会(简称"国际图联")是世界上图书馆界的重要的国际组织。它成立于1927年,迄今已有50多年的历史。

国际图联是一个非营利的非官方的国际团体。按照1976年的新章程,国际图联的宗旨是:促进图书馆事业所有领域,包括书目、情报服务、人员培养等各方面的国际研讨、协作和发展,在国际有关事务中作为图书馆界的代表机构从事活动。

---

① Institut international de bibliographie et documentation.

② Institut international de documentation.

③ *FID News Bulletin.*

④ *International Forum on Information and Documentation.*

⑤ *R & D Projects in Documentation and Librarianship.*

图 53　庆祝国际图联成立五十周年纪念邮票(1977 年布鲁塞尔)

图书馆界的国际会议早在十九世纪就召开过几次①。几乎每次会议都强调建立图书馆的国际组织的必要性②。1921 年,在美国召开的世界教育会上,就提出了成立国际图书馆局的建议。当时旧中国教育部曾派该部科员谢冰参加讨论③。1926 年夏天,在布拉格召开了图书馆员和图书爱好者国际大会。法国图书馆员协会主席、巴黎的美国图书馆学校④教授昂里奥⑤建议成立国际性的图书馆组织并设置国际图书馆常设委员会。他所设想的国际组织同后来成立的国际图联大致相同。这次会议并没有就此形成决议,但把昂里奥的建议作为一项会议的备忘录记录下来。这次会议实际上是国际图联正式建立前的一次准备会议。昂里奥恰当地被称为"国际图联的精神之父"。

---

① 见本书第 218—220 页。

② 见 *IFLA's First Fifty Years*, München, 1977, p. 66—79.

③ 参见《中华图书馆协会会报》第 4 卷第 5 期(1929 年),第 4 页。

④ American Library School in Paris.

⑤ Gabriel Henriot, 1880—1965.

布拉格会议过后三个月,在大西洋城①和费城召开的美国图书馆协会成立 50 周年的大会上也提出过建立世界图书馆组织的问题。

这些建议和准备活动在翌年(1927 年)9 月 30 日的英国图书馆协会成立 50 周年大会上终于有了具体的结果。15 个国家的代表,包括中国的代表②,倡议并正式通过了决议,成立国际图书馆组织。瑞典皇家图书馆馆长、著名的摇篮刊本和中世纪史专家科林③被选为主席。他能流利地操 8 种外国语。这一组织起先叫做国际图书馆及目录委员会。1928 年在罗马召开大会,讨论组织问题。1929 年,在罗马和威尼斯召开大会,正式采用国际图书馆协会联合会的名称④。1930 年,会员有 20 个国家的 24 个协会。

在第二次世界大战爆发以前,即 1939 年以前,国际图联每年都召开大会。它在国际图书互借、国际图书交换、书目的标准化以及图书馆教育等方面起了促进作用。第二届主席是曾任美国图书馆协会主席、参加过梵蒂冈图书馆现代化工作的毕晓普。他的任期(1931—1936 年)正值经济危机笼罩欧洲的时期,各国的图书馆事业都苦于经费的激减,一筹莫展。毕晓普在 1935 年马德里和巴塞罗那召开的国际图联大会上强调指出,必须加强图书馆界的国际合作,以减轻经济萧条给图书馆事业带来的恶果。原定 1940 年在德国举行大会,以纪念活字印刷术的发明者谷登堡,但由于大战的爆发,没能实现。

在第二次世界大战以前,国际图联一直是欧美图书馆界名流

---

① Atlantic City,在费城西南。

② 在武昌文华大学图书科任教的美国人韦棣华女士(Mary Elizabeth Wood,1862—1931)代表中华图书馆协会出席大会。

③ Isak Collijn,1875—1949.

④ 参加这次大会的中国代表是沈祖荣,详见《中华图书馆协会会报》第 5 卷第 3 期(1929 年),第 3—25 页。

定期聚会的场所。他们在大会上畅叙友谊,并在热烈的气氛中讨论一些共同性的问题。会议一结束,他们就回去忙本国的工作。1939 年,国际图联的会员达 31 个国家的 41 个协会,但是参加大会的专家绝大部分是欧美人,尽管有中国、印度、日本、菲律宾等国的代表加入这一组织,但在三十年代,国际图联还没有成为真正的国际组织,欧美以外的国家要同国际图联接触,非常困难。下述史实充分地说明这种情况:中国和印度的代表恳请国际图联在亚洲召开 1936 年的代表大会,但这一邀请遭到拒绝,理由是经费有困难[①]。

第二次世界大战迫使国际图联停止活动。战后第一次大会在美国洛克菲勒基金会的资助下,于 1947 年在挪威首都奥斯陆召开。会议的重大成果是:同建成不久的联合国教科文组织建立了正式的工作合作关系。之后,国际图联参加了教科文的有关全世界图书馆建设的各项工作。这对国际图联的发展起了决定性的作用。会议还建议各国图书馆接受 125×75mm 的目录卡片作为标准卡。这次大会对公共图书馆的建设给予极大关心。翌年,国际图联同教科文组织在曼彻斯特开办了"公共图书馆国际暑期训练学校"[②],有 21 个国家的 50 名图书馆员参加。

由国际图联建议、由联合国教科文组织召集的"国际编目原则会议",于 1961 年在巴黎举行。有 53 个国家和 12 个国际组织以及来自 20 个国家的 104 名观察员出席。会议为统一国际上的编目原则达成了基本一致的协议,通过了由维罗娜[③]博士编写的

① 国际图联大会记录 7。海牙,1935 年出版,第 33—34 页。转引自 *IFLA's First Fifty Years*,p. 15—16.

② International Summer School on Public Library Practice.

③ Eva Verona.

《原则声明》①（亦称《巴黎原则》②）。国际图联的国际作用从此有了显著的提高。

国际图联设有专业委员会，委员会下设部。一种是按图书馆类型区分的部，另一种是按图书馆业务工作区分的部。这些委员会和部的活动逐渐开展起来，使得国际图联能够适应图书馆界的需要。国际图联日益发展，成为名符其实的国际组织。1970年有来自52个国家的250个会员。

1971年，比利时国家图书馆馆长、精力充沛的李巴尔斯③担任第八届主席。同年，他把秘书处迁到海牙。1974年，在他的倡议下，国际图联开始了一项国际性的事业——"世界书目管理"④规划。

"世界书目管理"规划

"世界书目管理"规划简称 UBC。它致力于用国际通用的规格，准确而迅速地提供世界各国的各种出版物的印刷目录或机读目录。为此，各国需要有一个全国性机构（一般是国家图书馆）把本国出版的各种书目掌握起来，以免其他国家再浪费人力重新编目。"世界书目管理"将是由各国出版界和图书馆界的全国性机构共同构成的世界性编目网。"世界书目管理"在伦敦不列颠图书馆内设有办事处——国际事务局。联合国教科文组织采纳"世界书目管理"规划，美国的图书馆资源委员会也资助这一规划，世界各国的国家图书馆都表示愿意承担有关任务。

---

① *Statement of Principles.*
② *Paris Principles.*
③ Herman Liebaers, 1919—.
④ Universal Bibliographic Control.

452

"国际出版物的收集和利用"规划

为了推行"世界书目管理"规划,必须使任何出版物在世界范围内能够容易获得。于是国际图联在 1976 年提出了"国际出版物的收集和利用"①规划。它的目的是:力求使世界上各种出版物能为任何个人和团体在任何地方获得和利用。这一规划同"世界书目管理"规划一样,必须由世界各国的国家图书馆等全国中心来组成国际网。只要其他国家有要求,当事国的中心机构就必须用国际互借或照像复制的方法供应所求的资料。为此,"国际出版物收集和利用"规划的内容定为:国际范围的馆际互借制度的建立、国际书刊的交换制度的建立、法定的出版物呈缴制度的建立、国家图书馆的作用的发挥等等。联合国教科文组织在 1978 年决定把这一规划归入该组织的计划之内。国际图联在不列颠图书馆外借部内设立的国际互借局逐渐变成为"国际出版物收集和利用"规划的活动中心。

国际标准书目著录

同"世界书目管理"规划密切相关的另一件工作是"国际标准书目著录"②(简称 ISBD)的制订,这也是由国际图联进行的一项工作。显而易见,如果没有世界统一的标准著录规则,那么国际间的书目资料的交流和利用就很难进行。"国际标准书目著录"可以为世界各国图书馆的目录和各种书目提供统一的文献著录格式和项目,以便于国际书目情报的识别与交流。不同文字记录之间的转换、普通书本目录与机读目录之间的转换,也必须有赖于统一的格式。

---

① Universal Availability of Publication,简称 UAP。
② International Standard Bibliographical Description。

1969 年在哥本哈根召开的国际编目专家会议①讨论了上述《巴黎原则》的注释问题,并提出了"国际标准书目著录"规则的制定问题。1971 年以后,国际图联陆续制定了各种标准,其中有:

ISBD(G)——国际标准书目著录(总则)

ISBD(M)——国际标准书目著录(专论,即普通图书)

ISBD(S)——国际标准书目著录(连续出版物)

ISBD(A/V)——国际标准书目著录(视听材料)

ISBD(CM)——国际标准书目著录(图谱资料)等等。

特别是 1974 年出版的 ISBD(M)的标准版、1975 年出版的 ISBD(G)等等,对现在和以后的各国的书目著录的统一已经和正在产生极大影响。英美编目条例第二版的若干部分已经照 ISBD 加以修改。德语通用地区的著录规则以及北欧、东欧等国的著录规则也都要向 ISBD 看齐。

从以上近 30 年来国际图联的工作可以看出,它的国际影响扩大了。从组织成员来说,近几年在第三世界国家中发展了不少会员。1974 年当李巴尔斯离开国际图联时,已有来自 100 个国家的 600 个会员。国际图联已经摆脱了第二次世界大战以前的以欧美为主的状况,名符其实地成为图书馆界的国际性组织。

苏联从 1959 年起积极参加国际图联的活动。1970 年第 36 届大会在莫斯科举行,议题是"列宁和图书馆"。

如前所述,我国是国际图联的发起国之一。新中国成立之后,于 1981 年正式派出国家代表团,参加在莱比锡召开的第 47 届大会。

国际图联的出版物有:《国际图联杂志》②(季刊)、《国际图联

---

① International Meeting of Cataloging Experts,简称 EMCE。

② *IFLA Journal.*

指南》①、《国际图联年报》②等等。

11.3 联合国教科文组织

1945 年成立的联合国教科文组织,通过许多途径和方法对全世界的图书馆工作给予帮助。它把关心图书馆事业作为自己的中心任务之一。该组织的章程规定,它必须研究和提出最佳教育方法,有效地传播知识和促进知识的增长,妥善地保存和保护世界文化遗产——书籍和其他珍贵文物,力求使各国人民获得阅读世界上所有印刷出版物的机会,并推动出版物的交流。它的总部设在巴黎。在秘书处下设一专门机构——文献工作、图书馆和档案馆咨询委员会③。

400 个以上的非政府的文化团体同教科文组织建立工作合作关系,其中有国际图联。它还从教科文组织接受定期的财政支援。随着图书馆事业在世界范围的作用的增大,教科文组织把国际图联列为 A 类组织,即特别值得支援和促进的组织。教科文组织和国际图联的合作的加强还表现在:前者在后者的年会上报告它所进行的图书馆工作。依照教科文组织的章程,各会员国必须在本国设置该国的教科文委员会。我国也设有这样的委员会。

联合国教科文组织在建立不久就开始进行与图书馆有关的统计工作。有关的统计材料发表在《联合国教科文组织统计年鉴》④。

---

① *IFLA Directory.*

② *IFLA Annual.*

③ Advisory committee on documentation, libraries and archives.

④ *UNESCO Statistical Yearbook.*

教科文组织特别关心发展中国家的图书馆事业。它先后在印度的新德里、哥伦比亚的麦德林、尼日利亚①的埃努古②,分别为亚洲、拉丁美洲和非洲建立了三所公共图书馆的榜样。它经常举办一些图书馆员的训练班和业务研讨会。它对各种类型图书馆的发展都很关心。1949 年发表了联合国教科文组织关于公共图书馆的宣言。它对小学、中学和大学图书馆的建设也给予指导。最显著的例子是给予新建立的土耳其安卡拉③中东技术大学④的帮助。

教科文组织还在书刊的国际交换方面做了不少工作。1948年和 1950 年,该组织的大会通过了对进口的书刊给予低关税的协定以及与此相关的一些事项。很多国家批准了这些协定。此外,教科文组织还说服邮政当局对报刊的传递给予特殊照顾。1948年,教科文组织又发起图书券运动⑤,使一些国家可以用自己的纸币到使用硬通货的国家购买书刊资料。

教科文组织的历任主席都是著名的学者、文化工作者。1953—1958 年的主席是路德·伊万斯⑥。他是美国国会图书馆的第十任馆长,曾参加过教科文组织章程的起草。1974—1980 年的主席是姆博乌⑦,他以前是塞内加尔共和国的教育部长。

"世界科学技术情报系统"

联合国教科文组织近十年从事的一大事业是建立"世界科学

---

① Nigeria.

② Enugu.

③ Ankara.

④ The Middle East Technical University.

⑤ UNESCO coupons.

⑥ Luther Evans, 1902—.

⑦ Amadou Mahtar M'Bow.

技术情报系统"（简称 UNISIST）①。七十年代以后，随着生产活动、经济活动和科学技术的飞速发展，产生了大量的情报。这些情报不仅要在一国范围内迅速传递，而且要在世界范围内加以利用。有鉴于此，教科文组织在 1971 年发起并组织了 UNISIST，其目的是促进世界各国情报、图书、档案工作的发展和国际间的合作，并在各国情报机构自愿的基础上，逐步建立全世界的情报网。当时参与发起 UNISIST 的主要国际组织是"国际科学协会理事会"②。

UNISIST 开始工作不久，就碰到了很大困难。这是因为各国在本国内的情报系统还没有实现现代化。不首先解决这个问题，就很难进行世界范围的情报工作。于是，教科文组织在 1974 年召开了有 86 个国家的政府代表参加的会议，决定建立"国家情报系统"（简称 NATIS）③，以促进各国的情报工作现代化。共同发起 NATIS 的有国际图联、国际文献工作联合会和国际档案理事会④。

由于 UNISIST 和 NATIS 的工作内容重复，机构重叠，1976 年教科文组织在 19 届大会上把这两个系统合并为"综合情报计划"（简称 PGI）⑤，但仍用 UNISIST 这一名称，统一领导。PGI 建立之后，于 1977 年在巴黎召开了第一次会议，我国作为理事国之一出席了会议。

UNISIST 在近几年展开了许多活动。为了逐步统一各国文献资料的著录格式，以适应各种情报系统计算机输入的需要，UNISIST 一直进行着著录格式标准化的工作。它同下面将要介绍的

---

① Universal Information System in Science and Technology.

② International Council of Scientific Unions，简称 ICSU。

③ National Information System.

④ International Council on Archives，1948 年建立，1950 年在巴黎召开第一次国际大会。

⑤ General Information Programme.

"国际标准化组织"①合作,制定了"世界科技情报系统标引准则";同英国一起负责修订了《机器可读文献著录参考手册》;同法国一起加强了"国际连续出版物资料系统"②;同国际图联展开了上述"世界书目管理"规划和"国际出版物的收集和利用"规划。UNISIST 还于 1976 年编纂《UNISIST 情报处理程序手册》③,其内容是有关情报加工的指导方针、准则和情报传播的各种规定。情报人员按照这些统一标准进行情报系统互联工作。

UNISIST 在培训科技情报人员方面也做了大量的工作,每年都举办不少国际性的情报培训班。

联合国教科文组织从 1947 年起出版《联合国教科文组织图书馆通讯》④(双月刊),从 1979 年改名为《联合国教科文组织情报科学、图书馆事业和档案管理杂志》⑤(季刊)。

11.4 国际标准化组织

"国际标准化组织"(简称 ISO)的工作同图书馆、情报、文献工作关系十分密切。ISO 是 1946 年在伦敦成立的。它的前身是 1926 年建立的"国家标准协会国际联合会"(简称 ISA)⑥。ISO 的宗旨是:促进国际标准化的发展,以推广产品的国际交换并推进文

---

① International Organization for Standardization,简称 ISO。

② International Serials Data System,主要负责国际连续出版物的登记工作,建有一个检索资料库,以便及时地通过磁带、印刷本等不同形式为各国、各组织以及个人使用。简称 ISDS。

③ *UNISIST Guide to Standards for Information Handling.*

④ *Unesco Bulletin for Libraries.*

⑤ *Unesco Journal of Information Science, Librarianship and Archives Administration.*

⑥ International Federation of National Standardizing Associations.

化、科技、经济领域的合作。

ISO 的范围很广，它包括技术和非技术的标准的制定，但不在电工领域活动。这一领域是由"国际电工委员会"[①]来管理的。

ISO 的成员团体是一个国家中标准化方面最有代表性的国家团体，每一个国家只有一个这样的团体才能被接受为成员。没有全国性的标准化机构的国家，其代表被称为通讯成员。1979 年，成员团体共达 65 个，通讯成员有 19 个。我国于 1978 年以"中国标准化协会"的名义参加了 ISO，是成员团体。

ISO 的技术工作是由技术委员会[②]（简称 TC）来进行的。在 TC 下还设有分委员会和工作组。到 1979 年，TC 已发展到 175 个，分委员会和工作组总数也已达 1,600 以上。

国际标准是 ISO 成员团体之间协商的结果。先由 TC 多次研究，提出建议草案，而后才发给所有成员团体投票。若有 75% 以上的赞同票，则可送交 ISO 理事会批准，成为国际标准。国际标准同各个国家的国家标准相结合便可使用。

与文献工作、图书馆工作有关的国际标准是由 ISO 中的第 46 技术委员会（简称 ISO/TC46）来制定的。这一技术委员会的起源可以追溯到 1938 年。当时德国的图书馆工作技术委员会向上述"国家标准协会国际联合会"建议，成立 ISA—46，并由该委员会担任秘书。46 是按标准化工作顺序，依次排列下来的，并不含有特殊的意义。

文献工作国际标准化在六十年代有较大的发展。因为六十年代的科学技术和生产建设发展异常迅速。作为科学组织管理手段之一的标准化，在各个领域取得显著效果。科技文献的激增、计算机的使用等等促使人们采用包括标准化在内的现代化管理手段。

---

① International Electrotechnical Commission.

② Technical committees.

各国对制定有关国际标准的要求也非常强烈。于是，ISO/TC46 的工作在近 20 年来得到了发展。

至 1979 年，ISO/TC46 颁布了文献工作国际标准共 38 个[①]。其中有：期刊刊名缩写的国际规则，国际期刊刊名缩写表，斯拉夫文、阿拉伯文、希腊文的音译国际标准，磁带上文献目录信息互换格式，文献复制与缩微化的规则，国际图书馆统计的标准等等。

国际标准书号

为了给图书资料以统一编号，ISO 订出了"国际标准书号"[②]（简称 ISBN，1972 年颁布，1978 年修订）和"国际标准连续性出版物编号"[③]（简称 ISSN，1975 年颁布）。这两个标准是应图书资料的出版、征订、管理、加工和查目的需要而制定的。ISBN 和 ISSN 由于编号科学、合理、简单和适用，深受出版、图书和情报部门的欢迎。

ISBN 的号码由 10 位数字组成。第一组数字代表国别或语种，第二组是出版社编号，第三组是书名编号，第四组是校验号。每组数字之间用空格或连字符（-）相分隔。如，

ISBN　0　571　08989　5

ISBN　90—7000—234—5

中国的国别号是 7，日本是 4。例如，田边广编《情报图书馆学用语辞典》（雄松堂出版）的国际标准书号是 ISBN4—8419—0001—2，4 代表日本，8419 是出版社雄松堂的代号，0001 是书名编号，2 是校验号。

ISSN 由 8 位数字组成。

---

① 详见《文献与情报工作国际标准汇编》，科学技术文献出版社 1980 年版。

② International Standard Book Number.

③ International Standard Serial Number.

利用国际标准书刊号,可以给全世界的所有书刊编制统一的书刊号。这对书商进行订购、开发票、存货管理等等,对著作者维护自己的权益,对图书馆进行采购、登记、上架、装订、联合编目、馆际互借、咨询、检索等方面,都有很大作用。目前,美、欧、苏、日等国家和地区都采用 ISBN 和 ISSN。我国也从 1987 年开始采用。ISO 在这一方面的贡献,可谓大矣。

TC46 的标准还考虑到联合国教科文组织的 UNISIST 规划。ISO 同国际图联、国际文献工作联合会等国际组织,保持密切的合作。

ISO 的秘书处设在日内瓦。它的出版物有:《ISO 杂志》[①](月刊)、《ISO 备忘录》[②](年刊)等。

11.5 其他国际组织

近几十年来,各类图书馆的国际组织纷纷建立。下面仅仅列举若干。

"国际农业图书馆员与文献工作者协会"[③],于 1955 年成立,简称 IAALD。"国际法律图书馆协会"[④],于 1959 年成立,简称 IALL。"国际工艺大学图书馆协会"[⑤],于 1955 年成立,简称 IAT-UL,它是国际图联的一个分支机构。"国际音乐图书馆协会"[⑥],

---

[①] *ISO – journal.*

[②] *ISO – memento.*

[③] International Association of Agricultural Librarians and Documentalists.

[④] International Association of Law Libraries.

[⑤] International Association of Technological University Libraries.

[⑥] International Association of Music Libraries.

于 1951 年成立,简称 IAML。"国际学校图书馆事业协会"[1],于 1969 年成立,简称 IASL。"国际都市图书馆协会"[2]于 1968 年成立,简称 INTAMEL。它也是国际图联的一个分支机构,其会员是拥有 40 万以上人口的城市图书馆。

---

[1] International Association of School Librarianship.

[2] International Association of Metropolitan City Libraries.

第十二章　结束语

综观几千年的西方图书馆史,可以归纳如下几点。

1. 推进图书馆事业发展的最基本的动力是经济。以雄厚的经济力量为基础的社会,必然产生高度的文化。图书馆作为文化事业的一个组成部分,不得不受经济基础的影响。概而论之,随着人类经济生活的日益发展,图书馆事业也步步前进,反之亦然。

我们已经看到,在不同的历史阶段里,最强盛的国家建立了最好的图书馆。古代强国亚述的国王亚述巴尼拔创建了宏大的皇宫图书馆。在"希腊化时代",国势昌盛的托勒密王国在首都亚历山大城建立了古代最大的亚历山大图书馆。文艺复兴时期,新兴资产阶级的最强有力的代表——佛罗伦萨的美第奇家族建立了当时最佳的图书馆。法英相继称霸的时代,出现了法国皇家图书馆和不列颠博物馆。资本主义最发达的美国拥有世界最大的美国国会图书馆。无产阶级专政的大国苏联建造了巨型图书馆——国立列宁图书馆。

图书馆事业发展史再次说明了极为简明的道理,即图书馆的建设离不开雄厚的物力、财力和人力。

当然,事物发展的动力是多种多样的,不仅有经济因素,还有政治、地理、气候、文化、思想、种族、习惯以及历史人物的作用等其他复杂的因素。这些对图书馆事业的发展也起到一定的作用,在某些情况下还起到很大的作用。单纯的经济决定论是不可取的。

2. 科学技术的发展对图书馆事业的进程有很大的影响。纸的发明、活字印刷术的发明、电子计算机的发明等等都给图书馆的规模、管理、服务手段、服务方式等方面带来了革命性的变革。

今后图书馆事业的发展也要看新技术的发明和应用能为图书馆工作带来多大的影响力。因此，每一个图书馆员对科学技术在馆内的应用，必须给予极大的关心。

3. 代表新的生产力的阶级和这个阶级的领导人物是重视图书馆事业的。在古罗马，奴隶主阶级的代表——罗马帝国的不少皇帝是致力于图书馆事业的。上升的阿拉伯统治阶级的领导者——哈里发和贵族是热衷于图书馆事业的。代表新兴商人阶级的俄国改革者彼得大帝建立了第一所收藏世俗书籍和科学书籍的图书馆，为俄国科学院图书馆奠定了基础。美国资产阶级的著名政治家和科学家富兰克林亲自创办了会员图书馆。法国资产阶级在法国大革命时期对图书馆事业采取了极为积极的态度。工人阶级一登上历史舞台就建立了无数的工人图书馆。在图书馆史上，最关心图书馆事业的政治家就是无产阶级的革命导师列宁。

相反，反动没落阶级的代表总是要摧残图书馆事业的。中世纪的罗马教皇对"异端"人物的镇压和对"异端"图书的烧毁、本世纪的德国法西斯党的焚书等等是最为突出的史例。

4. 同杰出的历史人物一样，优秀的图书馆馆长也是历史的产物。历史造就了他们，反过来他们又推进历史。我们不能设想在古代埃及出现近代的帕尼齐。同理，杜威也只能出现在美国资本主义上升时期。各个历史时期的优秀的馆长、馆员和图书馆学家在他们所处的历史条件下建立了不朽的功绩。对图书馆事业发展史上的杰出人物，必须充分肯定他们的历史地位，不能苛求于前人，而应从中吸取至今仍然有用的经验。

他们尽管生活在不同的时代和不同的国度，但他们都有一个共同的特点，即对图书馆事业的无限的热情。其中不少人将毕生

464

的精力献给了图书馆事业。当前和今后，都需要这样的人物来推动这一事业的发展。

5. 活跃的学术空气是图书馆事业发展的重要条件之一。在黑暗的中世纪，图书馆事业的衰落是必然的，因为在这个时代没有什么学术自由可言，非基督教的思想被压制得很厉害。文艺复兴运动时期是学术活动大为活跃的时代。此时，私人图书馆和权贵的图书馆宛如雨后春笋，出现在这一运动所波及的国家。美国在1861—1865年的南北战争之后，资本主义迅速发展，学术探讨的空气相当浓厚，就政治自由和文化水平而论，美国在资本主义国家中首屈一指。就是在这个时期，美国的各种类型图书馆蓬勃发展起来。

历史上进步的图书馆员都希望学术繁荣的局面的出现，他们都很愿意向严肃的读者提供各种学派的有价值的文献。

6. 从财产所有制来观察，在阶级社会里，图书馆所收藏的图书财产是作为统治阶级的财产而存在的。尽管曾经有过、现在仍然有着非统治阶级的为数甚少的私人图书馆或私人藏书，但它们在图书馆事业中的作用是微不足道的。图书馆主要是为经济上占统治地位的阶级服务的，古今中外，概莫能外。由此可见，图书馆事业具有明显的阶级性，本书所举的大量史实也说明了这一点。

没有人会相信，古代希腊、罗马的图书馆不是为奴隶主服务，而是为奴隶服务的。中世纪的教会图书馆，从其藏书内容到服务对象，都十分清楚地表现出其封建主义的属性。它们有时收藏世俗作品，也是为了适应牧师的传教之便的。文艺复兴时期的图书馆是新兴资产阶级的有力工具。资本主义发达国家的公共图书馆尽管标榜全民性、开放性，但仍旧改变不了统治阶级的文化机构这一属性。社会主义国家的图书馆事业是公然标明其阶级性的，即为无产阶级专政服务。

图书馆事业，就其整体来说，完全不同于那些没有阶级性的自然科学。

7. 然而,对如下三点不作出充分的补充也是不科学的。

a. 在图书馆工作中的某些环节和某些问题,尤其技术性较大的部分,是没有阶级性的。例如,图书采购的某些手段(订购单的记载、入藏登记等)、著录条例(不含一些题解)、分类的标记符号(即以数字、字母或其他符号组成的分类号码,不指分类体系)、卡片规格、出借的记载方式、静电复印、电脑等科学技术的应用以及图书馆建筑的内部结构的布局等等都是没有阶级性的。如果想在这些方面也贴上"阶级"的标签,那是不够恰当的。

b. 指出图书馆事业的阶级性,并不等于要我们割断历史,并不等于要我们去否定以往的图书馆事业史的成就。几千年来的图书馆事业史是人类文化发展史的一个重要组成部分,是人类的宝贵文化遗产。我们要批判地继承其中一切有价值的东西。列宁指出,马克思主义这一思想体系之所以能够赢得了世界历史性的意义,"是因为它并没有抛弃资产阶级时代最宝贵的成就"①。如何吸收和改造几千年来图书馆事业发展中一切有价值的东西——这项巨大的任务还远远没有完成。

c. 尽管图书馆事业具有明显的阶级性,但就其事业的整体来说,是步步向上的。图书馆的规模不断扩大,读者阶层不断增多,图书馆的开放程度不断扩展,图书馆管理技术不断提高,读书的禁区不断缩小——总之,人类不断地进步,图书馆事业也不停地前进。历史科学之所以能够给人们以信心,其主要原因就在于此。

8. 图书资料的获得是图书馆工作的首要的一环。综观图书馆发展史,没有一位杰出的馆长不在这项工作中竭尽全力。他们为了获得足够的图书经费,为了抢救和寻觅珍书善本,为了争取他人的捐赠,简直可以说是"不择手段"的。德国的法学家、蒂宾根大

---

① 《列宁选集》,第 4 卷,第 362 页。

学图书馆馆长默尔甚至还说过,为了增加馆藏,甚至进行盗窃,也在所不辞①。当然,我们不会仅从字面去理解这句话。

超越国境的采购工作早在古代、中世纪已经开始了,当时一些大图书馆都派专人周游列国,搜集资料。到了近代,图书采购和情报搜集工作已经发展成为世界性的,例如,"国际出版物的收集和利用"规划(UAP)、"世界科学技术情报系统"(UNISIST)等等。

9. 图书馆事业中的另一项重要工作是书目的编纂。人类一开始从事图书馆事业,就注意到书目编制工作。从几千年来的图书馆史中可以看到,稍有规模的图书馆都把相当的人力和物力投入到书目工作。书目质量的好坏标志着一个馆的业务水平或一国的图书馆事业的水平。杰出的图书馆馆长和图书馆事业的领导者,没有一个例外,都是全力以赴地亲自参加或直接指导书目工作的。反过来说,作为一个馆长,忽视或轻视书目工作是不可原谅的。

书目工作现在已经发展成为采用电脑编制的机读目录。从一馆的分散的个体编目发展到全国性的编目和检索中心的建立,从一国范围的编目发展到世界性的编目和检索的国际网络化。

10. 历史上的著名图书馆几乎没有一所完整地遗留到现在。中世纪以前的图书馆几乎不留寸影了。近代的图书馆也在不断的天灾人祸中遭到很大的损失。除了泥版文书和石碑外,用纸草纸和普通纸制成的书籍都是很容易被毁掉的。古代亚历山大图书馆、罗马时代的大型图书馆、回教徒的无数图书馆、文艺复兴时期的人文主义者的图书馆、中世纪的君侯贵族的图书馆、著名的古老大学的图书馆——以上这些绝大部分都无踪无影了。

图书馆的被毁,原因是多方面的:天灾、战争、"异教徒"的破坏、统治阶级的暴行(焚书、毁书)、保管不妥而造成的损失等等,可谓厄运连绵。一把小火可以把异教徒的一所图书馆烧尽。第二

---

① 见本书第 196 页。

次世界大战中，一个炸弹就把苦心孤诣几十载的一所大图书馆毁掉。在历史上，由于种种原因被焚烧的图书，不计其数。

相反，历史上也出现过为数不少的值得尊敬的人物。他们为了抢救图书贡献了自己的力量。例如，彼特拉克、薄伽丘、波乔等人为发掘和抢救希腊罗马的古典作品，千辛万苦，跋山涉水，用去了一生的大部分精力。又如，阿姆斯特丹大学的波斯图姆斯教授从德国法西斯手中及时抢救了马克思主义、社会主义和有关工人运动的珍贵书籍。对这些前人的伟绩，我们无限敬佩，永世不忘。

作为一名图书馆员，保护人类的文字遗产，是一项神圣的职责。今后，人类还会遭受不可预测的天灾人祸，图书资料的损失和毁坏注定不可避免。但，我们能否把损失缩减到最少限度？

现代的科学技术已经为我们提供了各种各样的手段，来保护和保存珍贵图书资料。

a. 首先要抢救纸张逐渐变质的古籍。纸张变脆的严重性已经引起世界各大图书馆的注意和担心。图书馆员应当同有关科学家合作，不断改进保护古书的技术措施，同时积极研制含酸量较少的新型纸张。有关领导部门绝不能吝惜支付专款，以保证上述各项工作有效地进行。

b. 积极改进书库的环境，在恒温、恒湿、防尘等方面采取更加有效的办法。

c. 采用新技术，有重点、有计划地复制全世界的重要图书。目前可以考虑采用多种复制方式，如缩微胶卷、缩微卡片、缩微胶片、录像带、录像盘等等。

随着科学技术的发展，纸的物理化学成分、图书的形式、保存的方法、复制的功能等等都会有很大的改进和突破。图书馆员的任务之一就是要同科学家紧密合作，防止人类文字遗产的巨大损失。如果方向明确，措施得当，步骤稳妥，协调良好，那么一旦发生不可预测和不可抗拒的祸害，也不至于造成类似历史上的图书的大损失和大毁坏。假设美国国会图书馆、国立列宁图书馆、不列颠图书馆、北京图书馆等等，一旦从地球上消失了，我们仍掌握着复制的复制品，得以保持人类文字资料的延续性。

以上议论，略嫌暗淡，又近似空谈，但鉴于历史上很多图书馆被毁的严酷事实以及许多珍贵文字遗产毁于一旦的痛心史实，我们不得不认真地思考这个问题，并严肃地采取各种对策。

11.图书的保存和使用的关系问题、图书的流动问题、读者服务问题、图书馆的开放性问题——总之，诸如此类的问题都牵涉到图书馆的目的性这一根本问题。

在漫长的图书馆史上，出现过"藏书楼"，它的工作重点在于图书的保存，而不在于图书的使用。但是归根结底，为保存而保存的图书是没有用的，图书自身的存在价值在于：被人用来阅读。诚然，在图书馆史上也出现过陈列式的图书馆，它的目的在于夸耀图书馆所有者的豪华，这里的图书仅仅作为展品供人观赏，并不供人阅读。这种"图书馆"在严格意义上来说，应当叫做"展览馆"或"博物馆"，而不应当冠以"图书馆"的名称。

我们所说的"图书馆"是以图书的使用作为其最终目的的文化机构。因此，图书馆事业发展的一个很重要的标志就是图书的流通，是读者面的扩大，是图书馆向社会开放的程度。

也可以说，几千年来的图书馆史是图书馆从封闭到开放的历史。在一个地区、一个国家以至在全世界范围内，图书资源必须共享的思想，绝不是突然产生的，它是几千年来图书馆事业发展的结果，尤其是近代图书馆事业的产物。要把这一思想变为现实，仍须由我们和后人作出很大努力。

12.随着民族国家的形成，分散经营的各个图书馆或紧或松、或先或后都由全国性的行政管理机关、图书馆协会或图书馆网络统一领导或进行协调。不仅如此，随着国际往来的增多，图书馆事业日益超出国界。

图书馆事业的国际性已经增强到了如此地步，以至每一个图书馆不仅要从全国的角度，而且还要经常用国际的眼光来考虑和处理自身的工作。例如，国际标准书号的应用、国际标准著录条例的应用、国际标准卡片的采用、机读目录的国际化，以至图书馆的各种统计①等等都需要考虑到国际标准。

---

　　①　见《ISO 2789—1974 国际图书馆统计》，载于《文献与情报工作国际标准汇编》，科学技术文献出版社，1980 年，第 355 页。

参考书目

Adkinson, B. W. *Two centuries of federal information*. Stroudsburg 1978.

Adressbücher und Verbände des Buch – und Bibliothekswesens. 2. Ausg. München 1971.

ALA world encyclopedia of library and information services. Chicago 1980.

Altick, R. *The English common reader*. Chicago 1957.

Astall, R. *Special libraries and information bureaux*. Bingley 1966.

Aus der Arbeit der wissenschaftlichen Bibliotheken in der Deutschen Demokratischen Republik. 1955 von dem Staatssekretariat für Hochschulwesen, Bibliothekskommission 1955.

Bader, K. *Lexikon deutscher Bibliothekare*. Leipzig 1925.

Balnaves, J. *Australian libraries*. Bingley 1966.

Barr, L. J. and others. *Libraries in American periodicals before 1876*. Jefferson 1983.

Barwick, G. F. *The reading room of the British Museum*. Benn 1929.

Baur – Heinhold, M. *Schöne alte Bibliotheken*. München 1972.

Benge, R. C. *Libraries and cultural change*. Bingley 1970.

Bibliothèque: traitment, catalogage et conservation des livres et des documents. 2e éd. Paris 1965.

Bischoff, B. *Mittelalterliche Studien*. 1. 2. Stuttgart 1966—1967.

Bobinski, G. S. *Carnegie libraries*. ALA 1969.

Bogeng, G. A. E. *Die grossen Bibliophilen*. Bd. 1—3. Leipzig 1922.

Bone, L. E. ed. *Library education*. University of Illinois 1968.

Bostwick, A. E. *The American public library.* 4 ed. New York 1929.

Bostwick, A. E. *Popular libraries of the world.* Chicago 1933.

Botfield, B. *Notes on the cathedral libraries of England.* Reprint Gale Research Co. 1969

Bramley, G. *A history of library education.* Bingley 1969.

Braverman, M. *Youth, society and the public library.* Chicago, 1981.

Brockhaus Enzyklopädie. Artikel über die Bibliotheken.

Brough, K. *Scholar's workshop.* Urbana 1953.

Burkett, J. ed. *Special library and information services in the United Kingdom.* 2nd ed. LA 1965.

Burton, M. *Famous libraries in the world.* Grafton 1937.

Bury, Richard de. *Philobiblion;* introduction by Archer Taylor. Berkeley 1948.

Busse, G. von. *Struktur und Organisation des wissenschaftlichen Bibliothekswesens in der Bundesrepublik Deutschland, Entwicklungen 1945 bis 1975.* Wiesbaden 1977.

Busse, G. von und Ernestus, H. *Das Bibliothekswesen in der Bundesrepublik Deutschland.* Wies baden 1968.

Buzás, L. *Deutsche Bibliotheksgeschichte des Mittelalters.* Wiesbaden 1975.

Cain, J. *La Bibliothèque Nationale pendant les années 1945 à 1951.* 1954.

Carlton, G. *Spadework: the story of Thomas Greenwood.* Hutchinson 1949.

Casey, M. *Charles McCarthy.* Chicago, 1981.

Cim, A. *Le livre.* Paris 1905.

Clark, J. W. *The care of books.* Cambridge 2 ed. 1909.

Clarke, J. A. *Gabriel Nandé, 1600—1653.* Hamden 1970.

Cole, J. Y. *For Congress and the nation.* Washington 1979.

Collison, R. L. ed. *Bibliographies: subject and national.* Crosby Lockwood 3 ed. 1968.

Corbett, E. V. *An introduction to librarianship.* 2 ed. Cambridge 1969.

Craster, E. *History of the Bodleian Library 1845—1945.* Oxford 1952.

Crook, J. *The British Museum.* Penguin Press 1972.

Cutler, W. and Harris, M. H. *Justin Winsor.* Littleton 1980.

Dahl, S. *Geschichte des Buches.* 2 Aufl. Leipzig 1941.

Dana, J. C. and Kent, H. W. eds. *Literature of libraries in the seventeenth and eigh-teenth centuries.* Scarecrow Reprint Corporation 1967.

Danton, E. M. ed. *Pioneering leaders in librarianship.* Chicago 1953.

Danton, J. P. *Book selection and collections: a comparison of German and American university libraries.* N. Y. 1963.

Davinson, D. *Academic and legal deposit libraries.* Bingley 1969.

Deutsche Bücherei: Festschrift zum fünfzigjährigen Bestehen der deutschen National-bibliothek. Leipzig 1962.

Deutsches Bibliotheksadressbuch. 2 Ausg. Berlin 1976.

Diatzko, K. *Beiträge zur Theorie und Praxis des Buch – und Bibliothekswesens.* Reprint by Harrassowitz 1968.

Ditzion, S. *Arsenals of a democratic culture.* Chicago 1947.

Dosa, M. L. *Libraries in the political scene.* Westport 1974.

Dumont, R. R. *Reform and reaction: the big public library in American life.* Westport 1977.

Dunlap, L. W. *Readings in library history.* R. R. Bowker Co. 1972.

Ebert, F. A. *Die Bildung des Bibliothekars.* Reprint Leipzig 1958.

Edwards, E. *Free town libraries, their formation, management and history in Brit-ain, France, Germany and America.* 1869.

Edwards, E. *Libraries and founders of libraries.* Reprint in Amsterdam 1968.

Edwards, E. *Lives of the founders of the British museum.* Reprint in Amsterdam 1969.

Edwards, E. *Memoirs of libraries, of museum, and of archives.* Reprint in New York 1964.

Eisenstein, E. L. *The printing press as an agent of change.* Cambridge 1979.

Ellis, A. *Library services for young people in England and Wales, 1830—1970.* Oxford 1971.

Encyclopaedia Britannica. 14th and 15th ed. Articles on libraries.

Encyclopedia Americana. 1983. Articles on libraries.

Encyclopedia of library and information science. ed. Allan Kent and Harold Lancour. v. 1—36. New York 1968—1983.

Esdaile, A. *The British Museum Library*. London 1946.

Esdaile, A. and Hill, F. J. *National libraries of the world*. 2 ed. London 1957.

Fachbibliographischer Dienst. Berlin 1966 ff.

Fachliteratur zum Bueh – und Bibliothekswesen. International bibliography of the book trade and librarianship. München 1973.

Fagan, L. *The life of Sir Anthony Panizzi*. Remington 1880.

Fang, J. R. and Songe, A. H. *Handbook of national and international library associations*. Chicago 1973.

Fang, J. R. and Songe, A. H. *International guide to library, archival and information science association*. New York and London 1976.

Fletcher, W. Y. *English book collectors*. Kegan Paul 1902.

Gardthausen, V. *Handbuch der Bibliothekskunde*. 1920.

Garrison, D. *Apostles of culture: the public librarian and American society, 1876—1920*. New York 1979.

Gate, D. J. *Guide to the use of books and libraries*. New York 1962.

Gates, J. K. *Introduction to librarianship*. New York 1968.

Gibson, S. *Some Oxford libraries*. Oxford 1914.

Goldstein, H. ed. *Milestones to the present*. New York 1978.

Gottlieb, T. *Über mittelalterliche Bibliotheken*. Leipzig 1890.

Graesel, A. *Handbuch der Bibliothekslehre*. 1902.

Greenwood, T. *Edward Edwards*. London 1902.

Gross, E. H. *Children's service in public libraries*. Chicago 1963.

Hamlin, A. T. *The university library in the United States*. Philadelphia 1981.

Handbuch der Bibliothekswissenschaft. Begr. von F. Milkau, hrsg. von G. Leyh. 2 Aufl. Wiesbaden 1952—1965.

Handbuch des Büchereiwesens. Hrsg. von J. Langfeldt. Wiesbaden 1965—1973.

Harris, M. H. *The age of Jewett*. Littleton 1975.

Harris, M. H. *A guide to research in American library history*. 2 ed. Metuchen 1974.

Harris, M. H. *History of libraries in the western world*. Metuchen and London 1984.

Harris, M. H. ed. *Reader in American library history*. Washington 1971.

Harris, M. H. and Davis, D. G. Jr. *American library history: a bibliography.* Austin 1978.

Harrod, L. *The librarian glossary.* 2 ed. Grafton & Co. 1959.

Harrod, L. M. *The libraries of greater London.* Bell 1951.

Hassenforder, J. *Développèment comparé des bibliothèques publiques en France, en Grande – Bretagne et aux États – Unis dans la seconde moitié du XIX siècle* (1850—1914). Paris 1967.

Heiliger, E. M. and Henderson, P. B. *Library automation.* New York 1971.

Hessel, A. *Geschichte der Bibliotheken.* Göttingen 1925.

Hessel, A. *A history of libraries,* translated, with supplementary material by Reuben Peiss. New Brunswick 1955.

Hobson, A. *Great libraries.* London 1970.

Hobson, A. *Grosse Bibliotheken der alten und neuen Welt.* München 1970.

Hole, J. *An essay on the history and management of literary, scientific and mechanics' institutions.* Reprint Woburn Press 1970.

Holley, E. G. *Charles Evans: American bibliographer.* University of Illinois Press 1963.

Horrison, K. C. *Libraries in Scandinavia.* London 1961.

Hudson, J. W. *The history of adult education.* Reprint. Woburn Press 1970.

Humphreys, K. W. *The book provision of the mediaeval friars 1215—1400.* Amsterdam 1964.

IFLA's first fifty years. ed. by W. R. H. Koops and J. Wieder. München 1977.

International library directory. London 1963 ff.

Internationales Bibliothekshandbuch. World guide to libraries. 6 Ausg. München 1980.

Irwin, R. *The English library.* Allen & Unwin 1966.

Irwin, R. *The heritage of the English library.* Allen & Unwin, 1964.

Irwin, R. *The origin of the English library.* Allen & Unwin 1958.

Irwin, R. and Staveley, R. *The libraries of London.* LA. 2 ed. 1961.

Jackson, S. ed. *A century of service: librarianship in the United States and Canada.* Chicago 1976.

Jackson, S. *Libraries and librarianship in the West.* New York 1974.

Jaeschke, E. *Volksbibliotheken.* Leipzig 1907.

Jefferson G. *Library co – operation.* London 2 ed. 1968.

Johnson, E. D. *A history of libraries in the Western world.* 3 ed. Metuchen 1976.

Johnston, W. D. *History of the Library of Congress 1800—1864.* Library of Congress 1904.

Jolliffe, H. Public library extention activities. London 1962.

Journal of library history. 1966 ff.

Karstedt, P. *Studien zur Soziologie der Bibliothek.* 2 Aufl. Wiesbaden 1965.

Kaser, D. *Books for sixpence : the circulating library in America.* Beta Phi Mu 1980.

Kaufman, P. *Libraries and their users.* London 1969.

Kelly, T. *Early public libraries.* London 1966.

Kelly, T. *George Birkbeck.* Liverpool 1957.

Kelly, T. *A history of adult education in Great Britain.* Liverpool 1962.

Kelly, T. *History of public libraries in Great Britain, 1845—1975.* London 1977.

Kelly, T. *Public libraires in Great Britain before 1850.* London 1966.

Kenyon, F. *Books and readers in ancient Greece and Rome.* Oxford 1951.

Kenyon, F. *Libraries and museums.* Ernst, Benn 1930.

Ker, N. R. *Medieval libraries of Great Britain.* Royal Historical Society 1964.

Ker, N. R. ed. *The parochial libraries of the Church of England.* Faith Press 1959.

Key, J. *Introduction to librarianship.* McGraw – Hill 1968.

Kirchner, J. *Bibliothekswissenschaft. Buch – und Bibliothekswesen.* 2 Aufl. Heidelberg 1953.

Kirchner, J. *Das deutsche Zeitschriftenwesen.* Wiesbaden 1958—1962.

Kluth, R. *Grundriss der Bibliothekslehre.* Wiesbaden 1970.

Kramm. H. *Deutsche Bibliotheken unter dem Einfluss von Humanismus und Reformation.* Leipzig 1938.

Kruzas, A. T. *Business and industrial libraries in the United States 1820—1940.* Special Libraries Association 1965.

Kunze, H. *Grundzüge der Bibliothekslehre.* Leipzig 1976.

Ladewig, P. *Politik der Bücherei.* Leipzig 1934.

476

Landau, T. ed. *Encyclopedia of librarianship*. London 1966.

Lea, J. T. *The history and development of the Mechanics' Institutions*. Oldham, Research in Librarianship 1968.

Lee, E. *Continuing education for adults through the American public library 1833—1964*. ALA 1966.

The Leeds Library 1768—1968. Leeds Library 1968.

Lehmann – Haupt, H. *Das amerikanische Buchwesen*. Leipzig 1937.

Lesne, E. *Le livres, "scriptoria", et bibliothèques du commencement du VIIIe à la fin du XIe siècle*. Lille 1938.

Lexikon des Bibliothekswesens. Hrsg. von H. Kunze und G. Rückle. Leipzig 1974—1975.

Lexikon des Buchwesens. Hrsg. von J. Kirchner. Stuttgart 1952—1956.

Lexikon des *gesamten Buchwesens*. Hrsg. von K. Löffler und J. Kirchner. Leipzig 1935—1937.

Leyh, G. *Die deutschen wissenschaftlichen Bibliotheken nach dem Krieg*. Tübingen 1947.

Li Heng. *Dictionary of library and information sciences, English – Chinese/Chinese – English*. München 1984.

Libraries in the world. Ed. by IFLA. The Hague 1963.

Library and information science abstracts. London 1950 ff.

Library history: journal of the Library History Group of the Library Association. London 1967 ff.

Licklider, J. C. R. *Library of the future*. Cambridge 1969.

Le livre et la lecture en France. Paris 1968.

Löfller, K. *Deutsche Klosterbibliotheken*. Bonn, Leipzig 1922.

Lonchamp, F. -C. *Manuel du bibliophile français 1470—1920*. Paris, Lausanne 1927.

Löschburg, W. Alte Bibliotheken in Europa. Leipzig 1974.

McColvin L. R. *The chance to read*. London 1956.

McColvin, L. R. ed. *Survey of libraries*. New York and London 1938.

McColvin, L. R. and Revie, J. *British libraries*. London 1946.

477

Macray, W. D. *Annals of the Bodleian Library Oxford.* Oxford. 1890.

Malclès, L. – N. La *bibliographic.* Paris 1962.

Marcel, H. et al. *La Bibliothèque Nationale.* Paris 1907.

Masson, A. et Salvan, P. *Les bibliothèques.* Paris 1970.

Mearns, D. C. *The story up to now; the Library of Congress,* 1800—1946. Washington 1947.

Mehl, E. und Hannemann, K. *Deutsche Bibliotheksgeschichte.* Neudruck. Berlin 1969.

Metcalf, K. D. *Planning academic and research library buildings.* New York 1965.

Metcalfe, J. *Information retrieval, British and American,* 1876—1976. Metuchen 1976.

Mevissen, W. *Büchereibau.* Essen 1958.

Meyers enzyklopädisches Lexikon. Artikel über die Bibliotheken.

Milkau, F. *Geschichte der Bibliotheken im alten Orient.* Leipzig 1935.

Miller, E. *Prince of librarians.* London 1967.

Miller, E. *That noble cabinet: a history of the British Museum.* London 1974.

Minerva – Handbücher. Berlin 1929—1934

Minto, J. *A history of the public library in Great Britain and Ireland.* London 1932.

Miska, F. *The subject in the dictionary catalog from Cutter to the present.* Chicago 1983.

Mummendey, R. *Von Büchern und Bibliotheken.* Bonn 1964.

Munby, A. N. L. *Cambridge college libraries.* Heffer 1962.

Munford, W. A. *Edward Edwards* 1812—1886. London 1963.

Munford, W. A. *History of the Library Association,* 1877—1977. London 1977.

Munford, W. A. *James Duff Brown: 1862—1914.* London 1968.

Munford, W. A. *Penny rate: aspects of British public library history* 1850—1950. London 1951.

Munford, W. A. and Fry W. G. *Louis Stanley Jast.* London 1966.

Murison, W. J. *The public library.* Harrap 1955.

National libraries: their problems and prospects by UNESCO. 1960.

Naudé, G. Advis pour dresser une bibliothéque. 1627. English transl. : *Advice on es-*

478

tablishing a library with an introduction by Archer Taylor. University of California Press 1950.

Newcombe, L. *The university and college libraries of Great Britain and Ireland.* London 1927.

Ogle, J. J. *The free library.* George Allen, 1977.

Oldman, C. B. and others. *English libraries 1800—1850.* 1958.

Ollé, J. G. *Library history: an examination guidebook.* London 1971.

Oppenheim, A. L. *Ancient Mesopotamia.* University of Chicago Press 1972.

Parke, H. W. *The Library of Trinity College Dublin.* Trinity College 1961.

Parsons, E. A. *The Alexandrian Library.* Amsterdam 1952.

Partridge, R. C. B. *The history of the legal deposit of books through out the British Empire.* London 1938.

Petzholdt, J. *Adressbuch der Bibliotheken Deutschlands, mit Einschluss von Österreich – Ungarn and der Schweiz.* Dresden 1875.

Platthy, J. *Sources on the earliest Greek libraries.* Amsterdam 1968.

Pongratz, W. *Abriss der Bibliotheksgeschichte mit besonderer Berücksichtung Österreichs.* Wien 1969.

Possner, E. *Archves in the ancient world.* Cambridge 1972.

Predeek, A. *Geschichte der Bibliotheken in Grossbritannien und in den Vereinigten Staaten von Nordamerika.* 1940.

Predeek, A. *A history of libraries in Great Britain and North America.* Chicago 1947.

Predeek, A. *Das moderne englische Bibliothekswesen.* Leipzig 1933.

Presser, H. *Das Buch vom Buch: 5000 Jahre Buchgechichte.* Hannover 1978.

Public libraries in the United States of America; their history, condition and management: special report part I. ed. U. S. Bureau of Education. Washington 1876. Reprint by the University of Illinois Graduate School of Library Science 1965.

Ranganathan, S. R. *Five laws of library science.* Madras 1931.

Ranganathan, S. R. *Library manual.* Bombay 1960.

Ranz, J. *The printed book catalogue in American libraries, 1723—1900.* Chicago 1963.

Rawlings, G. B. *The British Museum Library*. Grafton 1916.

Rayward, W. B. *The universe of information: the work of Paul Otlet for documentation and international organization*. Moscow FID 1975.

Read, E. A. *A checklist of books, catalogues and periodical articles relating to the cathedral libraries of England*. Oxford Bibliographical Society 1970.

Reichmann, F. *The sources of western literacy: the middle eastern civilizations*. Westport 1980.

Répertoire des biblithèques de France, by UNESCO and Service des Bibliothequès de France. 1950—1951.

Reynolds, L. D. and Wilson, N. G. *Scribes and scholars*. Oxford 1968.

Riberette, P. *Les bibliothèques Françaises pedant la Révolution (1789—1795)*. Paris 1970.

Ricci, S. de. *English collector of books and manuscripts 1530—1930*. Cambridge 1930.

Richardson, E. C. *The beginnings of libraries*. Princeton 1914.

Richardson, E. C. *Biblical libraries*. Princeton 1914.

Richardson E. C. *Some old Egyptian librarians*. New York 1911.

Ring, D. F. *Studies in creative partnership: federal to public libraries during the New Deal*. Metuchen 1980.

Rye, R. A. *The students' guide to the libraries of London*. London 1928.

Savage, E. A. *Old English libraries*. Methuen 1911.

Savege, E. A. *The story of libraries and bookcollecting*. Routledge 1909.

Sayle, C. E. *Annals of Cambridge University Library 1278—1900*. Cambridge 1916.

Schneider, G. *Handbuch der Bibliographie*. Leipzig 1923.

Schottenloher, K. *Bücher bewegten die Welt*. Stuttgart 1968.

Sensburg, W. *Die Bayerischen Bibliotheken*. 1926.

Serrurier, C. *Bibliothèques de France*. 1940.

Shera J. H. *Foundations of the public library*. Chicago 1949.

Shifflet, O. L. *Origins of American academic librarianship*. Norword 1981.

Shores, L. *Origin of the American college library 1638—1800*. Reprint Shoe String Press 1966.

Smith, J. M. *A chronology of librarianship*. Metuchen 1968.

Spencer, G. *The Chicago Public Library*. Chicago 1943.

Spratt, H. P. *Libraries for scientific research in Europe and America*. London 1936.

Steel, C. *Major libraries of the world*. London and New York 1976.

Stone, E. W. *American library development, 1600—1899*. New York 1977.

Stone, E. W. *Historical approach to American library development; a chronological chart*. Illinois 1967.

Streeter, B. H. *The chained library*. Reprint Franklin 1970.

The structure of the public library service in England and Wales by Great British Ministry H. M. S. O. London 1960.

Sullivan, P. *Carl H. Milam and the American Library Association*. Chicago 1976.

A survey of libraries in the United States. Chicago 1926.

Tauber, M. F. *Louis Round Wilson*. Columbia 1967.

Thomison, D. *The history of the American Library Association, 1876—1972*. Chicago 1977.

Thompson, A. *Library buildings of Britain and Europe*. London 1963.

Thompson, C. S. *Evolution of the American public library 1653—1876*. Scarecrow Press 1952.

Thompson, H. P. *Thomas Bray*. Society for the Promotion of Christian Knowledge 1954.

Thompson, J. W. *Ancient libraries*. California 1962.

Thompson, J. W. *The medieval library*. Chicago 1939.

Thornton J. L. *The chronology of librarianship*. London 1941.

Thornton, J. L. *Classics of librarianship*. LA 1957.

Thornton, J. L. *Medical books libraries and collectors*. London 1966.

Thornton, J. L. *A mirror for librarians*. Grafton 1948.

Thornton, J. L. *Selected readings in the history of librarianship*. LA 1966.

Tully, R. I. J. *Scientific books libraries and collectors*. LA 1962.

Turner, E. G. *Greek papyri*. Princeton 1968.

Tylecote, M. *The mechanics' institutes of Lancashire and Yorkshire before 1851*. Manchester 1957.

UNESCO statistical yearbook. Paris 1968 f.

Utley, G. B. *The librarians' conference of* 1853. ALA 1951.

Vorstius, J. und Joost, S. *Grundzüge der Bibliotheksgeschichte.* Wiesbaden 1977.

Weibel, K. and Heim, K. M. *The role of women in librarianship*, 1876—1976. Phoenix 1979.

Weimann, K. – H. *Bibliotheksgeschichte.* München 1975.

Wellard, J. H. *Book selection.* Grafton 1937.

Wheeler, J. *Practical administration of public libraries.* New York 1962.

Whitehill, W. M. *Boston Public Library.* Harvard 1956.

Who's who in library and information services. ed. Joel M. Lee et al. Chicago 1982.

Williams, R. *The long revolution.* Penguin 1965.

Williamson, W. L. *Frederick Poole and the modern library movement.* Columbia 1963.

Withers, F, N, *Standards for library service.* Paris Unesco 1974.

Woodford, F. B. *Parnassus on main street: a history of the Detroit Public Library.* Wayne State University Press 1965.

The world of learning. London 1947 ff.

Wormald, F. and Wright, C. E. *The English library before* 1700. London 1958.

Wright, H. C. *The oral antecedents of Greek librarianship.* Provo 1977.

The year's work in librarianship. LA 1928—1954.

Young, A. P. *Books for sammies: the American Library Association and World War I.* Beta Phi Mu 1981.

*   *   *

Абрамов, К. И. *Исмория библиотечного дела в СССР.* М. 1970.

Афанасьев, Ю. С. и Мыльников, А. С. *Публичная библиотека 150 лет.* Л. 1964.

Библиотековедение и библиография за рубежсом. 1958 ff.

Библиотечное дело в зарубежнвых смранах. ред. Ю. В. Григорьев. М. 1965.

Большая Совемская Энчиклопедия. 1. 2. 3 изд. статьи о библиотеке.

В. И. Ленин и библиотечное дело: сборник. М. 1977.

482

Ванеев А. Н. *Развитие библиотековедческой мысли в СССР.* М. 1980.

Васильченко В. Е. *История библиотечнозо дела в СССР.* М. 1958.

Васильченко, В. Е. *Очерк истории библиотечного дела в России 11 – 18 века.* М. 1948.

Гольлберг, А. Л. *На полках иубличной библиотеки.* М. 1978.

Из исмории нелегальных библиотек револючионных организачий в чарской России : сборник мамериалов. М. 1956.

Ннькова, Л. М. *Массовая библиотека сегодня.* М. 1976.

История Библиотеки АН СССР 1717 – 1964. М. – Л. 1964.

История библиотеки Московского университета. М. 1969.

История библиотечного дела в СССР : Сборник. М. 1977.

Исмория Государсмвенной ордена Ленина библиомеки СССР имени В. Н. Ленина за 100 лет. 1862 – 1962. М. 1962.

Клевенский М. М. *Пумеводитель по Государственной библиотеке СССР имени В. И. Ленина.* М. 1959.

Книга и культура. М. 1979.

Крупская, Н. К. *О библиотечном деле : избранные работы.* М. 1976.

Крупская, Н. К. *Что писал и говорил Ленин о библиотеках.* М. 1956.

Лебедев, С. М. *Партийная библиотека.* М. 1973.

Ленин и книга. М. 1964.

Ленин и современные проблемы бпблиотековедения, воплошенные ленинских завемов в совемском библиомечном смроимельсмве. М. 1971.

Ленин о библиомечном деле. М. 1960.

Морачевский, Н. Я. *Пумеводимель по Государсмвенной Публичной библиомеке имени М. Э. Салмыкова – Щедрина.* Л. 1970.

Начионольная библиомека смраны; проблемы и перспективы. М. 1975.

Начиональные библиомеки мира; справочник. М. 1972.

О дальнейшем улучшении идеологической, политико – воспитательной работы, постановление ЦК КПСС от 26 апр. 1979г. М. 1979.

Овсянников, Ю. *Пумешесмвие в смрану разума; очерки о Государсмвенной библиомеке СССР имени В. И. Ленина.* М. 1962.

Пашин, А. И. *Деямельносмь библиомек на уровень новых задач.* М. 1976.

Рабома с чимамелями. М. 1970.

Руководящие мамериалы по библиомечному делу. М. 1975.

Сикорский, Н. М. *Кнвга, чимамель, библиомека.* М. 1979.

Скрипкина, Т. И. *История библиомечного дела за рубежом, европейские сочиалисмические сраны.* Л. 1974.

Слуховский М. И. *Библиомечное дело в росаии до XVIII в.* М. 1968.

Соловьева, Л. А. и Хейфец, М. Л. *Мамерпалы к исмории библиомечного дела в СССР (1917 – 1959 гг.).* Л. 1960.

Сорокин, В. В. *Исмория библиомеки Московского универсимема, 1880 – 1917.* М. 1980.

Талалакина, О. И. *Исморрпя библиомечного дела за рубежом.* М. 1982.

Фрумин, И. М. *Органигация рабомы совемской библиомеки.* М. 1969.

Чубарьян, О. С. *Обшее библиомековедение.* М. 1976.

·　　·　　·

大佐三四五:《図書館学の展開》,东京,1954。

岡田温编:《世界の図書館》,日本图书馆协会,1968。

岡田温:《図書館:その本質・歴史・思潮》,东京,1980。

小野泰博:《図書および"図書館史》,雄山阁,1978。

キェラ:《粘土に書かれた歴史》,板仓胜正译,东京,1958。

草野正名:《図書館の歴史》,东京,1983。

クレマ:《歴史はスメールに始まる》,佐藤辉夫、植田重雄译,新潮社,1959。

グロリェ:《書物の歴史》,大冢幸男译,白水社,1955。

志村尚夫:《目録學序説》,东京,1981。

ジョンソン:《西欧の図書館史》,小野泰博译,帝国地方行政学会,1974。

徳永康元编:《世界の図書館》,东京,1981。

図書館記,日本大学出版部,1936。

フオルシュティウス、ョースト共著:《図書館史要説》,藤野幸雄译,东京,1980。

藤野幸雄:《大英博物館》,东京,1975。

ヘッセル:《図書館史》,三輪昌仲译,大阪,1957。

マソン、サルヴァン共著:《図書館》,小林宏译,白水社,1969。

森耕一:《図書館の話》,東京,1973。

• • •

阿伯里柯沙娃主编:《苏联图书馆事业四十年(论文集)》,刘光熹等译,商务印书馆,1959。

白国应编著:《图书分类学》,北京,1981。

《大英博物馆》,台北,1981。

丹顿:《比较图书馆学概论》,北京,1980。

郭成棠:《美国图书馆事业的成就和趋势》,台湾,1980。

《国际主要图书馆的历史和现况》,黄端仪译著,台北,1983。

华西里青科:《苏联初期图书馆史》,舒翼翚译,中华书局,1958。

华西里青科:《苏联图书馆事业概观》,舒翼翚译,北京,1950。

捷尼西叶夫:《苏联大众图书馆工作》,舒翼翚译,中华书局,1953。

克鲁普斯卡娅:《列宁论图书馆工作》,李哲民译,沈桂高校,北京,1957。

《列宁论图书馆事业》,文化部图书馆事业管理局编,北京,1984。

列为节夫、沙弗拉诺夫斯基合著:《苏联科学院图书馆概况》,关成和、郭庆芳合译,大路出版社,1954。

刘国钧:《现代西方主要图书分类法评述》,吉林,1980。

卢震京编:《图书馆学辞典》,北京,1958。

卢震京编:《国学大辞典》,商务,1940。

马努查里扬茨:《在列宁的图书室里》,坚夫译,北京,1978。

《美国及世界其他地区图书馆事业》,华东师范大学图书馆学系编译,北京,1983。

丘巴梁:《普通图书馆学》,北京,1983。

丘巴梁:《苏联图书馆事业组织原理》,北京,1957。

萨费基:《西洋图书馆史略》,毛坤译述,1933(?)。

塞金:《为书籍的一生》,叶冬心译,北京,1963。

舒翼翚编译:《苏联的图书馆事业》,上海,1952。

《图书馆·苏联国立列宁图书馆·苏联科学院图书馆》,(苏联大百科全书选译),苏大悔译,北京,1955。

《文献与情报工作国际标准汇编》,北京,1980。

辛希孟、孟广均:《图书情报工作概论》,北京,1982。

詹森:《西洋图书馆史》,伊定国译,台北,1983。

张琪玉等编:《图书馆现代化简介》,长春,1981。

张蕴珊等编:《英汉图书馆学词典》,北京,1982。

左恭等:《参观苏联和民主德国图书馆事业报告》,中华,1958。

后　记

　　笔者在大学学的并不是图书馆学,而是医学和经济学。我国革命形势的发展召唤不少青年学生投笔从戎,奔赴革命战场。1949 年年初,我跟随解放大军重进北京城,不久被调到中共中央编译局的前身——俄文编译局。具有战略眼光的编译局局长师哲同志,要在当时仅有十几名干部的小小编译局,建立一所颇具规模的专业图书馆,并要我这个年仅 24 岁的青年当馆长。从此,除了动乱那几年,我一直没有离开这一岗位。时光荏苒,转瞬已有三十六载之久了。

　　繁忙的馆务始终没有让我有机会系统地学习图书馆学。我只是在北京大学"偷听"过几堂图书馆学的课。至于图书馆史,我一直很少涉足。像我这样的人怎能着手写这样一部书呢? 答案是:"逼出来的"。

　　这里不妨说说事情的原委。1980 年,《百科知识》杂志编辑部的关裕伦同志约我写一篇《图书馆史话》,交稿期为 10 天。起先我不敢答应,但她出于一个编辑人员应有的责任感,左说右说,硬把我"说服"了。没有别的选择,我只好硬着头皮开了几次夜车,总算勉强交了差。

　　文章发表后,深感用五千字的短文概述古今中外五千多年的图书馆史,实在是挂一漏万,只鳞片爪。又想到,中国图书馆史在我国倒还有一些专著,西方图书馆史在中国仍是一块空白。于是,我开始搜集一些史料,按时代的顺序一篇一篇地写下来了。

首先我要感谢北京大学图书馆学系主任周文骏教授。他对我的研究工作一直十分关心,并且希望取得丰硕的成果。拙著《西方图书馆史》脱稿后,承蒙他在百忙中抽出时间作序,这对我个人来说,既是莫大的荣幸,也是难得的鞭策。

其次我要感谢北京大学校友、吉林省图书馆学会秘书长、吉林省图书馆副馆长金恩晖同志,是他同意在他主编的《图书馆学研究》杂志上连续发表我的这一系列文章。从1980年起,每期登载,前后五年。这居然成了根治我的有头无尾病的灵丹妙药。不管多忙,我必须提笔写作,按期交稿。这样,从某种意义上说,我一气呵成,从古代写起,一直写到现在。

我还应当感谢北京图书馆、北京大学图书馆、武汉大学图书情报学院的图书资料室、中国科学院图书馆等等同行,是他们向我提供了许多西方图书馆史的资料。在写作本书的过程中,笔者所在的中共中央编译局图书馆的同志们不辞辛劳,提供方便,使我得以充分地利用各种百科全书、辞典手册、各类社会科学书籍以及复印资料等等。

本书脱稿后,曾请云南省图书馆洪惠明同志过目。她花去不少宝贵时间,从修辞到内容提出了许多建设性意见。本书的若干章节,曾请我局高叔眉同志读过,他给拙著润色不少。这些都是我难以忘怀的。

我特别要向商务印书馆致谢。他们欣然同意担负本书的出版任务。编辑同志在编审过程中一丝不苟,认真负责,为本书增色不少。为此我感谢不尽。

我也应当感谢北京第二新华印刷厂的同志们。他们精心排印,保证质量。本书有不少外文字和图片夹杂其间。他们认真处理,技术之高,责任心之强,令人十分钦佩。

最后提到的,但绝不是最不重要的,就是贤内助韩秀田。是她,为了让我专心致志地写作,一人独揽了几乎全部家务。没有她的功劳,此书的写作和问世也是不可想象的。她还把全部书稿通读一遍,提了不少好意见。

从动笔到定稿,将近两千个日日夜夜过去了。无论是酷热的夏季,还是严寒的冬天,我都紧握着笔杆。甚至在出差的途中,到国外访问也好,到国内讲学也好,飞机的起落,火车的轰鸣,都不能使我的双眼离开史料,使我的笔触离开稿纸。为了弥补十年动乱造成的不可弥补的损失,只有用我的全部生命同时间赛跑。

然而,当我写这篇后记的时候,心情是很不安的。我深深地感到,这部书还有许多不足之处。如果我的历史唯物主义水平更高些,如果我的历史知识更丰富些,如果我的图书馆学知识更扎实些,如果我懂的外文更多些,如果我的汉语修养更成熟些,那么,也许这部书不会是目前这个样子吧。

常言说:"抛砖引玉"。我相信,不久的将来,我国一定会有水平更高、特色各异的西方图书馆史问世。那时,我的这一部书,作为西方图书馆史研究的摇篮时代的雏形产品,就完成它的历史使命了。

作　者

1985 年国庆之夜

于北京

作者简历

1925 年生于台湾淡水。

求学于大连三中、日本仙台第二高等学校、日本仙台东北帝国大学医学部、台湾大学医学院、北京大学法学院经济系等。

1948 年到解放区。

1949 年至今任中共中央编译局图书馆馆长。

译著：

索柯罗娃：《把书送给青年工人：列宁格勒的图书馆群众工作经验》（合译）群众出版社 1954 年

《安巴祖勉图书分类表》（校订）中华书局 1958 年

《马克思恩格斯列宁斯大林论巴黎公社》（主编之一）人民出版社 1962 年

《研究马克思恩格斯著作和生平论著目录》（总编）书目文献出版社 1983 年

同上书德文节译本（*Auswahlbibliographie zur Marx/Engels - Forschung*）联邦德国特利尔《马克思故居丛书》第 31 册（*Schriften aus dem Karl - Marx - Haus Nr.* 31）1984 年

学会职务：中国图书馆学会常务理事、中央国家机关和科研系统图书馆学会名誉理事长。

职称：研究馆员。

民主党派职务：台湾民主自治同盟中央评议委员。

住址：北京市西单西斜街 36 号。